Andrea Strauß (Hrsg.)

ALPENTREKS

Die 10 Routen über die Alpen

Bei der Lamsenjochhütte; rechts der steile Lamsenhüttenturm

Inhaltsverzeichnis

Vorwort   5

Einleitung   8

1 Via Alpina »Violetter Weg«   14
Horst Höfler und Luis Stitzinger

Teilstrecke Salzburger Land –
Bayerische Voralpen – Allgäuer
Alpen

Routenbeschreibung   30

2 Via Alpina »Roter Weg«   42
Horst Höfler und Luis Stitzinger

Teilstrecke Karwendel – Allgäuer
Alpen – Lechquellengebirge

Routenbeschreibung   50

3 Der Klassiker über die Alpen   56
Andrea Strauß

In 28 Tagen auf der Graßler-
Route nach Venedig

Routenbeschreibung   78

4 Der Goetheweg   88
Guido Seyerle

Auf den Spuren des
reisefreudigen Dichters

Routenbeschreibung   112

5 Mit dem Zelt über die Alpen   122
Maria und Wolfgang Rosenwirth

Auf alpinen Wegen von
München zum Gardasee

Routenbeschreibung   144

6 Auf dem E5 zu Fuß in den Süden   152
Robert Mayer

Acht Tage – sechs Täler –
drei Länder

Routenbeschreibung   176

7 Der Maximiliansweg   182
Eugen E. Hüsler

Vom Bodensee nach
Berchtesgaden – eine
wahrhaft königliche Tour

Routenbeschreibung   200

8 Der Große Walserweg   208
Bernhard Irlinger

Auf den Spuren der Walser von
Zermatt zum Kleinwalsertal

Routenbeschreibung   228

9 Die Schweizer Alpenpassroute   238
Hans Diem

Höhenweg von Sargans nach Montreux mit grandioser Gipfelschau

Routenbeschreibung   248

10 Auf der GTA durch die piemontesischen Alpen   256
Michael Kleider und Prof. Werner Bätzing

Teilstrecke Griespass bis zur
Dora Baltea

Routenbeschreibung   276

Register   284

Impressum   288

Vorwort

Gehen, so weit die Füße tragen. Gehen als Selbstzweck. Als Fitnessprogramm. Für den Körper, aber noch mehr für Geist und Seele. Obwohl wir es im 21. Jahrhundert schon fast vergessen haben, liegt uns das Wandern in der Tat seit Urzeiten im Blut. Wer früher zu Fuß in Rom oder Santiago de Compostela, in Mekka, zu Füßen des Kailash oder auf dem Fujiyama angekommen war, hatte Entbehrungen in Kauf genommen und manchmal sogar Gefahren bestanden, er hatte seinen Körper gespürt und viele, viele einzelne Schritte zurückgelegt. Am Ende war ein großes Ziel erreicht. Ein Ziel, das sich nicht mehr in einer Anzahl von Kilometern messen ließ oder in der Zahl der Reisetage.

Heute ist Wandern für viele ein beliebter Ausgleichssport zum hektischen Berufsleben. Draußen sein und die Bergwelt genießen, auf einem Gipfel stehen, den Blick in die Weite schweifen lassen – was gibt es Schöneres? Es darf aber genauso auch einmal eine Talwanderung dabei sein oder ein aussichtsreicher Höhenweg.

Voller Bewunderung und auch mit ein wenig Neid blickt man dann auf jene glücklichen Menschen, die am Ende des Tages nicht nach Hause fahren, keinen Stau, keinen »Sie-haben-gewonnen-Anruf« und keine tropfenden Wasserhähne erleben müssen, sondern stattdessen auf der Hüttenterrasse sitzen bleiben und im warmen Abendlicht die Füße hochlegen können, bis die Sonne als roter Feuerball hinterm Horizont verschwindet. Und die am nächsten Morgen aufbrechen, um neue Eindrücke zu gewinnen und einfach weiterzuwandern.

Weitwandern, egal in welcher Form, findet daher auch immer mehr Anhänger. Ob man die Herausforderung sucht und sich alleine auf den Weg macht oder ob man mit Familie oder mit Freunden unterwegs ist, ist Geschmackssache und eine Frage der Möglichkeiten. Für gewöhnlich wird man nicht gleich mit dem großen Abenteuer beginnen und eine mehrwöchige Zeltwanderung planen. Meist steht eine Mehrtagestour am Anfang, vielleicht ein verlängertes Wochenende mit verschiedenen Hüttentouren, die sich zu passenden Tagesetappen kombinieren lassen. Aber Vorsicht – es besteht akute Suchtgefahr! Wer einmal an-gefangen hat, den lässt das Weitwandern nicht mehr los. Was dann dabei herauskommt, lesen Sie in »Alpentreks«. Neun Autoren haben für Sie die zehn schönsten, spannendsten, sportlichsten, neuesten und auch alte Wanderungen über die Alpen und durch die Alpen zusammengestellt: sieben in den Ost-

Am Kleinen Ahornboden im Karwendel

alpen und drei in den Westalpen. In diesem Buch sind sie von Ost nach West aufgezählt, von der Via Alpina bis zur »GTA«. Noch etwas mehr Statistik: Sechs davon verlaufen mehr oder weniger parallel zum Alpenbogen, vier queren von Nord nach Süd den Alpenhauptkamm.

Unter den Alpentreks sind einfache Wanderungen, wie zum Beispiel der »Goetheweg« über den niedrigen Brennerpass – dafür erfordert er 28 Tage Zeit und ist 650 Kilometer

Funtensee mit Funtenseetauern (hinten links) und Schottmalhorn

Vorwort

lang! – oder, schon schwieriger und mit teilweise großen täglichen Höhenunterschieden, die »Alpenpassroute« über 16 Tage und 340 Kilometer Strecke im Angesicht vieler Drei- und Viertausender. Wer mehr Zeit aufbringen kann, wird den »Maximiliansweg« (22 Tage, 370 Kilometer) oder die Via Alpina »Violetter Weg« (28 Tage, 460 Kilometer) unter die Füße nehmen. Die Schwierigkeiten und Höhen lassen sich steigern. Da sind die Routen München – Venedig (sogar mit einer Klettersteigbegehung!) oder München – Gardasee zu nennen (jeweils vier Wochen Dauer und mehr als 500 Kilometer), oder der Teilabschnitt des E5 von Oberstdorf nach Meran; diese drei berühren schon knapp die Dreitausendmetergrenze. Der »Große Walserweg« hebt sich durch seine Etappenzahl und Streckenlänge (35 Etappen, 660 Kilometer) wie auch durch eine Gletscherüberquerung und seine Höhe (über 3300 Meter) deutlich von den vorgenannten ab. Allerdings steht es jedem Wanderfreund frei, von jedem Alpentrek nur Teiletappen zu gehen, Teilstücke mit Verkehrsmitteln zurückzulegen und an anderer Stelle wieder »einzusteigen«. Da und dort kann man sogar von einem Alpentrek in einen anderen wechseln.

Kein Wunder daher, dass bereits bestehende Alpentreks neue Liebhaber finden.

Das Ziel des Traumpfades über die Alpen: Venedig

Vorwort

Manche Routen sind längst Klassiker geworden, sie existieren seit vielen Jahrzehnten als Wanderroute oder auch schon seit Jahrhunderten als gängige Verbindungs- und Handelswege. Es entstehen aber auch neue Wegverbindungen. Eine inhaltliche Klammer, die Hütten und Almen miteinander zu Wegen verbindet, kann in der Geschichte liegen, wie dies beim Goethe-, Maximilians- oder beim Walserweg der Fall ist. Bei der Festlegung der GTA-Strecke wurde im Piemont erfolgreich versucht, die Idee einer »sanften« und nachhaltigen Entwicklung durch Wandertourismus umzusetzen, um den drohenden Verfall der traditionellen Bergkulturen und schon fast entvölkerten Berggebiete aufzuhalten. Oder es werden einfach nur besonders attraktive Wegabschnitte und landschaftliche Höhenpunkte mit einer Alpenroute verknüpft.

Ob alt oder neu, kurz oder lang, einfach oder schwierig – Weitwandern in den Alpen ist eine der schönsten Formen des Unterwegsseins. Wer einmal damit begonnen hat, wird immer wieder Zeit dafür finden. In den »Alpentreks« werden Sie vielleicht Erinnerungen auffrischen, auf jeden Fall aber Anregungen gewinnen für weitere Wanderungen nach dem Motto: »So weit die Füße tragen« ...

Viel Spaß und eine gesunde Rückkehr!
Andrea Strauß

Einleitung

Die Brenta nach einem herbstlichen Wintereinbruch

Nur per Schiff erreichbar: St. Bartholomä am Fuß der Watzmann-Ostwand

Vorbereitungen

Wie jede Reise, benötigt auch ein Alpentrek ein wenig Vorbereitung. Der Aufwand hält sich jedoch in Grenzen, wenn man es mit anderen Reiseformen vergleicht: Man braucht keine Reservierungen von langer Hand, keine Flüge und keine Impfungen.

Wenn die Wunschtour ausgewählt ist, wird man sich anhand der Routeninformation und der einen oder anderen Übersichtskarte die Wegführung verdeutlichen und die Tagesetappen soweit möglich an die eigenen Fähigkeiten oder auch an den persönlichen Ehrgeiz anpassen. Oft kann man lange Etappen entschärfen, indem man eine Zwischenübernachtung einschiebt oder zumindest einen Ruhetag vor dem »Marathontag« einplant. Bei technisch schwierigen Abschnitten sollte man alternative Streckenführungen überlegen. Zwei kurze Tagesleistungen an einem Tag zu bewältigen, ist oft ebenso möglich, vorausgesetzt die Fitness hält dem Ehrgeiz stand.

An erster Stelle bei den Vorbereitungen sollte tatsächlich ein wenig Zeit für die persönliche Fitness stehen. Die Vorschläge in diesem Buch sind keine 8000er-Expeditionen und sie führen nicht in die »Todeszone«. Aber auch das Wandern in den Alpen macht mehr Spaß, wenn nicht jeder Schritt Überwindung kostet.

Angepasst an die geplante Tour, sollte man zumindest ein paar Wochen vorher bereits ab und zu zum Wandern oder Bergsteigen gehen, zum Joggen oder Walken. Der Grundsatz heißt eindeutig: lieber weniger, aber öfter.

Vor dem Aufbruch kann auch eine kleine Generalprobe nicht schaden, bei der man einen oder zwei Tage seine Ausrüstung und seine Fitness testet. Bezüglich der Anforderungen orientiert man sich dabei an der durchschnittlichen Tagesleistung, die dann auch beim Alpentrek zu gehen ist. So lässt sich schnell feststellen, ob die geplante Tour auch zum momentanen Können und zur Kondition passt, ob die Schuhe drücken und die Socken auch nicht rutschen …

Je schwieriger und länger die Wanderung sein soll, desto sorgfältiger muss die Vorbereitung ausfallen. Wenn man jederzeit abbrechen kann, wie zum Beispiel auf dem Goetheweg, dann fallen kleine Pannen bei der Wahl der Ausrüstung nicht so ins Gewicht wie bei langen Wanderungen oder bei Touren mit dem Zelt. Schon kleine Fehler wie die zu dünnen Socken können sich dann schmerzhaft auswirken oder Umstände bereiten, etwa wenn es beim Zelttrek Spaghetti gibt und das Besteck dazu fehlt.

Zu den Vorbereitungen gehört auch die Zusammenstellung der Gruppe, es sei denn, man möchte ganz alleine unterwegs sein. Je größer die Gruppe ist, desto größer sollte auch die Toleranz der Mitwanderer sein. Nur in seltenen Ausnahmen sind wirklich alle Teilnehmer gleich fit, gleich schnell und haben die gleichen Interessen. Unterwegs sollte sich niemand gehetzt fühlen und niemand sollte sich langweilen. Es lohnt sich daher, zuvor die Vorstellungen, die man an die Wanderung hat, gemeinsam zu besprechen: Will man ein sportliches Tempo einschlagen oder Zeit zum Fotografieren und Blumen betrachten haben?

Schließlich muss man sich über die beste Reisezeit Gedanken machen. In den Infokästen geben die Autoren dazu Tipps. Bei sehr häufig begangenen Routen lohnt es sich, über »Vor- oder Nachsaison« nachzudenken. Dann sind zwar die Verhältnisse nicht so gut, weil etwa auf den höheren Etappen noch Schneereste liegen oder die schönsten Blumen schon

Einleitung

Einleitung

Die Bergsteigerin hat den Alpenhauptkamm im Blick.

Südlich des Monte Rosa führt der Walserweg am Weiler Crest vorbei.

verblüht sind, dafür sind aber die Hütten nicht so voll.

Ein Anruf auf den Hütten oder bei den Pensionen bringt hier schnell Sicherheit. Häufig wird man die Übernachtung vorreservieren. Wenn man als größere Gruppe unterwegs ist, kann man sowieso nicht anders planen. Aber auch als Kleingruppe oder als Einzelwanderer bringt die Reservierung eine gewisse Sicherheit. Der einzige Nachteil: Man ist nicht mehr so flexibel, wenn es um das Einlegen von Ruhetagen geht oder wenn man einfach irgendwo mehr Zeit als veranschlagt braucht. Falls man aus dem einen oder anderen Grund seine Reservierung nicht aufrechterhalten kann, sollte es eine Selbstverständlichkeit sein, beim jeweiligen Wirt nochmals anzurufen und sich wieder abzumelden.

Wie man sich auch entscheidet, ein wenig Vorbereitung ist nötig und erhöht ja auch die Vorfreude auf das Unterwegssein.

Ausrüstung

Auf einer längeren Wanderung wie einem Alpentrek spielt auch die Ausrüstung eine gewisse Rolle. Zwei wesentliche Kriterien sollte sie erfüllen: Sie muss funktionell und sollte leicht sein. Was nutzt der neue Bergschuh mit den neongelben Schuhbändeln, den es als Schnäppchen gab, wenn sich nach ein paar Stunden die Sohle ablöst? Oder wenn er drückt?

Zentrale Bedeutung bei der Ausrüstung haben Schuhe und Strümpfe. Abgestimmt auf die Anforderungen der jeweiligen Tour wird man einen knöchelhohen Bergschuh benötigen, oder es kann auch ein leichter Halbschuh ausreichen. Eine griffige Sohle dagegen muss jedes Modell haben und passen muss er natürlich auch. Dieses Kriterium trifft auch für die Strümpfe zu.

Einleitung

Wichtig ist zweifellos auch der geeignete Rucksack. Für den normalen Alpentrek mit Hüttenübernachtungen oder Nächtigung in Pensionen und Gasthäusern sollte ein 25- bis 35-Liter-Rucksack genügen, der mit einem stabilen Rückenteil und einem gut hinterlüfteten Tragesystem ausgestattet ist. Wenn man auch Zelt und Schlafsack mitträgt, Kocher und somit auch entsprechend mehr Verpflegung, wird diese Rucksackgröße nicht ausreichen. Je schwerer aber der Rucksack, desto wichtiger wird es, dass das Tragesystem die Last perfekt verteilt. In Fachgeschäften kann man sich hier über die besten Systeme jederzeit beraten lassen.

Generell kann man sagen, dass die Sicherheitsausrüstung nicht fehlen darf. Dazu zählt zunächst die Bekleidung: Regenschutz und Kälteschutz sind wesentlich. Im Gebirge kann es zu Wetterumstürzen kommen, die mit einer Heftigkeit und Schnelligkeit einsetzen, wie man sie im Flachland nicht kennt. Kaum ein Sommer, in dem nicht zumindest einmal ein Kälteeinbruch für Schnee auch bis in mittlere Lagen sorgt. Auch Dauerregen ist möglich ... Die Mitnahme eines wasserdichten Anoraks und einer Regenhose ist daher ein Muss. Als Kälteschutz gehören auch dünne Handschuhe und eine Mütze oder Ähnliches unbedingt in den Rucksack, zumindest wenn man länger als eine Woche unterwegs ist und die Wetterentwicklung nicht absehen kann.

Auch Sonnenschutzmittel zählen zu den elementaren Ausrüstungsgegenständen. Sonnencreme, Brille und Kopfbedeckung müssen mit. Die UV-Strahlung ist im Gebirge deutlich höher als im Tal, und die Reflexion gleißender Schnee- oder Gletscherflächen tut ein Übriges dazu, dass sich der Bergwanderer starke Hautverbrennungen zuzieht.

Dass ein Notfall eintreten könnte, darüber möchte man meist nicht so gern nachdenken. Aber da man ihn trotz aller Vorsicht nicht ausschließen kann, ist jedenfalls eine kleine Notfallapotheke mitzunehmen. Verbandszeug, eine Rettungsfolie und Blasenpflaster sollten darin enthalten sein. Und das Handy fehlt heute sowieso nirgends mehr ...

Hier eine kleine Packliste, die für ein- oder mehrwöchige Touren mit Hüttenübernachtung gedacht ist:

- ❑ Bequeme Trekkingschuhe
- ❑ Bergsocken, 2 Paar
- ❑ Berg- oder Trekkinghose
- ❑ Regenhose
- ❑ (Thermo-)Unterwäsche
- ❑ Funktionsshirts, 2–3 Stück
- ❑ Fleecejacke oder -pulli
- ❑ Anorak
- ❑ Bergstöcke
- ❑ Hüttenschlafsack (am leichtesten aus Seide)
- ❑ Waschbeutel mit Miniaturausstattung
- ❑ Sonnenhut/-kappe/-tuch
- ❑ Sonnenbrille
- ❑ eiserne Notverpflegung
- ❑ Trinkflasche je nach persönlichem Bedarf
- ❑ dünne Handschuhe, Mütze o. Ä.
- ❑ Minihandtuch (Microfaser ist sehr leicht)
- ❑ Ausweis, AV-Ausweis, Geld
- ❑ Rettungsfolie

Je nach Bedarf kann man mitnehmen:
- ❑ Kurze Hose
- ❑ Gamaschen
- ❑ Hüttenschuhe
- ❑ Oropax
- ❑ Fotoapparat
- ❑ falls nötig Klettersteigausrüstung, evtl. vorausschicken

In der Gruppe sollte außerdem mitgenommen werden:
- ❑ Wanderführer und Karten, evtl. als Ausschnitt für Hochgebirgsetappen
- ❑ kleines Verbandszeug, auch mit Blasenpflaster, und Notapotheke
- ❑ Höhenmesser und Kompass
- ❑ Wecker
- ❑ Sonnencreme
- ❑ Handy
- ❑ Taschenmesser
- ❑ kleine Taschenlampe
- ❑ Biwaksack

Es lohnt sich bereits vor dem Aufbruch, den Rucksack einmal probeweise zu packen und zu wiegen. Mehr als 10–15 Kilogramm sollte er für einen normalen Trek nicht wiegen. Andernfalls ist der Spaßfaktor deutlich reduziert.

Einleitung

Manche wichtigen Ausrüstungsgegenstände lassen sich auch unter den Mitwanderern aufteilen, wie dies in der Packliste auch zu erkennen ist. Selbst wenn das Gewicht jedes einzelnen Gegenstands kaum der Rede wert scheint, summieren sich gerade hier einige vermeidbare Kilo auf. So wiegen etwa die Wanderkarten für die Alpenüberquerung München – Venedig zusammen über ein Kilo.

Unterwegs

Endlich ist es so weit und man ist unterwegs. Berücksichtigt man ein paar Verhaltenstipps, macht das Wandern doppelt so viel Spaß.

Nicht zu schnell losgehen Auch wenn man alleine wandert, gilt dieser Grundsatz. In der Gruppe ist er aber schwieriger umzusetzen. Ob der 10-jährige Nachwuchswanderer oder die jung gebliebene Seniorengruppe – keiner scheint davor gefeit, aus Gedankenlosigkeit oder falschem Ehrgeiz die erste Viertelstunde im Stechschritt zurücklegen zu wollen. Erst wenn die Gespräche verstummen und der Erste mit hochrotem Kopf zurückbleibt, wird das Tempo gedrosselt. Umgekehrt wäre es viel sinnvoller. Auch der Spitzensportler beginnt den Tag nicht gleich mit dem Wettkampf, sondern mit dem Wachwerden. Die erste Viertelstunde sollte also auch der Wanderer mit reduziertem Tempo losgehen und erst nach der »Ausziehpause« das Tempo steigern.

Gefahren erkennen Das Gebirge ist kein Spielplatz. Egal, wie Sie sich verhalten, Sie tragen die Verantwortung und nicht der Hüttenwirt, nicht der Wegewart, auch nicht der Reiseveranstalter, wenn man an einer geführten Tour teilnimmt. Man sollte daher versuchen, Gefahren rechtzeitig zu erkennen und sie zu vermeiden.

Das Einholen des aktuellen Wetterberichts und Wegezustandes ist eine dieser vorausschauenden Maßnahmen. Hüttenwirte geben hier sachkundig Auskunft, auch die Frage an entgegenkommende Wanderer kann hilfreich sein. Bei schlechtem Wetter etwa muss man zwar nicht automatisch einen Ruhetag einlegen, wenn ausgerechnet hier aber ein besonders schwieriger Wegabschnitt wartet, sollte man überdenken, ob man nicht doch pausiert oder andere Wege im Tal geht. Vor allem Nebel und Gewitter sind tückisch. Während man bei Nebel nur empfehlen kann, auf jeden Fall am Weg zu bleiben, sind Gewitter in keiner Weise kalkulierbar, außer dass man morgens zeitig aufbricht und im Hochsommer so das Gewitterrisiko reduziert. Versicherte Steige, Gipfel oder Grate sind bei Gewitter absolut tabu!

Schwierige Wegabschnitte, zum Beispiel versicherte Stellen, ausgesetzte Pfade, Altschneefelder oder Bachquerungen begeht man konzentriert, und wenn man sich ganz unsicher fühlt, dann überhaupt nicht! Im Zweifelsfall kehrt man eben um. Was bei Skifahrern für die Lawinensituation gilt, trifft auch für Wanderer und Bergsteiger zu: lieber verzichten als verschüttet sein oder tot! Sinnvoll ist es, vor schwierigen Passagen eine kurze Pause zu machen und sich zu stärken, vor allem auch auf alle Mitwanderer zu warten. Gerade die schwächeren Teilnehmer sind um eine Ruhepause vor einer gefährlichen Stelle besonders froh und müssen dann nicht außer Atem und mit zittrigen Knien versuchen den Anschluss nicht zu verlieren.

Manche Risiken lassen sich nicht völlig ausschließen, dazu gehört auch das Steinschlagrisiko. Als Wanderer kann man lediglich die Gefahr reduzieren, indem man sich nur möglichst kurz im gefährdeten Bereich aufhält und nicht etwa gerade unter der Steinschlagrinne die Brotzeit auspackt. Auf den Alpen-

Schächentaler Windgällenstock beim Klausenpass

Einleitung

treks ist die Steinschlaggefahr niedrig, da sie auf Wanderwegen verlaufen – generell ausschließen kann man sie aber nicht.

Die Zeitplanung einhalten Manche Unfälle passieren, weil man vergessen hat, auf die Uhr zu schauen. Je länger die Tagesetappe ist, desto wichtiger ist es, für sich selbst eine passende Zeitplanung zu haben. Auch wenn in den Toureninformationen Zeiten angegeben und häufig auch auf den Wegweisern Zeitangaben zu finden sind, wird doch jeder sein individuelles Tempo gehen. Wer deutlich langsamer läuft als angegeben, wird daher einen eigenen Zeitplan aufstellen müssen. Vielleicht lässt sich das Problem beheben, wenn Etappen halbiert werden können und man eben eine zusätzliche Übernachtung einschiebt. Manchmal wirkt ein leichterer Rucksack Wunder. Im Zweifelsfall sucht man sich eine einfachere Route aus, die weniger Leistung verlangt. Oder man lässt eine besonders lange Etappe aus, nutzt die öffentlichen Verkehrsmittel im Tal und trifft den Rest der Gruppe im nächsten Talort wieder.

Als Berechnungsgrundlage für eine übliche durchschnittliche Leistung gilt die Regel: Pro Stunde legt der »normale« Wanderer 400 Höhenmeter im Aufstieg zurück oder vier Kilometer. Wenn Höhenmeter und eine gewisse Entfernung zurückgelegt werden müssen, wie das meistens der Fall ist, dann kombiniert man beides. Zum größeren Wert zählt man die Hälfte des kleineren Wertes dazu. Zu den zwei Stunden für 800 Höhenmeter Aufstieg zählt man dann z. B. eine halbe Stunde für vier Kilometer hinzu (halber Wert). 800 Höhenmeter mit vier Kilometer Distanz sind danach in 2 1/2 Stunden zu schaffen.

Ruhetage sorgen für Erholung Genauso wie die Wanderung selbst sorgen auch Ruhetage für Erholung. Spätestens nach einer guten Woche sollte man daher einen Ruhetag einplanen. Bei Wanderungen mit Senioren oder Kindern sollten es mehr sein. Auf diese Weise bleibt Zeit auszuschlafen, die Ausrüstung zu überprüfen, den Schlechtwettertag aufzuholen oder einfach eine besonders schöne Gegend intensiver zu genießen, sei es am Berg oder im Tal. Ganz Unermüdliche können den »Ruhetag« mit einem kleinen Gipfel in Hüttennähe bereichern.

Die Gardetta-Hochebene mit der Kalknadel Rocca la Meya

Noch etwas ...
In den Infoblöcken zu Beginn jeder Route sind die wichtigsten Angaben über Etappenzahl, Länge der Tour, Summe der zu bewältigenden Höhenmeter, Kartenmaterial und Literaturhinweise zusammengestellt. Die »Sternebewertung« (1 bis 5 Sterne) für Kondition und Schwierigkeit beruht auf einer relativen Einteilung innerhalb der zehn vorgestellten Strecken und ist nur bei genauer Einhaltung des jeweiligen Routenablaufes gültig. Wer es vorzieht, eine 28-tägige Tour in drei Wochen zu pressen, braucht sicher eine entsprechend höhere Kondition ... Der Spitzenreiter in der Schwierigkeits- und Konditionsbewertung ist der Große Walserweg wegen seiner Länge und Gletscherüberquerung, gefolgt von der Route München – Venedig (über den Alpenhauptkamm) mit einer Klettersteigpassage. Das Mittragen einer kompletten Zeltausrüstung, wie bei der Strecke München – Gardasee vorgeschlagen, ist auch nur gut Trainierten zu empfehlen.

Mit den hier wiedergegebenen Beschreibungen wird jeder Wanderbegeisterte sicher die für ihn geeignete Strecke nach Wunsch und Laune zusammenstellen können.

Frühsommerwiesen am Weg zum Spitzsteinhaus

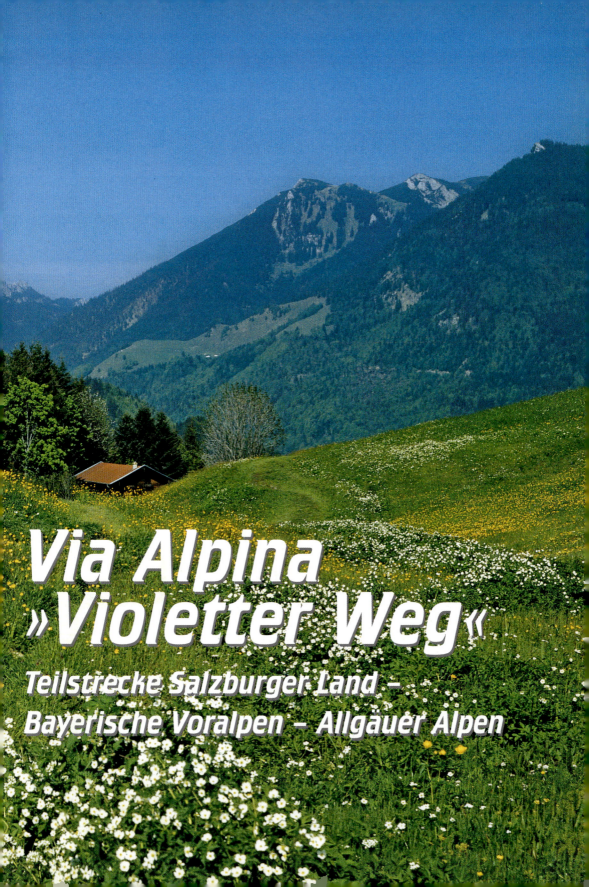

1 Via Alpina »Violetter Weg«
Teilstrecke Salzburger Land – Bayerische Voralpen – Allgäuer Alpen

TOURENINFO

SCHWIERIGKEIT ●●●○○

KONDITION ●●●●○

ETAPPEN
28 Etappen, 460 km, 24 000 Hm (je im Auf- und Abstieg).

HÖCHSTER PUNKT
Grat unterhalb Gaishorn, ca. 2200 m.

AUSGANGSORT
Maria Alm im Pinzgau.

ENDPUNKT
Oberstdorf im Allgäu.

ERLEBNISWELT/HIGHLIGHTS
Der traurigen, aber doch faszinierenden Öde des Steinernen Meers folgt als Kontrast einer der berühmtesten Orte in den Alpen: die Kapelle St. Bartholomä mit dem gigantischen Felshintergrund der Watzmann-Ostwand. In den Chiemgauer Alpen beeindrucken Staubfall und Kampenwand, in Sachrang lohnt sich ein Besuch der Ölbergkapelle. Ruchenköpfe, Blankenstein und Benediktenwand heißen die Berg-Highlights der Bayerischen Voralpen. In Lenggries sollte man den Kreuzweg bei Hohenburg begehen, man kommt direkt daran vorbei. Letzteres gilt ebenso für die Schlösser Linderhof und Neuschwanstein, während sich die Kulturschätze Garmisch-Partenkirchens etwas verstecken. Füssen: eine sehenswerte Stadt – für ihre Besichtigung ist Zeit einzuplanen. Innerhalb der Allgäuer Alpen begeistern die Berggestalten des Hochvogels und der Höfats.

KARTEN
Topografische Karten des Bayer. Landesvermessungsamtes UK L 4, L 7, L 8, L 10, L 12, L 18, L 31; Kompass-Karten Nr. 3 bis 8, 10, 14, 30; freytag & berndt Nr. 102, 103, 104, 301, 322, 351, 352; siehe die einzelnen Etappen.

LITERATUR
Schöner/Kühnhauser: AVF Berchtesgadener Alpen; Emmeram Zebhauser: AVF Bayerische Voralpen Ost; Dieter Seibert: AVF Allgäuer Alpen und Ammergauer Alpen alpin, alle Bergverlag Rother; Hans Diem: Der Maximiliansweg, Geocenter; Kompass-Wanderbuch 923 Garmisch-Partenkirchen und Werdenfelser Land; Höfler/Stitzinger: Via Alpina – Die bayerischen und angrenzenden Etappen, Verlag Geobuch 2003.

BESTE TOURENZEIT
Juli–September.

Die Via Alpina ist eine Völker verbindende Fußroute, die mit Wandern als »sanfter Tourismusform« ärmeren Alpenregionen helfen und die alpinen Natur- und Kulturdenkmäler augenfällig machen will. Die Initiative zu diesem internationalen Wanderweg ging 1999 von der »GTA« (La Grande Traversée des Alpes) aus. Sie ist eine seit 1971 bestehende Vereinigung in Frankreich, die sich speziell mit dem Wandertourismus befasst. Eigentlich ist die Via Alpina nichts Neues. Alle ihre Wege existieren seit Langem. In besonders abgelegenen Regionen musste freilich bei der Infrastruktur ein wenig nachgeholfen werden. Doch im Grunde bedeutet diese Via Alpina eine Verbindung bestehender Wanderrouten unter einem einheitlichen Etikett. Das Projekt wurde als Beitrag zur Durchführung der Alpenkonvention anerkannt.

Für die Via Alpina entwickelte die GTA ein eigenes Logo: ein graues, ausgefülltes Dreieck, das einen Berg symbolisiert, darüber ein stilisierter Vogel, dessen linke Schwinge jeweils die Wegfarbe ausweist. Zusätzlich zur üblichen Beschilderung der Alpenwege gibt es seit 2003 auch die Kennzeichnung mit diesem Logo. Die Via Alpina umfasst fünf Wege mit einer Gesamtausdehnung von mehr als 5000 Kilometern. Der Violette Weg führt fast durch die gesamten Bayerischen Alpen. Er löst sich im Triglavgebiet (Julische Alpen) vom Roten Weg, überquert die Karawanken, verläuft durch die Kor-, Pack- und Gleinalmgegend und erreicht über die Ennstaler Alpen, das Tote Gebirge, den Gosaukamm (Dachstein) und das Tennengebirge die Berchtesgadener Alpen. Wir steigen im Land Salzburg – in Maria Alm bei Saalfelden – in den Violetten Weg ein, und zwar mit der Etappe 39. Innerhalb der vorliegenden Tourenbeschreibungen ist sie die erste Etappe, daneben steht in Klammern die Originalnummer der durchlaufenden Nummerierung. Der Ausstieg erfolgt mit der Etappe 28 bzw. 66 in Oberstdorf/Allgäu. Hier mündet der Violette wieder in den Roten Weg.

Teilstrecke Salzburger Land – Bayerische Voralpen – Allgäuer Alpen

Schneiber (rechts) und Großer Hundstod vom Baumgartl; unterm Nebel verbirgt sich der Funtensee.

Auf den Spuren einer alten Wallfahrt
Maria Alm – idealer Einstiegsort in den Violetten Weg. Per Bus von der Bahnstation Saalfelden zu erreichen, gilt Maria Alm von jeher als bester Ausgangspunkt für das Steinerne Meer von Süden. Außerdem als Ausgangsort der »Pinzgauer Wallfahrt nach St. Bartholomä«, die 1649 auf Grund eines Gelöbnisses nach überstandenem Pestschrecken anhob. Man ging jahrhundertelang über die Buchauer Scharte zwischen Schönfeldspitze und Selbhorn, ein grober Weg, der für Bergungewohnte mancherlei Mühsal bereithielt. Seit es das Riemannhaus und den »Ramseider Steig« gibt (1885), führt die Wallfahrerroute über die Ramseider Scharte. Immer im Angesicht des Sommersteins (was durchaus wörtlich zu verstehen ist; mit seinen Höhlen in der Südwand erinnert er an eine riesenhafte Eule!) wandern die Pilger aufs Steinerne Meer, jenes berühmte Karsthochplateau der Berchtesgadener Alpen. Mit Übernachtungen in Riemann- und Kärlin-

Der Sommerstein, markanter Wächter der Ramseider Scharte

Via Alpina »Violetter Weg«

Teilstrecke Salzburger Land – Bayerische Voralpen – Allgäuer Alpen

gerhaus halten sich die Anstrengungen im Rahmen. Der Abstieg zum Königssee erfolgt über die Saugasse und durch das Schrainbachtal. Dort verläuft der Weg wunderbar flach in einem düsteren Wald, ehe es steil und in Serpentinen – am Schrainbach-Wasserfall vorbei – hinuntergeht zum Königssee, wobei die Teufelshörner des Hagengebirges zum Blickfang werden. In St. Bartholomä fasziniert ein ums andere Mal der gigantische Felsenhintergrund der Watzmann-Ostwand. Die schräg gebänderte Wand aus Dachsteinkalk, 1800 Meter hoch, gilt als der höchste Wandabsturz der Ostalpen (in Wirklichkeit ist die Westwand des Montasch/Julische Alpen noch um 100 Meter höher). Ihre Hauptgefahren sind die mit jeweils durchschnittlich drei Kilometer Kletterlänge doch sehr langen Routen, die vielen Möglichkeiten des Sich-Verirrens und unberechenbarer Steinschlag. Außerdem steigen manche Bergsteiger mit unzureichender körperlicher Verfassung in die Wand. Wer sich in der »Watzmann-Ost« erschöpft, erlebt die Hölle. Etliche Gedankenbilder formt die Erinnerung: Heinz Zembschs 200ste und 300ste Durchsteigung beispielsweise. Bei Letzterer war nicht nur der legendäre Rennrodler Schorsch Hackl mit von der Partie, sondern auch Heinz' Sohn Christoph. Bärenstark, gehörte er 2002 zu den schnellsten unserer 27-köpfigen Jubiläumsgesellschaft. Im Frühjahr 2006 erschlug ihn und seinen Freund eine Eislawine in der Ortler-Nordwand.

Nationalpark und Soleleitung

Die Fahrt mit dem schnurrenden Elektroboot über den Königssee! Er ist Mittelpunkt des Nationalparks Berchtesgaden, der zwar – wie sollte es bei so alten Nutzungsrechten wie Enzianbrennen oder Almwirtschaft anders sein – einen Kompromiss, jedoch allemal die bessere Alternative zu einer Seilbahn auf den Watzmann darstellt. Eine solche drohte nämlich gebaut zu werden, bevor sich die großen Naturschutzorganisationen in Bayern zusammentaten und den Nationalparkgedanken forcierten. Die Politik zog mit: 1972 erging, nach Anträgen der beiden großen Parteien, das Gesuch des Bayerischen Landtags an die Regierung des Freistaats Bayern nach Planung eines »Bayerischen Alpenparks« im Naturschutzgebiet Königsee. Die Planung kam in Gang. Am 26. April 1978 wurde in der Plenarsitzung des Bayerischen Landtags die Verordnung über den Alpen- und Nationalpark Berchtesgaden ohne Gegenstimme beschlossen.

Die immergrünen Geschichten, die der Bootsführer auswendig zu erzählen imstande ist – jene von der Schlafenden Hex', oder die vom Untergang des Wallfahrerboots 1688,

Hoher Göll (links) und Hohes Brett vom Weg Königssee – Grünsteinhütte

bei dem 71 Menschen ertranken, sowie die schauerliche Beschreibung der Watzmann-Ostwand –, wird man bei der Fahrt nach Königssee ebenso wenig hören wie das mit den Tönen eines Flügelhorns erzeugte Echo. Denn das alles gibt's nur, wenn das Königsseeschiff entgegengesetzt unterwegs ist – also von der Seeländes nach St. Bartholomä. Dafür sollte man beim Aufstieg zur Grünsteinhütte an der Rodel- und Bobbahn entlanggehen, quasi als kleine Entschädigung. Und auch den Grünsteingipfel »mitnehmen«, ein fantastischer Aussichtspunkt. Über das Wirtshaus Hammerstiel und durch Hinterschönau geht es hinab nach Engedey und anderntags

Gedenktafel für Georg v. Reichenbach am Soleleitungssteg in Berchtesgaden

Via Alpina »Violetter Weg«

hinauf zum Söldenköpfl-Wirtshaus. Wer sich etwas mit Berchtesgadens Geschichte befasst, weiß, dass hier die Soleleitung von Berchtesgaden nach Bad Reichenhall verlief. Sie bestand aus ausgehöhlten Baumstämmen, den so genannten Deicheln; in ihr floss die salzhaltige Flüssigkeit, die Sole.

Zwar wäre es am kürzesten gewesen, die Soleleitung über den Pass Hallthurm zwischen Untersberg und Lattengebirge zu bauen, doch hätte man damals (1817) dort noch österreichisches Gebiet berührt und erhebliche Zölle berappen müssen (eine Grenzberichtigung erfolgte erst 1852). Die etwa 300 Meter Höhenunterschied hinauf zum Solehochbehälter am Söldenköpfl musste man mit Hilfe einer hydraulischen Pumpe (sie steht heute im Salzbergwerk Berchtesgaden), einer sog. »Wassersäulen-« bzw. »Solehebemaschine« – dem »Wunder von Ilsank« – überwinden. Konstruiert hat dieses Kunstwerk der Technikingenieur Georg Reichenbach. König Max I. Joseph nahm die Pumpe eigenhändig in Betrieb und sie funktionierte ohne Fehl und Tadel bis zum Jahr 1927. Reichenbach wurde geadelt, durfte sich fortan »Königlich-bayerischer Salinenrath Ritter Georg von Reichenbach« nennen und eine lebenslange Rente beziehen. Das waren noch Zeiten!

Dem sehr bequemen und aussichtsreichen Soleleitungsweg – Hoher Göll, Watzmann und Hochkalter stehen Spalier – folgen wir bis Schwarzeck und erreichen, vorbei am wertvollen Biotop Taubensee, die Schwarzbachwacht.

Zur Ruhpoldinger Madonna

Sogleich weht wieder ein anderer Wind: Am »Wachterlsteig« – durch schönen Lärchen-, Zirben- und Tannenwald – steigt man hinauf auf das Plateau der Reiter Alm, einer weiteren Karsthochfläche, zur Neuen Traunsteiner Hütte, um anderntags auf dem »Alpasteig« ins namengebende Reit hinunterzuwandern. Durch die Schlucht der Saalach und über Unken wird ins Sonntagshorngebiet der Chiemgauer Alpen gewechselt. Dort wartet

Die Pfarrkirche St. Georg in Ruhpolding; sie birgt die »Ruhpoldinger Madonna«.

Teilstrecke Salzburger Land – Bayerische Voralpen – Allgäuer Alpen

ein echtes Highlight: der Staubfall, hinter dem unser Wanderweg durchführt. Für die darauf folgende Fischbachtal-Strecke hinaus in die Laubau würde man sich durchaus ein Fahrrad wünschen. Irgendwann hat auch dieser Weg ein Ende – beim Holzknechtmuseum. Es ist sehenswert, fürwahr. Vielleicht sollte man ja überhaupt einen Rast- und Kulturtag in Ruhpolding, dem berühmten Ferienort, einlegen. In der Kirche St. Georg befindet sich die »Ruhpoldinger Madonna«, eine romanische Lindenholzskulptur aus der Zeit um 1000 n. Chr., der Elmar Landes – jahrzehntelang Chefredakteur der Alpenvereinsmitteilungen und großer Geist im DAV – in seinem Buch »Ruhpolding – Zugänge in ein Tal« herrliche Zeilen widmete: »Die Gotik mag schemenhaft sich schon anmelden; Spätgotik, Renaissance und Barock sind ferne bis nicht ermessbare Zukunft hierzulande, als die Ruhpoldinger Madonna entsteht. Deren Wesen ist nichts Ekstatisches eigen; weder im Übersinnlichen, noch im Sinnlichen. Thronend ruht sie in sich, den Blick zugleich nach innen wie nach außen gerichtet. So passt sie sich – gegenwärtig in der Nische des Seitenaltars von St. Georg – nicht hin bis zur Verwechselbarkeit ihrer Umgebung an. Doch sie verweigert sich dieser auch nicht. Sie hat da ihren Platz: eine Frau von hoheitsvoller, doch nicht einschüchternder, vielmehr vertrauengewinnender Schönheit! Anders ihr Sohn: Zwar hält sie den wie eh auf ihrem Schoß; doch nur im Verhältnis – auch der Größe – zu seiner Mutter zeigt der sich noch als Kind. Gestalt, die Geste des Segnens und Gesichtsausdruck sind die eines erwachsenen Menschen. Eines Mittzwanzigers vielleicht – oder schon des Dreißigjährigen? Vor dem Blick der Madonna vermögen solche Fragen nicht zu bestehen, bleiben unwesentlich. Das ist der Blick einer Frau, die gefasst erwartet, was immer mit der Geburt ihres Sohnes auf diesen, sie selbst, ihre Familie zukommen wird. Doch das ist ebenso der Blick einer Frau, die weiß, was seit dieser Geburt über annähernd zwei Jahrtausende die Welt bewegt hat, darüber hinaus bewegen wird , und die das alles in Einem begreift ... Und doch scheint mir's besser um die Welt bestellt, weil es diese Madonna gibt ...« Soweit Elmar Landes, der nicht nur eine ganze Menge von Literatur und Kunst versteht, sondern auch »seine«

Am Weg zur Piesenhausener Hochalm (Mitte)

Berge um Ruhpolding kennt – das Sonntagshorn über die Kraxenbachtäler, die Hörndlwand, die Schneiden des Hochfelln: Strohschneid, Thorauschneid und wie sie alle heißen.

Der Müllnerpeter von Sachrang

Zwar führt auf den Hochfelln eine Seilbahn, was zunächst nicht besonders einladend dünkt, doch der Weg von Ruhpolding-Egg über die Fellnalm hinauf zum Haus und zur Gipfelkapelle wird überraschend wenig frequentiert. Oben erwartet einen der fantastische Chiemseeblick und die Schau auf das eiserne Zentenarkreuz für Ludwig I. aus dem Jahr 1886, das in der Bergener Maxhütte gefertigt wurde. Im Westen steht markant der Hochgern, das nächste Ziel. Hierfür heißt es im Hochfellnhaus nochmals »auftanken« – sich Brotzeit und Getränk munden lassen –, denn der Übergang zu diesem Nachbargipfel ist nicht ohne: 500 Höhenmeter Abstieg und 600 wieder hinauf! Da dauert es eine Weile, bis man in Marquartstein ankommt. Seine Burg ließ Marquart II., Sohn des mächtigen Sighart IV., um 1072 erbauen. Heute zeigt sie sich überwiegend in spätgotischem Stil. Dank umfangreicher Restaurierungen etwa ab Mitte des 19. Jahrhunderts, und dann wieder ab 1965 durch den Freiherrn von Claparede, präsentiert sich die Burg Marquartstein in prächtigem Zustand.

Die folgenden drei Etappen geben sich wesentlich gemütlicher. Über die Hochplatte

Via Alpina »Violetter Weg«

Der Blankenstein (ganz links die Nadel) vom Riederecksattel

gelangt man zur Kampenwand – genau gesagt in die Scharte zwischen Äußerem und Äußerstem (!) Ostgipfel – und nordseitig an ihr entlang über die Steinlingalm zur Kampenhöhe mit der Bergstation der Kampenwandbahn und dem ehemaligen Kampenwandhaus, das heute Sonnenalm heißt. Mit Abstieg zur Dalsenalm und Gegenanstieg zum bei Tourenskiläufern ebenso geschätzten wie gefürchteten Weitlahnerkopf kommt man ins Geigelsteingebiet, und über das schmucke Sachrang geht's zum Spitzsteinhaus. In diesem Dorf lebte einst Peter Huber, genannt »Müllnerpeter«: Bauer, Müller, Laienarzt, Apotheker, Komponist, Musiker, später Bürgermeister – fast ein Universalgenie. Er hatte einen französischen Knecht, Thomas Grand d'Oudel, in Diensten, den die Einheimischen – der richtigen Aussprache des Namens nicht mächtig – kurz und schmerzlos »Krautnudel« nannten. Die Altarfiguren in der Ölbergkapelle stammen von ihm. Hubers Frau Maria Hell schreinerte und malte. Die Ehe verlief unglücklich. Nachdem die lungenkranke »Marei« in einem Hochwasser gestorben war, blieb Peter Huber allein mit seinen Erinnerungen. Vermutlich half dem mittlerweile Betagten die Bekanntschaft mit Baronesse Terry von Lilien über Zeiten der Einsamkeit hinweg. Die beiden hatten sich in ihrer Jugend im Jahr 1785 kennen gelernt und ineinander verliebt. Doch wegen des Standesunterschieds vermied der Müller die Vertiefung der Beziehung. Als er Witwer geworden war, besuchten sich Peter und Terry gegenseitig, oft für Tage, aber auch für mehrere Wochen. Bisweilen reiste er nach München, und dann wieder sie nach Sachrang. Die Baronesse überlebte ihren Freund. So jedenfalls hat es Carl Oskar Renner in seinem historisch belegten Roman glaubhaft gemacht. Der Stoff wurde auch fürs Fernsehen verfilmt, doch man hielt sich leider nicht an die Romanvorlage und es entstand trotz Starbesetzung ein schreckliches Kitschprodukt. Schade um die schöne Geschichte!

Windrad und Kletterfels

Das Rotwandhaus mit seinem seit 1990 installierten Windrad

Über die alte Holzbrücke bei Erl wechseln die Via-Alpina-Geher(innen) – nachdem sie nahe am Passionsspielhaus vorbeigekommen waren – nicht nur über den Inn, sondern auch aus den Chiemgauer Alpen in die Bayerischen Voralpen. Brünnstein- und Rotwandhaus sind die nächsten Stationen, denen sie entgegenstreben. Dabei können sie – etwa im Bereich der Himmelmoosalm oder während des Anstiegs aus dem Ursprungtal zum Rotwandhaus, Begegnungen mit Murmeltieren erleben. Beim Rotwandhaus steht als Baudenkmal des auf Hütten praktizierten Umweltschutzes ein Credo des Deutschen Alpenvereins, das große, Arktis-erprobte Windrad. Der Verfasser dieser Zeilen war damals, im Oktober 1990, Zeuge, als es mit dem großen Militärhubschrauber angeflogen und in Zentimeterarbeit aus der Luft auf die bereits in den Boden eingelassene Säule gesetzt wurde. Helfer, die die Feinarbeit mit Hilfe langer Haltetaue, die am Windrad befestigt waren, vom Boden aus zu unterstützen suchten, wurden dadurch, dass sich dasselbe sofort auf seiner (senkrechten) Achse zu drehen begann, meterweit weggeschleudert. Gottlob, es passierte nichts!

Teilstrecke Salzburger Land – Bayerische Voralpen – Allgäuer Alpen

Via Alpina »Violetter Weg«

Die Jocheralm, darüber der Jochberggipfel

Vom Rotwandhaus lässt sich ein schön geformter Felsberg erkennen: die Ruchenköpfe, früher Rechenstein genannt. Generationen von Kletterern haben dort ihre ersten zaghaften Schritte am Fels gewagt. Der junge Leo Maduschka beispielsweise benötigte zwei Anläufe, um den Westgrat zu meistern. An ihm sollen sich zwei Berühmte des Klettersports kennen gelernt haben: die Erstbegeher der Direkten Westwand des Totenkirchls, Hans Dülfer und Willi von Redwitz. Die Etappe über den Stümpfling hinüber ins Tal der Rottach bietet hingegen nichts Besonderes, man könnte sie sich – weil sie nun schon einmal da sind – mit drei Bergbahnen verkürzen. Doch tags darauf warten bereits wieder neue Höhepunkte: Blankenstein und Risserkogel. Ja, »blank« dräut die Südwand der »Nadel«, einer ca. 60 Meter hohen Felsplatte mit schmalen Kanten, die immer wieder Ziel von namhaften Alpinisten wie Toni Kinshofer, Anderl Mannhardt, Hans Engl oder Otto Wiedemann wurde. Ein ganz Starker aus der jungen Generation fand noch eine schwere Erstbegehung an der Südwand: Toni Lamprecht. Der Risserkogel, der praktisch am Weg steht, bietet übrigens eine fast so schöne Rundumschau wie die Rotwand.

Vom Kalvarienberg zur Benediktenwand ...

Von Kreuth nach Lenggries! Dabei wird – vermutlich ein Zugeständnis an den Hüttenwirt – das etwas abseits der logischen Route stehende Hirschberghaus mit einbezogen. Im alten Flößerdorf Lenggries, exakt im Ortsteil Hohenburg, in den man vom Seekarkreuz absteigend gelangt, gibt es einen Kalvarienberg, der zu den interessantesten in Oberbayern gezählt wird. Man sollte sich Muße nehmen für eine Stunde der stillen Besinnung. Die symmetrische Anlage zieht sich mit ihren am Rand von Natursteintreppen aufgestellten Kapellen den Hügel hinan und mündet in

Teilstrecke Salzburger Land – Bayerische Voralpen – Allgäuer Alpen

zwei Denkmäler: die 1726 erbaute Kreuz- und die 1694 errichtete Grabkapelle. In beiden finden sich Votivbilder. Vor der Grabkapelle (nach dem Jerusalemer Vorbild angelegt) erhebt sich eine Dreiergruppe lebensgroßer, aus Kupfer getriebener Heiligenstatuen. Die rechte, der heilige Johannes unter dem Kreuz, war ein Geschenk der Großherzogin Marie-Adelheid von Luxemburg. Da der Besucherandrang stark nachgelassen hatte, sah man sich im Jahre 1734 dazu veranlasst, neben den Kapellen 14 Kreuzwegstationen, wie inzwischen üblich, auf der Bergkuppe zu errichten. Die bereits bestehenden fünf Kapellen auf dem Anstieg nach oben wurden mit Szenen aus dem Leben Josephs von Ägypten neu ausgemalt.

Dann der Klassiker Brauneck – Achselköpfe – Tutzinger Hütte. Wer mag, kann auch über die Benediktenwand dorthin gehen; wenn man die Brauneckbahn als Aufstiegshilfe nützt, lässt sich der schöne Gipfel leicht noch von Ost nach West überschreiten und dieserart zur Hütte gelangen.

... und übers Estergebirge nach Garmisch

Der neu erbaute Stützpunkt steht unmittelbar unter der höchsten Felswand der Bayerischen Voralpen. Mit 350 Meter Wandhöhe würde sie selbst im Wilden Kaiser eine »gute Figur« machen. Allerdings ist sie ziemlich grasig. Was das Steinwild, das man vor Jahrzehnten dort einsetzte, schon ganz und gar nicht stört. Bei einer Begehung der Rippe, immerhin einer Route IV. Schwierigkeitsgrades, lag vor mir am Standplatz ein kapitaler Bock. Erst als ich ganz nah an ihm dran war, erhob er sich langsam und querte mit gezielten Sätzen links in die Wand hinein. Da sieht man erst, was Trittsicherheit eigentlich heißt ...

Auf in die Walchenseeberge – über die Staffelalm (auf der Franz Marc des Öfteren malte), die Jocheralm und den luftigen Verbindungsgrat vom Herzogstand zum Heimgarten – und ins Estergebirge. Es gehört alpingeografisch ebenfalls noch zu den Bayerischen Voralpen und weist mit dem Krottenkopf sogar deren einzigen Zweitausender auf. Für den Zustieg zum Plateau sollte man jedoch die Variante über die Pustertal-Jagdhütte nehmen; die Bergwiese dort – ein geradezu paradiesischer Platz. Diese Route ist viel schöner als der »Walchenseer Steig«, ein breiter Wirtschaftsweg, auf dem Massen von Mountainbikern unterwegs sind. Garmisch-Partenkirchens Reize erschließen sich nicht sofort. Man muss schon die Neue Pfarrkirche St. Martin, einen Schmuzer-Barockbau, besuchen und in die Alte Pfarrkirche St. Martin hineinschauen. Hier, um die alte Kirche herum, liegt die Wiege des Ortes. Der Urbau des Gotteshauses stammt aus der Frühgotik, um 1280. Beim Abstieg vom Wank haben wir

Die Pustertal-Jagdhütte am Weg zur Hohen Kisten

Via Alpina »Violetter Weg«

Auf der Variante von Etappe 22 (über den Kramer) gelangt man zur »Eisernen Kanzel«, einem Aussichtspunkt, von dem sich der Wetterstein (hier von der Alpspitze bis zur Zugspitze) präsentiert.

bereits die Wallfahrtskirche St. Anton im Ortsteil Partenkirchen passiert. Der achteckige Bau aus dem Jahr 1704 wurde durch einen Raum mit ovaler Kuppel erweitert. Deren Fresko ist eine exquisite Arbeit des Johann Evangelist Holzer von 1739. Auch etliche Lüftlmalereien fallen im Ort auf. Am bekanntesten ist wohl das klassizistische Fassadenfresko am Restaurant »Husar« (derselbe lehnt sich aus einem Scheinfenster rechts oberhalb des Eingangs), unmittelbar an unserer Wanderroute – auf der wir jetzt über Pflegersee und Elmaugries in die Ammergauer Alpen kommen.

Linderhof, Geiselstein und Neuschwanstein

Schloss Linderhof: das erste Schloss, das König Ludwig II. realisierte und das nach der alten Linde benannt ist, die man im Garten beließ. Das Schloss selbst plante und entwarf Georg von Dollmann. Im ersten Raum des Wohngeschosses, dem Gobelinzimmer, das als Musikzimmer diente, fällt der große Pfau aus wertvollem, bemalten Porzellan auf. Vier hufeisenförmige Kabinette, allesamt gleich ausgestattet, jedoch jedes in einem anderen Farbton gehalten, verbinden die einzelnen Räume miteinander. Das lilafarbene

Teilstrecke Salzburger Land – Bayerische Voralpen – Allgäuer Alpen

Kabinett etwa führt ins Schlafzimmer, das rosafarbene ins Speisezimmer mit dem versenkbaren »Tischleindeckdich«. Durch das blaue Kabinett gelangt man ins zweite Gobelinzimmer, das gleichwohl ein Pfau ziert. Im Spiegelsaal verfällt man optischen Täuschungen, sieht Räume, die es gar nicht gibt ... Linderhofs Ausstattung ist von unbeschreiblichem Prunk, aber die Räume sind ebenso unbeschreiblich überladen. Der »Maurische Kiosk«, den Ludwig 1867 auf der Pariser Weltausstellung kaufte, steht noch mehr als Fremdkörper zwischen den grünen Bergen des Graswangtales als das dem Rokoko nachempfundene Schloss. Und die zu beleuchtende Felsgrotte mit ihrem See, eine Huldigung an Richard Wagner, wirkt – das muss man zugeben – tatsächlich unsagbar kitschig. Trotzdem: Man kann sich dem Zauber dieser »Königlichen Villa«, die sich, wenn die mächtige Fontäne ruht, so herrlich im Bassin spiegelt, nicht entziehen.

Über den Bäckenalmsattel wird ins Reich der Kenzen übergewechselt. Dort herrscht der Geiselstein, ein allseits schroff mit bis zu 400 Meter hohen Wänden aufragender Kalkriese. Er ist nur mit Kletterei zugänglich. Hat man erst einmal den Kenzensattel überschritten, rückt er für einige Zeit ins Blickfeld. Über Gabelschrofen-, Niederstraußbergsattel und Ochsenängerle geht's in die Bleckenau und von dort abwärts zur Marienbrücke. Der Ausblick von ihr – gilt einem zu Stein gewordenen Traum! Das, was man da sieht, schaut genau so aus, wie sich Kinder ein Schloss vorstellen: Neuschwanstein. Freilich, wenn man das Ganze kritisch sieht, wenn man die ungeheuren Kosten bedenkt; wenn man gar die bis zum Wahnsinn gereichende Baubesessenheit von Ludwig II. in die Waagschale wirft; wenn man auch noch annehmen muss, dass der Monarch für die Verwirklichung von Neuschwanstein drei Baumeister »verschliss«, sich um jedes Detail selbst kümmerte und fortwährend die Pläne änderte: du liebe Zeit! Aber nach dem Wie fragt heute – angesichts von jährlich über einer Million Besucher – schon gleich gar kein Mensch mehr. Ein paar trockene Fakten: 1868 begann Eduard von Riedel mit der Bauplanung. Ein Jahr später erfolgte die Grundsteinlegung. 1874 trat Georg von Dollmann Riedels Nachfolge an. 1881 stand der fünfstöckige Palas mit dem Sängersaal. Drei Jahre danach wohnte Ludwig erstmals auf seinem Schloss, dessen Fertigstellung 1892 er allerdings nicht mehr erlebte.

In der Lech-Metropole

Füssen – die Lech-Metropole. Auch sie würde längeres Verweilen lohnen. »Foetibus« hieß die Station der römischen Via Claudia Augusta, die sich anstelle des heutigen Städtchens befunden hatte. Etwa um 725 gründete der irische Mönch Magnus, der »Apostel des

Via Alpina »Violetter Weg«

Teilstrecke Salzburger Land – Bayerische Voralpen – Allgäuer Alpen

Allgäus«, ein kleines Kloster, aus dem sich eine Benediktinerabtei entwickelte. Sie gehörte von 1310 bis zur Säkularisation dem Hochstift Augsburg an. Von der frühromanischen Kirche ist noch die Magnuskrypta erhalten. Ebenso Reste eines Freskos mit Magnus und Gallus, das etwa um 1000, möglicherweise auch früher, entstanden sein könnte. Die Stiftskirche St. Mang (= St. Magnus), auf den Fundamenten ihrer romanischen Vorgängerin errichtet, ist ein Werk des Allgäuer Baumeisters Johann Jakob Herkomer, der das Kloster zu einem barocken Gesamtkunstwerk umgestaltete. In jüngerer Zeit wurde der romanische Kreuzgang des Stifts freigelegt. Er ist, ebenso wie die St.-Anna-Kapelle mit ihrem Totentanz von Jakob Hiebeler aus dem Jahr 1602, in das großartige Museum der Stadt Füssen auf dem ehemaligen Klostergelände integriert. Unbedingt sehenswert ist in Füssen natürlich auch sein charakteristisches bauliches Wahrzeichen, das Hohe Schloss, in dessen Rittersaal sich eine wertvolle Holzkassettendecke befindet. Ein Teil der gotischen Schlossanlage dient als Staatsgalerie.

Von »Fiassa nach Pfronta« (von Füssen nach Pfronten) über Alatsee, Neue Saloberalpe (nicht mehr »-alm«; wir befinden uns bereits im alemannischen Kulturraum und hier heißt es »-alp«) und Falkenstein, auf den »King Ludwig« ein noch größeres, noch prunkvolleres Schloss als Neuschwanstein stellen wollte. Aber letzten Endes sind es dann doch die aus Sedimentgestein aufgebauten und im Zuge von Plattentektonik und Hebung entstandenen Felsenburgen, die Bergfreunde fast noch mehr zu begeistern vermögen, wie z. B. der Aggenstein, in dessen Reich wir uns nun vom Breitenberg aus begeben. Ab Tannheim folgen dann noch zwei Etappen bis zum Ziel.

Im Reich der Höfats

Der »Jubiläumsweg«, ein bekannter Höhenweg, führt uns in den Bann eines recht prominenten Gipfels der Allgäuer Alpen, des Hochvogels. Schön geformt, haben seine Grate und Wände aber auch den Ruf der Brüchigkeit, und selbst mit der Normalroute sollte man nicht spaßen, besonders wenn das Schneefeld des »Kalten Winkels« hart gefroren ist.

Via-Alpina-Wanderer müssen nicht hinauf, doch die Schlussetappe vom Prinz-Luitpold-Haus zum Nebelhorn fordert auch sie. Besonders dann, wenn die Wegstrecke übers Laufbacher Eck feucht bzw. nass ist. Dann wird dieses Terrain sofort gefährlich. Bei trockenen Bodenverhältnissen aber lassen sich Blumenreichtum und Aussicht vollen Herzens genießen. Diese Aussicht wird dominiert von den vier Gipfeln der Höfats. Ihre Namen verbindet man sofort mit den Allgäuer Alpen.

Etappe 26 steht im Banne des Aggensteins (hier vom Einstein gesehen).

Doch sie gelten als berüchtigt. Zahlreiche Unfälle haben sich an ihnen ereignet. Früher erklomm man sie mit Steigeisen und für manche ihrer Steilgrasrouten wird ihr Gebrauch immer noch empfohlen. Der Kenner der Allgäuer Alpen, Georg Frey, sang den Höfats ein hohes Lied: *»Wie eine vierteilige Flamme schießt der wilde Berg empor, seine Formen sind schlank und aufstrebend wie die Linien eines gotischen Domes. Von der Morgensonne beschienen, erglänzt der Grasmantel des Berges in einem eigenartigen Grün, das in allen Schattierungen spielt, vom dunklen Meergrün bis zum zarten Hellgrün. Bei bedecktem Himmel zeigt der Berg eine schwere, dunkle Tönung, die bedrückt und – warnt.«*

Am Nebelhorn angelangt, ist es Geschmacks-, Form- oder Sache des Geldbeutels, ob man sich nach 28 Wandertagen per pedes oder mit der Seilbahn ins autofreie Oberstdorf begibt.

Am Jubiläumsweg nähert man sich Schritt für Schritt dem Hochvogel (links im Bild).

Routenbeschreibung

An- und Rückreise
Von Innsbruck oder München per Bahn nach Wörgl (Umsteige-Bhf.) und auf der Linie Kirchberg – St. Johann – Fieberbrunn – Leogang nach Saalfelden; von dort per Bus nach Maria Alm. Rückreise: ab Oberstdorf per Bahn über Immenstadt (Umsteige-Bhf.) nach München. Verbindungen werden angezeigt unter www.bahn.de. Zwischendurch günstige Bus- und Bahnanschlüsse bei den Etappen 3, 7–9, 12, 17, 20, 21, 24, 26.

Übernachtungen
Übernachtet wird auf der Via Alpina auf Schutzhütten (meist Alpenvereinshütten, www.dav-huettensuche.de), da und dort auch einmal im Tal. In jedem Fall empfiehlt sich Vorausreservierung mindestens einen Tag vor Ankunft, zumal wenn man in einer Gruppe mit mehreren Personen unterwegs ist. Deshalb sind sowohl die Telefonnummern der Hütten als auch die der jeweiligen Touristen-Informationen der Fremdenverkehrsorte angegeben.

In Klammern jeweils die Original-Etappennummer der Via Alpina.

1 (39) Von Maria Alm zum Riemannhaus

 1375 Hm   4 ½ Std.

Topografische Karte UK L 4 Berchtesgadener Alpen 1:50 000
Von Maria Alm (802 m, Touristen-Information Telefon: +43 6584 78 16; www.maria-alm.de), vom östlichen Ortsrand dem Grießbach nordwärts folgen und hinauf in die Stablerau. Danach wieder zunehmend steiler bis zur Einmündung des »Ramseider Steigs« von Saalfelden herauf. Bald gelangt man zur Talstation der Materialseilbahn. Auf dem gut abgesicherten, im Felsgelände verlaufenden Steig aufwärts – zuletzt knapp an der Südwestwand des Sommersteins vorbei – in die Ramseider Scharte und zum Riemannhaus (2177 m, DAV, bew. Mitte Juni bis Anf. Okt., 140 Plätze, Tel.: +43 664 211 03 37).

2 (40) Vom Riemann- zum Kärlingerhaus

 ca. 50 Hm + ca. 580 Hm Abstieg   2 Std.

Topografische Karte UK L 4 Berchtesgadener Alpen 1:50 000
Vom Riemannhaus in Nordostrichtung auf dem gut markierten Weg über die Karstfläche des Steinernen Meers, am Salzburger Kreuz vorbei und die Einmündung des Weges von der Buchauer Scharte herunter passierend, allmählich wieder ins Grün. Über die Baumgartlhöhe ins Baumgartl (1788 m) und hinab zum Funtensee. An seinem Nordostufer entlang und mit kurzem Anstieg zum Kärlingerhaus (1630 m, DAV, bew. Ostern u. Mitte Mai bis Okt., 233 Plätze, Tel.: +49 8652 29 95).

3 (41) Vom Kärlingerhaus nach Königssee

 ca. 50 Hm + ca. 1070 Hm Abstieg   2 ¾ Std.

Topografische Karte UK L 4 Berchtesgadener Alpen 1:50 000
Ab Kärlingerhaus kurzer Aufstieg in Nordrichtung und durch Ofenloch und Bärengraben über die Oberlahneralm zur Saugasse. Durch sie landschaftlich prächtig mit vielen Kehren abwärts ins Schrainbachtal. Zur Schrainbach-Holzstube. Eine Strecke im düsteren Wald flach direkt am Schrainbach entlang, ehe der Weg wieder steil abfällt und man mit Serpentinen, am Schrainbachfall vorbei, zum Königssee hinuntersteigt. Erst noch oberhalb des Westufers, dann direkt am Ufer entlang nach St. Bartholomä (604 m). Mit dem Königsseeschiff zur Seelände in Königssee (Touristen-Information Schönau, Tel.: +49 8652 17 60; www.koenigssee.com).

In der Saugasse beim Abstieg zum Königssee

Teilstrecke Salzburger Land – Bayerische Voralpen – Allgäuer Alpen

Die Neue Traunsteiner Hütte auf der Reiter Alm; hinten Häuslhörner, Wagendrischlhorn, Stadlhorn (von rechts)

4 (42) Von Königssee nach Engedey

 ca. 600 Hm + 620 Hm Abstieg 3 1/4 Std.

Topografische Karte UK L 4 Berchtesgadener Alpen 1:50 000

Etwa in Höhe des großen Parkplatzes über die Königseer Ache und in Südrichtung zur Rodel- u. Bobbahn. Ihr entlang aufwärts bis zum Start (Einmündung des Weges von Oberschönau). Mäßig steil bis dorthin, wo der Weg Richtung Klingeralm und Kührointhütte abzweigt. Nicht ihm folgen, sondern steil auf sandig-schrofigem Serpentinensteig aufwärts zur Hangkante und rechts im Wald nach kurzer Zeit zur Grünsteinhütte (1196 m, keine Übernachtung; die Ersteigung des Grünsteins, 1304 m, fordert hin und zurück 1/2 Std., lohnend.) Ab Grünsteinhütte nordseitig im Mischwald abwärts zum Whs. Hammerstiel. Über Hinterschönau hinunter zur B 305 bei Engedey (576 m, Touristen-Information Ramsau, Tel.: +49 8657 98 89 20; www.ramsau.de).

5 (43) Von Engedey zur Neuen Traunsteiner Hütte

 ca. 1200 Hm + 150 Hm Abstieg 6 3/4 Std.

Topografische Karte UK L 4 Berchtesgadener Alpen 1:50 000

Von Engedey auf dem Sträßchen nordwestwärts hinauf, bis in einer Kehre der Weg Richtung Whs. Söldenköpfl (954 m) abzweigt. Ab dort führt der Soleleitungsweg überaus bequem erst an den Hängen des Söldenköpfls, dann an denen des Toten Manns entlang zum Whs. Gerstreit. Im freien Gelände weiter und mit moderatem Anstieg an den Rand der Ortschaft Schwarzeck. Über die Straße Ramsau – Bischofswiesen und in Nordwestrichtung immer oberhalb der B 305 (sie einmal kurz berührend) hinüber zum Wirtschaftssträßchen, das von der Mordaualm herunterführt. Ihm folgt man westlich, unterquert durch einen niedrigen Tunnel die B 305 und wandert über den Taubensee zum großen Parkplatz bei der Schwarzbachwacht (868 m, 3 1/4 Std.). Vom Parkplatz eben westlich an den Steilabfall der Reiter Alm und über den »Wachtersteig« steil, jedoch durch schönen Bergwald empor aufs Plateau. In kurzweiligem Auf und Ab und durch die Saugasse zur Neuen Traunsteiner Hütte (1570 m, DAV, bew. Ostern bis Ende Okt., 146 Plätze, Tel.: +49 8651 17 52).

6 (44) Von der Neuen Traunsteiner Hütte nach Unken

 ca. 1000 Hm Abstieg 3 1/4 Std.

Topografische Karte UK L 4 Berchtesgadener Alpen 1:50 000

Von der Neuen Traunsteiner Hütte in Westrichtung übers Plateau und hinunter zur malerisch in einem Kessel gelegenen Alpaalm. Danach führt der »Alpasteig« (links die eindrucksvolle Alpawand; extreme Kletterrouten) steil hinab ins Alpatal und hinaus nach Reit. Von dort westlich in Richtung Saalach, vor ihr rechts abzweigen zum »Gaissteig«, der

Via Alpina »Violetter Weg«

Einblick ins Tal (vorne rechts), durch das man zum Hochfelln aufsteigt; Bildmitte bis links die Strohnschneid

kühn über Holzgalerien und entlang schmaler Pfade durch die Saalachschlucht leitet. Vorbei am Ghf. Schütterbad und nach Unken (536 m, Touristen-Information Salzburger Saalachtal, Tel.: +43 6588 832 10; www.salzburger-saalachtal.com).

7 (45) Von Unken nach Ruhpolding

 1185 Hm + 1060 Hm Abstieg 7 1/4 Std.

Topografische Karte UK L 4 Berchtesgadener Alpen und UK L 7 Chiemgauer Alpen 1:50 000
Von der Kirche in Nordwestrichtung aus dem Dorf und auf Wanderweg über den Hölzl- und den Perchtkaser (1450 m) zum Peitingköpfl (1720 m, 3 1/4 Std.). Über den Kamm, der nach Norden zieht, hinunter zum Sattel zwischen Peitingköpfl und Sonntagshorn. Jetzt links (westl.) abwärts und zu einer Wirtschaftsstraße, die zur Hochalm leitet. An den Hütten vorbei und bei einer Kehre auf Wanderweg Nr. 19 südwestlich hinunter zum Baureggerkaser. Auf Almstraße zum Heutalbauern und dem Strässchen südwestlich folgen zum Alpengasthof Heutal. Jetzt noch ein Stück nach Westen und bei Wegverzweigung in Nordrichtung flach durch Wald, bis sich das Fischbachtal und der grandiose Ausblick zum Staubfall öffnen. Der Steig führt in kühner Anlage hinter (!) dem Wasserfall durch. Dann auf schönem Weg durch Bergwald hinunter zur Fischbachtal-Forststraße und in Nordrichtung talauswärts. Dort, wo die Forststraße das Tal verlässt, den nordöstlich abzweigenden Wanderweg wählen. Er trifft auf die von der Schwarzachenalm herüberführende Forststraße. Auf ihr in Nordrichtung talaus. Wo sie den Fischbach quert, geradeaus weiter, am Westhang des Rauschbergs entlang und über die Seetraun zur B 305. Etwa 1 km an ihr nördlich entlang (Wanderweg), bis sie nach Inzell abzweigt. Am westlichen Ufer der Traun führt ein Spazierweg direkt an den Ostrand von Ruhpolding (662 m, Touristen-Information: Tel.: +49 8663 880 60; www.ruhpolding.de).

8 (46) Von Ruhpolding nach Marquartstein

 1650 Hm + 1700 Hm Abstieg 8 3/4 Std.

Topografische Karte UK L 7 Chiemgauer Alpen 1:50 000
Von Ruhpolding nördlich am Kirchenhügel vorbei und in Südwestrichtung hinüber und hinauf nach Hinterreit. Weiter nach Egg, wo das Fahrsträßchen endet. Nun führt der Wanderweg westwärts empor auf den Ausläufer der Strohn-

Teilstrecke Salzburger Land – Bayerische Voralpen – Allgäuer Alpen

schneid. Dieser wird gequert und südlich unterhalb der Poschingerwand und der Strohnschneid weitergestiegen bis zur Einmündung des Weges von der Farnbödenalm herauf. Über die Fellnalm an den Gipfelhang des Hochfelln, an einem Abzweig Richtung Thoraualm vorbei und aufwärts (teils schrofig) bis zur Einmündung des von der Bründlingalm kommenden Weges. Nun rasch zum Hochfellnhaus (1664 m, privat, Anf. Nov. bis Beginn Wintersaison geschlossen, sonst ganzj. bew., keine Übernachtungsmöglichkeit) und zum Hochfellngipfel (1674 m, 3 1/2 Std.) mit Kapelle. Auf dem Anstiegsweg zurück, bis ein Wegweiser die Richtungen Thoraualm und Bergen anzeigt. Steil abwärts, über die Thorauschneid hinweg und wiederum steil (hohe Treppenstufen) Richtung Thoraukopf hinunter. Bei anderem Wegweiser folgt man der Bezeichnung »Bergen«. Über den Thoraukopf zu Wegverzweigung und wiederum Richtung Bergen weiter. Durch Wald abwärts. Man quert mehrmals den Bach sowie den Weißgraben und gelangt auf eine Almstraße. Ihr entlang in Westrichtung abwärts und ab dort, wo sie südlich abzweigt, der Bezeichnung »Hochgern« auf Wanderweg zur Hinteralm folgen. Weiter in Südrichtung hinauf (ein Wegabzweig nach Ruhpolding bleibt links) zu den Bischofsfellnalmen. Von dort westwärts, bis rechts ein Pfad mit vielen Serpentinen auf den Hochgern (1744 m, 3 1/4 Std. vom Hochfelln) führt. Nun auf nicht zu verfehlendem, teils schrofigen Steig zum Hochgernhaus (1461 m, privat, bew. Mai bis Okt., 30 Plätze, Tel.: +49 8641 619 19) und auf Wanderweg, zuletzt auf Forststraßen, über Agergschwend nach Marquartstein (546 m, Touristen-Information: Tel.: +49 8641 69 95 58; www.marquartstein.de).

9 (47) Von Marquartstein zur Kampenhöhe

 ca. 1100 Hm + ca. 150 Hm Abstieg 4 3/4 Std.

Topografische Karte UK L 7 Chiemgauer Alpen 1:50 000

Von Marquartstein über Piesenhausen nach Niedernfels und zur Talstation (590 m) des Hochplattenlifts. Liftauffahrt (ab 8:00 Uhr) empfiehlt sich, ansonsten zu Fuß zur Bergstation (1110 m). Von dort auf bequemem Almweg in West- und Südwestrichtung zur Plattenalm (1320 m) und in Kehren zur Senke zwischen Hochplatte und Haberspitz. Drüben abwärts und westlich am freien Kamm zur Piesenhausener Hochalm. Dem Kammweg weiter folgen, der sich über das Grassauer Haus, dann südseitig unterhalb des Hochalpenkopfs und des felsigen Raffen hinzieht. Dann geht's nordwärts hinüber zu den östlichen Ausläufern der Kampenwand. Auf einem felsigen Steig (Drahtseile) empor in die Scharte (ca. 1600 m) zwischen Äußerstem und Äußerem Ostgipfel (mit dem Chiemgaukreuz) und drüben nordwestlich hinunter zur Steinlingalm (1550 m, Sommerwirtschaft, keine Übernachtungsmöglichkeit). Auf Promenadeweg an der Nordseite der Kampenwand entlang zur Sonnenalm (1467 m, privat, 55 Plätze, Tel.: +49 8052 45 43) auf der Kampenhöhe nahe der Bergstation der Kampenwandseilbahn.

10 (48) Von der Kampenhöhe zur Priener Hütte

 ca. 560 Hm + ca. 630 Hm Abstieg 3 1/2 Std.

Topografische Karte UK L 7 Chiemgauer Alpen 1:50 000

Von der Bergstation der Kampenwandseilbahn dem in Südwestrichtung abwärts führenden Wanderweg folgen. Nach kurzer Zeit Wegteilung. Nicht rechts weiter, sondern geradeaus hinunter und im freien Gelände in den lichten Wald. Nun wird der Steig deutlicher. Er führt in Südwestrichtung abwärts. Schon weit unten überquert man eine Forststraße und erreicht bald darauf die Hintere Dalsenalm (1078 m). An der am weitesten südlich gelegenen Hütte beginnt der steile Steig über den Weitlahnerhang. Oben in Kehren empor und nach links (östl.) zum Kamm. Von dort nach rechts an die Gipfelfelsen und (kurze, mit Drahtseil gesi-

Wegweiser in der Senke unterhalb der Hochplatte

Via Alpina »Violetter Weg«

cherte Stelle) zum Weitlahnerkopf (1615 m, 2 $^1/_2$ Std.). Jetzt in Südwestrichtung unterhalb des Kammes der Aschentalerwände entlang, an der Einmündung des von der Haidenholzalm heraufziehenden Weges vorbei, zur Roßalm. Südlich über die Hochfläche aufwärts und in das Joch zwischen Roßalpenkopf und Wandspitz. Von dort in Südrichtung hinunter zur Priener Hütte (1411 m, DAV, ganzj. bew., 100 Plätze, Tel.: +49 8057 428).

11 (49) Von der Priener Hütte zum Spitzsteinhaus

 ca. 510 Hm + ca. 670 Hm Abstieg 3 $^3/_4$ Std.

Topografische Karte UK L 7 Chiemgauer Alpen 1:50 000
Von der Priener Hütte führt eine Wirtschaftsstraße westlich in den Laubergraben, dann oberhalb des Talgrabens und zuletzt südwestwärts direkt hinunter nach Sachrang (738 m; www.sachrang.de). Von der Pfarrkirche auf dem zur Mitterleiten führenden Fahrweg aufwärts. Nach der ersten Kehre zweigt der Wanderweg zum Spitzsteinhaus rechts (nördl.) ab. Er führt durch Wald und kleine Gräben auf die Wiesen der Obermoosalm. Danach geht man westlich, dann etwas steiler hinauf zur Mesneralm (1197 m). Von dort bequem in Westrichtung weiter zum Spitzsteinhaus (1252 m, DAV, Öffnungszeiten erfragen, 70 Plätze, Tel.: +43 5373 83 30).

12 (50) Vom Spitzsteinhaus nach Oberaudorf

 770 Hm Abstieg 2 $^3/_4$ Std.

Topografische Karte UK L 7 Chiemgauer Alpen 1:50 000
Vom Spitzsteinhaus auf Fahrweg in Südwestrichtung nach Erlerberg (schöner auf dem Wanderweg über die Goglalm, der nach kurzer Zeit vom Fahrweg links abzweigt; bei neuerlicher Verzweigung schon nahe Erlerberg nicht dem Weg nach Niederndorf folgen!). Weiter auf dem für den öffentlichen Verkehr freigegebenen Bergsträßchen abwärts, bis nach etwa 2 km nach links (südwestl.) der Weg über Obersteigental nach Erl/Weidau/Mühlgraben abzweigt. Ab Obersteigental Fahrsträßchen. Man gelangt über Untersteigental nahe des Passionsspielhauses nach Mühlgraben (485 m). Dort etwa 1 km südwärts zur alten Zollbrücke. Über den Inn, unter der Autobahn durch und in Westrichtung zur Bahntrasse. Ihr entlang direkt zum Bahnhof Oberaudorf (482 m, Kur- und Verkehrsamt, Tel.: +49 8033 301 20; www.oberaudorf.de).

13 (51) Von Oberaudorf zum Brünnsteinhaus

 950 Hm + 80 Hm Abstieg 3 $^3/_4$ Std.

Topografische Karte UK L 12 Mangfallgebirge 1:50 000
Entweder auf Fahrsträßchen oder mit der Hocheckbahn zum Hocheck (823 m). Von der Bergstation auf Fahrweg in Westrichtung. Er wird zum Bergpfad (die Abzweigung nach Rechenau bleibt links), der nahezu waagrecht am Nordhang des Schwarzenbergs entlangleitet und zuletzt leicht fallend in den Graben zwischen Brünn- und Schwarzenberg führt. Dort links (südl.) in Richtung Wildgrub kurze Zeit ansteigen, bis nach rechts (nördl.) aufwärts der Weg zum Brünnsteinhaus abzweigt. Durch Wald empor. Bald mündet der von Buchau heraufführende, schlechte Forstweg ein. Nach kurzer Zeit wird der Weg schmäler und endlich zum Steig, der entlang schroffer Felswände durch den Hochwald immer in westlicher Richtung zum Brünnsteinhaus (1342 m, DAV, Öffnungszeiten erfragen, 58 Plätze, Tel.: +49 8033 14 31) emporzieht. Es wird erst ganz zuletzt sichtbar.

Es lohnt sich, den Brünnsteingipfel »mitzunehmen«.

Teilstrecke Salzburger Land – Bayerische Voralpen – Allgäuer Alpen

Von der Rotwand genießt man diesen Ausblick zu Ruchenköpfen (Mittelgrund), Traithen (links) und Kaisergebirge (rechts hinten).

14 (52) Vom Brünnstein- zum Rotwandhaus

 ca. 145 Hm + ca. 1050 Hm Abstieg 7 1/2 Std.

Topografische Karte UK L 12 Mangfallgebirge 1:50 000

Vom Brünnsteinhaus über die Kehre abwärts auf den Fahrweg, der nach rechts (Westen) zur Himmelmoosalm leitet. Noch ein Stück westwärts weiter, dann links ab durch Lärchenbestand empor auf die Höhe des Steilnergrats. Immer südseitig unterhalb der Grathöhe entlang und zuletzt steiler aufwärts zum Steilnerjoch (1747 m). Am Kammweg steigt man nun durch Latschen über das Unterbergerjoch (1828 m) zum Großen Traithen (1852 m, 2 1/4 Std.). In Nordrichtung durch schrofige Latschengassen zum Sattel zwischen Großem und Kleinem Traithen und nordwestlich abwärts zur Fellalm (1621 m). Westlich hinunter in den Wald und darin abwärts bis zu einer Forststraße. Auf dieser ins Ursprungtal. Längs der Straße etwa 600 m nach Norden bis zum »Schweren Gatter« gehen (832 m, 2 Std. vom Gr. Traithen), wo beim Parkplatz das Sträßchen zum Sillberghaus beginnt. Bis unter dieses und weiter dem Sträßchen taleinwärts folgen bis zur Verzweigung. Hier nicht auf dem unteren Fahrweg weiter und auch nicht nach rechts hinauf abbiegen, sondern geradeaus und durch Wald zur Wirths-

alm. Bald nach dieser endet der Fahrweg. Der nun schöne Steig führt zur Sandbichleralm. Weiter auf schmalem Pfad zur verfallenen Niederhoferalm. Der Weg wird jetzt steiler und ca. 45 Min. ab Ruine erreicht man den Auerspitz-Südrücken. Nordwestlich weiterqueren und hinauf in die Kümpflscharte, von der aus man rasch das Rotwandhaus (1737 m, DAV, Anf. Nov. bis Mitte Dez. geschl., sonst ganzj. bew., 126 Plätze, Tel.: +49 8026 76 83) erreicht.

15 (53) Vom Rotwandhaus ins Rottachtal

 ca. 475 Hm + ca. 1170 Hm Abstieg 4 1/4 Std.

Topografische Karte UK L 12 Mangfallgebirge 1:50 000

Vom Rotwandhaus nordwestlich aufwärts und unterhalb der Rotwandköpfe westwärts queren bis an den Kirchstein (auch »Kragenknöpferl«). Drüben nordseitig ein Stück abwärts und immer an der Westseite unterhalb der Schneid des Lempersbergs entlang, dann über Felsstufen und durch Latschen in den Wiesensattel östlich des Taubensteins. Zuletzt über Treppen abwärts zur Bergstation der Taubensteinbahn. Rasch nördlich in den Taubensteinsattel (1590 m) und parallel zur Bahntrasse am Nordrand des Großen Loch-

Via Alpina »Violetter Weg«

grabens hinunter zu einem Wirtschaftsweg, der zu den Schönfeldalmen und zur Schönfeldhütte (1410 m, DAV, ganzj. bew. – Urlaubszeiten abfragen –, 39 Plätze, Tel.: +49 8026 74 96) führt (1:20 Std.). Von dort westlich abwärts zum Spitzingsattel (1127 m), am Westufer des Spitzingsees entlang zur Stümpflingbahn (1 Std.) und mit dieser oder zu Fuß zum Stümpflinghaus (1494 m). Westseitig über die Hänge der Sutten hinunter zum Berggasthof Sutten (1038 m, Tel.: +49 8022 241 34).

16 (54) Vom Rottachtal nach Kreuth

 ca. 870 Hm + 1050 Hm Abstieg 4 3/4 Std.

Topografische Karte UK L 12 Mangfallgebirge 1:50 000

Vom Berggasthof Sutten auf der Straße Valepp – Enterrottach etwa 1/2 km abwärts zu größerem Parkplatz (ca. 960 m) und linker Hand auf eine Forststraße (Bez. »Risserkogel«). Über sie aufwärts, bis nach links (Süden) ein Almweg abzweigt. Er führt zur Sieblialm. Von dort zunehmend steiler erst über Wiesen, dann durch Bergwald zur Riedereckalm. Im freien Gelände hinauf zum Riederecksattel, wo man einen schönen Ausblick zum Blankenstein hat. Am besten auf dem linken Weg unterhalb des Risserkogels durch in den Blankensteinsattel. Von dort leitet ein felsiger Steig in Südrichtung auf den vom Grubereck herüberziehenden Kamm. Über ihn nach links (Osten) rasch auf den Risserkogel (1826 m, 2 1/2 Std.). Zurück zur Wegverzweigung und am teilweise felsigen Kammweg (vereinzelt Drahtseile; Alpenlehrpfad) westlich zum Grubereck (1664 m). Noch ein kurzes Stück dem Kammweg nördlich bis zur Abzweigung links (westl.) hinunter folgen. Südseitig unterhalb des Daffensteins vorbei durch den Bergwald zu einer Forststraße. Diese wird vom Wanderweg mehrmals gekreuzt, ehe sie nach Kreuth hinunterleitet (772 m, Touristen-Information Tel.: +49 8029 18 19; www.kreuth.de).

17 (55) Von Kreuth nach Lenggries

 ca. 1400 Hm + ca. 1480 Hm Abstieg 8 Std.

Topografische Karte UK L 18 Bad Tölz – Lenggries und Umgebung 1:50 000

Nördlich des Orts, wo die von Scharling kommende Straße einmündet, auf bezeichnetem Weg nach Westen und auf einem Sträßchen zu einer Forststraße. Auf ihr einige Minuten nach rechts, bis ein Wanderweg links abzweigt. Nach einem Quellgebiet trifft man auf den von Point heraufführenden Weg. Rechts durch Wald und in Kehren zur Rauheckalm. Nordseitig an den Hütten vorbei, mit Serpentinen zum Weg (Hirschbergschulter), der vom Hirschberghaus (1545 m, privat, Öffnungszeiten erfragen, 55 Plätze, Tel.: +49 8029 465) herüberkommt und hinab zu diesem (2 1/2 Std.) Hinauf zur Schulter (ca. 1600 m) des Hirschbergs (zum aussichtsreichen Gipfel, 1670 m, ist's nur ein Katzensprung) und zu den Rauheckalmen auf gleicher Route zurück. Dann südseitig abwärts zur Weidbergalm und in gleicher Richtung weiter, an einer Diensthütte vorbei, zu einer Forststraße, der man nach rechts folgt. Sie führt hinunter ins Söllbachtal (ca. 1100 m, 1 1/2 Std.). Darin ca. 1 km nach Süden (Richtung Schwarzentennalm) zum Abzweig (rechts) einer breiten Forststraße. Man folgt ihr bis zur insgesamt vierten Straßenkurve, wo ein Forstweg nach rechts wegführt. Auf ihm ca. 150 m entlang, dann dem Wegweiser »Seekarkreuz« folgen (rot mark.). Nach etwa 200 m erneut ein Wegweiser. Man erreicht eine kleine Brücke. Weiter in nordwestlicher Richtung, bis der Weg in einen Fahrweg übergeht. Auf diesem in einer Mulde am nördlichen Waldrand bergauf und zu den Rauhalmhütten (1400 m). Nun nordöstlich auf der Almstraße in den Sattel zwischen Seekarkreuz und Brandkopf. Von dort in Südwestrichtung über den grasigen Grat auf das Seekarkreuz (1601 m, 2 Std.). Südlich über den Grat absteigen und westwärts auf lehmigem Pfad über den Kamm, zuletzt nordwestlich hinunter zur Lenggrieser Hütte (auch Seekarhütte, 1338 m, DAV, Öffnungszeiten erfragen, 50 Plätze, Tel.: +49 175 596 28 09). Nördlich zur Seekaralm, danach Abzweig des Wegs Nr. 612, der steil, steinig und bei feuchtem Boden rutschig in vielen Kehren ins Hirschbachtal hinunterleitet. In ihm auswärts nach Hohenburg und ins nahe Lenggries (679 m, Touristen-Information Tel.: +49 8042 501 80; www.lenggries.de).

18 (56) Von Lenggries zur Tutzinger Hütte

 ca. 1250 Hm + ca. 350 Hm Abstieg 6:35 Std.

Topografische Karte UK L 18 Bad Tölz – Lenggries und Umgebung 1:50 000

Von Lenggries entweder zu Fuß über Reiser- und Garlandalm (knapp 3 Std.) oder mit der Braunckbahn zur Bergstation (1530 m). Nun westwärts und den oberen Weg nehmen. Bei Verzweigung rechts aufwärts und zum Kamm. Die folgende Erhebung (Schrödelstein) wird links umgangen, die nächste (Stangeneck, 1646 m) überschritten (Wegweiser »Latschenkopf«). Dann südseitig unterhalb des Vorderen Kirchsteins vorbei und am Kamm weiter zum Latschenkopf (1712 m). Am Weg meist rechts des Grats in den Feichtecksattel (1626 m). Es folgen die Achselköpfe: am Kammweg bis unter den Gipfel des Großen Achselkopfs (1709 m; eine kurze Eisenleiter), der rechts (nördl.) umgangen wird. Der nächste Kopf wird überschritten (Schrofenpassagen), vom Gipfel des dritten Kopfs teilweise mit Drahtseilen gesicherter Abstieg in den Rotöhrsattel (1615 m). Weiter am Weg zur

Teilstrecke Salzburger Land – Bayerische Voralpen – Allgäuer Alpen

Probstenwand vom Vorderen Kirchstein, der nur einen Steinwurf weit vom Weg Brauneck – Rotöhrsattel entfernt ist.

Benediktenwand bis fast zum Beginn der Sicherungen des Ostwegs (3 1/4 Std.). Hier verlässt man die Benediktenwandroute westlich. Nach kurzem Abstieg bequemer Aufstieg in einen neuerlichen Sattel, von dem aus man rasch zur Tutzinger Hütte (1327 m, DAV, Öffnungszeiten erfragen, 91 Plätze, Tel.: +49 175 164 16 90) gelangt.

19 (57) Von der Tutzinger Hütte zu den Herzogstandhäusern

 ca. 1250 Hm + ca. 1000 Hm Abstieg 7 Std.

Topografische Karte UK L 18 Bad Tölz – Lenggries und Umgebung 1:50 000

Von der Tutzinger Hütte auf dem Benediktenwand-Westweg empor bis zu Abzweigung (ca. 1580 m, Bez. »Jachenau«). Man folgt diesem Abzweig südlich, dann westlich zuletzt in Serpentinen hinunter zur Glaswandscharte (1324 m). Dort noch ein Stück südlich abwärts, dann Verzweigung nach rechts (westl.). Man quert die Glaswand ziemlich auf gleicher Höhe südseitig (ein weiterer Abzweig nach Jachenau bleibt unbeachtet) und gelangt in die Senke zwischen Glaswand und Schwarzeck (Kreuz und Gedenkstein). Von der Senke im Bogen westlich auf schönem, teilweise schrofigen Steig, zuletzt auf Almstraße zur Staffelalm (ca. 1320 m, 2 1/4 Std.). Jetzt hinab zur Kochler Alm (1173 m). Von dort führt ein Fahrweg nahezu eben zu einer Forststraße, der man ein Stück folgt, bis nach links der Weg zur Jocheralm abzweigt. Er leitet auf die ebene Fläche der Kotalm. Nicht zu dieser, sondern rechts (westl.) an der Wiese entlang, bis es zur Jocheralm nach rechts (Süden) geht. Bald gemeinsam mit dem Weg von Jachenau herauf zur Jocheralm (1381 m), die südseitig des Jochbergs im freien Gelände liegt (1 1/2 Std.). Jetzt westwärts zum Jochbergweg queren und auf ihm durch Bergwald hinunter zur Kesselberghöhe (850 m, 1 Std.). Dort steigt man sogleich in den »Reitweg« ein, der relativ gemütlich zuerst durch Wald, später im freien Gelände über die Schlehdorfer Alm und quer durch den Südosthang des Herzogstands zu den Herzogstandhäusern (1575 m, privat, fast ganzj. bew., 40 Plätze, Tel.: +49 8851 234) hinaufleitet.

Via Alpina »Violetter Weg«

20 (58) Von den Herzogstandhäusern zur Weilheimer Hütte

 ca. 1650 Hm + ca. 1300 Hm Abstieg 8 Std.

Topografische Karte UK L 18 Bad Tölz – Lenggries und Umgebung 1:50 000

Von den Herzogstandhäusern an den Gipfelhang des Herzogstands und auf dem Serpentinensteig hinauf zum Pavillon (1731 m). Der Übergang zum Heimgarten führt nun zunächst in Westrichtung ziemlich auf der Grathöhe abwärts (spannende Einblicke in die Herzogstand-Nordflanke), teilweise ausgesetzt, teilweise gesichert (einmal über ein markantes Köpfl hinweg) zum Aufbau des Heimgartens und durch Latschenfelder zum höchsten Punkt (1790 m, gleich beim Gipfel das Heimgartenhüttl, einfach bew., 2 Std.). Nun südlich abwärts zur Ohlstädter Alm (1423 m) und zu Wegverzweigung. Nicht links ab Richtung Walchensee, sondern westlich hinunter in den Graben der Grießlaine. Die dort beginnende Forststraße führt erst zur Hirschau-Diensthütte und dann mit einigen Kehren abwärts zur Eschenlaine (Einmündung des von Einsiedl kommenden Fahrwegs). Talauswärts, bis kurz vor Eschenlohe (639 m, Touristen-Information, Tel.: +49 8824 82 28; www.eschenlohe.de; evtl. hier Zwischenübernachtung) linker Hand ein Weg in die Asamklamm hinunter abzweigt. Drüben hinauf auf eine Forststraße. Ihr folgt man links (östl.). Vorbei an P. 882 m (»Beim Taferl«) und um das Brandeck herum. Nach einem in Südrichtung verlaufenden, ebenen Straßenstück zweigt rechts der Steig zur Hohen Kisten ab (2 1/2 Std.).

(Bleibt man weiter auf der Forststraße, gelangt man – zuletzt ist sie identisch mit dem »Walchenseer Steig« – ebenfalls auf das Estergebirgsplateau; ermüdend, weitaus weniger schön und: viele Mountainbiker!)

Bequem im Mischwald aufwärts. Der schmale Pfad führt ins freie Gelände und bald entlang einer steilen Grasschrofenwand (Drahtseile). Danach in Serpentinen empor, an einer Quelle vorbei und auf teilweise schottrigem Steig hinauf zur schönen Wiese bei der Pustertal-Jagdhütte (ca. 1300 m). Nun südlich in einen Karboden (der Wegabzweig nach links

Der Karboden der Oberen Gumpen (rechts), darüber der Kenzensattel; ganz rechts der Aufbau der Hochplatte

Teilstrecke Salzburger Land – Bayerische Voralpen – Allgäuer Alpen

bleibt unbeachtet). Ein Stück eben nach rechts, dann links aufwärts und zunehmend steil über Geröll, oben über Schrofen rechts heraus ins nächste Kar. Am rechten Rand durch Latschen empor, dann nach links und in einer langen Schräge die Geröllströme unterhalb des Nordgrats der Hohen Kisten queren. Man erreicht den Kamm bzw. den Plateaurand. Von links (Osten) mündet der »Walchenseer Steig« (s. o.) ein. Jetzt in Westrichtung südseitig unterhalb der Hohen Kisten und des Archtalkopfs durch in die Senke zwischen Schindlerskopf und Oberem Rißkopf und in Südrichtung zur Weilheimer Hütte (1946 m, DAV, bew. Pfingsten bis Mitte Okt., 64 Plätze, Tel.: +49 170 270 80 52).

21 (59) Von der Weilheimer Hütte nach Garmisch-Partenkirchen

 510 Hm + ca. 1750 Hm Abstieg   5 1/4 Std.

Topografische Karte UK L 31 Werdenfelser Land 1:50 000

Von der Weilheimer Hütte westwärts absteigen und südlich (den zweiten, bequemeren Weg wählen) im freien Gelände und durch lichten Wald abwärts, später auf Fahrweg südwestlich hinunter zur Hinteren Esterbergalm (1272 m). Von dort ist's nicht mehr weit bis zur Esterbergalm (1264 m, Gaststätte, 1 1/2 Std.).
(Wer den Aufstieg zum Wank scheut, kann ab Esterbergalm südöstl. durch den Kaltwassergraben und östl. um den Wank herum nach Garmisch-Partenkirchen absteigen; nur ca. 100 Hm Gegenanstieg.)
Ein paar hundert Meter westlich beginnt der Aufstieg in Serpentinen über den bewaldeten Nordosthang des Wank. Später windet sich der Pfad nahe des Nordrückens eines Vorgipfels hinauf, und man erreicht über den Nordkamm in 1 1/2 Std. den Wank mit dem Wankhaus (1774 m, DAV, ganzj. bew., 30 Plätze, Tel.: +49 8821 562 01). Nun entweder mit der Wankbahn zu Tal oder zu Fuß über das Whs. Gamshütte zur Wallfahrtskirche St. Anton in Partenkirchen (Touristen-Information, Tel.: +49 8821 18 07 00; www.garmisch-partenkirchen.de).

22 (60) Von Garmisch-Partenkirchen nach Linderhof

 ca. 800 Hm + ca. 600 Hm Abstieg   7 1/2 Std.

Topografische Karte UK L 31 Werdenfelser Land 1:50 000

Von der Bayernhalle (man erreicht sie im Ortsteil Garmisch, 708 m, an der Alten Pfarrkirche St. Martin und am Friedhof vorbei) folgt man der Teerstraße in Westrichtung. Dem Wegweiser »Kramerplateauweg« (KR5) folgen. Vom Plateauweg geht man auf dem »Kellerleitensteig« weiter. Den Abzweig zum Whs. St. Martin ignorierend nordnordöstlich auf dem Kellerleitensteig zum Pflegersee (Whs.). Auf dem Sträßchen nordwestwärts, bis nach einer Kehre der Weg Nr. 256 links abzweigt. Oberhalb des Lahnenwiesgrabens westlich talein, ein Stück auf einer Forststraße und wieder dem Wanderweg folgend im Sulzgraben, bis man erneut auf ein Sträßchen gelangt. Nach gut 1 km der Abzweig zur Enningalm (1556 m). Von dort südwestlich hinab zur Rotmoosalm (1206 m) und auf der Almstraße nordost-, dann nordwärts über die Elmau und das Elmaugries hinaus zur SS 2060 im Graswangtal, die man zwischen Graswang und Linderhof (943 m, Gemeinde Ettal, Tel.: +49 8822 35 34; www.ettal.de) erreicht.
Variante (alpin): Ab Bayernhalle über den Kramer (1985 m, 3 1/2 – 4 Std.) und die Stepbergalm (1583 m) zur Rotmoosalm.

23 (61) Von Linderhof zur Kenzenhütte

 ca. 600 Hm + ca. 250 Hm Abstieg   3 1/2 Std.

Topografische Karte UK L 31 Werdenfelser Land 1:50 000

Von Linderhof auf der breiten Forststraße südwestlich bis fast hinaus zur SS 2060 (Lindergries), dann auf einer weiteren Forststraße nordwestwärts gemächlich am Sägertalbach entlang zur Sägertal-Diensthütte hinauf. Ab dort im jetzt herbschönen Sägertal über die Bäckenalm (1309 m), zuletzt auf schlechtem, moorigen Steig in den Bäckenalmsattel (1536 m, 3 Std.) empor. Jenseits im Bergwald am Bach entlang abwärts zur Kenzenhütte (1285 m, privat, bew. Christi Himmelfahrt bis Mitte Okt., 60 Plätze, Tel.: +49 8368 390).
Variante (alpin): Von Linderhof zu den Brunnenkopfhäusern und über Große Klammspitze (1924 m) und Feigenkopf (1867 m) in den Bäckenalmsattel (ca. 5 Std.; nur bei trockenen Verhältnissen ratsam).

24 (62) Von der Kenzenhütte nach Füssen

 ca. 850 Hm + ca. 1250 Hm Abstieg   6 1/2 Std.

Topografische Karte UK L 31 Werdenfelser Land 1:50 000

Ab Kenzenhütte südlich ein kurzes Stück auf einem Fahrweg, dann auf weiter oben über eine kurze Strecke gesichertem Bergsteig durch Wald empor (rechter Hand der Kenzenwasserfall), ehe man auf freie Wiesen gelangt. In Westrichtung durch die »Gasse« (verblocktes Gelände, später Geröll) in den Kenzensattel (1650 m) zwischen Kenzenkopf und Hochplatte. Drüben abwärts in den Karstboden der Oberen Gum-

Via Alpina »Violetter Weg«

pen (schöne Ausblicke zum Geiselstein). Immer nordseitig unterhalb der Hochplatte entlang (die Wegabzweigungen zum Geiselsteinjoch und zum »Fensterl« bleiben unbeachtet), dann das Gumpenkar westwärts querend und hart an den Abstürzen des Gabelschrofens steil hinauf in den Gabelschrofensattel (1915 m, 2 1/4 Std.) zwischen Gabelschrofen und Krähe. Jenseits durch das schmale Kar bis zum Rand des Schwangauer Kessels abwärts, nach links in ein weiteres, latschenbewachsenes Kar und links aufwärts zum Westgrat des Niederen Straußbergs. Mit einer Kehre hinunter zum Niederstraußbergsattel (1616 m). Aus ihm südostwärts hinab, über den Köllebach und zum Ochsenängerle, wo auch der Weg vom »Fensterl« herunter einmündet. Hinunter zur Jägerhütte (1400 m, tagsüber bew.) und auf dem breiten Fahrweg entlang der Pöllat abwärts zum Berggasthof Bleckenau (1167 m, 2 3/4 Std.). Gegenüber am Hang liegt die Fritz-Putz-Hütte (Selbstversorgerhütte der DAV-Sektion Füssen). Nun entweder mit dem Wanderbus oder zu Fuß auf der Fahrstraße oder, schöner, über Fritz-Putz-Hütte und am »Wasserleitungsweg« talwärts. Er mündet vor der Marienbrücke wieder auf den Fahrweg. Weiter durch die Pöllatschlucht steil abwärts zur Gipsmühle und nach Hohenschwangau (805 m). Entweder mit dem RVA-Bus oder zu Fuß entlang des Schwanseeparks auf dem Wander-/Radweg über Alterschrofen nach Füssen (808 m, Touristen-Information Tel.: +49 8362 938 50; www.fuessen.de).

25 (63) Von Füssen nach Pfronten

 ca. 550 Hm + ca. 500 Hm Abstieg 5 Std.

Topografische Karte UK L 10 Füssen und Umgebung 1:50 000
Von der Füssener Altstadt folgt man der Beschilderung zum Ortsteil Bad Faulenbach. Entlang der Kneippanlage an Mitter- und Obersee vorbei zum idyllisch gelegenen Alatsee (865 m). Von hier führt durch den dichten Bergwald eine serpentinenreiche Forststraße zur Neuen Saloberalpe (1089 m, 2 Std.) hinauf. Ein kurzer Steilhang (gesicherte Stelle) muss überwunden werden, ehe man zum Zirmgrat (1287 m) gelangt. Die nun anschließende Überschreitung von Zwölferkopf und Einerkopf bietet so manchen eindrucksvollen Blick aufs Alpenvorland und zu den Tannheimer Bergen. An einer Einsattelung führt eine Fahrstraße die letzten Meter über einige Serpentinen zum Falkenstein (1267 m, 2 Std.) empor. Über ein steiles Waldstück und Wiesen gelangt man auf kleinem Weg zu einer asphaltierten Straße und zum Ausflugslokal Schlossanger Alp. Von hier folgt man dem beschilderten Weg über den Manzengrat, der zuletzt in vielen Serpentinen zum Ghf. Manzenstüble hinabführt. Auf der kurzen Fahrstraße ins Tal. Quer über die Wiesen ins Zentrum des Pfrontener Ortsteils Steinach (850 m, Touristen-Information Tel.: +49 8363 698 88; www.pfronten.de).

26 (64) Von Pfronten nach Tannheim

 ca. 980 Hm + ca. 700 Hm Abstieg 7 Std.

Topografische Karte UK L 10 Füssen und Umgebung 1:50 000
Am besten mit der Breitenberg-Seilbahn zur Bergstation (zu Fuß 1 3/4 Std.). Nun auf markiertem Weg am Berghaus Allgäu (bew.), an der Hochalphütte (1509 m, bew.) vorbei und unter Schleppliften durch ins weite Kar unterhalb der Aggenstein-Nordwand. Ab Grenzhütte (1504 m) südwärts und mit Serpentinen über den »Bösen Tritt« durch die felsdurchsetzte Flanke in eine Einsattelung im Ostgrat empor. Eine kurze Querung an der grasigen Südseite führt zum Adlerhorst der Bad Kissinger Hütte (1788 m, DAV, bew. Mitte Mai bis Ende Okt./Anf. Nov., 65 Plätze, Tel.: +43 676 373 11 66), knapp 2 Std. ab Bergstation. Lohnender Abstecher, zuletzt über Seilversicherungen, von der Hütte zum Aggenstein, 1985 m. Zurück an der Abzweigung kurz unterhalb der Hütte folgt man dem steilen Pfad nach Süden in die »Enge«, die man über zahlreiche Serpentinen und nach Überquerung des Seebachs erreicht. Auf einem kleinen Sträßchen gelangt man zum Weiler Lumberg und, an einem Felskreuz oberhalb der Ortschaft Grän vorüber, auf den »Rundwanderweg Tannheimer Tal«. Diesem folgt man bis zum Weiler Berg, ab dem es nur noch wenige Schritte nach Tannheim (1097 m, Touristen-Information Tel.: +43 5675 622 00; www.tannheim.at) sind.

27 (65) Von Tannheim zum Prinz-Luitpold-Haus

 ca. 1600 Hm + ca. 900 Hm Abstieg 7 3/4 Std.

Topografische Karte UK L 8 Allgäuer Alpen 1:50 000
Von Tannheim über Bichl nach Wiesle. Hier beginnt eine schmale Fahrstraße, auf der es sich, stets südlich des Älpelebachs, bequem durch den Bergwald des Hochtals in einigen Kehren emporwandern lässt. Nahe des Älpeles (1526 m, 1 3/4 Std.) gelangt man auf die Alphochflächen zwischen Ronenspitze und Schnurschrofen. Der Weg zur Willersalpe wird südlich verlassen und zwischen Schnurschrofen und Zerrerköpfle durch zum Rücken, der Ersteren mit dem Gaishorn verbindet, angestiegen. Über ihn südwestwärts, den Aufbau des Gaishorns westlich umgehend zum Grat (das Gaishorn, 2247 m, lässt sich von hier rasch erreichen, 2 1/4 Std.). Nun die Südflanke des Gaisecks queren und auf dem »Jubiläumsweg« das Rauhhorn (2240 m) östlich umgehen (Felssturzzone). In Kehren empor zur Hinteren Schafwanne (1965 m). Nun wechselt der Weg auf die Westseite und leitet nach kurzem Anstieg hinab bis oberhalb des malerischen Schrecksees (ca. 1850 m, 1 Std.). Die weite Talmulde ausgehend und südlich in Kehren zur Lahnerscharte (1988 m). Drüben am Abzweig des »Saalfelder Wegs« vorbei

Teilstrecke Salzburger Land – Bayerische Voralpen – Allgäuer Alpen

und hinunter, über eine Senke und an den Osthängen unter Lahner- und Schänzlespitze im Auf und Ab bis zum Südostrücken des Schänzlekopfs. Über Geröllbänder und durch Latschen in den Notlandsattel, weiter zum Osthang der Lärchwand, um sie herum in ein großes Trümmerfeld. Am Abzweig Richtung Balkenscharte vorüber und in Serpentinen empor in die Bockkarscharte (2164 m, 2 1/4 Std.). Jenseits abwärts zum Prinz-Luitpold-Haus (1846 m, DAV, bew. Anf./Mitte Juni bis Anf./Mitte Okt., 260 Plätze, Tel.: +49 8322 70 01 54).

28 (66) Vom Prinz-Luitpold-Haus nach Oberstdorf

ca. 560 Hm + ca. 1600 Hm Abstieg 5 1/2 Std.

Topografische Karte UK L 8 Allgäuer Alpen 1:50 000
Ab Prinz-Luitpold-Haus zum Nordwestrücken des Wiedemerkopfes, dann dem markierten Pfad durch Buschwerk und über Grashänge zum tiefsten Punkt des Weges (1591 m) bei einer tief eingerissenen Wasserrinne folgen. Südwestlich weiter zum Abzweig Richtung Giebelhaus und zur Höhe der Schönberghütte (1688 m, unbew.). An den beiden Wegabzweigern zum Himmeleck vorbei und unter die Ostwand des Schnecks. In Kehren aufwärts bis unterhalb des Laufbacher-Eck-Gipfels (2 1/4 Std.) und westlich in Serpentinen hinunter in einen Sattel. Über eine kurze, gesicherte Stelle, dann die schrofigen und steilen Südflanken von Lachenkopf und Schochen querend. Um Letzteren herum und in Nordrichtung halten, an den Flanken von Kleinem und Großem Seekopf entlang. Zuletzt werden Zeigersattel und Promenadeweg erreicht, und nach 1 1/4 Std. bei der Nebelhornbahn-Mittelstation das Edmund-Probst-Haus (1930 m, DAV, bew. Pfingsten bis Anf. Okt. u. Weihn. bis Ostern, 108 Plätze, Tel.: +49 8322 47 95). Entweder zu Fuß über Geißalp und Vordere Seealpe (Whs.) oder per Bergbahn nach Oberstdorf (813 m, Touristen-Information Tel.: +49 8322 70 00; www.oberstdorf.de).

Hinweis: Die Original-Etappen 27 und 28 sollte man nur bei trockenen Verhältnissen und auch nicht zu kurz nach Regenfällen begehen, insbesondere das Wegstück ab Laufbacher Eck kann da sehr gefährlich sein. Dann besser von Tannheim über die Willersalpe nach Hinterstein und von dort über Schwarzenberghütte und Engeratsgundsee zum Edmund-Probst-Haus wandern.

Die Schlussetappe läuft gemächlich aus: im letzten Teil des Weges vom Laufbacher Eck zum Edmund-Probst-Haus.

Das Hohljoch, rechts darüber der Grubenkarpfeiler; in Bildmitte die Spritzkarspitze. Im Vordergrund rechts der Weg zur Falkenhütte

Via Alpina »Roter Weg«

Teilstrecke Karwendel – Allgäuer Alpen – Lechquellengebirge

2 Via Alpina »Roter Weg«
Teilstrecke Karwendel – Allgäuer Alpen – Lechquellengebirge

TOURENINFO

SCHWIERIGKEIT ●●●●○

KONDITION ●●●●○

ETAPPEN
13 Etappen, 266 km, 10 870 Hm (je im Auf- und Abstieg).

HÖCHSTER PUNKT
Meilerhütte, 2375 m.

AUSGANGSORT
Schwaz im Inntal.

ENDPUNKT
Sonntag im Großen Walsertal.

ERLEBNISWELT/HIGHLIGHTS
Ganz zu Anfang unserer Etappenroute glänzt mit der alten Silberstadt Schwaz eine ganz besondere Sehenswürdigkeit. Was die Berge angeht, so säumen mit den Lalidererwänden, mit Dreitorspitzen, Oberreintaldom, Hochwanner, Zugspitzstock, Hochvogel, Höfats und Widderstein grandiose Felskolosse den Weg, ehe die Bergformen zwischen Lechquellen- und Bregenzerwaldgebirge sanfter werden. Ein absoluter Höhepunkt ist aber auch das Wandern entlang der vor Kraftwerken bewahrten Wildflusslandschaft am Lech. Außerdem: Auf den letzten Tourentagen bewegt man sich auf den Spuren der Walser.

KARTEN
Topografische Karten des Bayer. Landesvermessungsamtes UK L 8, L 30, L 31; ÖK Nr. 112 bis 119, 142; Kompass-Karten Nr. 3, 4, 25, 26; freytag & berndt Nr. 151, 252, 321, 322, 351, 352, 364; siehe die einzelnen Etappen.

LITERATUR
Walter Klier: AVF Karwendel *alpin*; Helmut Pfanzelt: Gebietsführer Wetterstein und Mieminger Kette; Dieter Seibert, AVF Allgäuer Alpen und Ammergauer Alpen *alpin*; Gert Trego: Der große Walserweg, Der Weitwanderer (Bezug Alpina Buchhandlung Neumann, Oldenburg 1996); Höfler/Stitzinger: Via Alpina – Die bayerischen und angrenzenden Etappen, Verlag Geobuch 2003.

BESTE TOURENZEIT
Anfang/Mitte Juli bis Mitte/Ende September.

Der »Rote Weg« ist die Hauptader der Via Alpina. Er beginnt in Triest und endet in Monaco bzw. umgekehrt, je nachdem, wie man gewillt ist, ihn zu begehen. Auf diesem Roten Weg durchquert man die slowenische »Karst-Region«, die gar nicht mehr zu den Alpen gezählt wird, aber namengebend geworden ist für viele weitere Karstlandschaften; die Julischen Alpen, den Karnischen Hauptkamm, Teile der östlichen Dolomiten; man gelangt in die Rieserfernergruppe der Hohen Tauern, in die Zillertaler Alpen und die Tuxer Voralpen. Danach geht's ins Karwendel und ab dort begleiten wir den Roten Weg über insgesamt 13 Etappen (durch Karwendel, Wetterstein und Mieminger Gebirge, Lechtaler und Allgäuer Alpen – bis hinüber ins Lechquellengebige), ehe die Gesamtbegeher Richtung Rätikon weiterwandern. Im Gegensatz zum »Violetten Weg« verläuft der Rote Weg – zumindest was den hier beschriebenen Teil betrifft – in relativ hochalpinen Zonen. Auch die hier vorgestellten Etappen führen teils tief ins Innere der zu durchquerenden Gebirgsgruppen und vermitteln großartige Landschaftseindrücke, ohne schwierig zu sein.

Ins Herz des Karwendels

Wenn auch die Bezeichnung »Mutter aller Bergwerke« für das ehemalige Silberbergwerk Schwaz wie eine feine Übertreibung klingt: Einen Besuch lohnt das nunmehrige Schaubergwerk allemal. Wie überhaupt man sich quasi zum Start einen Mußetag gönnen sollte. Mit Einfahrt in das Bergwerk, mit dem Besuch des größten gotischen Gotteshauses Tirols »Zu unserer lieben Frau«, des Franziskanerklosters mit seinem Kreuzgang und des Bergbau- und Heimatmuseums im Turm von Schloss Freundsberg ließe er sich bis zum Rand ausfüllen. Dann aber rein ins Gebirge! Erste Station: die Lamsenjochhütte am Karwendel-Hauptkamm, unterhalb der Ostwand der Lamsenspitze gelegen. Am anderen Tag Abstieg in die Eng.

Die Lamsenjochhütte

Teilstrecke Karwendel – Allgäuer Alpen – Lechquellengebirge

Spätnachmittagslicht nahe der Meilerhütte; rechts oben Musterstein, in Bildmitte Wettersteinwand

Welch ein Trubel dort! Kunststück, sie ist mit Kraftfahrzeugen erreichbar. Bergler neigen da rasch zur Flucht, lassen Besucherströme und das »Schau-Almdörfchen« gern hinter sich, auch wenn die Bäume auf dem Großen Ahornboden bis zu 600 Jahre alt sein sollen. Da nimmt man doch lieber gleich den zum Teil steilen Pfad Richtung Hohljoch unter die Sohlen, wobei die 1000 Meter hohe Grubenkarspitze-Nordostwand einen gewaltigen Eindruck hinterlässt. Hinter den grünen Weideböden und dem Joch lugt der Gipfelbereich der Laliderspitze hervor und oben angelangt – steht man vor einer der wildesten Wandfronten der Nördlichen Kalkalpen. Sie sind das Herz des Karwendels! Dreizinkenspitze, Laliderwand und -spitze bilden zusammen eine unglaublich geschlossene, kilometerbreite Mauer, die auch im Zeitalter des 11. Kletterschwierigkeitsgrades ihren Ernst behalten hat. Nur noch relativ selten wagen sich Seilschaften in die »Schmid-Krebs«, die »Dibona-Mayer«, die »Auckenthaler«, und schon gar nicht in die »Ha-He-Verschneidung« im düsteren Winkel zwischen Grubenkarpfeiler und Dreizinkenwand. »Ha-He« steht für die Namen der Erstbegeher Gustav Haber und Otto Herzog. Du stehst da und staunst ... Die gastliche Falkenhütte wird erreicht und es lässt sich unschwer feststellen, dass die Fortsetzung des insgesamt fast 40 Kilometer langen Karwendel-Hauptkamms (auch Hinterautal-Vomper-Kette) gen Westen nicht viel weniger beeindruckt.

Besonders die 800-Meter-Kante der Nördlichen Sonnenspitze, die völlig in Vergessenheit geriet und von der der unvergessene Klaus Werner, Kletterpartner von Pit Schubert,

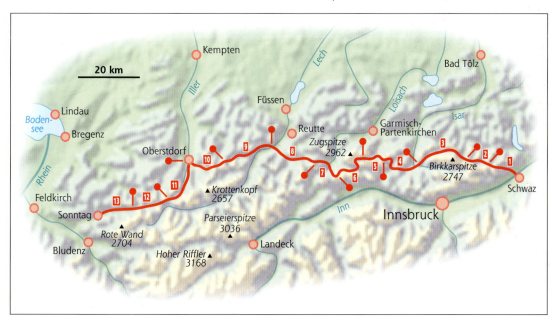

Via Alpina »Roter Weg«

Das Reintal vom Schachen-Pavillon gesehen; hinten Zugspitzplatt

nach einer Begehung so schwärmte, wird immer wieder zum Blickfang.

Hinüber ins Wetterstein

Kleiner Ahornboden. Was für ein Kontrast zum Großen Ahornboden. Hier auf dem Kleinen steht das Denkmal für Hermann von Barth, dem großen, auf Schloss Eurasburg bei Wolfratshausen geborenen Karwendelpionier, der 70 Gipfel dieser Gebirgsgruppe betrat, ein Dutzend davon zum ersten Mal. Seine kühnste Erstbegehung, den Grat vom Katzenkopf zur Mittleren Jägerkarspitze in der Gleiersch-Halltal-Kette, können wir auf unserer Wanderroute leider nicht sehen, doch sei trotzdem

Reintal mit Hinterer Blauer Gumpe und Hochwanner-Nordwand

vermerkt, dass der frühere Student der Rechte und spätere Geologe beim Abstieg seine »Alpenstange« in die Tiefe fallen ließ, was ihn hernach zu dem Satz animierte: »Wer mit mir geht, der sei bereit zu sterben.« Eine der am meisten missverstandenen Aussagen berühmter Bergsteiger.

Gegenanstieg zum großen Karwendelhaus, dem Ausgangsstützpunkt für die Ersteigung der Birkkarspitze, mit 2749 Metern Kulminationspunkt der Gruppe. Der Abstieg vom

Karwendelhaus durch das lange, früher so beschauliche Karwendeltal ist unruhig geworden. Mountainbiker sind gegenüber den Fußgängern bei Weitem in der Überzahl.

Scharnitz! Nur die Ruinen der »Porta Claudia« – der Festung, die der Tiroler Landesfürst Erzherzog Leopold 1629 errichtete – sind beiderseits der Isar noch zu sehen. Über den Hohen Sattel wird das Leutaschtal erreicht, und das Wettersteingebirge, die nächste große Kalkalpengruppe, nimmt die Wanderfreunde auf. Der Anstieg durchs Berglental, zuletzt an der Musterstein-Südwand vorbei (ein Terrain, in dem man durchaus Begegnungen mit Schneehühnern erleben kann) hinauf zur Meilerhütte, die direkt auf dem Wettersteinkamm steht, hat es in sich. Dafür entschädigt der Sonnenunterhang hinter der Zugspitze und das erste Morgenleuchten am Nordostgipfel der Partenkirchener Dreitorspitze. Der Abstieg zum Schachen ist rasch erledigt. Ein Besuch des Jagdhauses von Ludwig II. mit seinem »Maurischen Zimmer« und des Alpenpflanzengartens ist Pflicht. Danach der steile (Abstiegs-)Weiterweg an die Schwelle des Oberreintals, in dem die gleichnamige Hütte steht. Eine reine Kletterhütte (mit harm- und ahnungslosen Wanderern wird dort allerlei Schabernack getrieben), auf der legendäre Hüttenwarte hausten. Etwa der berühmte Fischer Franzl oder Charly Wehrle, der jetzt bereits seit vielen Jahren die Reintalangerhütte führt und auch dort mit seinem Hackbrettspiel morgens weckt. Auf dem Weg dorthin sind wir an der höchsten Wetterstein-Felswand entlangspaziert, der 1400 Meter hohen Hochwanner-Nordwand.

Mit den Schafweiden im hintersten Reintal und dem Partnach-Ursprung lässt man nach und nach auch das Grün wieder zurück: Es geht empor zur Knorrhütte am Zugspitzplatt, dem allerersten Wetterstein-Stützpunkt. Über Gatterl und Feldernjöchl wird dann angesichts der großen Gipfel der Mieminger Kette – unter denen besonders die Hochwand Eindruck macht – zur Pestkapelle abgestiegen. Im Seebensee spiegeln sich mit etwas Glück Wetterwand und -kante, berühmtes Fotomotiv und willkommener Rastpunkt vor dem serpentinenreichen Schlussanstieg zur Coburger Hütte. Über Biberwierer Scharte

Teilstrecke Karwendel – Allgäuer Alpen – Lechquellengebirge

Via Alpina »Roter Weg«

Am Weg zur Coburger Hütte; im Seebensee spiegelt sich die Wetterwand des Zugspitzstocks.

und Biberwier wird anderntags ein verhältnismäßig unspektakulärer Teil der Lechtaler Alpen angesteuert.

Vom Lech in die Allgäuer Alpen

Berwang, das einmal ein Einheimischer »Zürs im Kleinen« nannte, schließlich Weißenbach am Lech. Der Lech ist – zumindest noch wasseraufwärts von hier – einer der letzten Wildflüsse Europas. Zwar versuchten die Elektrizitätswerke Reutte mit einem Dutzend neuer Kraftwerke nach diesem Kleinod zu greifen, zum Verdruss und Widerstand der Naturschützer. Doch mit der Meldung des Lechs an die Europäische Union als Natura-2000-Gebiet scheint das Gespenst der zerstörenden Veränderung verscheucht. Wenn auch die Bürgermeister des Lechtals einen Nationalpark ablehnten, so sprachen sie sich wenigstens für einen Naturpark »Wildflusslandschaft Tiroler Lechtal« aus. Von derselben können wir auf unserem Weg Richtung Schwarzwassertal Eindrücke sammeln. Ziel dieses Tages aber ist – wie auch im Zuge des Violetten Weges – das Prinz-Luitpold-Haus unterm Hochvogel. Am nächsten Tag begeistern – diesmal vom Himmeleck aus – einmal mehr die Höfats, während Wanderer mit Klet-

Teilstrecke Karwendel – Allgäuer Alpen – Lechquellengebirge

terambitionen mit gemischten Gefühle den überaus schroffen Rädlergrat des Himmelhorns – eine der wildesten Graskletterein der Alpen – betrachten und sich möglicherweise schaudernd abwenden.

Oberstdorf, vom Stellenwert her mit Berchtesgaden vergleichbar, aber autofrei! Weit führen die Täler süd- und südwestwärts gegen die Allgäuer Hochalpen: Man wählt das des Dietersbachs, wenn man zu den Höfats möchte, das der Trettach, wenn's dem Großen Krottenkopf gelten soll; Stillachtal und Bacherloch für Mädelegabel und Trettachspitze, das Rappenalptal für Heilbronner Weg und Biberkopf, der ja – das lernen Kinder schon in der Grundschule – bekanntlich als südlichster Gipfel Deutschlands gilt. Im Stillachtal wird übrigens die berühmte »Heini-Klopfer-Skiflugschanze« passiert. Den Bau der ersten Schanze hatte das berühmte Springertrio Sepp Weiler, Heini Klopfer und Toni Brutscher initiiert. Sepp Noichl baute sie anlässlich der Skiflugweltmeisterschaft 1973 um. Flüge mit über 220 Meter Weite sind auf ihr möglich, wie der Norweger Roar Ljoekelsoey bewies.

Aus dem Rappenalptal führt auch der Weg empor zur Mindelheimer Hütte. Diese ist nicht nur Ausgangsstützpunkt für den »Mindelheimer Klettersteig«, sondern auch die Vorzeigehütte für moderne, umweltgerechte Hüttentechnologie im Deutschen Alpenverein. Zudem behält der Hüttenwirt auch im größten Tohuwabohu den Überblick und lässt sich im Sinn des Wortes nicht aus der Ruhe bringen.

Walserland und Maisäß

Die Allgäuer Alpen werden auf einer landschaftlich prächtigen Etappe, auf der der Widderstein zum Blickfang wird, verlassen. Über den Gemstelpass, einen bereits im Mittelalter gebräuchlichen Übergang ins und vom Kleinwalsertal, wird Hochkrumbach erreicht. Als Krumbach wurde es 1453 erstmals erwähnt, eine Walsersiedlung, in der man ein hartes Leben fristete. Als Mitte des 19. Jahrhunderts die Einwohnerzahl auf 20 zurückgegangen war, verließ sogar der Pfarrer die raue Gegend. Etwa hundert Jahre später hob die Besiedelung wieder an. Am Tagesziel Schröcken setzten sich sogar schon im 14. Jahrhundert Menschen fest.

Einmal noch geht's hinauf in die Hochgebirgsregion, ehe im Großen Walsertal unsere Etappentour ihr (vorläufiges?) Ende findet. Die Biberacher Hütte am Schadonapass steht im Lechquellengebirge südseitig unterhalb der Hochkünzelspitze. Auch die Braunarlspitze lässt sich von ihr aus ersteigen. Vorbei am Zitterklapfen geht's endlich zum kleinen Weiler Buchboden und der Lutz entlang nach Sonntag. »Bilderbuchlandschaften (...) im Biosphärenreservat Großes Walsertal. Da fällt der Abschied schwer und so mancher wird noch den einen oder anderen Tag verweilen, bevor er die Heimreise antritt«, so Luis Stitzinger im Wanderbüchlein »Hüttentrekking vor der Haustür«. Noch vor Buchboden kommt man am Bärenmaisäß vorüber. Der Maisäß, oder die Maiensässe, war der bescheidene Zweithof des Bauern, auf den er im Frühjahr mit Familie und Vieh für etwa drei Wochen zog, ehe die Kühe für den Sommer auf die Alm getrieben wurden. Auch im Herbst belegte man vor dem gänzlichen Abtrieb ins Tal noch einmal den Maisäß. So war auch das Leben eines Bergbauern ein Wanderleben, wenngleich ein anderes, als wir es lieben.

Körbersee mit Widderstein

Routenbeschreibung

An- und Rückreise
Schwaz ist Station der Bahnstrecke Rosenheim – Kufstein – Innsbruck.
Ab dem Touren-Endpunkt in Sonntag mit Bus 77 nach Thüringen, von dort mit Bus 76 nach Bludenz; weiter mit der ÖBB nach Bregenz und nach München, Auskünfte über www.oebb.at. Zwischendurch günstige Bus- und Bahnanschlüsse bei den Etappen 2, 3, 6, 10.

Übernachtungen
Auf der Via Alpina wird vorwiegend auf Berghütten (meist Alpenvereinshütten, www.dav-huettensuche.de), da und dort auch einmal im Tal übernachtet. Vorausreservierung mindestens einen Tag vor Ankunft, zumal wenn man in einer Gruppe mit mehreren Personen unterwegs ist, wird empfohlen. Deshalb sind bei den Routentexten sowohl die Telefonnummern der am Weg liegenden Schutzhütten als auch diejenigen der Touristen-Informationen in den Fremdenverkehrs- bzw. Talorten, die berührt werden, genannt.

In Klammern jeweils die Original-Etappennummer der Via Alpina.

1 (41) Von Schwaz zur Lamsenjochhütte

1410 Hm   5 Std.

Topografische Karte ÖK Blatt 118 1:50 000
Von Schwaz (539 m, Touristen-Information unter Telefon: +43 5242 63 24 00; www.schwaz.at), vom Bahnhof durch die Unterführung und zur Bundesstraße. Am Kreisverkehr rechts zur nahen Abzweigung nach Vomp/Fiecht. Unter der Autobahn durch und bergauf nach Fiecht. Auf einem Sträßchen nach Weng. Rechts weitergehend würde man St. Georgenberg erreichen. Wir wandern steil links aufwärts. Auf Höhe des Gehöfts Bauhof (es bleibt rechts) beginnt ein Fahrweg, dem man folgt. Nun immer in nordöstlicher Richtung. Nahe einer Wiese (rechts) Gabelung. Man bleibt auf dem neuen Fahrweg, der ins Stallental leitet. Bei der »Bärenrast« Schranke. Jetzt auf dem linken Weg (der andere geradeaus führt in den Lunstsattel) am Fuße des Rauhen Knölls, später am Schafjöchl entlang nordwestlich hinauf zur Lamsenjochhütte (1953 m, DAV, bew. Anf. Juni bis Mitte Okt., 96 Plätze, Tel.: +43 5244 620 63).

2 (42) Von der Lamsenjoch- zur Falkenhütte

ca. 700 Hm + ca. 800 Hm Abstieg   4 Std.

Topografische Karte UK L 30 Karwendelgebirge 1:50 000

Von der Lamsenjochhütte etwas ab- und gleich wieder aufsteigend ins Westliche Lamsenjoch (1940 m). Jenseits hinunter zu den Almböden. Der Abzweig zum Binssattel (Gramaialm-Hochleger) bleibt rechts. Abwärts zur Binsalm (Gastwirtschaft) und von dort dem Fahrweg zu den Hütten der Engalm folgen (Einkehr, 1 1/2 Std., RVO 9569 Bergsteigerbus am Gasthf.). Nun links (westl.) ab. Der Weg führt steil über einen Wiesenhang hinauf und im Bergwald weiter. Droben ins freie Gelände. Linker Hand die Wände der Spritzkarspitze; auf die Nordostwand der Grubenkarspitze scheint man direkt zuzugehen. Nach einem flacheren Stück und einem wieder etwas steileren Abschnitt werden die Wiesen unterhalb des Hohljochs erreicht. Im Joch (1794 m) steht man gebannt vor den Laliderwänden. Jenseits kurz auf einem Fahrweg abwärts, bis nach links der Geröllsteig abzweigt, der quer durch die Lalider Reisen zum Spielißjoch (1773 m) führt. Von dort in Nordrichtung auf dem Fahrweg rasch zur Falkenhütte (1848 m, DAV, bew. Anf. Juni bis Mitte Okt., 136 Plätze, Tel.: +43 5243 53 26).

3 (43) Von der Falkenhütte nach Scharnitz

ca. 400 Hm + ca. 1300 Hm Abstieg   7 Std.

Topografische Karte UK L 30 Karwendelgebirge 1:50 000
Von der Falkenhütte nordwestlich, dann nördlich abwärts zur herrlich gelegenen Ladizalm (1573 m) und weiter auf nicht zu verfehlendem Weg zum Kleinen Ahornboden mit dem Hermann-v.-Barth-Denkmal (ca. 1390 m). Nordwestwärts im Unterfilztal oder noch vor dem Denkmal auf Kar-

Schluss des Stallentals mit Fiechter Spitze (links)

50

Teilstrecke Karwendel – Allgäuer Alpen – Lechquellengebirge

Am Weg Eng – Hohljoch; links die Laliderespitze

renweg links ab und anfangs mit Serpentinen aufwärts zum Hochalmsattel (1803 m), von dem aus sich noch einmal die Berge um die Falkenhütte zeigen. Nun mit wenigen Schritten zum etwas tiefer gelegenen Karwendelhaus (1771 m, DAV, bew. Anf. Juni bis Mitte Okt., 189 Plätze, Tel.: +43 5213 56 23, 2 ¹/₂ Std.). In Westrichtung (Kehren) hinunter ins schöne, weitläufige Karwendeltal und durch dieses über die Larchetalm (1173 m, zur Weidezeit bew.) auswärts nach Scharnitz (964 m, Touristen-Information Tel.: +43 5213 52 72; www.tiscover.com/scharnitz).

4 (44) Von Scharnitz zur Meilerhütte

 ca. 1850 Hm + ca. 400 Hm Abstieg 7 ¹/₂ Std.

Topografische Karte UK L 30 Karwendelgebirge 1:50 000

Von Scharnitz in Westrichtung (zuerst Sträßchen, dann Bergpfad) aufwärts und immer nordseitig oberhalb der Sattelklamm, später in Serpentinen empor, zuletzt im Taleinschnitt zum Hohen Sattel (1495 m) zwischen Arnplattenspitze und Zunteregg. Drüben durchs Satteltal überwiegend durch Wald in 3 Std. hinunter nach Ahrn im Leutaschtal (1094 m, Touristen-Information Tel.: +43 52 14 52 70; www.leutasch.com). Über die Leutascher Ache, die Straße queren und zum Nordrand von Lehner. Weiter dem Verlauf des E4a folgend über den Puitbach und auf schönem Waldweg nordwärts zum Eingang des Berglentals. In diesem teilweise ziemlich steil und schrofig empor, bis es sich – unterhalb der herrlich gegliederten Musterstein-Südwand – weitet. Wesentlich weniger steil aufwärts und zuletzt am Nordrand des Leutascher Platts entlang, ganz zum Schluss nochmals steil im Geröll hinauf zur Meilerhütte (2375 m, DAV, bew. Mitte Juni bis Anf. Okt., 101 Plätze, Tel.: +49 171 522 78 97) im Dreitorspitzgatterl.

Variante: Wer Lust darauf hat, sich richtig zu plagen, geht von Lehner nicht ins Berglen-, sondern ins Puittal. Nach der ersten waldigen Stufe (noch bequem) erreicht man die Talweiden, wo bald in Nordwestrichtung (rechts) der Pfad zum Söllerpass abzweigt. Er wird zunehmend steiler und schrofiger und führt durch die schwächste Felszone zwischen Öfelekopf und Leutascher Dreitorspitze. Vom Söllerpass (2211 m) quert man das Leutascher Platt nordwestlich (gut auf die Markierungen achten!) und trifft unterhalb des Schlussanstiegs zur Meilerhütte auf den vom Berglental heraufführenden Geröllpfad, 4 ¹/₂ bis 5 Std. von Lehner.

Via Alpina »Roter Weg«

Die bekannte Skistation Berwang wird am Weg Wolfratshauser Hütte – Weißenbach berührt.

5 (45) Von der Meiler- zur Reintalangerhütte

 ca. 320 Hm + ca. 1300 Hm Abstieg 4 ¾ Std.

Topografische Karte UK L 31 Werdenfelser Land 1:50 000

Von der Meilerhütte erst nordseitig durch eine Geröllgasse abwärts, dann allmählich hinunter auf die grünen Weideböden des Frauenalpls. Zuletzt in Serpentinen über einen Rücken abwärts zum Schachenhaus (1866 m, privat, bew. Anf. Juni bis Mitte Okt., 88 Plätze, Tel.: +49 172 876 88 68) mit Jagdschloss, Alpenpflanzengarten und – man kommt beim Weiterweg fast an ihm vorbei – Aussichtspavillon (einer der atemberaubendsten Ausblicke weit und breit). Vom Schachenhaus auf gutem, stellenweise steilen Steig (Treppen, Sicherungen) südwestwärts hinunter (herrliche Ausblicke zum Oberreintaldom) – zum Eingang des Oberreintals (Wegverzweigung). Jetzt nördlich abwärts, dann in Westrichtung mit Kehren durch den Bergwald hinunter ins Reintal. Nach links (Westen) dem Reintalweg folgend rasch zur Bockhütte (1052 m, Einkehr). Nun auf dem schönen Reintalweg – später an der gigantischen Hochwanner-Nordwand vorbei – zur Reintalangerhütte (1370 m, DAV, bew. Ende Mai bis Mitte Okt., 90 Plätze, Tel.: +49 8821 29 03).

6 (46) Von der Reintalangerhütte zur Coburger Hütte

 ca. 1100 Hm + ca. 500 Hm Abstieg 6 Std.

Topografische Karte UK L 31 Werdenfelser Land 1:50 000

Von der Reintalangerhütte zum Oberen Anger (Schafweide, Talschluss). Von dort erst noch mäßig, dann aber recht steil in Kehren empor zu Wegverzweigung. Jetzt entweder scharf rechts ab (Bez. »Felsensteig« links, »Muliweg« rechts), in Kehren über eine Geröllhalde aufwärts und westlich, dann nordwestlich hinauf zur Knorrhütte (2051 m, DAV, bew. Mitte Mai bis Anf. Okt., 120 Plätze, Tel.: +49 8821 88 95). Oder ab Wegverzweigung weiter dem Taleinschnitt (Brunntal) folgen und von Süden her zur Hütte, jeweils 2 Std. Von der Knorrhütte auf dem Plattsteig in Südrichtung mit wenig Höhenunterschied, nur zuletzt mit Kehren ins Gatterl (ca. 2020 m). Durch Felsen, dann ein Stück steil abwärts und südlich hinauf ins Feldernjöchl (2040 m). Dort Wegverzweigung. Nicht geradeaus weiter zum Wannigjöchl (Südsteig), sondern west- und südwärts ein Kar ausgehend, dann in westlicher Richtung unterhalb der Gatterlköpfe und der Plattspitzen allmählich hinunter ins Grüne. An der Hochfeldernalm (1732 m) vorbei und im Bergwald abwärts zur Pestkapelle (2 Std.). Jetzt

Teilstrecke Karwendel – Allgäuer Alpen – Lechquellengebirge

über den Geißbach und drüben auf dem Verbindungsweg aufwärts zum Fahrsträßchen, das von der Ehrwalder Alm heraufkommt. Entweder auf ihm oder – schöner – auf dem bald südlich abzweigenden Wanderweg, der unterhalb des Sockels des Vorderen Tajakopfs entlangführt, zur Seebenalm (1575 m, Einkehr). Weiter zum malerischen Seebensee (1657 m). Herrlicher Blick auf die Wetterwand! Noch ein Stück fast eben weiter, zuletzt in vielen Serpentinen zur Coburger Hütte (1917 m, DAV, bew. Juni bis Anf. Okt., 85 Plätze, Tel.: +43 664 325 47 14).

7 (47) Von der Coburger zur Wolfratshauser Hütte

 ca. 860 Hm + ca. 1030 Hm Abstieg 4 ¾ Std.

Topografische Karte UK L 31 Werdenfelser Land 1:50 000
Von der Coburger Hütte in Westrichtung ohne Mühe zur Biberwierer Scharte (2000 m). Jetzt nordwestlich über den zunächst schmalen Geröllhang abwärts und in Serpentinen hinunter ins Latschengelände und in den Wald. Nordwestwärts hinaus nach Biberwier (969 m, Touristen-Information Tiroler Zugspitzarena Tel.: +43 5673 200 00), das in seinem Kern erreicht wird, 1 ¾ Std. Am nördlichen Ortsrand beginnt der Weg zur Wolfratshauser Hütte, der in erträglicher Steilheit in Westrichtung zum Grubigsattel hinaufleitet (1722 m; Bergstation der Lermooser Bergbahnen, 2 Std.). Nun ohne größere Höhenunterschiede und Skipisten querend in Nordwestrichtung bequem hinüber zur Wolfratshauser Hütte (1751 m, DAV, bew. Mitte Juni bis Mitte Okt. sowie 26. Dez. bis Ostermontag, 37 Plätze, Tel.: +43 664 905 89 20).

8 (48) Von der Wolfratshauser Hütte nach Weißenbach

 ca. 650 Hm + ca. 1540 Hm Abstieg 6 ¾ Std.

Kompass-Karte Nr. 4 Füssen – Außerfern 1:50 000
Ab Wolfratshauser Hütte kurz Richtung Grubigsteinhütte, dann Abstieg rechts durch Buschwerk auf die Alpweiden des Gartner Tals. Durch dieses hinauf und über allmählich steiler werdende Grasmatten ins Sommerbergjöchle (2001 m, 1 ¾ Std., von dort ist es nur ein kurzer Abstecher zum Gipfel der Blei- oder Pleisspitze, 2225 m). Drüben über Matten hinab in den Bergfichtenwald des Weittals. Kurz vor dem Weiler Bichlbächle (1278 m) überschreitet man den Weittalbach und passiert die Ansiedlung auf der schmalen Asphaltstraße, die durchs Stockachtal auswärts führt. Nach 1 ½ km erreicht man das Tal des Mühlbachs (1139 m). Vor der Brücke links ab und am Berwanger Talweg aufwärts nach Berwang (1342 m, Touristen-Information Tiroler Zugspitzarena Büro Berwang, Tel.: +43 5673 20 00 04 00; www.berwang.at, 2 Std.).

Von der Kirche ein kurzes Stück auf der Straße, nach der Kapelle rechts und auf einem Fahrweg nach Moos. Weiter an der Bundesstraße nach Rinnen (1562 m). Hinter der Kirche verlässt man die Hauptstraße (die weiter nach Namlos führt) und hält sich zunächst geradeaus, dann rechts bei Wegweiser Richtung Rotlechstausee/Lechtal. Knapp oberhalb der tief eingeschnittenen Schlucht leitet der Weg durch das Tal des Rotlechs. Am Ufer des Stausees entlang bis zur Staumauer und weiter längs der Schlucht bis zu Weggabelung (Bildstock). Links und abwärts an den Rand von Rieden. Dort links (westl.), über die alte Lechbrücke und nach Weißenbach am Lech (885 m, Gemeinde Tel.: +43 5678 52 10; www.weissenbach.tirol.gv.at).

9 (49) Von Weißenbach zum Prinz-Luitpold-Haus

 ca. 1280 Hm + 320 Hm Abstieg 8 ½ Std.

Kompass-Karte Nr. 4 Füssen – Außerfern 1:50 000
Von Weißenbach an der Kirche vorbei und westlich der Beschilderung des Radwegs entlang. Unter der Bundesstraße durch und beim Freibad rechts. Auf dem Radweg längs des Lechufers und vor der Johannesbrücke dem Wegweiser »Vorderhornbach« nach. Erneut unter der Bundesstraße durch und wieder am Lech aufwärts. Der schotterige Weg mündet in ein Asphaltsträßchen. Auf ihm weiter talein. Man passiert den Geisterstein und einen Brunnen und gelangt zum Radsperrboden. Schließlich öffnet sich rechter Hand das dicht bewaldete Schwarzwassertal. Bei der Jagdhüttenalpe über den Schwarzwasserbach und rechts auf der Forststraße mäßig ansteigend durch den Saldeiner Wald. Man

Der noch ursprüngliche Lech

Via Alpina »Roter Weg«

Schröcken, Ausgangsort für die Biberacher Hütte

quert die Nordhänge der wilden Roßzahngruppe. Kurz vor der Eibleshütte (1113 m, 3 1/2 Std.) wiederum über den Schwarzwasserbach und bis zum Ende der Forststraße bei der Fuchswald-Jagdhütte. Dort beginnt ein markierter, schmaler Weg, der zur Oberen Lichtalpe (1551 m) leitet. Weiter dem Pfad folgend westwärts bis zu einem Querweg, dem man nach rechts folgt. Nach der Bergwachthütte wird der »Jubiläumsweg« (und zugleich der »Violette Weg« der Via Alpina) erreicht. Westlich aufwärts, an der Abzweigung zur Balkenscharte (sehr schlechter Übergang!) vorüber und in Serpentinen steil empor in die Bockkarscharte (2164 m). Drüben weniger steil abwärts zum Prinz-Luitpold-Haus (1846 m, DAV, bew. Anf./Mitte Juni bis Anf./Mitte Okt., 260 Plätze, Tel.: +49 8322 70 01 54).

10 (50) Vom Prinz-Luitpold-Haus nach Oberstdorf

 ca. 420 Hm + ca. 1450 Hm Abstieg 5 3/4 Std.

Topografische Karte UK L 8 Allgäuer Alpen 1:50 000
Vom Prinz-Luitpold-Haus zum Nordwestrücken des Wiedemerkopfes, dann dem bezeichneten Pfad durch Büsche und über Grashänge zum tiefsten Punkt des Weges, 1591 m, folgen (tiefe Wasserrinne). Südwestlich weiter zum Abzweig Richtung Giebelhaus und zur Höhe der Schönberghütte (unbew.). Kurz darauf Abzweigung (Weg Nr. 431) links aufwärts zum Himmeleck (2007 m). Auf der Westseite der mächtig aufragenden Wilden (Großer und Hinterer Wilder) in Serpentinen abwärts und über Geröll bis zur Wildenfeldhütte (1662 m, 2 1/4 Std.). Man folgt dem markierten Weg ins Trogtal der Käseralpe (1401 m, zur Weidezeit bew.) hinunter, geht am stiebenden Stuibenfall und am Prinzenkreuz vorbei zum malerisch gelegenen Oytalhaus (1006 m, bew., 2 Std.). Auf der Fahrstraße durchs Oytal auswärts (auch mit Taxi oder Pferdekutsche möglich). Etwa auf halber Talstrecke zweigt links ein Weg ab, der entlang des Oytalbachs durch den Wald leitet. Im Trettachtal trifft man auf den »Gelben Weg« der Via Alpina und gelangt zusammen mit diesem nordwärts ins nahe Oberstdorf (813 m, Touristen-Information Tel.: +49 8322 70 00; www.oberstdorf.de).

11 (51) Von Oberstdorf auf die Mindelheimer Hütte

 ca. 1200 Hm 7 1/2 Std.

Topografische Karte UK L 8 Allgäuer Alpen 1:50 000
Ab südlichem Ortsende von Oberstdorf folgt man zunächst der Ausfallstraße Birgsau/Einödsbach auf einem bequemen Wanderweg ins Stillachtal. Nach Überqueren der Stillachbrücke führt der Weg westlich des Flusses an der berühmten Sprungschanze (im Volksmund »Schiefer Turm von Oberstdorf«) vorbei bis nach Faistenoy (904 m). Dort befindet sich auch die Talstation der Fellhornbahn. Weiter am Stillachufer entlang bis zum kleinen Weiler Birgsau (958 m; bis hierher regelmäßiger RVA-Bus), 3 1/4 Std. An der schmalen Brücke in Birgsau beginnt der steile Aufstieg durch den Bergwald des Scheidbühels (1511 m) zum kleinen Guggersee (ca. 1730 m, 2 1/2 Std) und weiter zur verfallenen Vorderen Taufersbergalpe (1727 m). Nach dem weiten Kar des Roßgund setzt unterhalb des zackigen Kammverlaufs der Schafalpenköpfe eine lange Querung an, die ohne wesentliche Höhenunterschiede zur Mindelheimer Hütte (2013 m, DAV, bew. Mitte Juni bis Mitte Okt., 150 Plätze, Tel.: +49 8322 70 01 53) führt.

12 (52) Von der Mindelheimer Hütte nach Schröcken

 ca. 100 Hm + ca. 820 Hm Abstieg 5 1/4 Std.

Topografische Karte UK L 8 Allgäuer Alpen 1:50 000
Von der Hütte auf bezeichnetem Steig über Grasmattengelände unter dem Angererkopf durch in eine Einsattelung zwischen Geißhorn und Wildengundkopf. Nun über die Geröllhalden der Südflanke des Geißhorns in einen weiten Sattel und südlich zur Hochfläche des Koblat. In stetigem Auf und Ab überschreitet man diese eindrucksvolle Karstlandschaft bis zum Gemstelpass (1972 m).
Hier wurden 1964 die ersten Steinböcke in den Allgäuer Alpen wieder angesiedelt. Seitdem haben sie sich fleißig vermehrt und tummeln sich in der gesamten Umgebung. Ein kurzer Anstieg führt in 3 Std. zur Widdersteinhütte

Teilstrecke Karwendel – Allgäuer Alpen – Lechquellengebirge

(2009 m, privat, bew. Anf. Juni bis Mitte Okt., 35 Plätze, Tel.: +43 664 391 25 24; lohnender Gipfelanstieg zum Gr. Widderstein, 2533 m), die idyllisch auf einem Aussichtsbalkon über dem Hochtannbergpass thront. Einige Meter westlich der Hütte beginnt der steile Abstieg zu diesem (Hotel Adler, 1703 m). Der Passstraße folgt man einen Kilometer südwestlich hinab, bis an einem Wegkreuz ein Wanderweg zum Körbersee (1656 m, Pflanzenschutzgebiet) führt. Am Hotel Körbersee vorbei übers Älpele zur Batzenalpe und hinab nach Schröcken (1269 m, Touristen-Information Tel.: +43 5519 267 10; www.schroecken.at).

13 (53) Von Schröcken nach Sonntag

 580 Hm + 980 Hm Abstieg 5 ¾ Std.

freytag & berndt WK Nr. 364 Bregenzerwald 1:50 000

Ab zentralem Wegweiser in Schröcken zur Brücke über den Schröckbach, vor ihr nach links auf einen Fußweg und in die waldige Schlucht der Bregenzer Ach. Ihr entlang meist auf einem historischen Saumweg zur Landstegbrücke (1080 m). Von hier auf einem steilen Alpsträßchen zum Schadonapass, 2 ¾ Std., mit der Biberacher Hütte (1846 m, DAV, bew. Mitte Juni bis Anf. Okt., 90 Plätze, Tel.: +43 5519 257). Nun folgt der Abstieg ins Große Walsertal: von der Hütte ein Stück zurück Richtung Pass, dann über Alpweiden südwestlich hinab zur Inneren Ischgarneialpe (1486 m). Nach kurzer Querung über den Pregimelbach und durch den Bergwald an den Fußhängen des Zitterklapfens hinunter ins Tal der Lutz. Man überquert sie und gelangt nach Bad Rotenbrunnen (1010 m) mit seiner berühmten Eisenquelle. Ein Stück am südseitigen Ufer der Lutz entlang, bis man bei Bärenmaisäß erneut den Fluss überquert und in den kleinen Weiler Buchboden (910 m, 2 ¼ Std.) gelangt. Weiter längs des Flusses – zuerst am Nord-, dann am Südufer – nach Sonntag (868 m, Touristen-Information Tel.: +43 5554 528 15; www.tiscover.at/Sonntag-buchboden).

Variante: Die Originalroute der Via Alpina verläuft im letzten Abschnitt dieser Etappe etwas anders, und zwar geht man vom Schadonapass bis zur Weggabelung, von der aus man nicht zur Inneren Ischgarneialpe absteigt, sondern rechts abbiegt. Nach kurzem Gegenanstieg gelangt man über Weiden zur Oberen Überlutalpe (1585 m) und auf einem Fahrweg zur Unteren Überlutalpe (1360 m). Ab dort hat man die Wahl, für den weiteren Abstieg auf dem bequemen Fahrweg zu bleiben oder am kürzeren, jedoch steileren »Historischen Alpweg« talwärts zu gehen. Bei Buchboden vereinigen sich beide Wege.

Der einzeln stehende Widderstein ist einer der markantesten Berge der Allgäuer Alpen.

Blick vom Peitlerkofel Richtung Geisler, Dolomiten

Der Klassiker über die Alpen

In 28 Tagen auf der Graßler-Route nach Venedig

3 Der Klassiker über die Alpen
In 28 Tagen auf der Graßler-Route nach Venedig

TOURENINFO

SCHWIERIGKEIT ●●●●○

KONDITION ●●●●○

ETAPPEN
28 Etappen, 520 km, 20 000 Hm (je im Auf- und Abstieg).

HÖCHSTER PUNKT
Friesenbergscharte, 2904 m.

AUSGANGSORT
Marienplatz in München.

ENDPUNKT
Markusplatz in Venedig.

ERLEBNISWELT/HIGHLIGHTS
Marienplatz und Markusplatz sind die beiden städtebaulichen Eckpunkte mit viel Flair, dazwischen liegen wunderschöne Gebirgslandschaften und Wegetappen: vor allem die Karwendelüberschreitung, die traumhafte Szenerie um die Friesenberghütte, der Abschnitt auf dem Dolomitenweg Nr. 2 durch den Puez-Geisler-Naturpark, das Sellaplateau mit dem Piz Boé, der Bindelweg mit Marmoladablick. Die Ruhe in der Civetta- und Schiaragruppe. Wildromantische Tallandschaften im Isartal und am Piave. Die Weinberge Venetiens. Und die Freundlichkeit der Menschen, gerade an den abgelegensten Orten.

KARTEN
Kompass-Karten Nr. 26, 36, 37, 55, 56, 77, 180, 182; Topografische Karten des Bayerischen Landesvermessungsamtes Nr. L 1, C 1, L 30; AV-Karten Nr. 5/2, 31/5, 35/1, 52/1; Tabacco Nr. 4, 11, 24, 30; freytag & berndt Nr. 5, 15, 16, 323; Belletti Nr. 212, 218, 223; siehe die einzelnen Etappen.

LITERATUR
Ludwig Graßler: Zu Fuß über die Alpen, Bruckmann Verlag 2004; Eva-Maria Troidl, Stefan Lenz, Ludwig Graßler: Traumpfad München – Venedig, Wandern kompakt, Bruckmann Verlag 2003; Ralf und Mareike Lamsbach: Von München nach Venedig, Dumont Verlag 2006.

BESTE TOURENZEIT
Juli–September.

Losgehen in Münchens »guter Stube«

Venedig sehen und sterben. Nach vier Wochen Wandern wird man tatsächlich in Venedig sein, sterben wird man deshalb nicht gleich wollen. Dazu ist die Alpenüberquerung von München aus auch viel zu schön! Seit über dreißig Jahren sind diese beiden Städte nun durch die große klassische Traversale, den »Graßlerweg«, miteinander verbunden. Vier Wochen Wandern. Vier Wochen von Hütte zu Hütte. Vier Wochen Aussichtsgipfel sammeln und Tallandschaften durchstreifen. Vier Wochen auf den schönsten Pfaden unterwegs sein, die die Ostalpen zu bieten haben. Vier Wochen die Seele baumeln lassen und das Leben auf die wenigen Dinge reduzieren, die im Gebirge von Belang sind. Vier Wochen, die man sich zumindest einmal im Leben gönnen sollte.

Losgehen in Münchens guter Stube

Am frühen Morgen eines Frühsommertages stehen wir unter den golden glänzenden Augen Marias am Münchner Marienplatz, die Rucksäcke sind an die Balustrade der Mariensäule gelehnt, wir sehen den Geschäftsleuten zu, wie sie aus den U-Bahn-Schächten strömen und im Straßengewirr verschwinden und warten auf Herbert und Susi, die nach Venedig mitwandern möchten. Da stehen wir mit diesem angenehmen Kribbeln im Bauch, das alle Sinne schärft. Blauer Himmel, aber kühle Temperaturen,

In 28 Tagen auf der Graßler-Route nach Venedig

optimales Wanderwetter eben. Dann sind sie da, ein freudig-gespannter Blick in die Runde, die Rucksäcke geschultert – und schließlich der erste Schritt!

Der erste Schritt fühlt sich physisch nicht anders an als andere Wanderschritte, emotional aber fällt eine riesige Last zu Boden. Was war nicht alles zu erledigen in den letzten Wochen! Denn eine Alpenüberquerung will geplant sein. Geht man allein, zu zweit, in der Gruppe? Mit der Familie, mit guten Freunden oder mit einem mehr oder weniger bunt zusammengewürfelten Grüppchen? Organisiert man die Reise selbst oder soll es eine geführte Tour sein? Möchte man die Strecke in einem Rutsch bewältigen oder entscheidet man sich für mehrere, voneinander getrennte Etappen? Übernachtet man auf Hütten und in Gasthöfen oder wählt man gar die Hardcore-Linie und trägt sein Schneckenhaus selbst mit?

Was haben wir nicht über Vorteile und Nachteile von vorreservierten Hüttenüber-

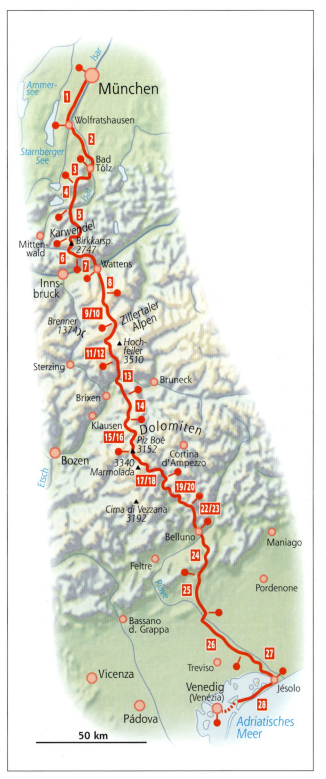

Der Klassiker über die Alpen

In 28 Tagen auf der Graßler-Route nach Venedig

nachtungen debattiert! Und wie oft darüber sinniert, ob das dritte Paar Socken Luxus ist oder vielmehr eine Notwendigkeit.

Während der ersten beherzten Meter zum Turm des Alten Rathauses sind diese Fragen Vergangenheit. Ein buntes Grüppchen wandert in munterer Unterhaltung Richtung Süden. Dort liegt nämlich das Ziel, auch wenn es noch über 500 Kilometer entfernt ist und etwa 20 000 Höhenmeter zurückgelegt werden müssen. Das ist sechsmal der Aufstieg vom Basislager des Everest zum Gipfel. Zugegeben: Wir erreichen nur eine absolute Höhe von 2904 Metern an der Friesenbergscharte und haben daher die bessere Sauerstoffversorgung als Everestaspiranten – sieht man einmal von den Stunden ab, in denen wir in einem voll besetzten Hüttenlager nach Bohneneintopf als Abendmenü liegen –, wir gehen auf markierten Wegen und nur einmal im Zillertal über Firn oder Eis. Und wir können jeden Tag unsere Spaghetti essen und uns nach vollbrachter Tagesleistung mit einem Gläschen Bier oder Wein auf die Hüttenterrasse setzen.

Um das Kulinarische nicht am Anfang schon zu kurz kommen zu lassen, weichen wir nach nicht einmal fünf Minuten vom rechten Weg ab und versorgen uns am Viktualienmarkt mit frischen Köstlichkeiten für die Tagesverpflegung. Nur ein paar ausgewählte Schmankerln kommen in den Rucksack. Unser erster Wandertag führt uns nach Wolfratshausen, dabei laufen wir an einer Reihe von Traditionsgaststätten vorbei, und außerdem will man ja nicht mehr tragen als unbedingt nötig.

Selbst wer München gut kennt, wird die Stadt jetzt mit anderen Augen sehen. Durch die »Wanderbrille« sozusagen, die manche Entfernungen dehnt, manchen Hügel zum Berg macht und überhaupt alles in ein anderes Licht taucht. Die Cafés und Boutiquen, das Deutsche Museum, vor dem sich die Reisebusse aus der ganzen Republik aufreihen, und die Isar mit ihrem ewigen Wellenspiel. An der Isar geht es nun für mehrere Tage entlang, stromaufwärts den Bayerischen Alpen zu, bis wir ihre Ufer am dritten Tag verlassen und sie am sechsten Tag an ihrem Ursprung wieder treffen. Dann werden wir schon mitten im Karwendel sein, um viele Erlebnisse reicher und auch mit ein paar kleinen Wehwehchen, wie sie im Laufe der ersten Woche gewöhnlich auftreten.

Vier Stunden später ist der erste Berg erreicht. Zum Auftakt ist es gleich ein besonders heiliger Berg. Am Isarhochufer wartet das Kloster Schäftlarn auf einen Besuch. Dass nach der zünftigen Brotzeit und der Halben Bier jedem München-Venedig-Wanderer die Füße schwer sind, ist übrigens ganz normal. Obwohl man natürlich vor dem Start ein wenig Zeit investieren sollte, um sich für Tagesetappen von bis zu acht Stunden fit zu machen.

Eine dieser langen Strecken erleben wir gleich am Starttag. Bis nach Wolfratshausen legt man zwar so gut wie keine Höhenmeter zurück, jedoch respektable 32 Kilometer am Isarufer. Das ist die längste Kilometerleistung der kompletten Reise. Nach dem Kloster Schäftlarn spulen wir die restlichen Stunden aber unbeschwert ab. Vor allem wer früh im Jahr losgeht, erlebt in der Pupplinger Au einen grandiosen Vorgeschmack auf die Schönheiten am Wegesrand. Was hier alles blüht! Kenner werden auf diesem Abschnitt ins Jubeln kommen, wenn sie seltene Orchideen entdecken. Wir »Normalsterbliche« können uns nur wundern, wie viele Möglichkeiten die Natur gefunden hat, um uns zu zeigen: Das Leben ist schön!

Ahornriesen unter den Karwendelwänden

Das Karwendelhaus vor der langen Schlauchkaretappe

Der Klassiker über die Alpen

Vom Isartal ins Inntal

Stille Bergseen, wilde Pässe, bunte Almmatten und herrliche Tiefblicke in Kare und Täler, all das haben wir vor Augen, wenn wir an die Alpenüberquerung denken. Wir sind schon ganz heiß auf den ersten Gipfel, die Benediktenwand, und den Blick aufs Karwendel, der sich hier auftun wird. Und dann erst der Aufstieg zum Karwendelhaus an der Hauptkette dieses unglaublichen Felsstocks entlang. Es kann uns gar nicht steinig und steil genug sein. Im Moment. Denn der zweite Tag beginnt in Wolfratshausen und auch heute wandern wir nochmals eben an der Isar entlang. Von den wirklichen Bergen ist den ganzen Tag über keine Spur zu sehen, selbst die Gipfeloption am Ende dieses Wandertags in Bad Tölz ist kein echter Berg, ein Hügel vielmehr. Darüber kann sein Name nicht hinwegtäuschen: der Kalvarienberg mit seinen 707 Metern.

Vorfreude erzeugt dieser Tag aber sehr wohl. Nochmals wandern wir durch die Pupplinger Au, diesmal durch den südlichen Teil des Naturschutzgebiets. Und nochmals rauscht uns die Isar ihre Geschichte ins Ohr, vom Ursprung im Karwendel, von den vielen kleinen Felsstufen, über die sie hinabsprang, über den langen Weg nach Scharnitz und ihre Strecke von Vorderriß in den Sylvensteinspeicher. Sie murmelt uns den ganzen Tag von Lenggries und Tölz vor. Jetzt ist unsere Vorfreude am Maximum angelangt. Wir fühlen uns trotz der schweren Füße nach erneut siebenstündiger Wanderung wie eine Feder, die bis zum Äußersten gespannt ist und nur noch darauf wartet, loshüpfen zu dürfen. Morgen, am dritten Tag, werden wir die Berge erreichen. Unsere Bayerischen Voralpen.

Mit der Benediktenwand ist ein besonderer Sympathieträger an den Anfang gestellt. Die »Bene-Wand« wie sie liebevoll genannt wird, als bayerisches Bergunikum: behäbig, mit breitem »Kreuz« (Rücken) und einem Bierbauch. Auf den ersten Blick macht die Bene-Wand nicht so viel her, aber wenn man genauer hinsieht, und dazu hat man beim Wandern wahrlich Zeit, dann bietet sie alles: An der Bene-Wand kann man wandern, biken und im Winter Schlitten fahren. Und sie hat Felsen. So viele, dass man auch klettern kann und sich eine Kolonie Steinböcke hier wieder angesiedelt hat. Ein sehr beliebter Höhenweg führt vom Seilbahnberg Brauneck hinüber

Blick zurück ins Schlauchkar von der Birkkarspitze

In 28 Tagen auf der Graßler-Route nach Venedig

Am Pluderlingsattel sieht man hinüber zum Olperer.

zu ihrem Gipfel. Diese Möglichkeit eröffnet uns auch die Option, gut 800 Höhenmeter Aufstieg einzusparen. Außerdem bietet die Bene-Wand Almen und eine Alpenvereinshütte, die Tutzinger Hütte, für die erste Hüttenübernachtung. Wenn man am vierten Wandertag von der Tutzinger Hütte frühzeitig aufbricht, kann man nicht nur den Gipfel zusätzlich ansteuern, sondern hat gute Chancen, die stolzen Steinböcke beobachten zu können.

Über die schön gelegene Petereralm steigt man ab in die Jachenau, quert dieses Tal und ist nach einem weiteren waldigen Höhenzug in Vorderriß an der Isar. Auf der Talwanderung von Vorderriß nach Hinterriß am Folgetag wird jeder einmal schwach. Manche Wanderer erwischt es in der ersten Hälfte schon und sie kehren in einer der urigsten Hütten unserer Überquerung zum Frühschoppen ein. Die Oswaldhütte liegt zwar nahe der Straße und nach viel zu kurzer Wegstrecke, aber trotzdem werden manche hier der Versuchung erliegen. Andere werden schwach, wenn sie sehen, dass man die gut zwölf Kilometer lange Strecke mit dem Auto in wenigen Minuten zurücklegen könnte. Manche strecken die Segel und lassen sich vom Bus Richtung Eng mitnehmen, manche strecken den Daumen in die Höhe und setzen ihr charmantestes Lächeln auf oder ihren treuherzigsten Blick, je nachdem, wie man eben »früher« als Anhalter am meisten Erfolg hatte. Wer diesen Versuchungen widersteht, sieht im Rißbachtal einen munteren Gebirgsbach fließen, teils im breiten Bett, teils von engen Felsbarrieren begrenzt. Er geht durch kühlen Gebirgswald mit Orchideen und hört das Bimmeln der Kuhglocken auf den Almweiden. Leider aber auch den regen Verkehrsfluss, den die Straße in die Eng mit sich bringt.

Ob man als Purist auf dem München-Venedig-Weg unterwegs ist und wirklich nur auf die Kraft des eigenen Körpers baut und jegliche Hilfe verschmäht oder ob man nicht doch ab und an »schummelt« und einen Lift,

Der Klassiker über die Alpen

Ein Kleinod am Wegesrand: der Sunssee

die öffentlichen Verkehrsmittel oder gar ein Begleitfahrzeug nutzt, diese Gretchenfrage muss jeder für sich selbst entscheiden. Hauptsache, man hat Spaß auf diesem großartigen Weg.

Kurz nach Hinterriß, wo die Mautstraße beginnt, zweigt der Weg ins Johannestal ab. Ein langes, wildes Karwendeltal, wie geschaffen für die Mountainbiker. Doch trösten wir uns, dass auch sie beim Fahren hinaufschwitzen müssen.

Die letzte halbe Stunde sind die Gespräche beim Aufstieg auf der breiten Forststraße im Johannestal immer mehr verstummt. Jetzt steht unsere Gruppe an der Wegverzweigung Falkenhütte – Karwendelhaus im Kleinen Ahornboden. Unsere Stille hat eine andere Qualität bekommen. Staunend stehen wir hier und versuchen die Eindrücke einzusaugen. Der Kleine Ahornboden, hinter dem die Felswände des Karwendels emporragen, taucht uns in eine Atmosphäre, die sich schwer beschreiben lässt. Gewaltig und lieblich zugleich. Eine zeitlose Schönheit liegt über dem Talboden. Mit dem Rücken an einen der knorrigen Ahornriesen gelehnt, im Ohr das Plätschern des Wassers aus dem nahen Brunnen und den Blick aufs Blätterdach gerichtet, so verbringen wir einen Teil des Nachmittags. Ob es noch Kriege gäbe, wenn alle »Großen«

In 28 Tagen auf der Graßler-Route nach Venedig

Anstieg zur Friesenbergscharte

dieser Welt pro Woche eine Stunde hier sitzen und schweigen würden?

Hinauf zum Karwendelhaus verändert sich das Landschaftsbild rasch. Von der Waldregion gelangt man ins Almgelände. Der Blick auf die Östliche Karwendelspitze rechts und auf Kaltwasserkarspitze und Birkkarspitze links gibt einen Vorgeschmack auf die morgige Etappe: Die Überschreitung des Karwendelhauptkamms spielt sich in der Felszone ab. Eine karge, unwirtliche Mondlandschaft erwartet uns.

Ein Fuß überm Abgrund, einer auf der Hüttenterrasse, die Sonnenstrahlen wärmen den Rücken, die Apfelschorle löscht den Durst.

Zufrieden genießen wir den Luxus des Karwendelhauses. Was braucht man schon zum Leben? Ein einfaches Essen, klares Wasser, eine Decke für die Nacht. Die Zeit, sich mit Freunden unterhalten zu können, der Blick auf die wilde Landschaft, ein paar Spritzer kaltes Wasser zum Waschen – ist das nicht schon Luxus? Wir empfinden es jedenfalls so und freuen uns darüber, als hätten wir den Hauptgewinn gezogen.

»Nein, der Abstieg vom Schlauchkarsattel war uns zu schwierig, wir steigen nach Scharnitz ab und gehen übers Hinterautal zum Hallerangerhaus«, berichtet eine Seniorengruppe am Nachbartisch. Gut, dass es am

Der Klassiker über die Alpen

Die lieblichen Almregionen wechseln sich ab ...

Natürlich ist es geschwindelt, wenn man behauptet, 500 Kilometer Wanderstrecke wären durchwegs herrlich und man würde kein Stück davon missen wollen. Der Spaziergang vom Hallerangerhaus zu den Isarquellen am Abend des sechsten Tages kostet wirklich Überwindung. Auch wenn Wegstrecke und Höhenmeter angesichts der heute zurückgelegten 1500 Höhenmeter Auf- und Abstieg gar nicht mehr ins Gewicht fallen. Bereut haben wir den zusätzlichen Weg nicht. Der Alpenpark Karwendel mit seinen 900 Quadratkilometer Fläche auf bayerischem und Tiroler Gebiet stellt ein riesiges Areal unter Schutz. Die Isarquellen unterm Überschalljoch aber sind eine der wunder-

Graßlerweg einige Varianten gibt. Vor allem der anspruchsvolle und lange Tag vom Karwendelhaus zum Hallerangerhaus lässt sich problemlos umgehen. Zum Beispiel über die Eng und die Lamsenjochhütte oder noch einfacher mit dem Abstieg durchs Karwendeltal nach Scharnitz. Am schönsten ist jedoch die Originalroute durchs Schlauchkar und hinab zur Kastenalm.

Es dämmert gerade, als wir über rutschigerdiges Schrofengelände hinter der Hütte ins Schlauchkar hinaufsteigen. Ein älterer Herr überholt uns, mühsam schnaufend. Ob er das Tempo halten kann? Fast möchte man ihm nachrufen: In der Ruhe liegt die Kraft. Aber er wird schon wissen, was er tut. Alt genug ist er jedenfalls.

Drei Stunden später bläst uns ein kühles Lüftchen ins Gesicht und trocknet den Schweiß. Das Schlauchkar hat seinem Namen Ehre gemacht. Eine Geröllwüste, in der es außer der Gemsenmama mit ihrem Kitz und ein paar Spinnen kein Leben zu geben scheint. Nur ganz unten im Kar sieht man zwei dunkle Punkte langsam sich herauf- und einen roten Punkt langsam hinabbewegen: Den älteren Herrn hatten wir mitten im Kar eingeholt. Zerknirscht saß er da mit zwei Schuhen, aber nur noch einer Sohle. Jetzt steigt er wieder ab. Auch wir machen dies, jedoch nach Süden, immer der Sonne entgegen, die den steilen Südhang schon kräftig aufgewärmt hat. Schritt für Schritt hinab zur Isar.

In 28 Tagen auf der Graßler-Route nach Venedig

barsten Stellen in diesem Gebirge. Wir lassen den Tag ausklingen und freuen uns schon aufs Kontrastprogramm des kommenden Tages: die letzte Gebirgskette des Karwendelstocks überschreiten und dann ins Getümmel des Inntals eintauchen. Innsbruck, Hall oder Wattens heißen die nächsten Ziele, je nach geplanter Variante. Von dort nach Venedig ist's nur noch ein Katzensprung!

Höhenluft in den Tuxer und Zillertaler Alpen

Nein, den Ruhe- und Besichtigungstag sparen wir uns auf. So interessant Innsbruck oder Hall gewesen wären, so groß war auch der »Kulturschock«. Die schwülheiße Luft, der Autoverkehr, überhaupt der Trubel und die Hektik. Lieber hängen wir einen Tag die Füße in den Friesenbergsee oder wir lassen uns in Stein mit Südtiroler Köstlichkeiten mästen.

800 Höhenmeter und scheinbar endlose Kilometer zieht sich die Straße ins Wattental hinein. Ab Lager Walchen endet zumindest der Autoverkehr. Jetzt ist es nur noch die Zufahrt zur Lizumer Hütte, die aufwärtsführt. Die Gruppe zieht sich auseinander, jeder hängt seinen Gedanken nach. Es ist ein wenig wie Zugfahren: Man muss nicht denken, die Füße gehen alleine, der Weg ist breit. Man darf die Gedanken schweifen lassen oder mit wachen Sinnen die Kleinigkeiten am Wegrand aufnehmen. Hier ein Zaunkönig, der im

... mit wilder Felsszenerie – hier an der Schlüterhütte.

Der Klassiker über die Alpen

Am Pisciadùsee ist die Hälfte des Wegs bereits zurückgelegt.

letzten Moment ins Gebüsch huscht. Da eine lilafarbene Glockenblume, die im Wind nickt. Die alte Bäuerin, wie sie die Blumen am Balkon auszupft. Bilder. Nicht spektakulär, schon gar nicht atemberaubend neu. Müssen sie aber auch nicht sein. Nach einer guten Woche Wandern hat man gelernt, sich wieder an Alltäglichem zu freuen.

Über das Junsjoch führt der Weg am nächsten Morgen ins Herz der Tuxer Alpen. Eine vergleichsweise liebliche Hochgebirgslandschaft mit blühenden Almmatten, Schafen und Kühen erwartet uns. Für das Erlebnis »Sonnenaufgang am Junsjoch« mit dem schönen Blick auf Gfrorne Wandspitzen und Olperer muss man die Etappe von der Lizumer Hütte im Dunkeln zurücklegen. In einer Mulde über dem dunklen Auge des Junssees warten wir anschließend auf den Rest der Gruppe, der sich das Frühstück nicht nehmen ließ. Ein Tag über Scharten und Wiesen steht bevor. Hundert Grüntöne erfreuen das Auge, nur ganz zum Schluss muss man sich an die grauen, ausgeaperten Gletscherreste gewöhnen, auf denen Lifttrassen und Pistenraupen an den Skibetrieb im Winter erinnern.

Augen zu und durch, heißt die Devise für den zehnten Tag. Denn zunächst quert der Weg das Skigebiet. Das Wetter meint es gut: Dichter Nebel verhüllt die Scheußlichkeit, und erst am Spannagelhaus, wo das Grauen ein Ende hat, blitzt blauer Himmel durchs Grau. In einer Stunde ist der höchste obligatorische Punkt erreicht: die Friesenbergscharte mit 2904 Metern. Ein Firnfeld zieht sich zum Schartenübergang. Früh im Jahr liegt hier die »Schlüsselstelle« der Alpenüberquerung. Vor allem der steile Abstieg nach Süden muss zwingend schneefrei sein.

Die meisten Wanderer greifen gern an die Stahlseile der Versicherungen und steigen Tritt für Tritt vorsichtig ab. Ja, die Friesenbergscharte will geschafft sein. Der Angstschweiß lässt sich im Friesenbergsee abwaschen. Ein kleiner Badesee mit traumhaftem Blick auf die Eiswände von Hochferner und Hochfeiler,

In 28 Tagen auf der Graßler-Route nach Venedig

den beiden Zillertaler Riesen. So würde das zumindest jener Norweger sehen, der mir vor Jahren erklärte, dass ein See zum Baden tauge, solange er eisfrei wäre. Wie dem auch sei – Baden oder nicht – im nahen Friesenberghaus kann man sich wieder aufwärmen und außerdem verwöhnen lassen. Schnell steht fest: Die eine Hälfte des Ruhetags findet hier statt, den Abstieg zum Schlegeisspeicher und zur Dominikushütte hängen wir an die morgige Etappe an. Zwischen Marienplatz und Markusplatz ist das Hüttennetz teils eng genug, um Tagesetappen zu verkürzen oder ganze Tage herauszulaufen, wenn man auf höheres Tempo Lust hat.

Drei Tage noch bis zu den Dolomiten! Auf die freuen wir uns alle mehr als auf jeden anderen Gebirgsstock. Dabei ist der kräftig-türkisfarbene Schlegeisspeicher mit den Zillertaler Gletscherbergen als Kulisse ein wunderbarer Anblick. Ein purer Genuss, der uns am folgenden elften Tag dazu verleitet, zuerst zur Olpererhütte zu queren und dann erst abzusteigen. Am Stausee beginnt unter Tausenden von Ausflüglern eigentlich erst die heutige Tagesetappe. Dass man auf dem richtigen Weg ist, prangt bald auf einem großen Felsen. Sieben gelbe Buchstaben leuchten dem Wanderer entgegen: VENEDIG.

Während der beiden Stunden Abstieg vom Pfitscherjochhaus zum Weiler Stein auf der italienischen Seite treten die Knie in Streik und im Kopf kommt es zu Halluzinationen. Da tauchen Bilder auf von Schlutzkrapfen und einem Glas Roten, frischem Salat ...

Ein Teil der Gruppe sitzt schon auf der blumengeschmückten Terrasse in Stein und lässt ein Bier zischen. »Setz dich her und trink erst was, bevor wir weitergehen.« Ich sitze, trinke und versuche den dritten Teil des Satzes zu verstehen. Wieso weitergehen? Unser Tag endet hier. Ich gehe nicht mehr weiter. Wohin denn auch? Die nächste Etappe ist fast acht Stunden lang, und jetzt ist's Abend. Die Wahrheit sickert nur langsam in meinen müden Geist: Das Gasthaus Stein ist bis auf den letzten Platz ausgebucht.

Nach etlichen Telefonaten, die die Wirtin liebenswerterweise führt, um eine Lösung für unser Übernachtungsproblem aufzutun, ist eine Notunterkunft gefunden. Weiter unten im Tal gibt es einen alten Bauernhof aus der Zeit der Großfamilien, nur noch von einem alleinstehenden Nebenerwerbslandwirt bewohnt. Ansprüche dürften wir keine stellen, aber ein Dach überm Kopf wär's eben. So beziehen wir dort Zimmer und machen uns auf in die uns bekannte Pizzeria. Nochmals ein Fußmarsch an diesem langen Tag. Hätten wir jetzt schon gewusst, dass wir das Abendessen erst zwei Stunden später am Tisch haben würden, weil der Pizzabäcker in ein anderes Seitental des Etschtals umgezogen war und die nächste Wirtschaft nochmals eine halbe Stunde talab liegt ...

Marmolada-Blick vom Gipfel des Piz Boé

Das darf nicht fehlen: Edelweiß am Wegesrand.

Der Klassiker über die Alpen

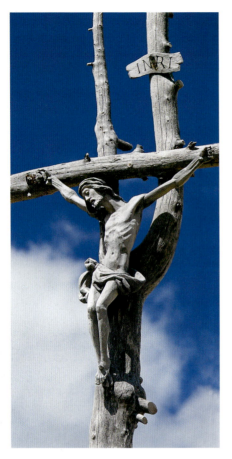

Kreuz am Cresperna–Joch im Puez-Geisler-Nationalpark

Am nächsten Morgen sitzen wir in der Küche des Bauernhauses. Der Besitzer ist längst zur Arbeit gegangen. Am Küchenboden steht für uns ein fast meterhoher Papiersack mit frischen Semmeln. Wir sollen halt das Übernachtungsgeld in die Küchenschublade und den Haustürschlüssel unter die Treppe legen. Wo gibt es noch so viel blindes Vertrauen zu ein paar wildfremden Menschen?

Gleich nach der Überquerung des Pfitscherbachs beginnt es zu regnen. Es soll den ganzen Vormittag nicht aufhören. Durch hohes Gras und verfallene Almsiedlungen führt der Pfad hinauf ins Gliderschartl. Kalter Wind pfeift durch die Scharte, die Felsen sind vom Regen schwarz. Alles ist nass, klamm, die Hände eisig kalt und schon ganz weiß angelaufen. Aus der gemütlichen Brotzeit am malerischen Grindler See unter der Scharte wird ein etwas missmutiger Stehimbiss. Jeder mümmelt an einem Riegel, ein schnelles Beweisbild, über das wir zu Hause herzhaft lachen werden, so schlimme Grimassen entstehen bei dem Versuch, nicht zu übellaunig in die Kamera zu blicken.

Aber heißt es nicht »sonniger Süden«? Mit jedem Höhenmeter Abstieg lässt der Regen nach, und bald ist es so warm, dass wir die nassen Anoraks zum Trocknen über die Rucksäcke hängen. Ab den Engbergalmen können wir wieder richtig lachen und erfreuen uns an dem wilden Tal und den Blumen am Wegesrand, an denen noch schwere Regentropfen hängen wie Perlen auf der Schnur. Immer wieder kommt das Gespräch auf das Vertrauen, das man braucht, um Fremden einfach sein Haus zu überlassen.

Auf zur Marmolada

»Ah, la Marmolada!« – der fesche italienische Herr, mit dem wir am Würzjoch ins Gespräch kommen, hat auf einmal ein Leuchten in den Augen, wie es nur durch große, bedingungslose Liebe entstehen kann. »La Marmolada«, wiederholt er nochmals. Erst wollte er uns gar nicht glauben, dass wir nach Venedig wandern, und meinte, es handelte sich um einen Hörfehler oder eigentlich um einen Aussprachefehler. Aber dann zählen wir ihm Etappenziele auf: Monaco, Innsbruck, Gran Pilastro, Val di Rienz, Passo Gardena, Marmolada. Zu Civetta, Belluno, Venezia kommen wir nicht mehr, die Tatsache, dass wir Richtung Marmolada gehen, nimmt ihn ganz gefangen. Zum schönsten Dolomitenberg. Mit seinem Gletscher und der herrlichen Aussicht. Er war auch mal oben, erzählt er uns und reckt den Brustkorb heraus, der heutzutage als Unterbau ein kleines Pastabäuchlein bekommen hat. Mit einem »Bellissima!« schickt er uns den Weg und macht noch eine großzügige Handbewegung wie der Patriarch, der dem Sohn das spätere Erbe zeigt.

Seit zwei Tagen sind wir jetzt in den Dolomiten unterwegs. Doch die Strecke zwischen Pustertal und Würzjoch entspricht nicht dem klassischen Dolomitenbild. Viel eher hat man den Eindruck, man würde irgendwo im Mittelgebirge wandern. Viel Wald und liebliches Almgelände. Die großartigen Fernblicke stehen noch aus und die sagenhaften »bleichen Berge« sind viel zu grün.

In 28 Tagen auf der Graßler-Route nach Venedig

Aber hier am Würzjoch tauchen wir erstmals in die »Faszination Dolomiten« ein. Zwischen dem felsigen Peitlerkofel und den Geislerspitzen führt der Weg hoch in die Peitlerscharte und quert in wunderschöner Landschaft zur altehrwürdigen Schlüterhütte. Groß ist die Versuchung, von der Scharte auf den Gipfel dieses aussichtsreichen Felskolosses weiterzusteigen. In immer stärker werdendem Wind kommen wir aber nur bis zum Beginn der Drahtseilversicherungen, dann beginnt es zu graupeln. Schade, zu Recht gilt der Peitlerkofel als einer der besten Aussichtsberge. Auch wenn nach fast zwei Wochen Wandern das Zeitgefühl anders geworden ist, wissen wir doch, dass wir einen Reservetag zur Verfügung haben. Mit diesem Wissen kann man einen Regennachmittag in den gemütlichen Lagern der Schlüterhütte gut überstehen. Nach dem Abendessen ziehen die Nebelfetzen an den Felswänden der Geislerspitzen hinauf – ein gutes Wetterzeichen und Grund zur Hoffnung.

»Ah, la Marmolada!«, denke ich am nächsten Morgen, als wir doch noch den Peitlergipfel erreicht haben. Dichte Wolken hängen am Südtirolhimmel. Immerhin ist von hier aus der wichtigste Gipfel zu sehen: la M... Doch bevor wir unter ihrer vergletscherten Nordflanke stehen, sind noch drei Wandertage zu bewältigen. Schwer vorstellbar ist, dass menschliche Füße in nur drei Tagen tatsächlich so weit wandern können. Dabei liegt der komplette Puez-Geislerstock vor uns und auch die Sellagruppe wird vom Graßlerweg gequert. Soll man jetzt demütig sein angesichts der gewaltigen Berge oder stolz auf die eigene Leistung? Eine gehörige Portion Glücksgefühl und die Vorfreude aufs zweite Frühstück in der Schlüterhütte überlagern diese Frage.

Die gewaltige Civetta spiegelt sich im Alleghesee.

Der Klassiker über die Alpen

Auf und ab, immer wieder. Sieben Jöcher und Scharten gestalten den Weg durch den Naturpark Puez-Geisler zu einem menschlichen Jojospiel. Hier blitzen silberne Edelweißsterne aus dem Grün, ein paar Minuten später knirscht Geröll unter den Sohlen. Dort beäugen uns die weidenden Haflinger, als hätten sie seit Tagen keinen Wanderer mehr gesehen, drüben an der Puezhütte muss man 20 Minuten fürs Klo anstehen. Zumindest die Frauen. Sieben Stunden vergehen bei so vielfältigen Eindrücken wie im Flug. Außerdem sind alle gut drauf. Die italienischen Wanderer

Ein farbenprächtiger Distelfalter in der Civetta.

haben immer einen Scherz auf den Lippen, das Pärchen aus den Niederlanden kocht in der Scharte gerade seinen Mittags-Nescafé, und in der Forcella Nivea ertönt Beethovens Neunte als Klingelton. Und keinen stört's. Das ist Urlaub pur.

Mit nur vier Stunden Tagesleistung ist der Aufstieg vom Grödner Joch zur Boéhütte eine der kürzesten Tagesetappen. Dafür ist der Steig recht anspruchsvoll, und vor allem die gute Stunde durchs Val Setus zur Pisciadùhütte kommt uns viel, viel länger vor. Bedrohlich rücken die Felstürme zusammen, sie lassen nur einen schmalen Durchschlupf, mit dem blauen Himmel als dünnem Band hoch oben.

Dann die Pisciadùhütte! Auf einem großen Plateau, mitten unter den senkrechten Wänden und den steilen Abbrüchen, an deren hinterem Ende der grüne Pisciadùsee liegt. Eine traumhafte Lage. Das ist der optimale Platz für einen Ruhetag. Dass die sechzehnte Etappe trotzdem erst an der Boéhütte endet, liegt vielleicht daran, dass es hier ebenso schön ist wie bei der Pisciadùhütte und zusätzlich der Piz Boé als Gipfel am Wegesrand bestiegen werden kann.

Am Abend ein süffiger Rotwein zu einem wohlklingenden Altherrenchor am Nachbartisch, draußen Alpenglühen am Piz Boé, ein voller Nudelbauch und schwere Füße. Kann das Leben schöner sein?

Der Aufstieg zum Dreitausender Boé ist nicht schwerer als der Hüttenaufstieg und der Ausblick fast so fantastisch wie vom Peitlerkofel. Ob man die 300 Höhenmeter am Abend oder am nächsten Morgen anpackt, bleibt jedem selbst überlassen. Ein weiterer Grund, den Boé nicht auszulassen, ist die Tatsache, dass am nächsten Tag nach der Querung der Felswüste am Sellaplateau nur noch der Abstieg zum Pordoijoch und der eben verlaufende Bindelweg anstehen. Eine gemütliche Etappe voller landschaftlicher Highlights. Das Wichtigste ist natürlich der Blick auf – richtig: la Marmolada.

Im ruhigen Teil der Dolomiten

Wer gemeint hat, nach der Marmolada wären die Dolomiten praktisch »aus«, hat sich gehörig getäuscht. Vom Fedajasee folgt der Weg anderntags dem rauschenden Wasser des Ru di Arei. Vereint mit dem Pettorina hat er die Sottogudaschlucht ausgeschürft. Sie bringt uns nach insgesamt 1100 Meter Abstieg nach Alleghe am gleichnamigen See. Der Wintersportort hat seine Eigentümlichkeit erhalten. Vor allem aber gibt es endlich wieder die Möglichkeit, die Vorräte aufzufüllen und in den Vorzügen der Zivilisation zu schwelgen: Stracciatella-, Tiramisù-, Bacio-Eis ...

Alleghe wird der Ausgangspunkt für zwei Tage, die uns sogar noch besser gefallen als die bisherige Dolomitenetappe. Als gewaltige Felsmauer erstreckt sich südöstlich von Alleghe die Civetta mit ihren Nachbargipfeln. Ob man nun zum Rifugio Tissi mit direktem Blick auf diese Wand aufsteigt oder zum Rifugio Coldai und am nächsten Tag den »Über-

Abendstimmung nahe der Coldaihütte mit Blick auf den schönsten Dolomitengipfel

In 28 Tagen auf der Graßler-Route nach Venedig

Der Klassiker über die Alpen

raschungseffekt« der Wand der Wände genießen will, ist Geschmackssache. Vom Rifugio Coldai kommt man jedenfalls nach einer kleinen Scharte zum prächtigen Coldaisee und wandert anschließend gut eine Stunde direkt unter der Civettawestwand hindurch. Eine Stunde, in der einem die eigene Bedeutung deutlich wird: Ameisen sind wir, winzig kleine und nach einem Wimpernschlag von Mutter Erde sind wir schon wieder vergessen.

Noch ganz benommen erreicht man um die Mittagszeit das Rifugio Vazzoler unter dem Torre Trieste. Ein rotes Dach, quietschblaue Fensterläden und viel leuchtend grüner Wald, das hat etwas so kindlich Verspieltes, dass die große Civetta nicht mehr bedrohlich wirkt.

Auch nach drei Wochen gibt es noch anstrengende Wegabschnitte, obwohl die Kondition deutlich besser ist und der Muskelkater vergessen. Von der Vazzolerhütte windet sich der Weg einen Latschenhang hinauf. Nach Südwesten ausgerichtet, fängt er jeden Sonnenstrahl ein und blockt zugleich den leisesten Windhauch ab. Wie in der Sauna rinnt der Schweiß an den Schläfen herunter, tropft von der Nasenspitze, zeichnet dunkle Ränder auf T-Shirt und Shorts.

Die Hitze hat auch eine gute Seite. Als am späten Abend im Rifugio Tomè am Passo Duran das allabendliche Wettschnarchen im Lager einsetzt, packen wir eine der Matratzen und verschwinden damit in die laue Sommernacht. Fernab vom nächsten großen Ort leuchten die Sterne hier um die Wette.

Immer ruhiger wird es, je weiter man nach Süden kommt. »Dolomiten« bedeutet meistens Drei Zinnen, Sella und Marmolada. Südlich davon stehen nur noch ein paar Weinberge mit Blick aufs Mittelmeer. Denkste! Die Civetta ist lediglich hundert Meter niedriger als die Marmolada und auch die Schiara erreicht nochmals 2500 Meter Höhe.

Dass die Berge weiter im Norden schöner wären, stimmt keinesfalls. Kein Wunder also, dass wir jetzt endlich den Ruhetag einschieben. Allerdings nur rein rechnerisch, indem wir die 21. Etappe auf zwei Tage auf-

Auch der südliche Teil der Civettagruppe präsentiert sich äußerst felsig.

In 28 Tagen auf der Graßler-Route nach Venedig

Die letzten drei Tage verlaufen im Flachen.

teilen und im wunderbaren Rifugio Pramperet übernachten. Auf einer großen Almwiese steht diese sympathische Hütte. Wir lassen uns richtig verwöhnen.

Überhaupt: Von dem Wegabschnitt zwischen Passo Duran und Belluno kann man nur ins Schwärmen kommen – die freundlichen Hüttenwirtinnen; das vorzügliche Essen, das sie in ihren kleinen, bescheidenen Küchen zaubern; die verschlungenen Wege durch dichte Buchenwälder und über die steilen Wiesenflanken; die bunten Schmetterlinge, wie sie im Aufwind flattern. Dann aber auch die Felsgipfel. Berge, die wir noch nie gesehen, Namen, die wir noch nie gehört haben. An der Forcella Moschesin treffen wir noch eine Gruppe Pfadfinder, zwischen Pramperet und Schiara begegnet uns niemand mehr. Das gewaltige Gewitter auf der Schiara-Nordseite. Schließlich die Schiara selbst. Ein mächtiger Felsstock mit großen Wandfluchten, durch die einige Klettersteige leiten. Ein paar Biwakschachteln dienen als Notunterkünfte und den Kletterern als Dach über dem Kopf. Für die Wanderer auf dem Graßlerweg liegt hier die letzte große Hürde. Es gilt nicht nur die Klettersteigpassagen zu schaffen, sondern auch das Logistikproblem zu bewältigen. Schließlich macht es wenig Sinn, am Münchner Marienplatz mit Klettersteigset und Helm für den Tag Nr. 22 zu starten. Zwei Lösungen bieten sich an: Entweder man schickt die Ausrüstung zu den Unterkünften am Passo Duran voraus und nimmt sie dort in Empfang oder man umgeht diese schwierige Stelle durchs Val Vescova und wandert oder fährt im Tal nach Belluno. Wir entscheiden uns für die dritte Lösung, die Notlösung, nämlich die Steige ohne Ausrüstung zu begehen.

So oder so will die Schiaraüberschreitung gut geplant sein und man sollte sich darüber im Klaren sein, was einen erwartet, und wissen, was man sich selbst zutrauen darf. Lohnend ist der Weg über den Gipfel sehr wohl und schließlich ist es der letzte Tag auf dem Traumpfad, der durch eine wilde Dolomitenlandschaft führt. Am Rifugio 7°Alpini unter der Schiara-Südwand beginnt das Grün der Wiesen und der mediterranen Wälder. Die Gumpen des Baches laden zum Baden ein. Am Wegrand rascheln die Eidechsen im Laub und das Pink der Alpenveilchen leuchtet her-

Der Klassiker über die Alpen

vor. Spätestens in Belluno ist klar, dass das Ziel jetzt nicht mehr weit entfernt ist. Der Charme dieser Stadt ist ein Vorgeschmack auf das große Ziel: Venedig.

Durch die Weinberge zur Lagune

»Ich komme aus dem Paradies.« Er verzieht keine Miene, aber der Schalk lacht ihm aus den Augen. Als mir der Almbauer ein paar Minuten später das kleine Hüttchen auf der Südseite des Nevegal zeigt, ist leicht verständlich, wie er den Satz gemeint hat.

Südlich von Belluno liegt nochmals ein letzter Höhenrücken, der Nevegal. Im Norden führt eine Fahrstraße bis zum Gipfel auf 1700 Metern, ein Lift ermöglicht Wintersport, ganz oben stehen zwei Hütten und ein Wald von Sendemasten. Nach Südwesten wird der Bergzug immer niedriger und einsamer. Hier befindet sich auch die Alm des Nevegal-Engels. So nenne ich ihn für mich. Schließlich hat er mich auf meinem Sonderabstecher, ohne dass ich darum gefragt hätte, gut 500 Höhenmeter Forststraße mit dem Auto mitgenommen und mir einen wirklich schönen und kurzen Abschneider gezeigt zum Hauptweg. Außerdem kommt er aus dem Paradies. Das »Paradies« ist ein kleiner Holzbau, zehn Quadratmeter groß, mit Wellblechdach. Wasser muss man vom Tal mitnehmen. Hier grasen die fünf Schafe des Almbauern im Dorngestrüpp. Aber von hier sieht man das Mittelmeer, an klaren Tagen zumindest. Und wenn man eine Viertelstunde zu der knorrigen Buche aufsteigt, dann hat man die Schiara vor sich.

Auch wenn sein Fiat aus dem letzten Loch pfeift, wenn er leicht humpelt, das Gesicht von Jahrzehnten Sonne und Regen gezeichnet ist und seine Hände von einem arbeitsamen, harten Bauernleben in den Belluneser Bergen sprechen – der Mann hat recht! Für ihn ist dieses Stückchen Land wirklich das Paradies.

Zwei Tage dauert die Überschreitung des Nevegalrückens. Das Meer sehen wir nicht, aber letzte Krokusse, Knabenkräuter, wilde Hyazinthen, Narzissen, Rebhühner, ein paar Hasen.

Was sich dann noch anschließt, sind fünf Tage zwischen 200 und drei Metern über dem Meeresspiegel. Kaum jemand der München-Venedig-Wanderer kennt diesen Streckenabschnitt, denn viele steigen jetzt auf die Bahn um und – husch, schon sind sie am Markusplatz.

Ganz ehrlich: Hören Sie beim Roman auf der vorletzten Seite schon auf zu lesen? Schalten Sie beim Krimi fünf Minuten vor Schluss um? Verlassen Sie ein Konzert vor dem letzten Stück? Na also!

Fünf Tage wandert man durch herrlich grüne Weinberge, vorbei an roten Mohnfeldern, so weit das Auge reicht. Platanenalleen begrenzen alte Straßen, im Mittagsdunst taucht eine Kirche auf einem Hügel auf. Am Abend kehren wir in urigen Restaurants

Nach 28 Tagen ist Venedig erreicht.

In 28 Tagen auf der Graßler-Route nach Venedig

ein, wo die Speisekarte jeden Tag neu ausgedacht wird, je nachdem, was es am Markt frisch gibt; wo das Menü noch drei Stunden dauert und der Küchenchef persönlich an den Tisch kommt und verkündet, was er heute empfiehlt. Stundenlang geht man den Piavehochdamm entlang, an dem die Grillen zirpen und die Schlangen sich in der Sonne baden. Pontonbrücken führen über Flüsse, die nur noch träge dem Meer zuströmen. Dann kreischt die erste Möwe. Die Luft riecht schon ein bisschen nach Salz. Die Straßen werden immer geradliniger und dann ...

Nach 27 Tagen erhascht man zwischen hohem Gebüsch einen Blick auf eine große Wasserfläche. Das offene Meer ist es noch nicht, aber immerhin Salzwasser: die Lagune von Venedig.

Schnell ist Jesolo erreicht. Höhenmeter gibt es am letzten Tag keine mehr zu überwinden, dafür 24 Kilometer Strandwandern von Jesolo bis Punta Sabbione. Kilometerlang im Sand laufen, Muscheln sammeln, Strandbars und Jesolourlauber, Sonnenschirmparaden und Sandburgen, schreiende Kinder und Eisverkäufer anschauen. Weit draußen im Meer bewegen sich die Silhouetten von riesigen Schiffen, und dann ist endlich Punta Sabbione in Sicht.

Wie es sich gehört, nähern wir uns von der schönsten Seite, die Venedig anzubieten hat. Zwischen den Inseln Le Vignole und Lido hindurch steuert das Schiff direkt auf den Dogenpalast zu.

Nach über 500 Kilometer Strecke stehen wir am Markusplatz. Stolz. Glücklich. Zum Heulen schön sind diese Momente. Ganz leise regt sich nach ein paar Stunden der Gedanke, wie es wohl wäre, jetzt mit etwas anderer Routenführung vom Markusplatz zum Marienplatz zurückzuwandern.

Der Graßlerweg kommt von der schönsten Seite nach Venedig: übers Wasser.

Routenbeschreibung

An- und Rückreise
Da die Alpenüberquerung direkt in München am Marienplatz beginnt, könnte sich die Anreise mit öffentlichen Verkehrsmitteln (Bahn oder Flugzeug) nicht leichter gestalten. Der Marienplatz ist mit U- oder S-Bahn, vom Hauptbahnhof auch zu Fuß in 20 Minuten erreichbar.

Für die Rückreise von Venedig nach München empfiehlt sich die Bahn (evtl. mit Schlafwagen), ca. acht Stunden Fahrtzeit. Alternativ existieren täglich mehrere Flugverbindungen Venedig – München oder in diverse andere Großstädte. Bei schönem Wetter sieht man dabei nochmals Teile des Weges. Möchte man nur Teiletappen gehen, bieten sich u. a. Hall/Wattens, Pfunders, Belluno als Start oder Ende an, sie sind mit Bahn und Bus gut erreichbar.

Übernachtungen
Für eine größere Wandergruppe oder bei Abmarsch in der Hochsaison (Juli, August) ist die Vorreservierung der Übernachtungen zwingend nötig. Aber auch sonst können Hütten natürlich bereits ausgebucht sein. Bei vorheriger Anmeldung bleiben zwar weniger Freiheiten (ungeplante Ruhetage etc.), aber man hat zumindest ein sicheres Dach über dem Kopf. Informationen über Alpenvereinshütten über www.dav-huettensuche.de.

1 Start vom Münchner Marienplatz

 60 Hm  8 Std.

Topografische Karte UK L 1 Ammersee – Starnberger See 1:50 000 und UK C 1 München und Umgebung 1:100 000, Kompass-Karte Nr. 180 Starnberger See – Ammersee 1:50 000

Die leichte erste Wanderetappe beginnt direkt im Münchner Zentrum (519 m), führt sogleich zur Isar und leitet am Deutschen Museum vorbei immer durch die Isarauen bis an den Stadtrand. Am Tierpark oder an der Großhesseloher Brücke wechselt der Weg auf die Westseite der Isar. Weiter am Isarufer, am malerischen Georgenstein vorüber und zum traditionsreichen Kloster Schäftlarn (560 m), eine von vielen Einkehrmöglichkeiten auf dieser Etappe. Hier wechselt man ans östliche Isarufer, wandert durch das Naturschutzgebiet Pupplinger Au mit seinen schönen Orchideen und kommt so nach über 30 Kilometer Strecke nach Wolfratshausen (567 m, diverse Übernachtungsmöglichkeiten, z. B. Gasthof Humplbräu, Tel.: +49 8171 71 15; Hotel Märchenpark, Tel.: +49 8171 290 96).

2 Isaraufwärts bis nach Bad Tölz

 120 Hm + 50 Hm Abstieg 7 Std.

Topografische Karte UK L 1 Ammersee – Starnberger See 1:50 000 und UK C 1 München und Umgebung 1:100 000, Kompass-Karte Nr. 180 Starnberger See – Ammersee 1:50 000

Von Wolfratshausen führt die zweite Tagesetappe wiederum am Isarufer entlang bis nach Bad Tölz. Die etwa 26 Kilometer lange Strecke verläuft auf einfachen Wanderwegen an Geretsried und Königsdorf vorbei und führt durch deutlich mehr Naturlandschaft als die erste Etappe. Zumeist bewegt sich der Weg im Naturschutzgebiet der Isarauen, den Fluss selbst sieht man nicht immer. Als besonders schöner Abschluss dieses Tages kann ein Stadtbummel in der Kurstadt Bad Tölz stehen, die für ihre prächtigen Häuserfassaden bekannt ist. Hier hat man die Bayerischen Voralpen bereits deutlich vor Augen, mit am besten ist der Blick vom Kalvarienberg nördlich des Ortszentrums von Tölz (647 m, diverse Übernachtungsmöglichkeiten, z. B. Gasthof Zantl, Tel.: +49 8041 97 94; Gasthof Kolberbräu, Tel. +49 8041 768 80).

3 Zur Tutzinger Hütte an der Benediktenwand

 1000 Hm + 160 Hm Abstieg 6 1/2 Std.

Topografische Karte UK L 30 Karwendelgebirge 1:50 000, Kompass-Karte Nr. 182 Isarwinkel 1:50 000

Von Bad Tölz folgt man erneut dem Lauf der Isar bis Arzbach. Entweder hier oder spätestens in Lenggries knickt der Weg nach Westen ab und führt von der lieblichen Tallandschaft ins Gebirge. Die Hauptroute verläuft von der Ortschaft Arzbach am Arzbach entlang und steigt auf der langen Zufahrtsstraße zur Tutzinger Hütte (1327 m, DAV, Ende April bis Anfang November, Tel.: +49 175 164 16 90) auf, die an der Nordseite der Benediktenwand liegt. Hier steht die erste Hüttenübernachtung auf dem Programm. Alternativ kann man bis Lenggries an der Isar bleiben, mit Hilfe der Braun-

Bad Tölz – am Ende des zweiten Tages

In 28 Tagen auf der Graßler-Route nach Venedig

Die Falkenhütte unweit der Graßler-Originalroute

eckbahn aufs Brauneck (1555 m) fahren (hier ebenfalls Übernachtungsmöglichkeit) und über den sehr schönen und aussichtsreichen Höhenweg vom Brauneck über die Achselköpfe zur Benediktenwand (1800 m) steigen. Dafür sind Trittsicherheit und gutes Wetter Voraussetzung. Die nächste Übernachtungsmöglichkeit nach der Benediktenwand ist dann ebenfalls die Tutzinger Hütte.

dem waldreichen Übergang über den Rißsattel (1223 m) am Ende des vierten Tages ins Rißbachtal. Hier überquert der Weg die Isar, die wenige Kilometer weiter den Sylvensteinspeicher füllt. An der traditionsreichen Gaststätte Zur alten Post in Vorderriß (800 m, Alpengasthof Post, Tel.: +49 8045 277), wo Ludwig Thoma aufgewachsen ist, endet die Etappe.

4 Von der Steinbockkolonie ins Rißbachtal

 670 Hm + 1220 Hm Abstieg 6 1/2 Std.

Topografische Karte UK L 30 Karwendelgebirge 1:50 000, Kompass-Karte Nr. 182 Isarwinkel 1:50 000
Von der Tutzinger Hütte wandert man auf dem Weg zur Benediktenwand (1800 m). Der Aufstieg von der Westschulter zum Gipfel dieses mächtigen Münchner Hausbergs lohnt sich und sollte nicht ausgelassen werden. Der Blick nach Süden aufs nahe Karwendel und – ein letztes Mal – nach Norden auf die Voralpenlandschaft mit ihren schönen Ortschaften, den Seen und Mooren ist die 1 1/2 Std. Auf- und Abstieg wert. An der Benediktenwand lebt außerdem eine Steinbockkolonie, mit etwas Glück sieht man die wenig scheuen Tiere.
Über Almgelände und durch Gebirgswald steigt man in die Jachenau (790 m) ab, quert den Talboden und gelangt nach

5 Durchs Johannestal zum Karwendelhaus

 1000 Hm 7 1/2 Std.

AV-Karte Nr. 5/2 Karwendelgebirge Mitte 1:25 000, Topografische Karte UK L 30 Karwendelgebirge 1:50 000, Kompass-Karte Nr. 182 Isarwinkel 1:50 000
Am fünften Tag sind es vor allem zwei große Karwendeltäler, durch die die Wanderung führt: Von Vorderriß folgt der Weg durchs Rißbachtal der Zufahrtsstraße in die Eng, geht an der Oswaldhütte und der Ortschaft Hinterriß (950 m) vorbei, bis man ins Johannestal abzweigen kann. Hier sind nun Wanderer und Mountainbiker unter sich.
Das Johannestal bringt uns direkt zum Kleinen Ahornboden (1400 m). Der malerische Talboden mit dem alten Ahornbestand ist zwar nicht so weitläufig wie der Große Ahornboden in der Eng, aber die Kulisse mit Kaltwasserkarspitze und Birkkarspitze ist nicht minder sehenswert. Über Alm-

Der Klassiker über die Alpen

böden gewinnt der Weg an Höhe und erreicht am Hochalmsattel (1791 m) den höchsten Punkt des Tages. Nur unweit steht das Karwendelhaus (1765 m, Karwendelhaus, DAV, Anfang Juni bis Mitte Oktober, Tel.: +43 5213 56 23) an der linken Flanke des Karwendeltals und bietet sich als unverzichtbarer Stützpunkt vor der morgigen Überschreitung der zentralen Karwendelkette an.

6 Über den Schlauchkarsattel zur Isarquelle

 1510 Hm + 1510 Hm Abstieg 8 Std.

AV-Karte Nr. 5/2 Karwendelgebirge Mitte 1:25 000, Topografische Karte UK L 30 Karwendelgebirge 1:50 000, Kompass-Karte Nr. 26 Karwendelgebirge 1:50 000

Die technisch anspruchsvolle Überschreitung der Karwendelhauptkette ist zudem eine der längsten und anstrengendsten Tagesetappen, sie sollte nicht unterschätzt werden. Vom Karwendelhaus steigt man auf einem anfangs mit Drahtseil versicherten Steig durch Latschen ins Schlauchkar auf. Durch dieses karge Hochkar windet sich der deutliche Steig über Wiesen und in der oberen Hälfte Geröll bis zum Schlauchkarsattel (2639 m). Hier beginnt an der kleinen Unterstandshütte der lange Abstieg ins Hinterautal.

Für konditionsstarke Wanderer stellt sich die Frage, ob der Gipfel der Birkkarspitze (2749 m) noch bestiegen werden soll (110 Hm, teils versichert, ca. ³/₄ Std. zusätzlich), die gute Aussicht spricht durchaus für den Gipfelaufstieg.

Der südseitige Abstieg ist sehr steil und felsig, auch heizt sich die Flanke stark auf, sodass ein frühzeitiger Aufbruch vom Karwendelhaus angebracht ist. Der tiefste Punkt ist beim Erreichen des Hinterautals (1200 m) erreicht, von hier steigt der Weg wieder an. Er folgt dem Lafatscherbach und man gelangt – eventuell nach Einkehr an der Kastenalm – über die Lafatscheralm schließlich zum Hallerangerhaus (1768 m, DAV, Tel.: +43 5213 53 26) und zur Hallerangeralm (bew. Anfang Juni bis Mitte Oktober, Tel.: +43 5213 52 77), nur wenig oberhalb davon gelegen. Die Isarquellen werden von hier mit einem kurzen Spaziergang erreicht.

7 Der große Abstieg ins Inntal

400 Hm + 1600 Hm Abstieg 5 ½ Std.

AV-Karte Nr. 5/2 Karwendelgebirge Mitte 1:25 000 oder AV-Karte Nr. 31/5 Innsbruck und Umgebung 1:50 000, Topografische Karte UK L 30 Karwendelgebirge 1:50 000, Kompass-Karte Nr. 26 Karwendelgebirge 1:50 000

Nach der jeweiligen Übernachtung in Hallerangerhaus oder -alm steht zunächst noch ein kurzer Anstieg auf dem Tagesprogramm: Der Weg zielt auf die Scharte zwischen dem Felskoloss des Großen Lafatscher und der Speckkarspitze.

Am Junsee überblickt man die nächsten 1½ Tagesetappen.

In 28 Tagen auf der Graßler-Route nach Venedig

Nach dieser Scharte, dem Lafatscherjoch (2085 m), geht es fast ausschließlich bergab. Von den größten Höhen des Karwendels gelangt man im Tagesverlauf bis ins Inntal nach Wattens oder nach Hall, je nachdem, welche Variante man wählt. Durchs Isstal führt der Weg noch in alpinem Gelände, ab dem Halltal wird die Landschaft lieblicher, und man hat zunehmend mehr den Eindruck, dass man sich der Zivilisation wieder nähert. Von der Bergkapelle (886 m) im Halltal entscheidet man sich für den Abstieg nach Hall (574 m) oder für den höhenparallelen Weg nach St. Martin und sodann für den Abstieg am Bärenbach entlang nach Wattens (567 m, diverse Übernachtungsmöglichkeiten, z. B. Gasthof Zum Goldenen Adler, Wattens, Tel.: +43 5224 522 55; Gasthof Badl, Hall, Tel.: +43 5223 567 84).

8 Durchs Wattental in die Tuxer Alpen

 1490 Hm  7 Std.

AV-Karte Nr. 31/5 Innsbruck und Umgebung 1:50 000, Kompass-Karte Nr. 36 Innsbruck – Brenner 1:50 000

Was man am Vortag abgestiegen ist, muss man auf dieser Etappe wieder aufsteigen. Der Hauptweg nutzt für den langen Anstieg das Wattental und folgt der Straße von Wattens zum Lager Walchen (1410 m). Hier endet die offizielle Fahrstraße. Auf dem Hüttenweg zur Lizumer Hütte (2019 m, ÖAV, bew. Mitte Juni bis Anfang Oktober, Tel.: +43 5224 521 11) wandert man nun teils auf bequemer Almstraße, teils auf Fußwegen durch Zirbenwälder und über Almwiesen zum Etappenziel.

Nicht minder beliebt ist der Aufstieg nach Tulfes (912 m), die Auffahrt mit der Bahn zur Tulfeinalm (2035 m) und der Übergang übers Naviser Jöchl (2479 m), das Mölsjoch und das Klammjoch ebenfalls zur Lizumer Hütte. Diese Variante bietet sich in erster Linie für jene Wanderer an, die nach Hall (nicht Wattens) im Inntal gewandert sind.

9 Jochwanderung mit Blick zum Olperer

 1150 Hm + 880 Hm Abstieg 7 Std.

Kompass-Karte Nr. 37 Zillertaler und Tuxer Alpen 1:50 000

Die neunte Tagesetappe ist durch ein reges Bergauf und Bergab gekennzeichnet. Die Landschaft ist sehr abwechslungsreich: Bergseen, üppige Blumenwiesen, vergletscherte Flanken in Sichtweite.

Von der Lizumer Hütte steigt der Weg durch Moorgebiet allmählich in den Pluderlingsattel (2743 m) auf, wo man die Option hat, auf die Geierspitze zu steigen (110 Hm). Jenseits des Sattels führt der Pfad hinab, man wandert am Höhenrücken über dem Junssee weiter bis zum Gschützspitzsattel (2657 m), einem aussichtsreichen Übergang hoch über Hintertux. Der große Abstieg geht ins Weitental, von dort ist das Tagesziel, das Tuxerjochhaus (2313 m, ÖTK, bew. Mitte Juni bis Anfang Oktober, Tel.: +43 5287 872 16) bald erreicht. Der Ausblick auf das Skigebiet unter Olperer und Gfrorene Wandspitzen ist von hier aus zwar nicht schön, aber man hält immerhin mehr Abstand dazu als vom Spannagelhaus.

10 Über die höchste Scharte zu den Zillertalern

 830 Hm + 1340 Hm Abstieg 6 Std.

Kompass-Karte Nr. 37 Zillertaler und Tuxer Alpen 1:50 000

Der Weg vom Tuxerjochhaus zum Spannagelhaus kommt dann doch nicht ganz an den Ausläufern des Skigebiets vorbei. Auf Fußwegen und auch auf Straßen quert man mit etwas Höhengewinn zum Spannagelhaus (2531 m). Nach einer Bachüberquerung gleich hinter dem Spannagelhaus geht es durch Blockgelände zu den Altschneefeldern, die zur Scharte führen. Der Aufstieg endet an der Friesenbergscharte, mit 2904 Metern hat die Alpenüberquerung ihren höchsten Punkt erreicht. Die eigentliche Friesenbergscharte ist nur ein schmaler Felsdurchschlupf. Jenseits fällt der Pfad sogleich steil ab. Gesichert durch einige Meter Drahtseil verliert man rasch an Höhe und auch im anschließenden Kar gelangt man stetig abwärts zum sehr schön gelegenen Friesenbergsee. Wenig oberhalb bietet sich das Friesenberghaus (2498 m, DAV, bew. Mitte Juni bis Ende September, Tel.: +43 6767 49 75 50) als Übernachtungsmöglichkeit an. Gewöhnlich steigen die Wanderer nach Venedig aber noch bis zum Schlegeisspeicher ab und nächtigen in der Dominikushütte (1805 m, Mai bis Oktober, Tel.: +43 5286 52 16). Als dritte Alternative wäre die Olpererhütte (2388 m, DAV, bew. Anfang Juni bis Anfang Oktober, Tel.: +43 6643 70 67 09) zu nennen; von dort ist es noch eine Stunde Abstieg zum Stausee.

11 Vom Schlegeisspeicher ins Pfitschertal

470 Hm + 700 Hm Abstieg 4 Std.

Kompass-Karte Nr. 37 Zillertaler und Tuxer Alpen 1:50 000

Die kurze und leichte Wanderung von der Dominikushütte ins Pfitschertal kann fast als Ruhetag gelten. Nach einem kurzen Wegabschnitt am Stausee entlang zweigt der Weiterweg nach Venedig nach rechts ab und bringt uns durch ein weites, flaches Hochgebirgstal mit einem munter dahinfließenden Bach allmählich hinauf zum Pfitscherjoch (2250 m).

81

Der Klassiker über die Alpen

Keineswegs bleich ist die Sella im Abendlicht.

Hier thront das Pfitscherjochhaus, das von Südtiroler Seite sogar durch eine Straße erreichbar ist. Die diesseitige Verbindung nach Tirol wurde jedoch nie geschaffen, sodass das Pfitschertal sein Dornröschendasein behielt.

Der Wanderweg hinunter nach Stein (1535 m), wie die letzten Häuser im Talschluss des Pfitschertals heißen, kürzt die großen Serpentinen der Fahrstraße ab. Man erreicht den Weiler Stein nach nicht ganz zwei Stunden. Übernachtung dort z. B. in der Pension Bartlhof, Tel.: +39 0472 63 01 28.

12 Durch die ruhigen Pfunderer Berge

 1100 Hm + 1500 Hm Abstieg 7 ½ Std.

Tabacco Nr. 11 Sterzing/Wipptal 1:50 000, Kompass-Karte Nr. 37 Zillertaler und Tuxer Alpen 1:50 000

Nach der gestrigen Kurzetappe folgt am zwölften Tag nochmals eine sehr lange Strecke mit 1100 Metern im Auf- und noch mehr Höhenmetern im Abstieg. Von Stein muss man dabei zunächst den Pfitscherbach überqueren und durch das sehr einsame Gliderbachtal Richtung Hochfeilerhütte aufsteigen. Die Alpenüberquerung zweigt von diesem Weg jedoch bald ab und hält auf das Gliderschartl zu. Vorüber an verfallenen Almen und durch die dichten Gräser hinauf wird man sich zuweilen fragen, ob dies wirklich noch der richtige Weg ist: Die Überschreitung der Pfunderer Berge ist einsam, die Wege sind schmal und Beschilderungen sowie Markierungen sind ebenfalls deutlich sparsamer gesetzt als bisher. Am Gliderschartl (2644 m) ist für heute zwar der höchste Punkt erreicht, aber auch der Abstieg wird anstrengend und vor allem sehr lang. Als sehr schöne Einlage steht man schon bald vor dem Grindlersee, und einige Stunden später wird einem auch der Anblick der Pfunderer Zwiebelturmkirche (1134 m) wie ein kleines Paradies vorkommen. Übernachtung z. B. im Gasthof Brugger, Tel.: +39 0472 54 91 55.

13 Vom Pustertal in die Dolomiten

 1200 Hm + 500 Hm Abstieg 7 Std.

Tabacco Nr. 30 Brixen 1:50 000, Kompass-Karte Nr. 56 Brixen/Bressanone 1:50 000, freytag & berndt WKS 16 Brixen 1:50 000

Die Wanderung von Pfunders zur Lüsener Alm gliedert sich in zwei Abschnitte: Zunächst steht der weitere Abstieg von Pfunders am Bach entlang auf dem Programm. Bei Niedervintl (756 m) mündet dieser in die Rienz, und wir befinden uns somit im Pustertal.

Dort halten wir uns aber nicht lange auf, sondern steigen sogleich die südlichen Hänge wieder hinauf. So gelangen wir in den Rodenecker Wald, ein großes Forstgebiet zwischen Pustertal und der Geislergruppe. Inmitten dieses Waldes öffnet sich die Lüsener Alm. Hier stehen einige Einkehrmöglichkeiten zur Verfügung, bis man schließlich

an der Kreuzwiesenhütte (1925 m, bew. Mitte Juni bis Mitte Oktober, Tel.: +39 0472 41 37 14) wenig östlich von Lüsen das Tagessoll geschafft hat.
Alternativ steigt man vom Beginn der Lüsener Alm ab nach Lüsen (972 m, Pradellerhof, Tel.: +39 0472 41 37 13) und nächtigt dort etwa 1000 Meter niedriger, dann muss man am nächsten Tag jedoch einen Großteil dieser Höhenmeter wieder aufsteigen.

14 Aufstieg zur Schlüterhütte

 1000 Hm + 600 Hm Abstieg 8 Std.

Tabacco Nr. 30 Brixen 1:50 000, Kompass-Karte Nr. 56 Brixen/Bressanone 1:50 000, freytag & berndt WKS 16 Brixen 1:50 000

Der Weg über vier Jöcher und eine Scharte bringt uns am Ende der zweiten Woche mitten hinein in die Dolomiten. Von der Lüsener Alm mit ihrem lieblichen Landschaftscharakter überwindet er drei kleine Jöcher, bis man am Würzjoch (2006 m) die Verbindungsstraße zwischen Gadertal und Brixen quert. Hier steht der Felskoloss des Peitlerkofels direkt über uns und stimmt auf die markanten Gipfel der Dolomiten ein. Auf breitem Saumpfad steigt man in die Peitlerscharte (2357 m) auf, kann hier den Blick über die Puez-Geisler-Gruppe genießen und gelangt nach einem wunderschönen Querweg über Blumenwiesen zur Schlüterhütte/Rifugio Genova (2297 m, CAI, bew. Juli bis Mitte Oktober, Tel.: +39 0472 84 01 32).
Die Hütte besticht durch eine einmalige Lage direkt unter den Felsgipfeln, ist jedoch noch mitten in Wiesen gelegen. Das Gebäude ist alt und strahlt ehrwürdigen Charme aus.

15 Von der Schlüterhütte zum Grödnerjoch

 1000 Hm + 1170 Hm Abstieg 7 Std.

Tabacco Nr. 30 Brixen 1:50 000, Kompass-Karte Nr. 55 Cortina d'Ampezzo 1:50 000, freytag & berndt WKS 16 Brixen 1:50 000

Die Alpenüberquerung ist am fünfzehnten Wandertag identisch mit dem Dolomiten-Höhenweg Nr. 2 und beginnt an der Schlüterhütte mit einer langen Querung über Almgelände. Der Naturpark Puez-Geisler zeigt sich hier von einer seiner schönsten Seiten. Der Weg wird beim Aufstieg zur Roascharte (2616 m) wieder felsig und bleibt dies auch bis zum Übergang zur Forcella Nivea, der mit Drahtseil und sogar einer Leiter versichert ist.
Viel Höhe verliert man zum nächsten Etappenziel, der Puezhütte (2475 m), nicht. Vielmehr bleibt der Weg auf der mittleren Terrasse der großen Puezhochfläche. Das »Joch-

wandern« begleitet uns auch noch nach der Puezhütte, denn nun gilt es noch das Ciampaijoch, das Crespeinajoch (2528 m) und das Cirjoch zu überschreiten, bevor der endgültige Abstieg über die Blumenwiesen und zuletzt das Skigebiet ansteht, der zum verkehrsreichen Grödner Joch (2137 m, verschiedene Übernachtungsmöglichkeiten, z. B. Berghaus Frara, Tel.: +39 0471 79 52 25) hinabführt.

16 Zur höchsten Übernachtung in der Sella

 820 Hm + 90 Hm Abstieg 4 Std.

Tabacco Nr. 30 Brixen 1:50 000, Kompass-Karte Nr. 55 Cortina d'Ampezzo 1:50 000, freytag & berndt WKS 5 Grödnertal 1:50 000

Eine kurze, aber anspruchsvolle Tour lässt am sechzehnten Tag noch ein wenig Zeit, um in einer zusätzlichen Stunde den Piz Boé (3152 m) zu besteigen.
Vom Grödner Joch steigt man durch das steile und tief eingeschnittene Val Setus auf. Zunächst geht es über Blockgelände und Geröll, dann aber auch noch ein gutes Stück über Fels, hier mit Drahtseil gesichert. Die Pisciadùhütte (2587 m) am schönen Pisciadùsee steht auf einer ebenen »Zwischenetage« des Sellaplateaus, wo sich der Blick nach Norden öffnet. Weniger steil und dramatisch als der Aufstieg durchs Val Setus gestaltet sich der Weiterweg am See vorbei und hinauf zum Zwischenkofelsattel. Die Sellahochfläche ist hier erreicht. Vor allem der Tiefblick ins Mittagstal ist bemerkenswert. Fast höhengleich wandert man weiter zur Boéhütte (2871 m, CAI, bew. Mitte Juni bis Mitte September, Tel.: +39 0471 84 73 03); sie ist die höchstgelegene Übernachtung der Wanderung von München nach Venedig.

17 Auf der Sellahochfläche

 240 Hm + 1070 Hm Abstieg 6 Std.

Tabacco Nr. 4 Dolomiti Agordine e di Zoldo 1:50 000, Kompass-Karte Nr. 55 Cortina d'Ampezzo 1:50 000, freytag & berndt WKS 5 Grödnertal 1:50 000

Ob man die Sellahochfläche nun schön findet, muss jedem selbst überlassen bleiben. Sehr eindrucksvoll ist der eineinhalbstündige Weg über das karstige, fast vegetationslose Plateau auf jeden Fall. An der Pordoijochhütte (2848 m) kurz vor der Pordoispitze führt der Weg in vielen, flach angelegten Serpentinen hinab zum Pordoijoch (2242 m). Das soll jedoch nicht darüber hinwegtäuschen, dass die Flanke sehr steil ist und der Blick zum Pass hinunter ein kleines Abenteuer verspricht.
Die zweite Hälfte der Tagesleistung besteht aus dem kurzen Anstieg vom Pordoijoch zum Höhenrücken des Sasso

Der Klassiker über die Alpen

Capello und dann in der langen Traversale »Bindelweg«. Der Bindelweg ist zurecht legendär: Fast höhenparallel führt er durch Wiesen und lässt den Wanderer dabei immer auf die vergletscherte Marmolada-Nordseite schauen. Erst kurz vor dem Fedaiasee (2053 m) schlängelt sich der Pfad in zig Serpentinen hinunter zum Stausee und zur Passstraße. Diverse Übernachtungsmöglichkeiten, z. B. Marmoladahütte, Tel.: +39 0462 60 16 81.

18 Zwischen Marmolada und Civetta

 1100 Hm Abstieg 4 ½ Std.

Tabacco Nr. 4 Dolomiti Agordine e di Zoldo 1:50 000, Kompass-Karte Nr. 55 Cortina d'Ampezzo 1:50 000, freytag & berndt WKS 5 Grödnertal 1:50 000

Diese ist eine der ganz wenigen Tagesetappen, bei denen man wirklich nur Abstiegsmeter sammelt und keinen einzigen Aufstieg vor sich hat. Auch die Wegbeschreibung ist einfach: immer am Wasser entlang. Am Fedaiasee startet man, dann geht es an der Ostseite dieses mächtigen Gebirgsstocks entlang zur Malga Ciapela (1446 m). Durch die eindrucksvolle Sottogudaschlucht wandert man bis zum gleichnamigen Ort hinab. Wenig oberhalb verlässt man den tief eingeschnittenen Bachlauf. Durch verschiedene kleine Ortschaften führt der Weg hinunter bis in den großen Talkessel von Alleghe. In Alleghe (979 m, diverse Übernachtungsmöglichkeiten, z. B. Garni La Nava, Tel.: +39 0437 52 33 40) am großen Alleghesee endet diese Etappe. Wer noch Lust auf einen Spaziergang hat, wird am Westufer des Sees einen wunderschönen Blick vom See, der

Ortschaft Alleghe und vor allem vom morgigen Ziel einfangen können, der gewaltigen Felsmauer der Civetta. Dieser königliche Berg erhebt sich direkt östlich des Sees und bildet ein grandioses Panorama.

Die Alternativroute zum 18. Tag verläuft direkt über den Marmoladagipfel, verlangt aber Bergerfahrung im vergletscherten Gelände, gute Kondition und entsprechend mehr Ausrüstung.

19 Hinauf zur Aussichtsloge der Tissihütte

 1350 Hm + 50 Hm Abstieg 4 Std.

Tabacco Nr. 4 Dolomiti Agordine e di Zoldo 1:50 000, Kompass-Karte Nr. 77 Alpi Bellunesi 1:50 000, freytag & berndt WKS 5 Grödnertal 1:50 000

Auch für den neunzehnten Tag stehen zwei Möglichkeiten zur Verfügung: Entweder man steigt von Alleghe direkt zur Tissihütte (2250 m, CAI, bew. Mitte Juni bis Mitte Oktober, Tel.: +39 0437 72 16 44) auf, indem man talabwärts Richtung Masare geht und über die Capanna Casamatta (1650 m) von Südwesten hinaufwandert. Oder man entscheidet sich für den Weg über die Coldaihütte (2135 m). In diesem Fall wandert man über die Forcella d'Alleghe. Ob man die beiden Lifte zum Col de Baldi nutzt und so die Höhenmeter bis zur Coldaihütte auf gut 300 Meter reduziert oder ganz von unten zu Fuß aufsteigt, muss jeder selbst entscheiden. Interessant wird der Aufstieg ab dem Rifugio Coldai, denn hier führt der Weg über eine kleine Scharte zum Coldaisee und dann durch das Val Civetta immer unter den senkrechten Wänden der Civetta entlang, bis man zur Tissihütte aufsteigt, die an der rechten Talflanke dieser »Riesenschüssel« steht.

Während der erste Aufstieg ein »Aha-Erlebnis« garantiert, wenn man plötzlich vor der Civetta-Westwand steht, hat die zweite Variante den Charme, dass man unterhalb dieser Wand entlanggeht. Beide Varianten enden an der Tissihütte, von dort genießt man einen herrlichen Blick auf Civetta und Alleghesee.

20 Die schönste Civetta-Etappe

 650 Hm + 1000 Hm Abstieg 5 ½ Std.

Tabacco Nr. 4 Dolomiti Agordine e di Zoldo 1:50 000, Kompass-Karte Nr. 77 Alpi Bellunesi 1:50 000

Zwischen dem Rifugio Coldai und der Carestiatohütte liegt der schönste Abschnitt der Civetta-Etappe. Er führt unter der beeindruckenden Westwand der lang gestreckten Civetta hindurch, später unter dem steilen Torre Trieste und erreicht im Süden des Gebirgsstocks die Moiazza. Der Weg

Beeindruckend wild: die Civetta

In 28 Tagen auf der Graßler-Route nach Venedig

selbst bleibt meist im Wiesengelände und verläuft nur kurze Strecken durch Geröll, wo Pionierpflanzen versuchen Halt zu finden.
Die hübsche Vazzolerhütte (1714 m) unter dem Torre Trieste teilt die Etappe in zwei gleich lange Teilstrecken. Am Ende der Civettaumrundung gelangt man zum Rifugio Carestiato (1834 m, CAI, Tel.: +39 0437 629 49), einer kleinen Hütte im äußersten Süden des Felsmassivs. Abgesehen von den Markusplatzwanderern sind hier vor allem Kletterer und Klettersteigfreunde unterwegs, da die Moiazza für sie viele lohnende Routen zu bieten hat.

21 In ruhigen Gefilden jenseits des Passo Duran

 1300 Hm + 1500 Hm Abstieg ⊙ 7 ½ Std.

Tabacco Nr. 4 Dolomiti Agordine e di Zoldo 1:50 000, Kompass-Karte Nr. 77 Alpi Bellunesi 1:50 000

Dieser sehr lange Tag von der Südseite der Moiazza bis hinüber zur Schiara lässt sich leicht ein wenig verkürzen, indem man am Vortag bereits bis zum Passo Duran (1601 m) absteigt, wo ebenfalls zwei Unterkünfte zum Übernachten einladen. Die Passstraße ist wenig befahren und der Eindruck, »mitten in den Bergen« zu sein, bleibt ganz und gar erhalten. Vom Passo Duran gewinnt der Weg nun allmählich wieder an Höhe. Durch lichten Wald und später über Blockfelder und karge Almen wandert man unten am Monte Tamer entlang, bis man auf die Wiesenebene hinüberqueren kann, auf der das Rifugio Pramperet (1857 m, CAI, bew. Mitte Juni bis Mitte September, Tel.: +39 0442 71 63 54) steht.
Mit vielen Auf- und Zwischenabstiegen führt der Pfad weiter zum Rifugio Pian de Fontana (1632 m, Tel.: +39 0335 609 68 19). Insgesamt summieren sich die Höhenmeter auf 1300 im Aufstieg und 1500 im Abstieg auf. Wer am nächsten Tag die Schiara überschreiten will, sollte aber dennoch bis zur Fontanahütte gehen. Entscheidet man sich für den Abstieg durchs Val Vescova, so kann man den Tag bereits an der Pramperethütte beenden und hat auf diese Weise zwei ausgeglichene Etappen.

Unterwegs am Piavedamm

Man startet bei der Fontanahütte noch in Wiesengelände und gelangt schon bald in die Felsregion. Wir erreichen schließlich die Forcella del Marmol auf nochmals über 2200 Metern. Von hier bis zum Schiaragipfel (2565 m) sind es noch 300 Höhenmeter, die auf schmalen Pfaden zurückgelegt werden können. An klaren Tagen zweifellos ein großes Erlebnis.
Der schwierige Teil des Wegs steht an der Marmolscharte aber noch bevor: Der »Marmol-Klettersteig« führt die steile Südostwand der Schiara hinab zum Rifugio 7° Alpini (1491 m, CAI, bew. Mitte Juni bis Ende September, Tel.: +39 0437 94 16 31). Er hält sich an vorhandene Bänder und überwindet senkrechte Passagen mittels Leitern und Metallstiften. Dass Trittsicherheit, Schwindelfreiheit und Klettersteigerfahrung zum Begehen nötig sind, versteht sich von selbst.
Traut man sich die Überschreitung der Schiara nicht zu, dann steigt man von der Fontanahütte zur Bianchethütte ab und wandert durchs Val Vescova, um durchs Cordevoletal nach Belluno zu gelangen.

22 Über die wilde Schiara

 670 Hm + 860 Hm Abstieg 8 Std.

Tabacco Nr. 4 Dolomiti Agordine e di Zoldo und Nr. 24 Prealpi e Dolomiti Bellunesi 1:50 000, Kompass-Karte Nr. 77 Alpi Bellunesi 1:50 000

Die Überschreitung der Schiara stellt den schwierigsten Abschnitt der Alpenüberschreitung dar. Eine lange Strecke ist als Klettersteig versichert. Die entsprechende Ausrüstung dazu sollte man mitführen (evtl. vorwegschicken).

23 Hinab ins wunderschöne Belluno

 90 Hm + 1200 Hm Abstieg 4 Std.

Tabacco Nr. 4 Dolomiti Agordine e di Zoldo und Nr. 24 Prealpi e Dolomiti Bellunesi 1:50 000, Kompass-Karte Nr. 77 Alpi Bellunesi 1:50 000

Nach der Schiaraüberschreitung bewegen wir uns für die restlichen Tage in lieblicher Voralpenlandschaft, denn die felsigen, markanten Dolomitengipfel enden mit diesem letzten Gebirgsstock ganz abrupt.

Der Klassiker über die Alpen

Hauptsache, eine gute Karte!

Vom Rifugio 7° Alpini fällt der bequeme Hüttenweg allmählich ab und bringt uns überwiegend am Ardobach entlang – an vielen malerischen Gumpen vorbei, die zum Baden einladen – bis in den Laubwald. Gut behütet vom dichten Blätterdach steigt man Richtung Belluno ab, zuletzt auf der Zufahrtsstraße durch einige Ortschaften, die uns schon auf das südlich geprägte Städtchen Belluno (373 m, diverse Übernachtungsmöglichkeiten, z. B. Hotel Astor, Tel.: +39 0437 94 20 94) einstimmen.

24 Über den Höhenrücken des Nevegal

 750 Hm + 850 Hm Abstieg 8 Std.

Tabacco Nr. 24 Prealpi e Dolomiti Bellunesi 1:50 000
Wer geglaubt hat, ab Belluno würde man ohne einen Schweißtropfen bis zum Mittelmeer gelangen, wird am Nevegal eines Besseren belehrt. Immerhin sind es nochmals 1400 Höhenmeter, um die der Höhenrücken des Nevegal (1763 m) die Stadt Belluno überragt. Von einem wirklichen Berg mag man angesichts seiner sanften Formen nicht recht sprechen, doch die Aufstiegsmeter wollen dennoch zurückgelegt werden. Die Hauptroute führt von Belluno am Torrente Cicogna entlang und steigt zur Pian delle Femene (1130 m) auf, einem schönen Wiesengelände mit einem gut geführten Restaurant.
Alternativ kann man etwas weiter im Osten zum Gipfel Col Visentin wandern und von hier immer an der Kuppe des Rückens bleiben, den Blick auf die Schiara im Norden und vielleicht aufs Mittelmeer im Süden genießen. Doch dieses Vergnügen hat man nur an wenigen klaren Tagen, meist wird man sich an der üppigen Flora und Fauna erfreuen. Vom Pian delle Femene fällt der Weg rasch ab und erreicht bei Revine (243 m, Übernachtung dort z. B. Ai Cadelach, Hotel Giulia, Revine Lago, Tel.: +39 0438 52 30 10) den Beginn der Weinberge.

25 Durch die venetischen Weinberge zum Piave

 350 Hm + 510 Hm Abstieg 6 Std.

Belletti V223 Le Prealpi di Vittorio Veneto 1:50 000
Von der schönen Seenlandschaft südlich des Nevegal führt der Weg heute durch viele verträumte Ortschaften, durch Wald und lange am Bach Lierza entlang. Höhepunkte sind am Wegesrand die Mühle Molinetto, ein beliebtes Ausflugsziel, und die Burg Collalto (183 m). Unser Weg führt an beiden direkt vorbei. Immer wieder eröffnen sich aber auch Blicke auf Weinberge, malerische Dörfer und alte Alleen. Refrontolo und Barbisano heißen unsere Zwischenetappen, in Priula (70 m, diverse Übernachtungsmöglichkeiten, z. B. Albergo Ponte Priula, Tel.: +39 0438 270 45) endet der Tag. Hier gelangt man wieder zum Piave, den man bei Belluno schon einmal überquert hat.

26 Am Wildfluss Piave

 60 Hm Abstieg 6 Std.

Belletti V222 Treviso ed il Piave 1:50 000
Am 26. Tag folgt man immer dem Piave. Der Fluss darf hier in der Ebene noch weitgehend so fließen, wie er will, und windet sich in vielen Mäandern Richtung Meer. Wir bleiben den ganzen Tag über an seinem Ufer. Ob man dabei auf der rechten oder der linken Uferseite wandert, bleibt gleich, allerdings muss man sich in Priula entscheiden, denn außer der Autobahnbrücke gibt es bis Ponte di Piave keine Möglichkeit mehr hinüberzuwechseln.
Teils bewegt man sich auf Fahrstraßen, was mit unterschiedlichem Verkehrsaufkommen verbunden ist, teils wandert man auf dem Piavehochdamm. So oder so endet der Tag in Ponte di Piave, schon fast auf Meereshöhe. Diverse Übernachtungsmöglichkeiten auch in Bocca Callalta, z. B. Albergo Belvedere, Ponte di Piave, Tel.: +39 0422 85 71 59.

In 28 Tagen auf der Graßler-Route nach Venedig

27 Am Piave entlang zur Lagune

keiner 8 Std.

Belletti V218 Litorale di Jesolo 1:50 000
Auch am vorletzten Tag begleiten wir den Fluss Piave. Wir wandern von Ponte di Piave nach Santa Donà (4 m) und weiter bis nach Jesolo. Schon am Morgen meint man das Salzwasser der Lagune von Venedig zu riechen, bald sind die ersten Möwenschreie zu hören, und im Laufe des Tages kann nichts mehr darüber hinwegtäuschen, dass das Ziel in Kürze erreicht sein wird.

Am rechten Piavehochufer schlängelt sich der Weg entlang, kürzt etliche Mäander des Flusses ab, verlässt hinter Santa Donà den Piave und bringt uns auf direktem Weg zur Lagune.

An der Lagune läuft man die letzten Stunden entlang bis nach Jesolo (2 m, diverse Übernachtungsmöglichkeiten, z. B. Hotel Udinese da Aldo, Tel.: +39 0421 95 14 07).

28 Der Markusplatz – am Ziel der Reise

keiner 6 Std.

Belletti V218 Litorale di Jesolo 1:50 000
Von Jesolo folgt man zunächst noch der geschwungenen Uferlinie der Lagune, wechselt vor Cavallino aber an den Strand und wandert nun immer an der Adriaküste entlang bis nach Punta Sabbioni. Der Kontrast zwischen den Hotelanlagen, Campingplätzen, Strandbars und Sandburgen mit all ihren Urlaubern, denen man jetzt begegnet, und den Gebirgsetappen könnte kaum größer sein.

Mit dem Schiff setzt man von Punta Sabbioni über und gelangt von der schönsten Seite, nämlich vom Meer aus, zum Markusplatz. Nach vier Wochen Alpenüberquerung ist man am lang ersehnten Ziel angekommen. In Venedig gibt es viele Übernachtungsmöglichkeiten, Anfrage bei Uffici Informazioni Assistenza Turistica, Venedig, Tel.: +39 041 520 89 64 oder www.wel.it.

Der Markusplatz in Reichweite ...

Blick zurück von unserem Wanderweg bei Patsch

Der Goetheweg

Auf den Spuren des reisefreudigen Dichters

4 Der Goetheweg
Auf den Spuren des reisefreudigen Dichters

TOURENINFO

SCHWIERIGKEIT ★★☆☆☆

KONDITION ★★★☆☆

ETAPPEN
28 Etappen, 650 km, 4 000 Hm (je im Auf- und Abstieg).

HÖCHSTER PUNKT
Brenner, 1372 m.

AUSGANGSORT
Marienplatz in München.

ENDPUNKT
Markusplatz in Venedig.

ERLEBNISWELT/HIGHLIGHTS
Marienplatz und Markusplatz bilden den Rahmen dieser einzigartigen Kultur-/Naturwanderung. In den dazwischenliegenden vier Wochen kommen wir durch viele historische Städte, wunderschöne Gebirgslandschaften und liebliche Talauen. Nach der Besichtigung des Klosters Benediktbeuern geht es über Kochel- und Walchensee nach Mittenwald. An Innsbruck vorbei gewinnen wir über das Wipptal an Höhe und gelangen nach Überschreitung des Brenners auf den Waltherplatz in Bozen. Danach erleben wir fast jeden Tag den besonderen Flair italienischer Städte: Trento, Rovereto und danach hinüber zum Gardasee. Dort durch Malcesine, Garda und Bardolino hindurch in Richtung Verona. Und in der letzten Woche Vicenza mit seinen prachtvollen Palladio-Bauwerken, in Padua am Brenta-Kanal und seinen historischen venezianischen Villen entlang und den Tag darauf mit dem Linienboot hinüber nach Venedig. Kleine Restaurants verwöhnen uns in der einzigartigen Landschaft Oberitaliens mit ihrer köstlichen Küche.

KARTEN
Kompass-Karten Nr. 6, 7, 26, 36, 44, 054, 058, 059, 074, 102, 180, 647, 687, 691, 692; Carta d'Italia 123, 124, 125, 126, 127; Falkkarten Gardasee, Venedig; Stadtpläne Bozen, Trient, Rovereto, Verona, Vicenza, Padua, Venedig.

LITERATUR
Johann Wolfgang von Goethe: Tagebuch der Italienischen Reise 1786, Insel Taschenbuch 1976; Guido Seyerle: Der Goethe-Weg über die Alpen, Wandern kompakt, Bruckmann Verlag 2006; Guido Seyerle: Meine italienische Reise – eine Spurensuche nach Goethe, Bernstein Verlag 2006.

BESTE TOURENZEIT
Praktisch ganzjährig möglich.

Bei der hier vorgestellten Fernwanderroute handelt es sich um einen historischen Weg, der seit Jahrtausenden besteht. Schon die Römer bauten den von vorchristlichen Händlern begangenen Weg über den niedrigsten Alpenübergang weiter aus, danach nutzten Pilger nach Rom oder ins Heilige Land diese Strecke. Berühmt wurde die Reiseroute durch Johann Wolfgang von Goethe. In seinem Reisetagebuch von 1786 beschrieb er ausdrucksstark Reiseroute, Natur und Landschaft.

Die Flexibilität in der Tourenführung bzw. der Etappeneinteilung und die hohe Kulturdichte heben diese Tour von anderen Alpenüberquerungen ab. Jeder normal Trainierte, Familien mit Kindern und auch Senioren können zumindest Teiletappen erwandern, spätestens nach zwei bis drei

Auf den Spuren des reisefreudigen Dichters

Stunden Wanderzeit gibt es eine Ausstiegsmöglichkeit. Dort kann mit Hilfe von Bus, Bahn oder Taxi das jeweilige Tagesziel auch ohne körperliche Anstrengung erreicht werden.

Als kulturhistorische Highlights liegen nicht nur Verona und seine berühmten Bauwerke, sondern auch sehr viele kleine, interessante Dörfer und Städte direkt am Weg. Die wichtigsten Sehenswürdigkeiten großer Städte – wie zum Beispiel in Vicenza und Venedig – werden mit speziellen Stadtspaziergängen erwandert. Auf geht's zu einer tollen Mixtur aus Natur und Kultur!

Malerische Innenstadt von Mittenwald

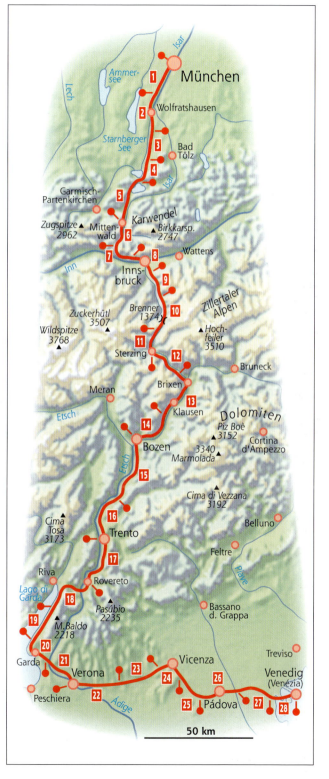

Der Goetheweg

Auf den Spuren des reisefreudigen Dichters

Erste Wanderwoche:
Von München nach Innsbruck

Kurzbeschreibung Goethe 1786
Um 5 Uhr fuhr ich von München weg. An den Tyroler Bergen standen die Wolken fest. Benedikt Bayern liegt köstlich! Wie man es zuerst erblickt, liegts in einer fruchtbaren Planie, ein lang und breites weises Gebäude und ein breiter hoher Felsrücken dahinter. Wie ich den ersten beschneiten Gipfel sah, griff ich nach meinem Hute. Es war ein Tag an dem man Jahrelang in der Erinnerung genießen kann. Die dunklen mit Fichten bewachsenen Vorgründe, die grauen Kalckfelsen, die höchsten weisen Gipfel auf dem schönen Himmelblau, machten köstliche, ewig abwechselnde Bilder. Bei Scharnitz kommt man ins Tyrol, die Grenze ist mit einem Walle geschlossen, der das Thal verriegelt und sich an die Berge anschließt. Von da wird der Weg immer interessanter. Innspruck liegt herrlich in einem breiten reichen Thal zwischen hohen Felsen und Gebirgen.
(Hinweis: Alle Goethe-Zitate wurden dem »Tagebuch der Italienischen Reise 1786« von Johann Wolfgang von Goethe entnommen. Aus Platzgründen wurden sie teilweise stark gerafft. Für Reisende lohnt sich aber auf jeden Fall das Studium der vollständigen Texte.)

München zeigt uns das Flair einer pulsierenden Großstadt. Mit der S-Bahn fahren wir bis zur Haltestelle Marienplatz und kommen dann aus dem Untergrund auf den von Touristen aus aller Herren Länder bevölkerten Marienplatz. Nach einem kurzen Fotostopp gehen wir durch das Isartor in Richtung Isar. An der Reichenbachbrücke beim Deutschen Museum gelangen wir über eine Treppenanlage in die Isarauen hinein. Die schönen, teilweise sandigen Buchten laden uns und unseren Vierbeiner zu einem kurzen Bad ein. Dieses Farbenspiel von lebend-waberndem bläulich-grünem Isarwasser, das bei den zahlreichen Flussverengungen seine Fahrt beschleunigt und dann einen anderen Farbton annimmt, lässt uns einen Moment in Richtung Meer und an die türkisblaue Lagune von Venedig denken. Aber unser Weg dorthin ist noch weit …

Rechts von uns rauscht der Fluss entlang, links erstreckt sich eine dichte Waldfläche, und immer wieder tun sich neue Trampelpfade im sandigen Boden auf. Zur Mittagsrast sitzen wir in der Waldwirtschaft Großhesselohe im Biergarten und lernen, dass ein großes Bier in Bayern aus einem ganzen Liter Gerstensaft besteht. Am Nachmittag schlängelt sich unser Weg neben der Isar entlang, teilweise wird er von hohen Buchen beschattet, dann wieder führt er durch offene Talflächen und schöne Auwiesen. Wir tauchen in die Ruhe und Einsamkeit der schönen oberbayerischen Landschaft ein. Gegen späteren Nachmittag kommen wir an die ersten kleinen Steigungen, der Weg windet sich kurvig an alten Kieshügeln entlang in die Höhe. Nach 6 1/2 Stunden erreichen wir in Ebenhausen unser Übernachtungsquartier. Das Gasthaus Zur Post bietet uns eine leckere bayerische Küche und zudem Übernachtungszimmer, die eine wohltuende historische Gastlichkeit ausstrahlen. Es würde uns in der ersten Nacht unserer Fernwanderung nicht verwundern, wenn Goethe oder auch sein Freund Schiller nicht nur in unseren Träumen präsent wären.

Unser Start am Marienplatz in München

Zwei gleiche Statuen in München und in Verona: Die Berührung soll dem Reisenden Glück bringen.

Der Goetheweg

Gemütlicher bayrischer Biergarten hinter einem Seitentrakt des Klosters Benediktbeuern

Am zweiten Tag erwartet uns eine landschaftlich reizvolle Flachetappe. Auf dem »Gregoriweg« hinter dem Kloster Schäftlarn beginnend, wandert man über sonnenbeschienene blühende Wiesen, durch breite, schattige Alleen und fast dschungelartigen hohen Wald. Des Öfteren bieten sich an unserem Weg Bademöglichkeiten dar, teilweise sogar mit dem Luxus eines Sandstrands. Wir haben Glück und können unterwegs Flößern bei der Arbeit zusehen, wie sie dicke Stämme mit unterschiedlichen Farbmarkierungen versehen und zu großen, teilweise 30-stämmigen Flößen zusammenbinden. Nach rund zwei Stunden gönnen wir uns eine kurze Rast am Schleusenwärterhaus, verbunden mit einem erfrischend-kalten Fußbad im Isarwasser. Danach ist es nicht mehr weit bis zur Mittagspause in Wolfratshausen, einige gemütliche Gastwirtschaften inklusive romantischen Biergärten laden uns ein. Der zweite Teil unserer Tagesetappe führt am Loisach-Isar-Kanal entlang. Der Weg ist eigentlich ein Radweg, dabei aber breit genug und nicht so stark frequentiert, als dass man nicht auch ruhig und herrlich darauf wandern könnte. Er führt neun Kilometer direkt am Damm entlang, es duftet herrlich nach den Kräutern des Waldes und der durchquerten Wiesen. In Beuerberg lassen wir im lauschigen Biergarten des Gasthauses Zur Mühle den abwechslungsreichen Wandertag nochmals Revue passieren.

Natur und Kultur auf hohem Niveau haben der nächste Wandertag zu bieten. Mit hohen Birken rechts und links gesäumt verläuft unser Weg bis zum Weiler Schönlauch. Heute liegt es zum ersten Mal direkt vor uns, das Hochgebirge, scheinbar zum Greifen nahe. Und doch wirkt es abweisend und gefährlich, schroff ragen die fast 2000 Meter hohen Bergspitzen in den Alpenhimmel. Die ersten Bergahorne stehen direkt am Wegesrand. So früh hat sie Goethe vor 220 Jahren nicht gesehen, irgendetwas an den klimatischen Bedingungen muss sich verändert haben. In Richtung Bad Heilbrunn genießen wir einen einsamen Wanderweg, der uns die Düfte und Pflanzen des Vorgebirges näherbringt. Später gehen

Auf den Spuren des reisefreudigen Dichters

wir mehr als eine Stunde über eine offene Wiesenfläche, die immer wieder von kleinen Bächlein durchzogen wird, an denen seltene Wasserpflanzen wachsen. Von einer leichten Anhöhe kommend, sehen wir in der Ferne schon das große, hellweiße Gebäude: Kloster Benediktbeuern, das auch schon Goethe ein sicherer Wegweiser war. Am späten Nachmittag lädt uns das Kloster zu einer meditativen Einkehr ein. Für durstige Wanderer gibt es an einem der Seitenflügel des Gebäudes eine große bayerische Biergartenwirtschaft.

Weil wir es gestern nicht mehr geschafft haben, besichtigen wir heute Morgen das Kloster, dessen Wurzeln bis ins Jahr 740 zurückgehen. Und denken bei unseren ersten heutigen Wanderkilometern daran, wie vor mehr als 1000 Jahren die Hunnen zum Sturm auf das Kloster angesetzt hatten. Ein überraschend aufkommender Föhnsturm ließ die Angreifer damals kurz vor der Erstürmung des Klosters mit Haut und Haaren im schnell auftauenden Moor versinken. Zur Mittagspause gönnen wir uns ein erfrischendes Bad im Kochelsee; alternativ könnte auch das direkt an unserem Weg liegende Schwimmbad »Trimini« aufgesucht werden. Der Kochelsee und seine wunderbare Umgebung zogen immer wieder bedeutende Künstler an. Einer von ihnen wird heutzutage in einem eigenen Museum, dem Franz-Marc-Museum, gewürdigt. Bekannt vor allem durch die Mitbegründung der Künstlergruppe »Blauer Reiter«, bekommt man bei einer Führung einen schönen Einblick in das Leben und die Werke des Malers.

Der erste richtig steile Anstieg zum Walchensee auf eine Passhöhe von 858 Metern erwartet uns. Es tut sich die Schönheit des unten liegenden Kochelsees auf. Wenige Minuten später blicken wir dann in die andere Richtung, nach Süden, diesmal liegt der Walchensee direkt vor uns. Grandiose Ausblicke auf den See und das dahinter liegende Alpenpanorama entschädigen für die Mühen des Tages.

Für Kaltbader empfiehlt sich am Morgen des fünften Tages ein Sprung in den Walchensee. Nach dem Frühstück führt unser Weg landschaftlich reizvoll am Seeufer entlang. Da können wir es verschmerzen, dass nicht weit von uns auf der viel befahrenen Uferstraße

Kiesstrand am Walchensee

Der Goetheweg

der Autoverkehr lärmt. Nach einer Stunde Wanderzeit kann man mit der Gondelbahn einen Ausflug auf den Herzogstand (1627 m) machen und den grandiosen Ausblick auf das gesamte Alpenvorland genießen. Die Talstation der Herzogstandbahn liegt direkt am Wegesrand.

Im kleinen Ort Urfeld, bekannt durch den Impressionisten Lovis Corinth, der dort lebte und malte, biegen wir leicht rechts ab in Richtung Wallgau. Schöne »Lüftlmalereien« an den Häusern, die teilweise bis ins 17. Jahrhundert zurückreichen, können wir während unserer Mittagsrast betrachten. Wieder einmal haben wir heute einen Schriftsteller als imaginären Wegbegleiter: Auch Heinrich Heine kam 30 Jahre nach Goethe durch Wallgau. Direkt vor uns öffnet sich das Tal und bietet damit Aussicht auf den hoch aufragenden Gebirgskamm des Karwendels. Weiter geht es auf dem »Isartaler Wanderweg«. Vor Mittenwald in den Buckelwiesen zeigen sich links am Wegrand vom Wind und Schnee bizarr geformte Bäume, vor allem die Kiefern mit teils kunstvoll verdrehten Stämmen erinnern an japanische Großbonsais. An vielen Tagen im Jahr bläst der Föhn Luft aus Italien herüber. Dann ist es warm und die Sicht außerordentlich gut. Geografisch gesehen liegt der Brenner direkt geradeaus Richtung Süden, wir werden ihn in einer Woche erreicht haben.

Morgens am sechsten Tag starten wir wieder einmal mit einer Prise Kultur, der Besichtigung des Mittenwalder Geigenbaumuseums. Seine Wurzeln gehen auf den Lauten- und Geigenmacher Matthias Klotz um 1685 zurück, der den Instrumentenbau in Mittenwald begründete. Es liegt am Anfang der Fußgängerzone, direkt gegenüber der Pfarrkirche St. Peter und Paul, und beherbergt heute rund 200 Instrumente. Wir verlassen die Einkaufsstraße in Richtung Süden und frischen dabei nochmals unsere Rucksackvorräte auf. Hohe alte Kiefern und Fichten leiten uns ohne Steigung durch das schöne Isartal in Richtung Österreich. Nach 2 1/2 Wanderstunden haben wir die »Scharnitzer Klause« und die »Porta Claudia« erreicht. Über Jahrhunderte stellten sie das Eingangstor nach Tirol dar – die gewaltige Festung war während des Dreißigjährigen Krieges erbaut worden.

Auf den Spuren des reisefreudigen Dichters

Sie nützte strategisch geschickt den Engpass des Isartals aus und konnte bei Gefahr vollständig gesperrt werden. Dabei wurden künstlich angelegte Gräben mit dem nahen Isarwasser geflutet, sodass feindliche Truppen wirkungsvoll gestoppt werden konnten. Heute brauchen wir an dieser Stelle nicht einmal mehr einen Personalausweis. Der Wind pfeift fast ohne Unterlass zwischen den Felsen hindurch, handelt es sich doch hier um eine wichtige Frischluftzufuhr zum Inntal. Nach der Mittagspause gehen wir ein Stück auf dem Europäischen Fernwanderweg E4, bevor wir links auf einen alten Römerweg, den geschotterten »Hirnweg«, abbiegen. Dieser steigt zwar immer wieder kurzzeitig stark an, dann führt er aber mit wenig Gefälle durch fast unberührten Wald und an kleinen Bächlein dahin. Am späteren Nachmittag erreichen wir den bekannten Wintersportort Seefeld. Zur Erholung unseres müden Wandererkörpers gönnen wir uns heute eine Übernachtung in einem der zahlreichen Wellness-Hotels.

Am landschaftlich schön gelegenen Wildsee vorbei kommen wir am siebten Wandertag aus dem Ortskern von Seefeld heraus. In Richtung des nächsten Ortes Auland geht es leicht bergab, die höchsten Bergspitzen zeigen sich uns bereits am Horizont. Wir biegen auf den »Riedsteig« ab und erleben in der nächsten Stunde, beim langsamen Hinabsteigen ins Inntal, ein absolutes Highlight der gesamten Fernwanderung. Dabei genießen wir die Düfte von Kiefernwäldern, finden Waldorchideen und verschiedene Glockenblumen. Im weichen Gras duftet es nach frisch gefallenen Kiefernnadeln und hohe Farne wiegen sich leicht im Wind. Von den Wanderern, die dem Goetheweg nach meiner Beschreibung in jüngster Zeit gefolgt sind, wurden diese Wanderstunden der heutigen Etappe ebenfalls als besonders eindrucksvoll beschrieben. In der Ebene in Richtung Martinsbühel haben wir das flache Inntal erreicht. Am Flussufer des Inns bietet sich eine Kaffeepause mit Rucksackverpflegung auf einem der zahlreichen Kies- oder Sandstrände an. Anstatt auf dem alten Jakobsweg direkt zwischen Inn und der viel befahrenen Autobahn zu wandern, geht man besser auf die andere Talseite und gelangt über Kematen an der Südseite des Tals nach Völs hinein. Und am Abend können wir stolz von uns behaupten: Wir haben mit Bravour die erste Wanderwoche gemeistert! 167 Kilometer waren zwar anstrengend, aber machen auch Lust auf mehr.

Blick zurück nach Wallgau

Vor Wolfratshausen ein romantischer Weg durch die Isarauen

Der Goetheweg

Spitze Kirchtürme strecken sich in den tiefblauen Himmel bei Igls.

Zweite Wanderwoche: Von Innsbruck nach Bozen

Kurzbeschreibung Goethe 1786

Innspruck liegt herrlich in einem breiten reichen Thal zwischen hohen Felsen und Gebirgen. Ich wollte heute dableiben, aber es ließ mir innerlich keine Ruhe. Von Innspruck herauf wirds immer schöner, da hilft kein Beschreiben. Man kommt eine Schlucht herauf wo das Wasser nach der Inn zu stürzt. Es liegen Dörfgen, Häuser, Hütten, Kirchen alles weis angestrichen zwischen Feldern und Hecken auf der abhängenden hohen

Die Waldarbeiter haben mitgedacht ...

Fläche. Von hier fließen die Wasser nach Deutschland und nach Welschland. Die Sonne ließ sich wieder blicken, und es war eine sehr leidliche Lufft. Ich kam sehr geschwind zwischen hohen Felsen an den reißenden Etsch Fluß hinunter. Mit Tags Anbruch erblickt ich die ersten Rebhügel, eine Frau mit Birn und Pfirsichen begegnete mir. Endlich erblickt ich bei hohem Sonnenschein das Thal, worinn Botzen liegt. Von steilen bis auf eine ziemliche Höhe bebauten Bergen umgeben, ist es gegen Mittag offen, gegen Norden von den Tyroler Bergen bedeckt. Eine milde sanfte Luft füllte die Gegend.

Heute beginnt unsere Überquerung des Alpenhauptkammes. Aber keine Sorge! Die Anstiege der nächsten drei Tage sind dennoch keine Gewaltmärsche! Neben den üblichen Wanderwegen werden wir auch viele Kilometer auf dem Jakobsweg und auf alten Römerstraßen hinter uns bringen und dabei durch ursprüngliche Dörfer kommen, in die sich nicht allzu viele Touristen verirren. In den großen Einkaufszentren von Völs können wir unsere Vorräte nochmals auffüllen, bevor wir aus dem Ort heraus in Richtung Mentlberg laufen. Am Weg liegen viele schöne Häuser mit Blütenpracht in den Gärten. In einem hohen, kühlen Fichtenwald wandern wir um Innsbruck herum und sehen auf dem nächsten Hügel die von Zaha Hadid geplante Skisprungschanze von Innsbruck. Es geht weiter bergan, diesmal in einem hohen Kiefernwald, bevor unser Weg leicht bergab und dann unter den beiden Hauptverbindungsachsen des europäischen Nord-Süd-Verkehrs (Brennerautobahn und Eisenbahnlinie) hindurch auf die andere Talseite führt. Danach wird es zum zweiten Mal so richtig steil, auf einem kleinen Waldweg steigen wir über viele Wurzeln bergauf bis auf das Hochplateau von Igls. Schöne Kirchtürme recken ihre hohe Spitzen in den stahlblauen Gebirgshimmel. Voller Freude sehen wir das berühmte blau-gelbe Muschelzeichen des Jakobsweges, wir werden ihm in Richtung Patsch folgen. Eigentlich kommt der italienische Jakobsweg ja von Rom her, biegt dann in Innsbruck Richtung Westen ab, um sich in der Schweiz Richtung Santiago de Compostela zu orientieren. Wir gehen sozusagen »in der falschen Richtung«, der Schönheit des Weges macht dies natürlich keinen Abbruch. Sanft-hügelige Gebirgswiesen mit reicher Blumenpracht laden uns zum Botanisieren oder zu einem kleinen Picknick am Wegesrand ein. Oder wir nützen eine der reichlich vorhandenen Ruhebänke zu einer Verschnaufpause. Wir sind zufrieden mit uns und die Natur verwöhnt uns gleichermaßen: Die Luft ist erfüllt vom Zirpen der Heuschrecken und dem Summen anderer Insekten.

Am kommenden Tag wandern wir ohne starke Steigungen ab Patsch auf einem Höhenweg entlang. Rechts von uns öffnet sich

Auf den Spuren des reisefreudigen Dichters

Der Goetheweg

ein herrlicher Blick auf den Söldner Gletscher, der in rund 60 Kilometer Entfernung aus über 3000 Meter Höhe ins Tal hinabströmt. Kleine Bächlein plätschern neben dem schmalen Waldweg. In St. Peter an seinem romantischen kleinen Kirchlein sind wir wieder auf dem »Wipptaler Wanderweg«. Weite Ausblicke bis vor zum Brenner tun sich auf. Unser Weg folgt konsequent den Höhenlinien des Geländes, und so wandern wir fast drei Stunden ohne allzu große Kraftanstrengung bequem und meditierend vor uns hin. Und genießen dabei das Postkartenidyll der teilweise noch schneebedeckten Hochalpen. In Mühlen-Puig biegen wir in Richtung des rauschenden Gebirgsbaches Sill ab, dem wir flussaufwärts bis nach Steinach folgen.

Kleine Gebirgspfade und das Läuten der Kuhglocken erfreuen am nächsten Tag des Wanderers Herz. Wir schauen den Gebirgsbauern bei ihrer beschwerlichen Arbeit zu, wie sie selbst extrem steile Weiden noch mit der Sense per Hand mähen – eine wichtige landschaftspflegerische Maßnahme, die ohne die finanzielle Unterstützung mit EU-Geldern nicht mehr möglich wäre. Heute ist der Wipptaler Wanderweg gleichzeitig der Jakobsweg. Immer wieder öffnen wir die die Viehweiden umschließenden Tiergatter und finden auf unserem einsamen Weg durch teilweise mannshohes Gras viele blaue Stengel-Enziane. Oberhalb der Bahnlinie im hohen Wald leitet der Weg uns bis zur Mittagsrast im Weißen Rössl, Gasthof seit 1545. In der Gaststube kann man sich fast als eine königliche Hoheit fühlen, da hier schon Persönlichkeiten wie Kaiser Maximilian von Österreich und die belgische Königin diniert haben. Die Kutscher saßen derweil in einem Nebenraum, der heute noch in seinem Originalzustand erhalten ist. An einem Wallfahrtskirchlein vorbei wandern wir in Richtung Brennersee, an des-

Blick zurück auf Igls und das Inntal

Auf den Spuren des reisefreudigen Dichters

sen Ufer wir einigen Bachforellen beim Spiel im kühlen Wasser zusehen können. Gegen Abend genießen wir im Ort Brenner das Hochgefühl, heute den höchsten Punkt unserer Fernwanderung erreicht zu haben.

Ab heute wird es mehrere Tage fast nur bergab gehen. Immer wieder verengt sich das Wipptal, danach wird es wieder breit und ausladend. Und stets wird der Fluss Eisack unser Begleiter sein, letztlich führt er uns nach Bozen hinein. Sein Murmeln und Gurgeln verstärkt sich mit jedem Kilometer. Fantastische Ausblicke sowohl zurück zum Brenner wie auch innerhalb des Eisacktales öffnen sich. Auf einem alten Bahndamm laufen wir bergab, durch einige unbeleuchtete Tunnels und über breite Eisenbahnviadukte – dieser Weg soll in den nächsten Jahren komplett als Radweg ausgebaut werden. Im Jahr 2005 war es eher noch ein Abenteuerspaziergang mit einigen Unwägbarkeiten. Die ersten Häuser von Gossensaß lassen in uns «Südtirol-Feeling» aufkommen: Kleine holzvertäfelte Balkone, mit schon längst vergrauten Holzschindeln gedeckte und verkleidete Häuser und vieles mehr bieten sich als Fotomotive an. Zwei Stunden später haben wir im kleinen Weiler Rüpe einen schönen Fernblick über den alten Ort Sterzing bis auf die sich dahinter erhebenden schneebedeckten Berge.

Jahrhundertealte Schlösser und Burgen begleiten uns am nächsten Tag auf Schritt und Tritt. Vorbei an der Talstation der Rosskopfbahnen und am Deutschordenhaus kommen wir aus Sterzing heraus, nicht ohne vorher die ersten Südfrüchte eingekauft zu haben. Auf der Passstraße des Penser Jochs gewinnen wir etwas an Höhe und können unseren späteren Fußweg von oben erkennen. Er führt malerisch über weite Wiesen und lädt zum Meditieren ein. In Stilfes bieten sich mehrere Möglichkeiten zu einer kulinarischen Mit-

Auf dem Weg von Patsch nach St. Peter

Der Goetheweg

tagsrast, die leckeren Bauernplatten mit Südtiroler Speck und Käse sind sehr zu empfehlen. Ab jetzt geht es auf dem schon fertiggestellten Teilstück des Fernwander- und Fernradwegs Richtung Verona stundenlang leicht bergab. Der Wegbelag aus Asphalt hat seine Vorteile, allerdings sollte man Wanderschuhe mit guter Dämpfung benutzen. Später am Nachmittag erkennen wir auf der anderen Talseite die »Sachsenklemme«, eine Engstelle des Tals, in der die Sachsen vor rund 200 Jahren vernichtend geschlagen worden sind. Zum Abend hin nähern wir uns der aus der Ferne bedrohlich wirkenden Franzensfeste. Sie ist eine der imposantesten Festungen überhaupt und wurde erst in den Jahren 1833 bis 1839 erbaut – von Weitem allerdings sieht sie mindestens 500 Jahre alt aus. Noch heute wird sie von der italienischen Armee genutzt und kann leider nicht besichtigt werden.

Unser Weg steigt vor Gries am Brenner nochmals an.

Nach der Engstelle bei der Franzensfeste weitet sich das Tal immer mehr – wir nähern uns dem fruchtbaren Gebiet von Brixen. Vorbei am vor der Festung aufgestauten, grünblau schimmernden Stausee unter der Autobahn hindurch, erwartet uns ein großes Naturschutzgebiet, der Vahrner See. Nach einer kurzen Wanderetappe in Richtung Osten erreichen wir das Vorderrigger Tal. Sanft geschwungene Weiden wechseln sich mit Acker- und Waldflächen ab, immer wieder beobachten wir Bauern bei der Arbeit auf ihren Feldern. Nur vom Gemurmel des Eisacks begleitet, verlassen wir das Tal und gönnen uns eine Weinprobe im fast 1000 Jahre alten Kloster Neustift. Von Anfang an war dieses imposante Bauwerk auch ein viel besuchtes Hospiz und eine beliebte Raststätte für Pilger auf der Reise ins Heilige Land oder nach Rom. Eine Stunde später kommen wir dann in der Fußgängerzone der historischen Altstadt von Brixen mit ihren diversen italienischen Eiscafés und Spezialitätengeschäften an. Weiter geht es leicht bergab am Eisack entlang, und gegen Abend sieht man schon die Burg Klausen aus der Ferne auf einem hohen Felsen liegen.

Bozen, Südtirols größte Stadt, zieht uns am siebten Tag der zweiten Woche geradezu magisch an. Fast hinter jedem Bergrücken vermuten wir sie, doch der Weg dehnt sich auf eine Gesamtzeit von sechs Stunden aus. Immer wieder wechseln wir die Uferseite des Eisacks, gerade so, wie der neu erbaute Asphaltfernweg hin und her springt. Schön ist der kurze Abstecher hinauf in die Weinberge oberhalb von Blumau. Ganz anders als aus Deutschland bekannt, ziehen die Italiener die Weinreben über ein horizontales Gestell, sodass man direkt darunter hindurchgehen kann. Wir treffen auf die ersten, vereinzelt stehenden Feigenbäume. Auch hier erkennen wir kleine Auswirkungen der einsetzenden Klimaerwärmung. Berichten uns die Bauern doch, dass sich seit Jahrzehnten der Anbau von Wein und Obst in immer höhere Lagen hinaufzieht, wo früher nur Weidewirtschaft möglich war. Glücklich und zufrieden kommen wir auf dem Waltherplatz in Bozen an. Wir haben sie tatsächlich geschafft, die Alpenüberquerung, und zwar zu Fuß! Gratulation!

Auf den Spuren des reisefreudigen Dichters

Malerischer Blick von der Burg Malcesine Richtung Süden

Dritte Wanderwoche: Von Bozen nach Verona

Kurzbeschreibung Goethe 1786

... gibt mir diese wenige Tage her eine ganz andre Elasticität des Geistes. Die Etsch fließt sanfter, macht an vielen Orten breite Kiese, auf dem Lande nah am Fluß und an den Hügeln ist alles so in einander gepflanzt daß man denkt es müßte eins das andre ersticken. Auch was hin und her wandelt erinnert einen an die liebsten Bilder. Trient. Ich bin in der Stadt umhergegangen die uralt ist. Ich trat in die Jesuiten Kirche, die sich von aussen gleich durch rothe Marmor Pilastres auszeichnet. Und nun, wenn es Abend wird und bey der milden Luft wenige Wolken an den Bergen ruhn, am Himmel mehr stehn als ziehn, und gleich nach Sonnen Untergang das Geschrille der Heuschrecken laut zu werden anfängt! Es ist mir als wenn ich hier gebohren und erzogen wäre. Wenn man hinauf kommt, liegt ein ungeheurer Riegel hinten vor, über den man nach dem See hinunter muss. Es lag mir noch eine schöne Natur Würckung am Weg, ein schönes Schauspiel der Lago di Garda. Die Feigenbäume hatten mich schon den Weg her häufiger begleitet und im hinabsteigen fand ich die ersten Oelbäume, die voller Oliven hingen. Da wo an der Abendseite das Gebürg aufhört steil zu seyn liegen an Einer Reihe Gargnano, Bojaco, Cecina. Von Bartolino macht ich den Weg über einen Rücken der das Thal scheidet. In gewaltiger Hitze hier in Verona an. Von der Gegend kann man durch Worte keinen Begriff machen, es ist ein Garten eine Meile lang und breit, der am Fuß der hohen Gebürge und Felsen ganz flach in der größten Reinlichkeit daliegt.

Der Goetheweg

Die Südtiroler Hauptstadt Bozen, inzwischen mehr als 100 000 Einwohner zählend, lädt uns zu einem Bummel über den Waltherplatz und von dort aus abzweigend in die vielen kleinen, engen Gässchen ein. Zurück am Dom, gönnen wir uns im dortigen Domcafé ein paar Kugeln Eis und denken über Reinhold Messners Zitat nach: »Für mich ist Bozen ein Berg, der sich in eine Stadt verwandelt hat. Sobald du dich bewegst, ändert er sein Aussehen. Du fährst fort und das Profil wird ein anderes, du kommst zurück und entdeckst immer neue Seiten.« Anschließend laufen wir in Richtung Olympiazentrum. Dort mündet der Eisack, unser Wegbegleiter in den letzten Tagen, in die Etsch. Aus diesem schmalen Bach entsteht im Laufe mehrerer hundert Kilometer der zweitlängste Fluss Italiens. Wir werden die Etsch in den nächsten drei Tagen auf rund 90 Kilometern immer nah an ihrem Ufer begleiten. Der bequeme, deutlich ausgeschilderte Fernwanderweg (er führt letztlich bis nach Verona) lässt ein schnelles Wandertempo zu. Hohe Berge um uns herum rücken dicht aneinander heran, bei schlechterem Wetter mag es fast schon ein wenig beängstigend wirken, wie das Tal immer schmaler und enger wird. Wir haben die Grenze zwischen deutschem und italienischem Sprachgebiet erreicht, die über viele Jahrhunderte auch Staatsgrenze war: Salurn. Abends gönnen wir uns noch einen der wohlschmeckenden Südtiroler Weißweine. Sie sind berühmt für ihre fruchtigen, subtilen Aromen und ihren voll ausgeprägten Körper. Ihre Rebstöcke haben wir jedenfalls schon stundenlang als Wanderbegleiter neben uns gehabt.

Am zweiten Tag erreichen wir das »richtige Italien«, ab heute ist Italienisch die Muttersprache der Bevölkerung. Schon morgens passieren wir die Talenge bei Salurn, danach weitet sich das Tal und lässt Platz für viele Apfelplantagen. Wieder kommen wir auf dem bequemen Weg gut voran. Am frühen Nachmittag wundern wir uns über die Routenwahl: Ein Schlenker von mehr als vier Kilometer Länge ist auf der Karte eingezeichnet, und all dies nur, weil ein größeres Bachbett unseren Weg kreuzt. Während wir deswegen ostwärts abbiegen, erkennen wir den Grund für unseren Umweg. Ein wildromantischer Bach stürzt sich im Naturschutzgebiet (Torrente Avisio) kurz vor Trento in die Etsch. Und schleift das natürlich anstehende Gestein in alle möglichen runde Formen. Rot- und Brauntöne, die von andersfarbigen Bändern durchzogen werden, schimmern mit glitzernden Weißtönen im hellen Sonnenlicht um die Wette. Zurück aus der angenehmen Kühle des Baches, bemerken wir wieder einmal, dass unsere Strecke heute sehr wenig Schatten bietet. Zusätzlich reflektiert der schwarze Wegebelag die Hitze des Tages, wir müssen für uns und unseren vierbeinigen Begleiter mehr Trinkwasser als sonst üblich einplanen. Dann kommen wir für fast zwei Stunden durch einen für Italien typischen industriellen Großstadtvorort, die Gebäudekomplexe von

Tagelang ist die Etsch unser treuer Begleiter.

Auf den Spuren des reisefreudigen Dichters

mit Lärm erfüllten Industrieanlagen wechseln sich mit verlassenen und vor sich hin rostenden Metallwerkstätten ab. Schon von Weitem sehen wir das Castello del Buonconsiglio, das sich auf einem Hügel über der Stadt Trento erhebt. Wohingegen der Dom (»Duomo«) leicht versteckt mitten in der Innenstadt liegt und nur durch kleine Gässchen erreicht werden kann.

Trient, die von den Kelten gegründete Stadt, lädt uns am Morgen des dritten Tages zu einem Stadtrundgang ein. Schon die Römer wandelten die antiken Kommunikationswege in Straßenverbindungen zur Eroberung der alpinen Regionen um, und Trento war ihnen ein wichtiges Zentrum dafür. Weltbekannt allerdings wurde die Stadt durch das Konzil von Trient der Jahre 1545 bis 1563, das letztendlich der Gegenreformation zum Auftrieb verhalf. Der warme Wind aus Süden lockt uns aus der Stadt heraus. Wir orientieren uns an der weithin sichtbaren Gondelbahn auf den 599 Meter hohen Osselera – die Berge im Umfeld der Stadt erreichen sogar Höhen von mehr als 1500 Metern. Wieder zurück auf unserem altbekannten Asphaltweg, grüßen links und rechts diverse mittelalterliche Burgen. Das Castel Beseno und das Castel Pietra liegen in Richtung Rovereto. Schon aus mehreren Kilometern Entfernung sehen wir das dortige Castello di Rovereto, es wacht von oben über die Stadt. Sein Äußeres, das einer Felsenburg ähnelt und eine charakteristisch mehreckige Form aufweist, stammt aus dem 14. Jahrhundert. Heute dient es als Italienisches Historisches Kriegsmuseum und dokumentiert die abwechslungsreiche Geschichte anhand von diversem kriegerischen Gerät.

Am vierten Tag dieser Wanderwoche verlassen wir unsere treue Weggefährtin, die Etsch, und biegen rechts Richtung Westen und damit zum Gardasee hin ab. Fast ungewohnt für uns, müssen wir wieder einmal fast zwei Stunden bergauf. Rechts liegt das Naturschutzgebiet Lago di Loppio, kurz danach gönnen wir uns eine kleine Rast und einen aromatischen Espresso im Restaurant auf der Anhöhe Passo San Giovanni. Der Fußweg Richtung Nago führt nur kurz auf einem Gehweg an der Autostraße entlang, danach orientiert man sich zur alten Wegverbindung unterhalb des Castel Penede. Eine schmale Fahrstraße, ein alter Römerweg, erwartet uns. Dieser besteht aus alten, ausgetretenen Granitsteinen, an denen noch die Bearbeitungsspuren von einfachen Werkzeugen und auch die später darauf entstandenen Fahrspuren der eisernen Wagenräder erkennbar sind. Der Abstieg bietet sensationelle Ausblicke auf das vom Wind leicht gekräuselte Wasser des Gardasees. Unter alten Olivenbäumen am Wegrand sitzend, lassen wir diese Postkartenmotive auf uns wirken: Das intensive Blau des Sees vermischt sich am Horizont mit den immer heller werdenden Blautönen des Himmels zu einer wahren Farborgie. Unten am See angekommen, können wir unter zwei Varianten wählen. Entweder wir nutzen die Fährverbindung von Torbole nach Malcesine (über Limone) oder wir gehen zu Fuß (Achtung: zur eigenen Sicherheit Warnweste anziehen) die acht Kilometer auf der Staats-

Wachturm der Skaligerburg Malcesine aus dem 12. Jahrhundert

Der Goetheweg

Torri del Benaco und seine historische Orangerie

straße bis Navene. Dabei führt unser Weg durch viele Tunnels und über kurze Brücken und bietet des Öfteren wunderbare Ausblicke auf die abwechslungsreiche Küstenlandschaft des Gardasees.

Bis zum Vormittag sind die mehr als 2000 Meter hohen Berge um den Gardasee herum oft noch wolkenverhangen. Aber keine Sorge, meistens kommt kurz nach 11 Uhr Wind auf und das Wetter ändert sich. Unser Weg schlängelt sich fast die ganze Zeit am Ufer entlang, manchmal ganz einsam zwischen den kleinen Dörfern, oder auch stark frequentiert auf den breiten Uferpromenaden der Touristenorte. Heute wandern wir durch die von Goethe als die »Morgenseite des Gardasees« bezeichnete Gegend und können auf den Kiesstränden immer wieder barfuß gehen. Ab dem Busparkplatz, einen Kilometer vor Malcesine, sehen wir die alte Scaligerburg auf einem schroffen Felsen in den See hinausragen. Das milde italienische Licht lässt dabei alles noch räumlicher, noch plastischer erscheinen. Über die kleinen Gässchen der Altstadt unterhalb der Burg gelangen wir in das Goethe-Zimmer auf der Burg. Dort werden historische Originalschriften von Goethe aus-

gestellt, worin dieser seine berühmte Farbenlehre begründet hat. Er selbst erlebte damals auf der Burg spannende Stunden. Die Wächter hielten ihn für einen Spion, da er in sein Skizzenbuch detaillierte Ansichten der Burg einzeichnete. Goethe entkam nur knapp einer Verhaftung. In Val di Sogno legen wir einen kurzen Fotostopp ein, aus dieser Perspektive wird sich der Gardasee im weiteren Verlauf unserer Wanderung nicht mehr zeigen. Das umgebende Hochgebirge tritt nun immer mehr zurück, bis es schließlich in die Ebene Richtung Verona ausläuft. Direkt am Weg bieten sich viele Bademöglichkeiten, und in lauschigen Fischrestaurants direkt am Seeufer können wir eine späte Mittagsrast einlegen. Am frühen Abend erreichen wir unser Tagesziel: Torri del Benaco. Schon im 14. Jahrhundert wurde zum Schutz des Hafens die mächtige Scaligerburg erbaut, und im 15. Jahrhundert erhielt der kleine Ort eine weitere Aufwertung. Er wurde vom Dogen in Venedig zum Hauptsitz der »Gardesana dell'Acqua« ernannt. Noch heute zeugt die imposante Burg inklusive der sehr interessanten alten »Limonaia« (Urform eines Gewächshauses) von ihrer stolzen Vergangenheit.

Auf den Spuren des reisefreudigen Dichters

Das berühmte Felsmassiv »Rosengarten« bei Bozen

Am nächsten Tag geht es auf kleinen, romantischen Strandwegen weiter. Diese führen direkt am Seeufer entlang, teilweise ist das Überklettern kleinerer Felsklippen notwendig. Der Ort Garda erstreckt sich in einer weiten Bucht vor uns, die Uferpromenade wird immer breiter, bevor wir gerade rechtzeitig zur Mittagsrast im Hafen ankommen. Eine breite Allee am Ufer entlang führt uns in einer weiteren Wanderstunde bis nach Bardolino hinein, eine Vielzahl von Weinkellern und Olivenöl-Degustationen lädt zu Verkostungen ein. Ein letztes Mal tauchen wir unsere Hände in das warme Wasser des Gardasees, dann führt unser Weg rund eine Stunde lang leicht bergan und wir erreichen den Ort Cavaion. Dessen Dorfplatz bietet mehrere gemütliche Cafés, und wir können auf der eine Seite zum Gardasee hinunterblicken, auf der anderen Seite erkennen wir ganz weit vorne im Dunst schon Verona. Leicht bergab wandern wir nun in Richtung unserer alten Bekannten, der Etsch. Rückwärts und seitlich von uns liegen die letzten Ausläufer des Hochgebirges, vor uns öffnet sich die Ebene bis nach Verona hinein.

Am siebten Tag der dritten Wanderwoche sehen wir schon aus der Ferne die Hügel, die Verona majestätisch umschließen. Das Klima in dieser Gegend ist meistens warm und schwül, schon Goethe beobachtete, wie sich die Wolken am Gebirge stauten und dann in dessen Vorland abregneten.

Wir treffen wieder auf die Etsch und wählen diesmal ihren Kanal, den »Medio Adige«, als Wegbegleiter. Achtung: Badende Hunde können aufgrund der Steilheit des Kanalufers nicht mehr selbst aus dem Wasser klettern! In Bussolengo mit seiner kleinen, gemütlichen Innenstadt machen wir einen kurzen Café-Stopp, bevor wir auf unserem Weg durch einige Kiwiplantagen kommen, wo wir jetzt – im November – frische Früchte naschen können. Über den Vorort Chievo, nicht zuletzt durch seine gute Fußballmannschaft bekannt, gelangen wir immer näher ins Zentrum von Verona. Auf den letzten Kilometern ist wiederum die Etsch unser dauernder Begleiter. Die Brücken, welche sie seit Jahrhunderten überspannen, lassen uns immer wieder zwischen den einzelnen Stadtteilen hin und her pendeln. Über die Via Oberdan erreichen wir die berühmte Arena, um die herum abends das Leben von Verona pulsiert.

Der Goetheweg

Auf den Spuren des reisefreudigen Dichters

Vierte Wanderwoche:
Von Verona nach Venedig

Kurzbeschreibung Goethe 1786

Verona. Nach und nach find ich mich. Ich lasse alles ganz sachte werden und bald werd ich mich von dem Sprung über die Gebirge erhohlt haben. Der Weg von Verona ist sehr angenehm, man fährt nordwärts an den Gebürgen hin. Der gerade, gut unterhaltene weite Weg geht durch fruchtbares Feld, die Trauben sind zeitig und beschweeren die Rancken, die lang und schwanckend herunter hängen. Wenn man gegen Vicenz kommt streichen wieder Hügel von Nord nach Süden es sind vulkanische, schliesen die Ebne, und Vicenz liegt an ihrem Fuße, und wenn man will in einem Busen den sie bilden. Ich habe schon die Stadt durchlaufen, wenn man diese Wercke nicht gegenwärtig sieht, hat man doch keinen Begriff davon. Auch hab ich heute die famose Rotonda, das Landhaus des Marchese Capri gesehn, hier konnte der Baumeister machen was er wollte und hats beinahe ein wenig zu toll gemacht. So stand es denn in dem Buche des Schicksals auf meinem Blatte geschrieben, daß ich d. 28 Sept. Abends, nach unsrer Uhr um fünfe, Venedig zum erstenmal, aus der Brenta in die Lagunen einfahrend, erblicken, und bald darauf diese wunderbare Inselstadt, diese Biber Republik betreten und besuchen sollte. So ist denn auch Gott sey Danck Venedig kein bloses Wort mehr für mich.

Am ersten Tag der vierten Wanderwoche steht zuerst einmal der Stadtrundgang in Verona auf dem Programm. Die Arena liegt direkt hinter uns, und wenn wir die Steine mit unseren Händen berühren, durchströmt uns erneut das Gefühl von erlebter, tatsächlich gefühlter Geschichte. Wir lassen uns von der Etsch, die sich fast mäanderförmig durch Verona windet, begleiten. Von der linken Uferseite ergeben sich mit jedem Meter neue, schöne Blicke auf den Dom und viele andere alte Kirchenbauwerke. Auf einer kleinen Anhöhe liegt das Castel San Pietro. Direkt unter uns, schräg gegenüber Richtung Süden sehen wir den Kirchturm von Chiesa di San Giovanni in Vall über die mediterranen Hausdächer mit ihren flachen Dachwinkeln herausragen. Wir durchschreiten das alte Stadttor Porta Vescovo und orientieren uns Richtung Osten, nach Venedig. Am Vormittag finden wir noch eine Vielzahl von kleinen italienischen Bars und Cafés, in denen uns ein Glas des überaus süffigen heimischen Weißweins für weniger als einen Euro offeriert wird. Später am Nachmittag erklimmen wir

Durch das alte Stadttor geht es in den Ortskern hinein.

Die »Villa Rotonda« im milden Licht des Südens

die letzten Hügel unserer Tour, sie sind nur noch wenig mehr als 100 Meter hoch, und rechts von uns öffnet sich immer wieder ein herrlicher Blick in die Ebene bis nach Vicenza. Gegen Abend beginnen die Felsen und die darauf erbaute mittelalterliche Burg von Soave zu glühen, so geschickt werden sie von Hunderten von Scheinwerfern angeleuchtet.

Wir sind in der Ebene vor Venedig angekommen. Ab heute durchwandern wir nur noch flache Landschaft, die von einem feucht-warmen Klima geprägt wird. Hierher verirrt sich zu Unrecht kaum einmal ein Tourist, kann man diese Gegend als Wanderer doch noch als das »ursprüngliche Oberitalien« erleben. Des Öfteren wird man von Einheimischen in ihr Haus eingeladen. Dann erzählen sie die Geschichten von früher, von den Weltkriegen und natürlich auch von heute und von ihren Sorgen. Unsere durchwanderten Orte haben teilweise eine über 2000-jährige Geschichte. So ist zum Beispiel das Mittagsgeläut der mittelalterlichen Kirche von San Bonifacio ein besonderer Genuss, erscheint es doch wie ein kleines Konzert

Der Goetheweg

Mächtig erhebt sich in Soave die Burganlage über das Dorf.

aus längst vergangenen Tagen. Danach führt unser Weg kilometerlang durch intensiv genutztes Weinland mit v. a. weißen Traubensorten. Auf kleinen, malerischen Hügeln liegen romantische Kirchlein wie z. B. vor Brendola jenes von Santa Giustina.

Die Stadt Vicenza und ihr berühmter Baumeister Palladio stehen am nächsten Tag im Mittelpunkt.

In 2 1/2 Stunden werden wir 14 Bauwerke des weltberühmten Baumeisters Andrea Palladio (1508–1580) sehen, die auch Goethe 1786 zutiefst beeindruckten. Alle Bauwerke sind noch fast vollständig im Originalzustand erhalten. Palladio baute, wie er selbst sagte, mit »Graphie und Schönheit«. Auch die UNESCO erkannte dies und ernannte die Innenstadt von Vicenza 1994 zum Weltkulturerbe. Alleine schon das historische Teatro Olimpico am Ende des Corso A. Palladio verdeutlicht uns die hochstehende Architekturkunst vor rund 500 Jahren. Zum Abschied aus dieser beeindruckenden Stadt grüßt uns von einem Hügel in Richtung Longare die Villa Rotonda. Auf dem Hügel Monte Berico gelegen, überblickt man von ihr aus das ganze weite Umland. Das helle quadratische Bauwerk, an jeder der vier Seiten von einem sechssäuligen hohen Eingangsportal gekrönt, wird von einer hohen, mit roten Ziegeln gedeckten, runden Kuppel eingefasst. Danach lassen wir uns vom mediterranen Wanderklima weitertreiben, jeder Schritt in dieser Luft ist ein Genuss.

Am vierten Tag steht die letzte Etappe, die durch italienisches Landleben führt, an. Heute können wir auf den Märkten in den Dörfern genüsslich einkaufen und ausführlich die Cafés an der Strecke besuchen. Die kleinen Weiler mit ihren spitzen, markanten Kirchtürmen und den eng in sich verschachtelten Häusern und ihren kleinen Gärten strahlen einen ganz eigenen Charme und Reiz aus. Die Gewächse zeigen das sich immer mehr einstellende mediterrane Klima an. Wir wandern kilometerweise auf einem stillgelegten Bahndamm. Dieser liegt rund fünf Meter über der flachen Landschaft und ermöglicht einen schönen Überblick. Der Fluss Tesina und die darüber fehlende Brücke zwingen uns zu einem rund vier Kilometer langen Umweg, der aber auch eine wunderbare Rastmöglichkeit im Restaurant Al Vecchio Muin mit sich bringt. Auf einer schnurgeraden Straße, die sich wie ein langer Strich in der Landschaft abzeichnet, gelangen wir bis in die Vororte von Padua hinein. Am späten Nachmittag gönnen wir uns zur Entspannung noch den Besuch in einem der vielen Heilbäder von Abano Therme.

Padua, die historische Universitätsstadt, bildet den Höhepunkt des fünften Wandertages. Auf dem Corso Milano gelangen wir in das historische Zentrum hinein, das von vielen Kanälen durchflossen wird. Dann stehen wir auf dem Domplatz an der Kathedrale, schwindelerregend hoch erhebt sie sich vor uns. Auch die sie umgebenden mediterranen Bauwerke lassen uns wieder einmal die vielhundertjährige Geschichte dieser Gegend erkennen. Direkt neben der Basilika di S. Antonio stoßen wir auf den botanischen Garten, in dem uns nicht nur die zu Ehren Goethes gepflanzte weltberühmte »Goethe-Palme« fasziniert. Heraus aus der Stadt wählen wir den Weg an einem der vielen Kanäle entlang, der in den Brenta-Kanal mit seinen vielen, teilweise noch von Palladio direkt am Wasser erbauten Villen übergeht. Prunkvoll werden diese von gepflegten Gärten mit teils geometrisch gestalteten Pflanzungen umschlossen. Das Wandern am Brenta-Kanal entlang gehört zu den absoluten Highlights unserer Kulturwanderung. Als wir den Ort Fiesso erreichen, genießen wir die letzten warmen, alles in ein plastisches Licht tauchenden Sonnenstrahlen auf einer Restaurantterrasse direkt am Kanal.

Auf den Spuren des reisefreudigen Dichters

Die letzte Etappe unserer fast 700 Kilometer langen Kulturwanderung beginnt wieder am Kanal. Linienschiffe kreuzen auf dem Brenta-Kanal und ergeben zusammen mit den Palmen und anderen exotischen Pflanzen wunderschöne Fotomotive. Oftmals gehen wir auf kleinen Trampelpfaden am Wasser entlang. Die Natur, die unzähligen Schlösser und die venezianischen Paläste lassen uns immer wieder kurz innehalten. Heute können wir sogar auf einigen Kilometern wieder einmal einen breit ausgebauten Asphaltradweg begehen. Auf der Straße nach Fusina zählen die Straßenschilder die verbliebenen Kilometer rückwärts. Wir meinen das Meer zu riechen, es schon zu spüren, auch wenn direkt neben uns riesige, verlassene Industrieanlagen vor sich hin rosten. Als nach der Zahl »1« zum ersten Mal das Meer zu sehen ist, freuen wir uns schon auf ein Bad im warmen Wasser, das an diesem Küstenabschnitt allerdings nur sehr eingeschränkt möglich ist. Vorne an der Kaimauer öffnet sich dann der Blick in die Lagune von Venedig, ganz am Horizont sehen wir die berühmte »Biberstadt«, wie sie Goethe nannte, im letzten Abendlicht liegen.

Auf die Benutzung des nur rund einen Meter breiten, vom Autoverkehr umtosten Fußweges zur Überquerung des fünf Kilometer langen Dammes Ponte della Libertà in die Stadt Venedig hinein verzichten wir, stattdessen nehmen wir ab Fusina das Linienschiff. Schon Goethe hat von dieser Überfahrt geschwärmt. Das Boot bringt uns in einer angenehmen Fahrt von rund 45 Minuten bis auf den Markusplatz. Dort schauen wir zuerst, wie Millionen von Pauschaltouristen auch, den Palazzo Ducale an, um uns danach unserer kombinierten Fuß- und Schiffstour zu widmen. Dabei blicken wir auch hinter all die weltbekannten Kanäle und in das Alltagsleben der Venezianer. Wir erleben, wie Schiffe als die einzig möglichen Transportmittel zu Hochzeiten, als Notarztboot und auch bei einer Trauerfeier genutzt werden. Zurück auf der Schiffslinie 1, werden uns vom Wasser aus all die bekannten Bauwerke wie die Rialtobrücke, der goldene Palast Ca d'Oro und noch vieles mehr präsentiert. Ein Tag ist wirklich viel zu kurz, um die ganze Schönheit Venedigs zu erwandern und zu erleben. Aber wir werden wiederkommen, keine Frage. Allerdings vielleicht nicht mehr zu Fuß …

Unser Rundgang führt uns auch hinter die Kulissen der Stadt Venedig.

Routenbeschreibung

An- und Rückreise
Sowohl München wie auch Venedig sind sehr gut per Bahn zu erreichen. Vom Münchner Hauptbahnhof sind es zu Fuß nur rund 20 Min. auf den Marienplatz. In Venedig ist es geradezu ein Genuss, mit dem Schiffstaxi zum Bahnhof zu fahren. Per Bahn kommen wir auch wieder von Venedig nach Deutschland zurück. Im Speisewagen sitzend, lassen wir innerhalb von acht Stunden den Großteil unseres Fußwegs (dieser ist des Öfteren direkt vom Zug aus einsehbar) draußen an uns vorbeirauschen. Teiletappen des Goetheweges zu wandern (oder auch auszulassen) ist problemlos möglich, mindestens einmal an jedem Wandertag befindet sich ein Bahnhof in direkter Nähe unseres Weges.

Übernachtungen
Ich war von Mitte September bis Mitte Oktober auf meiner Fernwanderung von München nach Venedig unterwegs. In diesem Zeitraum war keinerlei Vorreservierung der Übernachtungen notwendig. Sogar mit Hund gab es immer ein freies Zimmer für mich und ich habe bewusst die verschiedensten Quartiermöglichkeiten getestet. Ab Mittag spätestens ist der Anruf im nächsten Übernachtungsquartier ratsam, ob auch wirklich ein Zimmer frei ist. Ansonsten empfehlen die Gastwirte die Wanderer auch gerne an befreundete Pächter weiter. Ab und zu erreicht man das jeweilige Quartier per Taxi oder örtlichem Bus. Sehr genossen habe ich es, zwei Tage im selben Hotel in Vicenza zu übernachten. Die gewohnte Umgebung beruhigt die Wandererseele ungemein.

1 Von München nach Ebenhausen

 140 Hm  6 1/2 Std.

Stadtplan München; Kompass-Karte Nr. 180 Starnberger See 1:50 000

Ab dem Marienplatz (519 m) Richtung Isartor, über die Zweibrückenstraße vor zur Isar. Auf der Erhardtstraße bis zur Reichenbachbrücke. Dort nach rund 30 Min. Wechsel in die Isarauen hinein, Wegwahl auf 7 km Länge je nach Jahreszeit und Flusshöhe direkt an der Isar entlang. An der Großhesseloher Brücke kommen wir auf den Isar-Fußweg. Nach der Mittagsrast in der Waldwirtschaft Großhesselohe gehen wir weiter in Richtung Pullach. Der Weg ist ca. 10 km lang und mit einem gelben Pfeil gekennzeichnet. An der Birk vorbei führt das Schottersträßchen durch hügeliges Gelände bis kurz vor den Ort Schäftlarn. Der Autostraße folgend, gelangen wir in die Gemeinde Ebenhausen (664 m, Übernachtung im Hotel Zur Post, Tel.: +49 8178 36 03 oder www.toelzer-land.de).

2 Von Ebenhausen nach Beuerberg

 50 Hm Abstieg 6 1/2 Std.

Kompass-Karte Nr. 180 Starnberger See 1:50 000

Hinter unserem Übernachtungsquartier Zur Post beginnt der Weg Richtung Kloster Schäftlarn. Von dort auf dem »Gregoriweg« Richtung Schützenried, bezeichnet mit einem gelben Dreieck. An der Isar wird dieser Weg zu einem ganz schmalen Trampelpfad, vorbei an Schlederloh und Stoßberger führt er nach rund 3:25 Std. Gehzeit nach Wolfratshausen hinein. (Achtung: Bei Hochwasser ist dieser Weg unpassierbar. Dann den Weg an der Autostraße entlang nehmen.) Durch die Fußgängerzone hindurch rechts halten und über die Loisach. Beschilderung Richtung Gelting 1/2 folgen. Nachdem wir die B 11 überquert haben, biegen wir sofort rechts auf den Weg mit der Bezeichnung E7 ab. Dieser führt uns 9 km direkt am Loisach-Isar-Kanal entlang. Direkt nach dem Ortseingang von Beuerberg (602 m) links ab zum Gasthof Zur Mühle (Tel.: +49 8179 99 73 90 oder www.toelzer-land.de).

3 Von Beuerberg nach Benediktbeuern

 40 Hm  5 1/2 Std.

Kompass-Karte Nr. 7 Murnau, Kochel, Staffelsee 1:50 000

In Beuerberg folgen wir dem Weg B2, welcher nach ca. 1/2 auf die Bundesstraße B 1 trifft. Direkt neben der Straße nach 800 m links ab Richtung Boschhof. Dem Schotterweg S6 rund 3 km bis Schönlauch folgen. Kurz vor Mooseurach zweigen wir rechts auf den Weg S4 ab. Nach 3 km lässt man Nantesbuch rechts liegen und folgt dem Weg S34/S4 bis

Das Kloster Benediktbeuern

Auf den Spuren des reisefreudigen Dichters

Noch sind die Wege bequem ...

nach Karpfsee. Danach wandern wir 1 km auf einer Wiesenfläche parallel der B 11 und biegen in Richtung Reindlschmiede ab. Nun Richtung Schönau 1 km über eine kleine bewaldete Kuppe (Weg R), im Tal biegen wir rechts auf eine kleine Seitenstraße in Richtung Bad Heilbrunn ab. Nach 2 km rechts und über einen Kreisverkehr der B 11 geradeaus weiter, Weg TK8. Nach 800 m links auf Wanderweg BB, diesem 1 1/2 km folgen. Geradeaus über die Bundesstraße B 472 hinweg folgen wir dem Weg weiter. Durch Hofstätt und auf dem BE2 hinein nach Benediktbeuern (640 m, Hotel Zur Post, Tel.: +49 8857 338 oder www.toelzerland.de).

4 Von Benediktbeuern an den Walchensee

 260 Hm  5 Std.

Kompass-Karte Nr. 7 Murnau, Kochel, Staffelsee 1:50 000

Ab dem Kloster Benediktbeuern 15 Min. auf dem Pilgerweg (2 Prälatenstäbe), dann 1 1/2 km auf Weg Nr. 1. Querendem Weg L1 rechts abbiegend folgen. Bei Brunnenbach nochmals rechts und nach Kochel am See (3 km, Franz-Marc-Museum, wegen Erweiterung bis Frühjahr 2008 geschlossen). Am Seeufer entlang über die Freizeitanlage »Trimini« bis zum Wegende, dort links und 1/2 km vor bis zur Autostraße. Rechts ab auf dem Gehweg K2 und diesem 1 km folgen. Vor Erreichen des Elektrizitätswerkes links auf Schotterweg KW. Rund 40 Min. starker Anstieg, dann parallel zur Autostraße Trampelpfad, der leicht rechts abbiegend nach Urfeld (812 m, Jugendherberge in Urfeld, Tel.: +49 8851 230) zum Walchensee hinunterführt.

5 Von Urfeld nach Mittenwald

 250 Hm + 130 Hm Abstieg 5 1/2 Std.

Kompass-Karte Nr. 6 Walchensee, Wallgau, Krün 1:50 000

Neben der Straße 5 km auf Wanderweg E4, in Löbenau vor dem Campingplatz links ab. E4 führt über kleine Bergkuppe, danach bergab nach Einsiedel. 200 m rechts an Straße entlang. Weg W6 30 Min. folgen. Dieser verläuft dann wieder neben der Autostraße, nach 45 Min. erreichen wir Wallgau. Auf Gehweg neben der Hauptstraße Richtung Krün, am Ortsende von Wallgau rechts auf Weg A2. Nach 45 Min. durch kleinen Tunnel unter Bundesstraße B 2 hindurch, der Weg heißt jetzt »Isartaler Wanderweg«. Eine Stunde durch hügelige Landschaft, kurz nach dem Tonihof 400 m rechts

Der Goetheweg

haltend auf dem »Bockweg«. An erster größerer Wegkreuzung links ab und leicht bergauf, danach wieder rechts auf bekannten »Isartaler Wanderweg«, und es sind jetzt noch 45 Min. bis nach Mittenwald (914 m, Mittenwalder Geigenbaumuseum, Übernachtung im Hotel Post, Tel.: +49 8823 938 23 33 oder www.mittenwald.de).

6 Von Mittenwald nach Seefeld

400 Hm + 150 Hm Abstieg 5 1/2 Std.

Kompass-Karte Nr. 26 Karwendelgebirge 1:50 000
Durch die Fußgängerzone Mittenwalds in Richtung Scharnitz. 300 m auf Gehweg, dann rechts ab zu den Tennisanlagen. Auf Schotterweg an ihnen vorbei, Schild Fuß-/Radweg Scharnitz YBK 4 1/2 km folgen. Kurz vor Scharnitz über die Isar, 400 m Fußweg zwischen Isar und Autostraße. Dann rechts ab Weg 21, bei den letzten Häusern biegt Weg Nr. 18/19 rechts ab in Richtung Seefeld. Markierung geht kurze Zeit später in E4 über und führt am Gießenbach entlang. Bei erstem Schild »Richtung Gießenbach« dorthin abbiegen, später im Ort Hinweis »Hirnweg« folgen. Wir überqueren Autostraße und Bahnlinie. Kurz danach rechts ab, steiler 5-minütiger Anstieg auf Schottersträßchen »Hirnweg«, dem wir 6 km oberhalb der Bahnlinie folgen. Nach Erreichen des »Playcastle« 30 Min. auf dem alten Römerweg nach Seefeld hinein, auf den letzten Metern rechts ab in das Ortszentrum (1180 m, Übernachtung im Hotel Die Post, Tel.: +43 5212 22 01 oder www.seefeld.at).

7 Von Seefeld nach Völs/Innsbruck

 100 Hm + 700 Hm Abstieg 6 1/2 Std.

Kompass-Karte Nr. 26 Karwendelgebirge und Nr. 36 Innsbruck–Brenner, beide 1:50 000
Aus Seefeld heraus Beschilderung Richtung Wildsee, an welchem der Wanderweg 4B entlangführt. Bezeichnung geht in Weg 4 über in Richtung Auland. Nach 3 km erreichen wir Auland und folgen der Beschilderung nach Reith, bezeichnet mit »14«. Nach dem Meilerhof zweigen wir rechts ab auf den Weg 11. Dieser führt 5 Min. stark bergab, danach links und trägt dann den Namen »Riedsteig«. Nach 45 Min. auf einem Pfad mit wunderbaren Aussichten erreichen wir den Rasthof Zirlerberg. Dort Mittagsrast und 200 m bergab direkt an der Bundesstraße entlang, dann links auf Weg Nr. 10 Richtung Ruine. 30 Min. Fußweg, und bergab in das Zentrum von Zirl hinein. An der Kirche vorbei Richtung Blachfeld, vor dem Inn biegen wir dann links in Richtung Martinsbühel ab. Nach 20 Min. rechts ab und auf Brücke der B 171 über den Inn. 6 km des Jakobsweges geradeaus zwischen Autobahn und Inn sind gut ausgeschildert, aber

Breiter Schotterwanderweg von Mittenwald nach Scharnitz

Auf den Spuren des reisefreudigen Dichters

leider recht laut. In Kranewitten wechseln wir über die Autobahn und kommen nach Völs (574 m, z. B. Pension Ruth Neuner, Tel.: +43 512 30 43 74 oder www.tirol.at).

8 Von Völs nach Patsch

 700 Hm + 150 Hm Abstieg   5 1/2 Std.

Kompass-Karte Nr. 36 Innsbruck–Brenner 1:50 000
Dies ist die Einzeletappe mit der größten Steigung. Ab dem Bahnhof Völs in Richtung Blasiusberg. Am Ortsende auf dem Gehweg Richtung Mentlberg, nach 1 km rechts über ansteigende Allee am Schloss Mentlberg vorbei. Ende der Allee rechts, Asphaltstraße steigt an. Nach den letzten Häusern rechts auf Schotterweg, nach 600 m links ab und rund 1 1/2 km im hohen Fichtenwald weitergehen. Mitten im Wald nach Erreichen eines Hauses links bergab halten, bis wir auf die Autostraße treffen. Dieser dann bergauf rechts abbiegend bis zum Ortsanfang folgen, dort vor der Straßenbahnhaltestelle rechts ab und nach 100 m sofort wieder links in einen hohen Kiefernwald. Nach knapp 30 Min. erreichen wir auf diesem Weg Mutters, wo man auf den Weg Nr. 8 links in den Wald abbiegt. Leicht bergab erreichen wir nach 10 Min. eine Autostraße, überqueren diese geradeaus. Weiter auf dem »8«, durchqueren wir das Dorf Gärberbach und danach den Bach Sill. Nun eine Stunde bergauf, zuerst durch Tunnel unter der Zugverbindung und der Brennerautobahn hindurch. Vor einer großen Erddeponie links ab, dann 1/2 km parallel oberhalb der Autobahn. Am Ende des Waldes rechts den Berg hoch auf einem schmalen, steilen Pfad. Beim Erreichen der ersten Häuser rechts halten, nach 10 Min. sind wir im Ort Vill. 50 m vor der Kirche rechts ab, nach 200 m wieder rechts in Richtung Igls Schlosshotel. Vor dessen Eingangsportal rechts, 200 m im Dorf geradeaus, vorne an der Straße 50 m rechts halten und dann links auf den Jakobsweg, der uns nach 3 km nach Patsch (998 m, z. B. Hotel Bär, Tel.: +43 512 38 61 10 oder www.tirol.at) bringt.

Wegweiser in Igls

hinab in Richtung Matrei. Vor den Bahnschienen links auf Weg 9 bis vor auf die Straße. 150 m links hoch, dann rechts ab wieder auf Weg 9. Nach 15 Min. sind die ersten Häuser von Mühlen-Puig erreicht, dort rechts ab auf Weg 36, und wir erreichen nach 40 Min. den Ortsrand von Steinach (1049 m). Bei der ersten Bahnunterführung rechts unter Zuglinie hindurch und dann links in den Ort hinein (Hotel Zur Post, Tel.: +43 5272 62 21 oder www.tiscover.at/wipptal).

10 Von Steinach über den Brennerpass nach Brennerbad

 450 Hm + 150 Hm Abstieg   4 1/2 Std.

Kompass-Karte Nr. 36 Innsbruck–Brenner 1:50 000
Auf dieser Etappe erreichen wir den höchsten Punkt der Wanderung. Nach Unterquerung der Bahnlinie in Steinach wandern wir auf den Dorfstraßen Richtung Stafflach. Beim Weiler Steidlhof nehmen wir Wanderweg 38, dieser ist gleichzeitig Jakobsweg und »Wipptaler Wanderweg« (WW). Nach 10 Min. rechts ab, und WW immer weiter folgen. An Kreuzung in Stafflach 100 m Richtung St. Jodok, dann rechts auf WW 15 Min. steil im Wald bergan. An Wegkreuzung rechts ab und rund eine Stunde weiter auf dem Höhenweg. Dieser führt dann mit einem kleinen Tunnel unter der Bahnlinie durch, links in den Ort Gries hinein. Nach dem

9 Von Patsch nach Steinach

 350 Hm + 250 Hm Abstieg   4 1/2 Std.

Kompass-Karte Nr. 36 Innsbruck–Brenner 1:50 000
Im Dorf Patsch halten wir uns am unteren Dorfrand auf den Rundwanderweg St. Peter Nr. 34. Nach 10 Min. nehmen wir von mehreren Trampelpfaden den breiten hangobersten. Nach einigen Auf- und Abstiegen folgen wir der Beschilderung »Wipptaler Wanderweg« nach St. Peter. Auf der asphaltierten Bergstraße laufen wir über Ellbögen in zwei Stunden nach Pfons. Am Ortsende links Richtung Schöfens, 100 m bergan, dann rechts auf kleinen Wiesenweg über Kuppe

Der Goetheweg

Malerische Ausblicke kurz nach Beginn unserer Etappe in Patsch

Ortsausgang 15 Min. auf der Böschung neben der Brenner Bundesstraße, bei der Wallfahrtskirche rechts und nach dem Bach sofort links auf den Schotterweg. Nach 10 Min. vor dem Strom-/Trafohäuschen über Holzbrückchen links über den kleinen Bach und dann in Richtung der zwei Wohnhäuser auf der großen Wiesenfläche halten. Schräg rechts davor verläuft ein Weg parallel unterhalb der Autostraße in Richtung Brennersee. Unter der Autobahnbrücke durch und rechts um den Brennersee herum. Wir gehen vor zur Brennerbundesstraße und die letzten Meter am Straßenrand bis in den Ort Brennerbad hinein, den höchsten Punkt unserer Wanderung auf 1372 m (z.B. Gasthof Silbergasser, Tel.: +39 0472 63 11 58 oder www.tiscover.at/gries-am-brenner).

11 Von Brennerbad nach Sterzing

 150 Hm + 550 Hm Abstieg 4 ½ Std.

Kompass-Karte Nr. 44 Sterzing/Vipiteno 1:50 000 und Nr. 058 Sterzing 1:25 000

Im Ort Brennerbad 50 m nach Gasthof Vetter links und dem schmalen Sträßchen folgen. Dieses unterquert die Bundesstraße und führt über den Eisack. Hinter Umspannwerk über Trampelpfad bis zum Wechselhof. Wir gehen vor bis kurz vor die Bundesstraße, 10 m davor zweigt rechts der geschotterte ehemalige Bahndamm ab. Auf 4 km führt dieser Damm durch Tunnel und über Brücken bis zur ehemaligen Bahnstation Schelleberg. (Achtung: Der Bahndamm war im Jahr 2005 teilweise gesperrt, aber trotzdem begehbar.) Ca. 100 m nach der Bahnstation scharf links auf Asphaltsträßchen, welches sich in mehreren Schlängelungen bis ins Dorf Schelleberg hinunterzieht. Im Dorf rechts halten Richtung Gossensaß. Dort am Infopoint rechts Richtung Schwimmbad. Ungefähr 100 m vom Bahnhof über einen Bach und vor hohem Fichtenwald links. Kleiner Asphaltstraße Richtung Steckholz 30 Min. leicht bergan folgen. Sträßchen wird Weg 20B und wir folgen ihm links ab in 30 Min. bis zum Ort Rüpe. Dort scharf links ab und leicht bergab bis an den Ortsrand von Sterzing (950 m, Hotel Post, Tel.: +39 0472 72 66 64; www.highlight-hotels.com/post oder www.sterzing.com).

12 Von Sterzing nach Franzensfeste

 100 Hm + 400 Hm Abstieg 6 Std.

Kompass-Karte Nr. 44 Sterzing/Vipiteno 1:50 000 und Nr. 058 Sterzing 1:25 000

An der Rosskopfgondelbahn vorbei 10 Min. auf Nebenstraße parallel zur Brennerbundesstraße. Am Infopoint rechts Richtung Deutschordenhaus, dort Richtung Gasteig

Auf den Spuren des reisefreudigen Dichters

halten. Unter der Brennerautobahn hindurch und links ab auf den Weg 20B. 1 1/2 km neben der Autostraße in Richtung Egg, dann links auf 20B in Richtung Elzenbaum. Im Ort links bergab halten, am Ortsende rechts 5 km weiter auf 20B (gleichzeitig Jakobsweg) bis zum Ort Stilfes. Im Ort leicht bergan, knapp oberhalb auf Weg Nr. 16, ein neu (2005) erbauter Asphaltweg für Fußgänger und Radfahrer. Diesem immer weiter (sehr gut ausgeschildert) an Grasstein vorbei über Mittewald bis zum Ort Franzensfeste folgen (747 m, Hotel Post Reifer, Tel.: +39 0472 45 86 05 oder Touristen-Information Tel.: +39 0472 80 22 32).

13 Von Franzensfeste nach Waidbruck

 100 Hm + 450 Hm Abstieg 6 3/4 Std.

Kompass-Karte Nr. 56 Brixen/Bressanone 1:50 000

Auf dem bekannten Fuß-/Radwanderweg rund 45 Min. bis kurz vor das Biotop Vahrnersee. Wir halten uns rechts bergab auf einem Naturweg direkt an das Seeufer und gehen links auf Weg Nr. 1 am See entlang. Am Ende des Sees an der Gaststätte links ab, unter der Autobahn und Eisenbahnlinie hindurch. Vorne über die Bundesstraße geradeaus hinweg, im Kiefernwald linksseitigen Weg nehmen. Nach 10 Min. an steil abfallendem Gelände links gehen, nach weiteren 10 Min. ergibt sich über eine Wiese die Verbindung zum rechts in den Talgrund verlaufenden Schotterweg. Über den Weiler Vorderrigger zum Kloster Neustift auf der Asphaltstraße. Nach dem Kloster links in den Ort Neustift hinein. Dort rechts leicht bergan auf Weg Nr. 3 oder 5. Nach 7 Min. rechts ab und 1 1/2 km in Richtung Cassiansiedlung, danach rechts auf kleinem Trampelpfad bis in die Altstadt von Brixen. Dort Richtung Milland halten, die Etsch überqueren und direkt danach rechts auf Weg Nr. 9 »Millander Au«. Nach 4 km in Albeins rechts und Weg Nr. 4 folgen. Auf einer Art Hochplateau über der Eisenbahn rechts in Richtung Gasthaus Weißes Rössl. Danach folgt man dem bekannten Asphaltfernweg bis nach Waidbruck (461 m, z. B. Hotel Kircher Sepp, Tel.: +39 0471 65 00 74 oder Touristen-Information Tel.: +39 0472 80 22 32).

14 Von Waidbruck nach Bozen

 70 Hm + 250 Hm Abstieg 6 Std.

Kompass-Karte Nr. 059 Klausen und Umgebung 1:35 000

Heute benutzen wir fast den ganzen Tag den (2005/2006) neu erbauten asphaltierten Fuß-/Radweg. Nur in Blumau weichen wir kurzzeitig aus: In der Ortsmitte Richtung Steinegg, an der ersten Spitzkehre rechts ab und nach 20 m links

halten auf romantischen Fußweg durch Weinanbaugebiet, der uns bergab wieder auf den genannten neuen Fernradweg zurückbringt. Durch Industriezone in die Altstadt von Bozen (279 m, z. B. Hotel Figl, Tel.: +39 0471 97 84 12; www.figl.net oder www.suedtirol.info).

15 Von Bozen nach Salurn

 50 Hm +100 Hm Abstieg 7 1/2 Std.

Kompass-Karte Nr. 54 Bozen/Bolzano 1:50 000

Bei dieser fast ebenen Etappe gehen wir aus der Altstadt heraus in Richtung Flussufer, dort über die Etsch und wieder auf den altbekannten asphaltierten Fernwander- und Fernradweg Richtung Verona. Manchmal gibt es zwei Wege (links- und rechtsseitig) am Ufer der Etsch entlang. Wir gehen auf dem linksseitigen, um abends links in den Ort Salurn zu gelangen (Hotel Salurn, Tel.: +39 0471 88 42 72 oder Touristen-Information Tel.: +39 0471 88 42 79).

16 Von Salurn nach Trento

 50 Hm + 90 Hm Abstieg 6 1/2 Std.

Kompass-Karte Nr. 074 Südtiroler Weinstraße Unterland 1:35 000 und Nr. 647 Trento 1:25 000

Auf dem bekannten Asphaltfußweg Richtung Verona weiter. Spätestens ab S. Michele a. A. müssen wir uns auf dem linksseitigen Flussufer befinden, um in die Altstadt von Trento (Trient, 192 m) gelangen zu können. Vor Trento macht unser Weg noch einen 4 km langen Schlenker um ein Naturschutzgebiet herum. Kurz vor dem eigentlichen Ortskern von Trento biegen wir an der Brücke Ponte S. Giorgio links in Richtung Altstadt ab (z. B. Hotel America, Tel.: +39 0461 98 30 10 oder www.trentino.to/apttrento).

17 Von Trento nach Rovereto

 60 Hm + 50 Hm Abstieg 6 1/2 Std.

Kompass-Karte Nr. 687 M. Stivo 1:25 000

Aus der Innenstadt von Trento heraus halten wir uns immer in Richtung der Gondelbahn, dadurch erreichen wir automatisch die Etsch und unseren Fernwanderweg. In Mattarello wechseln wir die Uferseite, damit wir auf der richtigen Flussseite in Rovereto (204 m) ankommen. Um in die Innenstadt zu gelangen, müssen wir beim Sportzentrum Stadio Quercia kurz links abbiegend 200 m bergan gehen, dann rechts über die rund 1 km lange geradeaus führende Straße ins »centro«

Der Goetheweg

Erster Blick auf den Gardasee von unserem Römerweg aus

19 Von Navene nach Torri del Benaco

 keiner   🕒 7 Std.

Kompass-Karte Nr. 102 Lago di Garda 1:50 000, Nr. 691 Monte Baldo Nord 1:25 000

Rechts neben der Autostraße verläuft ein kleiner Trampelpfad, der immer wieder hinunter zum Seeufer (dort barfuß wandern möglich) und danach wieder zur Straße führt. Vor Malcesine beginnt die Uferpromenade, der wir bis zu ihrem Ende vor dem Burgfelsen folgen. Nach einem kurzen »Abstecher in die Geschichte« kehren wir nach der Altstadt von Malcesine wieder auf die sich hinter dem Burgfelsen fortsetzende Uferpromenade Richtung Val di Sogno zurück. Ab hier immer wieder Wechsel vom Seeufer an den Straßenrand und wieder zurück an das direkte Seeufer. Beim Ortsschild von Torri del Benaco sind es noch fast 5 km bis in die Altstadt (67 m, z. B. Hotel Gardesana, Tel.: +39 045 722 54 11).

20 Von Torri del Benaco nach Sega

150 Hm + 30 Hm Abstieg   🕒 5 Std.

Kompass-Karte Nr. 102 Lago di Garda 1:50 000, Nr. 692 Monte Baldo Süd 1:25 000

Torri del Benaco verlassen wir auf Höhe des Cast. Scaligero in Richtung Garda. Noch rund 3 km können wir auf dem teils felsig-klippigen Weg direkt am Seeufer entlangwandern, dann folgen wir rund 10 Min. der Autostraße. Bei der ersten Möglichkeit wieder rechts hinab ans Seeufer und der Promenade durch den Ort Garda hindurch bis nach Bardolino folgen. Dort gehen wir links abbiegend eine Stunde neben der Autostraße in Richtung Cavaion. An dessen Ortsende im letzten Kreisverkehr rechts ab Richtung Industriegebiet. Nach 300 m leicht rechts in ein Wäldchen, dort in Richtung Casette halten. Nun folgen wir einer Stunde der Beschilderung Richtung Sega/Ponton bis zu unserem Tagesziel in Sega (190 m, z. B. Hotel Residenza Belvedere, Tel.: +39 045 806 86 80).

21 Von Sega nach Verona

100 Hm + 200 Hm Abstieg   🕒 5 1/2 Std.

Carta d'Italia 123 Verona Ovest 1:50 000

Aus Sega heraus gehen wir bis zum Kanal der Etsch (»Medio Adige«). Am linksseitigen Kanalufer wandern wir rund 6 km bis kurz vor den Ort Bussolengo. Direkt vor dem Ortsbeginn rechts ab ins Zentrum hinein. Am Ortsende auf die Straße

hinein (z. B. Hotel Rovereto, Tel.: +39 0464 43 52 22 oder www.trentino.to/roveretoevallagarina).

18 Von Rovereto nach Navene/Gardasee

 200 Hm + 350 Hm Abstieg   🕒 7 Std.

Kompass-Karte Nr. 691 Monte Baldo Nord 1:25 000

Nach dem Bahnhof Rovereto Richtung Isera/Borgo Sacco, dadurch erreichen wir das Flussufer der Etsch. Rund 4 km folgen wir nochmals links abbiegend dem Asphaltfernwanderweg, bevor wir bei Mori Stazione rechts über die Etsch und nach 100 m gleich wieder rechts ab über den Kanal wandern. Ab hier führt unser gut ausgeschilderter Weg in Richtung Gardasee (Lago di Garda), zuerst durch Mori und dann an Loppio vorbei in 2 Std. bis auf den Passo San Giovanni. Danach 1/2 km links neben der Autostraße bis Pandino, dort links haltend auf den Fußweg Richtung Nago/San Rocco. Am Ortsende von Nago rechts abbiegend und unterhalb des Castel Penede in 30 Min. bergab bis nach Torbole. Am Ufer des Gardasees gehen wir Richtung Malcesine rechts neben der Autostraße 7 km (Achtung: Zur besseren Erkennung für die Autofahrer Warnweste überziehen!) bis nach Navene (68 m, z. B. Hotel Villa Monica, Tel.: +39 045 740 03 95; www.villamonica.it).

Auf den Spuren des reisefreudigen Dichters

in Richtung Pescantina, dadurch gelangen wir nach ca. 15 Min. wieder auf unseren Schotterweg am Kanal entlang. Nach zwei Stunden endet der Weg an einem großen Elektrizitätswerk. Wir halten uns rechts in Richtung Chievo, an dessen Ortsende wir uns links zur Etsch hin orientieren. Am Fluss entlang gelangen wir, teils auf reinen Fußwegen und teils auf Gehwegen an der Autostraße, bis ins Zentrum von Verona (59 m, z. B. Hotel Aurora, Tel.: +39 045 59 47 17).

22 Von Verona nach Soave

 200 Hm + 200 Hm Abstieg 5 1/2 Std.

Carta d'Italia 123 Verona Ovest und 124 Verona Est 1:50 000

Seitlich von der Arena biegen wir auf die Via Mazzini zur Piazza Erbe ab. Danach links auf die Via Garibaldi, über die Etsch und sofort wieder rechts. Weiter auf dem Lungadige S. Giorgio, der in den Lungadige Re Teodorico übergeht. Nach 1/2 km biegen wir links auf die Via S. Paolo und die Via Venti Settembre ab. Auf dem Corso Venezia nun in Richtung unseres fernen Ziels, nach 10 weiteren Minuten haben wir den Vorort San Michele erreicht. Für rund 3 km gehen wir neben der Autostraße bis nach San Martino hinein, in der Dorfmitte abbiegend Richtung Colognola. Nach 40 Min. erreichen wir den kleinen Ort Monticelli, an einer großen Kreuzung bleiben wir in Richtung Colognola und kommen damit durch Cadellara und Decima. Wir folgen nur rund 100 m der Straße, danach rechts ab Richtung Colognola. Durch eine große Kastanienallee steil bergan Richtung S. Vittore/Soave. Innerhalb von 35 Min. erreichen wir S. Vittore und bleiben geradeaus bis Soave (40 m, z. B. Hotel Al Gambero, Tel.: +39 045 768 00 10 oder Touristen-Information über turismo@communesoave.it).

23 Von Soave nach Altavilla

 0 Hm 6 1/2 Std.

Carta d'Italia 124 Verona Est 1:50 000

Aus Soave heraus starten wir in Richtung San Bonifacio. Nach 20 Min. biegen wir an der SS 11 links ab und kommen nach San Bonifacio hinein. Nach 2 km neben der Straße zweigen wir links ab Richtung Monteforte. Am ersten Kreisverkehr rechts, dann nach 900 m wieder rechts ab ins nächste Dorf. Nach ca. 200 m würde es links abgehen in Richtung Costalunga, aber wir halten uns immer geradeaus und wandern eine Stunde auf einem breiten asphaltieren Feldweg durch

Die Burg Malcesine ragt direkt am Uferweg in die Höhe.

Der Goetheweg

schönes Rebland. Ca. 500 m vor Erreichen des nächsten Ortes rechts ab und über die Autobahn hinüber. Vorne an der SS 11 wieder links, nach 20 Min. an der zweiten Möglichkeit rechts Richtung Sarengo/Lonigo. Nach 1 km biegt eine kleine Seitenstraße links ab (Schild: für LKW bis 2 t) und dieser folgen wir über 2 km. Am Ende des Schotterwegs gehen wir geradeaus über einen Acker/Wiese bis auf einen kleinen Damm eines Baches. Darauf rechts abbiegend bis ins nächste Dorf San Antonio hinein. Dort angekommen, halten wir uns links auf die Straße Nr. 500 Richtung Vicenza. Wir erreichen dann nach ca. 5 km die SS 12, der wir auf dem Seitenstreifen bis nach Altavilla (Vorort von Vicenza) hinein folgen (z. B. Hotel Vicenza in Vicenza, Tel.: +39 0444 32 15 12, dorthin mit Taxi, oder Touristen-Information über www.ascom.vi.it/aptvicenza).

24 Von Altavilla über Vicenza nach Longare

 0 Hm 5 1/2 Std.

Carta d'Italia 125 Vicenza 1:50 000
Im Ort Altavilla gehen wir auf einer Parallelstraße zur SS 12 1 1/2 km durch die Wohnbebauung. Auf der Viale della Scienza erreichen wir nach 15 Min. das Kongresszentrum. 10 Min. nun geradeaus auf der Viale del Lavoro. Aus der Viale Verona wird der Corso S. Felice und darauf erreichen wir das historische Stadtzentrum von Vicenza (39 m). Ganz auf unseren heutigen Tag abgestimmt, heißt die Straße nun Corso A. Palladio und bringt uns zu den architektonischen Höhepunkten von Vicenza. Über die C.tra Cavour zum Palazzo Signori, danach über die C.tra Manin wieder auf den Corso A. Palladio zurück, wo wir rechts in Richtung Teatro Olimpico abbiegen. Davor stehend, biegen wir wiederum rechts ab auf die Viale Giuriolo. Diese mündet in die Viale Margherita, welcher wir rechts abbiegend folgen. So erreichen wir nach 10 Min. den historischen Stadtbogen Arco delle Scalette, links davon beginnt der Radweg Richtung Longare. Nach 1 1/2 km erhebt sich rechts von uns die berühmte Villa Rotonda (montags geschlossen), und nach einer weiteren Stunde haben wir unser heutiges Ziel Longare erreicht. Von dort wieder per Taxi ins gestrige Hotel.

25 Von Longare nach Treponti

 0 Hm 5 1/2 Std.

Carta d'Italia 126 Padova 1:50 000
In Longare an der Kirche links ab Richtung Montegalda. Nach 300 m weiter geradeaus, wir bleiben am Straßenrand; nach 30 Min. durch Colzé hindurch. Immer weiter auf der wenig befahrenen Landstraße, gelangen wir nach Montegalda, wo sich parallel rechts verlaufend ein alter Bahndamm zum Wandern anbietet. Im kleinen Ort S. Antonio halten wir uns immer weiter Richtung Osten, die kleine Asphaltstraße verläuft schnurgerade und wird zuerst zu einem Schotter-, kurze Zeit später zu einem Wiesenweg. Auf dem hohen Damm des Flusses biegen wir rechts ab und folgen ihm 2 km bis zum Dorf Trambacche. Direkt an der Brücke stärken wir uns im Restaurant Al Vecchio Muin, um danach aus dem Ort heraus 2 km der Straße Richtung C. Ortile/Mestrion zu folgen. Bei Erreichen der wieder schnurgeraden Straße, auf der wir schon vor zwei Stunden gewesen waren (nur die Brücke hatte am Fluss gefehlt) biegen wir rechts ab und wandern die nächsten 2 1/2 Std. wieder geradeaus an den Stadtrand von Padua (12 m, z. B. Hotel Al Fagiano, Tel.: +39 049 875 33 96 oder Touristen-Information Padua apt@padovanet.it).

26 Von Treponti über Padua nach Fiesso d'Artico

 0 Hm  7 Std.

Carta d'Italia 126 Padova und 127 Mestre 1:50 000
In Treponti vor dem Kanal halten wir uns links und gehen 20 Min. bis zur nächsten Brücke, die uns rechts ab Richtung »centro« bringt. Fast 30 Min. immer weiter auf dem Gehweg in Richtung Zentrum, bis wir die Via Vicenza erreichen. Auf dem Corso Milano überqueren wir nach 200 m den Kanal,

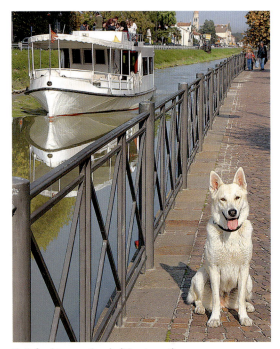

Zu Fuß geht es am »Canale di Brenta« entlang.

Auf den Spuren des reisefreudigen Dichters

Das wichtigste Transportmittel in Venedig: Boote jeglicher Größe und Bauart

27 Flusswanderung von Fiesso d'Artico nach Fusina

0 Hm   5 Std.

Carta d'Italia 127 Mestre 1:50 000

In Fiesso überqueren wir die SS 11 und gehen am Ufer des Brenta-Kanals entlang. Wir folgen dem Kanal 500 m linksseitig, dann links Richtung Tommasin und 20 Min. auf dem Fahrradweg. Im Ort links und vor zur SS 11, am Straßenrand rechts bis nach Dolo hinein – immer wieder gibt es schöne Wegetappen am Kanal entlang. Im Ort Dolo Richtung Mira Vecchia und dann in den Ort Mira. Wir halten uns Richtung Oriago, biegen allerdings nicht auf die SS 11 ab, sondern folgen der alten Straße durch Mira Porte und Moli/Valmarana hindurch. Kurz nach Riscossa an der SS 11 biegen wir rechts ab Richtung P. Mercato, um dann wieder sofort links haltend dem Kanal auf seiner anderen rechtsseitigen Böschung 3 km zu folgen. An einer Rechtskurve der Straße Richtung Malcanter/Ca Bastianelle links in ein kleines Anliegersträßchen hinein und 200 m neben der SS 309. Nach einer Straßenbrücke rechts die Treppenanlage hinunter und in den Ort Malcontenta hinein. Auf der Straße Richtung Fusina zeigen die Schilder den Kilometerstand an, bei der Zahl 0 haben wir das Meer erreicht und steigen über die Kaimauer ins warme Wasser hinunter. Übernachtungsmöglichkeit z. B. im Hotel Campiello in Ca'Noghera, Tel.: +39 041 590 45 95; www.campiellohotel.it/ oder über www.turismovenezia.de.

28 Von Fusina nach Venedig – Stadtwanderung

0 Hm   nach Belieben

Stadtplan von Venedig

In Fusina legt das Linienboot zum Markusplatz ab. Auf der Piazza S. Marco Richtung Südosten, wandern wir vorne am Canale di S. Marco entlang auf der schmalen Straße Riva degli Schiavoni. Nach rund 25 Min. mit herrlichen Stadtansichten führt unser Weg zuerst in den Riva Ca' di Dio und nach 300 m direkt in den Riva di Sette Martiri. Nach einer Stunde sind wir im Parco delle Rimembranze, von dort aus erreichen wir mit den Schiffslinien 1 oder 2 wieder den Markusplatz. Oder wir fahren über den weltberühmten Canal Grande Richtung Bahnhof. Nach knapp einer Stunde Bootsfahrt steigen wir an der Rialtobrücke aus und gehen direkt am Canal Grande rechts haltend Richtung Palazzo Dolfin Manin. Vorne am Kanal nehmen wir eines der nächsten Schiffstaxis, fahren am goldenen Ca d'Oro entlang und gelangen dann zum Bahnhof Stazione F.S. Santa Lucia. Empfehlenswert ist zum Übernachten in Venedig die Locanda Al Gambero, Tel.: +39 041 522 43 84 oder über www.turismovenezia.de.

der Padua wie eine zweite Stadtmauer umschließt. Nach weiteren 250 m rechts ab auf die Via Dante, an deren Ende wir auf den Domplatz vor der Kathedrale kommen. Über die Via L. Belludi gelangen wir auf die andere Seite des Kanals (Abstecher zum botanischen Garten möglich) und erreichen den Prato della Valle. Hinter der Basilika gehen wir auf die Via Michele, bis diese sich mit der Via G. D'Acquapendente kreuzt. Nach 13 Min. erreichen wir die Brücke Quattro Martiri. Nun links abbiegend auf dem breiten Schotterweg 30 Min. am Kanal entlang, und wir folgen dann der Beschilderung erneut nach links. Nach einer weiteren Stunde, kurz vor dem Ort S. Gregorio, wechseln wir auf das rechtsseitige Flussufer. Zwangsläufig biegen wir damit dem Kanalverlauf folgend leicht rechts ab und kommen die nächste halbe Stunde an vielen Villen von Palladio vorbei. Unter der Autobahn A 13 hindurch, nach 40 Min. durchqueren wir den Ort Stra. Am Straßenrand nun Richtung Fiesso d'Artico, immer wieder können wir direkt am Rand des Kanals auf wunderschönen Trampelpfaden wandern. Übernachtung z. B. in Dolo (7 m) im Hotel Villa Ducale, Tel.: +39 041 560 80 20, dorthin per Bus, oder Touristen-Information Padua apt@padovanet.it.

Abendlicher Blick vom Grasbergkamm ins zentrale Karwendelgebirge (von links: Bettlerkarspitze, Sonnjoch, Hochnissl, Lamsenspitze, Falkenstock)

Mit dem Zelt über die Alpen

Auf alpinen Wegen von München zum Gardasee

5 Mit dem Zelt über die Alpen
Auf alpinen Wegen von München zum Gardasee

TOURENINFO

SCHWIERIGKEIT ✪✪✪✪✪

KONDITION ✪✪✪✪✪

ETAPPEN
27 Etappen, 520 km (440 km zu Fuß und 80 km per Rad), 24 000 Hm (je im Auf- und Abstieg).

HÖCHSTER PUNKT
Alpeiner Scharte, 2959 m.

AUSGANGSORT
München Hauptbahnhof.

ENDPUNKT
Peschiera del Garda am Gardasee.

ERLEBNISWELT/HIGHLIGHTS
Der Kristallpalast, ein Bergwerk im Permafrost, die Wallfahrtskirche am Latzfonser Kreuz, die Steinernen Manndln auf der Hohen Reisch, die Brenta-Gruppe und das Blumenparadies am Monte Baldo.

KARTEN
Topografische Karten des Bayerischen Landesvermessungsamtes Nr. L 1, L 18, L 30; Kompass-Karten Nr. 44, 687, 692; freytag & berndt Nr. 321, 151, 7, 20; AV-Karten 5/3, 31/3, 31/5, 51; Tabacco Nr. 010, 034, 040; LagirAlpina Nr. 14; siehe die einzelnen Etappen.

LITERATUR
Die Hüttenanstiege und Übergänge der Etappen 2–10 sind in folgenden Alpenvereinsführern beschrieben: Walter Klier: Karwendel *alpin*, Rother 2005; Walter Klier: Zillertaler Alpen, Rother 1996; als Kulturführer ist zu empfehlen von Hanspaul Menara: Südtiroler Gebietsführer (SGF) Nr. 38 Sterzing und Umgebung, Athesia Verlag Bozen.

BESTE TOURENZEIT
Ende Juni bis Mitte September.

Zu Fuß über die Alpen – für uns ein Traum. Für Münchner ist der Ausgangsort klar, aber wohin soll man laufen? Beim Kartenstudium wurde uns bewusst, dass das Traumziel vieler Deutschen auch unser Ziel im Süden der Alpen sein kann: der Gardasee – Surferparadies, Mountainbike- und Kletter-Eldorado. Viele Süddeutsche sind mindestens einmal in ihrem Leben dort, sei es zum Klettern im Norden, zum Baden im Süden oder einfach als Kurztrip. Schließlich schwärmte schon Goethe vom Land, in dem die Zitronen blühen: *»Es lag mir noch eine schöne Natur-Wirkung am Wege, ein schönes Schauspiel, der Lago di Garda.«*

Im heißen Sommer 2003 haben wir unseren Traum Wirklichkeit werden lassen. Mit einem Stoß Wanderkarten, Zelt, Kocher, Proviant für durchschnittlich fünf Tage, Schlafsack, Schlechtwetter-, Notfall- und umfangreicher Fotoausrüstung sind wir aufgebrochen.

Mühsam aufgeschichtet – die Steinpyramiden bei Lenggries

Auf alpinen Wegen von München zum Gardasee

Unsere Route sollte uns in vier bis fünf Wochen durch das östliche Karwendel, die Tuxer Voralpen, Zillertaler Alpen und die Sarntaler Alpen, über den Mendelkamm, durch die Brenta und schließlich über den Monte Baldo zum Südende des Gardasees, nach Peschiera, führen. Um etwas Zeit zu sparen, haben wir am ersten Tag unsere Fahrräder zu Hilfe genommen.

Abgesehen von einigen, manchmal heftigen Gewittern, war uns das Wetter wohlgesonnen, sodass wir nach zwei Wochen das malerische Städtchen Terlan im Etschtal erreichten. Eine Grippe zwang uns dort zum Abbruch, und wir konnten erst im Oktober

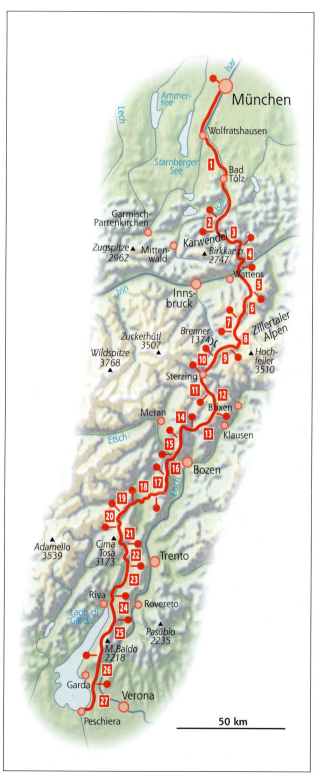

Mit dem Zelt über die Alpen

unseren Weg fortsetzen. Inzwischen waren die Berge bereits verschneit, aber immer noch wie ausgetrocknet. Bei meist traumhaftem Wetter gelangten wir schließlich nach Peschiera und zum Mincio, Abfluss des Gardasees.

Mit dem Fahrrad durchs Isartal

Wieso aber starten wir mit den Rädern? Statt in drei Tagen zu Fuß möchten wir in einem Tag bis ins Gebirge gelangen. Schließlich ist ein Jahresurlaub nicht endlos und wir wollen uns eine Zeitreserve für ein paar erholsame Tage in Peschiera aufheben.

Schnell gelangen wir vom Hauptbahnhof zur Isar. Zwar überragen die Türme des Heizkraftwerks noch die Bäume, aber es ist bereits viel Grün um uns. Gemütlich geht es am Tierpark vorbei Richtung Georgenstein. Dieser Felsblock mitten im Fluss war in alter Zeit bei den Flößern berüchtigt und gefürchtet. Heute gibt es noch einige Flöße auf der Isar – darauf bierselige Ausflügler, die fröhlich grüßen. Der Weg wird jetzt etwas rauer, für Wanderer ein schöner Abschnitt, für uns Radler etwas mühsam, wenn wir die Räder über einen umgefallenen Baum hieven müssen. Im schattigen Biergarten beim Kloster Schäftlarn können wir uns von dieser Anstrengung erholen. Unser Weiterweg führt durch die Pupplinger Au, ein Naturschutzgebiet von besonderer Schönheit.

Endlich erreichen wir Lenggries. Hier nehmen wir uns die Zeit, die Steinpyramiden von Karl-Heinz Fett aus der Nähe anzusehen. Er sitzt am Ufer unter einigen Bäumen, seinen Cockerspaniel zu Füßen. Jedes Frühjahr,

Kohlröserl am Weg

nach jedem Hochwasser, macht er sich an die Arbeit und schichtet aus den runden Isarkieseln Pyramiden auf. Steine balancieren auf Steinen. Sie scheinen der Schwerkraft zu trotzen.

Allmählich spüren wir die zurückgelegte Strecke. Fahrradfahren fordert andere Muskeln als Bergsteigen. Nur mühsam kommen wir den steilen Radweg zur Dammkrone des Sylvensteinspeichers hinauf. Schließlich haben wir diese letzte Hürde des Tages genommen und stehen auf der Brücke über dem Stausee. Der Speichersee liegt tief zwischen

126

Auf alpinen Wegen von München zum Gardasee

An der idyllischen Dristlalm – im Hintergrund Sonnjoch und Bettlerkarspitze, Karwendel

den Bergen. Mit den Wolken darüber wirkt der See wie ein Fjord im hohen Norden.

An unserem Quartier wechseln wir das Gepäck und machen uns für den nächsten Tag abmarschbereit. Die Räder können wir zurücklassen. Aus dem leichten Tagesgepäck der Radtour werden für uns beide zusammen rund 45 Kilo Marschgepäck.

Einsamkeit und Gämsen im Karwendel

Morgens hängen noch Wolken vom nächtlichen Gewitter am Himmel. Durch dichten Wald ziehen wir auf der breiten Forststraße ins Krottenbachtal. Bald schon wird der Weg schmaler. Nur noch ein Pfad führt durch dieses ursprüngliche Tal aufwärts. Mit der Zeit kämpft sich die Sonne durch die Wolken. Wir stapfen durch das hohe, regennasse Gras. Steil und anstrengend geht's bergan, bis wir am Delpssee die sanften Wiesenhänge erreichen. Zwischen leuchtenden Wollgrasfeldern spiegelt sich die Sonne im Wasser. Nach vier Stunden Aufstieg haben wir uns eine Rast verdient, bevor wir über weites Wiesengelände zur Tölzer Hütte aufsteigen.

Mit dem Zelt über die Alpen

Aus der Einsamkeit kommen wir ohne Übergang in den Hüttentrubel: Gleich dahinter geht es hinauf zum Schafreuter, einem beliebten Aussichtsberg. Doch auf unserem Weg nach Süden hat uns die Einsamkeit bald wieder. Die kleinen Pfade und steilen Grasberge sind keine Publikumsmagneten. Dafür bietet die Flora seltene Schätze, zum Beispiel den Ungarischen Enzian. Die Sonne steht im Zenit und brennt erbarmungslos. Endlich können wir an der Ochsentalalm unsere Wasservorräte auffüllen. Der steile Anstieg zum Hölzelstaljoch kostet uns die letzte Kraft, sodass wir uns einen Rastplatz suchen. Beim Aufbruch müssen wir feststellen, dass wir uns für den ersten Tag doch eine zu große Etappe vorgenommen haben. Der Rucksack ist schwer, die Hitze hat uns ausgelaugt. Der Weiterweg führt sehr steil zum Kamm hinauf. Erschöpft biwakieren wir an Ort und Stelle.

Gut ausgeruht ist der steile Hang problemlos zu bewältigen und der Weiterweg

Auf alpinen Wegen von München zum Gardasee

zum Grasberg fast ein Spaziergang. Nur eine kurze Felspassage mit losen Drahtseilen nötigt uns zur Vorsicht. Unterwegs kommen wir einigen Gamsrudeln ganz nahe. Über die Grasbergalm ziehen wir weiter zum Kompar. Ein kurzer Abstecher bringt uns auf seinen Gipfel. Von oben sehen wir zum ersten Mal den Olperer. Er sieht so endlos fern aus, wie er im Dunst des Sommertages über einem Karwendeljoch grüßt, und doch wollen wir in einigen Tagen an seinem Fuß vorbeigehen.

In der Hitze des Tages zieht sich der weitere Weg in die Länge. Endlich erreichen wir die Falzthurnalm, wo wir ein einfaches Zimmer finden und mit Kässpatzen gut versorgt werden.

Ein strahlender Morgen erwartet uns. Steil führt uns der Weg hinauf zur Dristlalm. Kurz vor der Almhütte ändert sich die Landschaft und ein lieblicher Talboden öffnet sich. Die Holzhütte steht idyllisch an einem Teich, zwischen alten, fantastischen Lärchen. Über die herrlichen Wiesenböden des Nauderer Karl schlendern wir zum Kaserjoch. Unterwegs begegnen wir einer Gruppe Jäger und später wieder Gämsen. Von beiden gibt es im Karwendel wohl viele. Traumhafte Blumenwiesen mit Kohlröserln und verschiedenen Enzianarten locken uns auf die Kaserjochspitze. Vor allem die vielen Kohlröserl »zwingen« uns immer wieder auf die Knie – sie duften verführerisch nach Vanille. Der Abstieg wird immer heißer und trockener. Wir sind froh, an der Stallenalm unsere Wasservorräte auffüllen zu können. Durch das schöne Tal kommen wir zum Parkplatz an der Bärenrast. Der »Almsteig« nach Vomperberg ist nicht so prickelnd. Aber dieser langweilige Forstweg führt uns direkt zum Gasthof Karwendelrast, unserem Tagesziel.

Nun heißt es Abschied vom Karwendel nehmen. Über einen kleinen Steig geht's steil abwärts in die schattige Schlucht des Vomper Baches. Nur Wasserrauschen ist in der wilden, romantischen Klamm zu hören. Erst an einem kleinen Elektrizitätswerk holt uns der lärmende Alltag wieder ein. Wir erreichen die Landstraße. Über diese kommen wir nach Weer.

Über die Wasserscheide – Gewitter im Hochgebirge

Wir haben Glück und können per Anhalter bis nach Innerst fahren. So bleiben uns etliche Kilometer Asphaltmarsch erspart. Der Aufstieg zum Geiseljoch trifft hier eine viel befahrene Radroute über die Alpen, oft werden wir von Radfahrern überholt. Beim langsamen Gehen genießen wir den herrlichen, dichten Wald. Im Unterholz wächst Farn, auf dessen Blattwerk immer wieder kleine Sonnenflecken tanzen. Auf der Weidener

Alpenwucherblumen, eine Margeritenart (im Hintergrund die markante Hornspitze in den Tuxer Voralpen)

Mit dem Zelt über die Alpen

Olperer und Fußstein im Tuxer Hauptkamm, Zillertaler Alpen

Hütte sehen wir die meisten Radler wieder. Unsere Etappe bis Sterzing wird die längste ohne Talabstieg zwischendurch. Um das Rucksackgewicht erträglich zu halten, wollen wir unterwegs auf Hütten essen, so auch hier. Die ersten Quellwolken schießen bereits mittags in die Höhe. Doch der Hüttenwirt beruhigt uns. Zuversichtlich ziehen wir weiter. Ein bedrohlicheres Bild bietet sich nachmittags am Geiseljoch: Über dem Zillertaler Hauptkamm hängen tiefdunkle Wolkentürme. Während wir zur unbewirtschafteten Vallruckalm queren, hören wir in der Ferne erstes Donnergrollen. Ein wenig abseits der Alm bauen wir unser Zelt auf. Wir wählen den Platz sorgfältig. Ein Grasfleck mit tiefen, trockenen Gräben außen herum müsste geeignet sein. Bis es zu regnen beginnt, beobachten wir das Gewitterschauspiel. Dann scheint der Weltuntergang gekommen. Der Regen prasselt auf unser Zelt, Gespräche werden völlig unmöglich. Nach einer halben Stunde drückt Wasser von der Seite an den Zeltboden und die Schuhe unter der Apsis beginnen zu schwimmen. Das Wasser steigt bis zum Reißverschluss. Lange kann das Zelt nicht mehr dicht halten. Wir spurten aus unseren Schlafsäcken, bauen das Zelt in Rekordzeit ab. In der nahen Almhütte bitten wir um Unterschlupf.

Morgens plätschert der kleine Almbach wieder friedlich in den sonnigen Wiesen. Am Abend war er schlammiggrau und reißend. Wir kommen flott in die Nasse Tux. Erste Nebelfetzen steigen rasch höher. An den Torseen haben sie uns eingeholt. Wir haben keine Brotzeit mit Aussicht, sondern kauen bei frischem Wind und Nebel auf unseren Schnitten. In der Junsalm grübeln wir, ob das Wetter wohl halten wird, wagen aber doch den Weiterweg zu den Toten Böden. Unterwegs tröpfelt es etwas und wir suchen unseren Zeltplatz noch sorgfältiger aus als am Vortrag – möglichst wenig dem Blitzschlag ausgesetzt und dennoch absolut überflutungssicher. Da-

Auf alpinen Wegen von München zum Gardasee

Gut getarnt im Sommerkleid – Alpenschneehuhn

für nehmen wir eine merkliche Schieflage in Kauf. Ein kurzer Schauer treibt uns ins Zelt. Es blitzt und donnert ein wenig, doch das war's dann auch schon.

Über Nacht klart es auf. Die Regentropfen auf dem Zelt sind am Morgen zu winzigen Eiskugeln gefroren. Der strahlende Sonnenschein saugt den Regen aus dem Boden. Bald wabern wieder Nebel um uns, wir brechen auf. Am Tuxer Joch begrüßt uns endlich die Sonne. Die Wolken ziehen sich immer weiter zurück, direkt vor uns strahlt der Olperer. Groß sieht er aus. Hier wird uns bewusst, welche Distanzen wir zu Fuß überwinden können. Wie weit wir auch ohne Auto, Zug oder Flugzeug kommen. Das Tuxerjochhaus und das nahe gelegene Skigebiet lassen wir hinter uns und queren in den Kaserer Winkel. Üppige Blumenwiesen liegen an unserem Weg. Nach mehrmaligem Auf und Ab stehen wir am Wildlahnerbach, dem Abfluss des gleichnamigen Gletschers. Die Überquerung ist ohne Brücke und mit unseren schweren Rucksäcken nicht leicht. Wild gischtend schießen die Wassermassen über Moränenblöcke. Schließlich können wir den Bach von Fels zu Fels überspringen. Welch angenehme Stütze doch Teleskopstöcke sind! Kurz darauf finden wir einen schönen Wiesenfleck oberhalb der Geraer Hütte, wie geschaffen für unser Zelt.

Ein altes Molybdänbergwerk im Hochgebirge

Am Morgen gehen wir zeitig los – und stolpern fast über Schneehühner. In ihrem Sommerkleid sind sie ihrer Umgebung so angepasst, dass wir sie erst wahrnehmen, als sie unmittelbar vor uns aufflattern. Auf dem Weg zur Alpeiner Scharte sind Ruinen des alten Molybdänbergbaues sichtbar. Schließlich stehen wir vor dem Stollen-Mundloch und packen unsere Stirnlampen aus. Der Besuch des Stollens ist nicht ohne Risiko, Eisböden

Mit dem Zelt über die Alpen

könnten einbrechen, Eisschollen von der Decke brechen. Doch dafür funkelt uns im Schein der Lampen ein »Kristallpalast« aus handtellergroßen Eiskristallen entgegen. An allen Türangeln, Kabelresten, Metallstäben wachsen Blumen, Rosetten, Wälder aus Eis. Wir können uns kaum sattsehen. Irgendwann kriecht die Kälte durch unsere Kleidung. Mit der Kälte machen sich Gedanken an die schreckliche Vergangenheit dieses Ortes breit. Wie viel Leid den Menschen in diesem Bergwerk widerfahren ist ...

Wir kehren ans Tageslicht zurück. Schon nach einem kurzen, steilen Weg stehen wir in der Alpeiner Scharte auf 2959 Metern und genießen die wärmende Sonne. Wir haben unseren höchsten Punkt erreicht. Direkt vor uns bauen sich die Eiskaskaden des Hochferners auf. Ein steiler Schutthang führt uns in die Tiefe. Die auf den ersten Blick trostlose Halde entpuppt sich bei genauem Hinsehen als Paradies der Farben. Unvermutet leuchtet ein Schweizer Mannsschild purpurrot zwischen zwei Blöcken. Gletscherhahnenfuß steht weiß und zart im Geröll. Weiter südlich, am Pfitscherjochhaus, »tanzt der Bär«. Eine Straße führt von Südtirol direkt bis zum Haus herauf, Ausflügler picknicken in den Wiesen, Transalp-Routen für Radfahrer queren das Gelände. Auch wir überschreiten hier den Alpenhauptkamm. Unser Weiterweg führt uns Richtung Landshuter-Europa-Hütte. In der Hitze dieses Sommernachmittags strengt uns das Gehen selbst auf diesem gut ausgebauten Weg an. Unsere Wasservorräte gehen zur Neige, die meisten Bäche entspringen deutlich unterhalb des Weges. Schließlich finden wir im Kar des Aigerbaches etwas oberhalb des Weges ein schönes und einsames Wiesenfleckchen, an dem wir unser Nachtlager aufschlagen. Aus einem Schneefeld sprudelt Wasser. Die Soldanellen stehen in voller Blüte: Ein Flecken Frühling mitten in der Hitze des Hochsommers.

Am nächsten Morgen sind wir rasch am Kamm. Hier schlagen wir den »Landshuter Höhenweg«, eine aussichtsreiche Promenade, ein. Mal führt der Pfad schmal und eng durch die Blöcke, oft ist er aber so breit, dass wir nicht gleichzeitig auf beiden Seiten ins Tal blicken können. Der Gipfel des Wolfendorn

lädt uns auf einen Abstecher ein und wir genießen die Fernsicht – und den Blick auf einen Teil unseres zurückgelegten Weges. Nach unseren Karten sollten wir am Schlüsseljoch Quellen finden. Aber diese tröpfeln müde vor sich hin. Das bisschen Feuchtigkeit im Moos können wir nicht sammeln. So müssen wir zur Zirog-Alm absteigen, einige hundert Höhenmeter tiefer. Die Besucher sehen irritiert auf unsere großen Rucksäcke, da man doch mit dem Auto bis hinauf fahren kann. Das Wasser strömt in dickem Strahl aus dem Brunnen. Wir können unseren Durst stillen und ziehen mit gefüllten Wasservorräten weiter. Der Weg führt durch einen lichten Lärchenwald. An einer kleinen Lich-

Auf alpinen Wegen von München zum Gardasee

tung ist Platz für unser Zelt. Nachts schrecken wir hoch – ein heiseres Bellen ist in unmittelbarer Nähe zu hören. Welches Tier mag hier sein (Un-)Wesen treiben? Später erfahren wir von einem Jäger, dass es der Ruf eines Rehs war, beunruhigt durch diesen nach Mensch riechenden komischen Gegenstand auf der Lichtung.

Am nächsten Morgen wandern wir weiter durch den Märchenwald mit seinen großen, alten Bäumen. Die Lärchen werden weniger, Laubbäume kommen hinzu. Die Vegetation verändert sich mit jedem Meter Richtung Tal. Der kühle Wald wird lichter. Über einen kleinen, sonnigen Weg erreichen wir in der Mittagshitze Sterzing. Endlich mal wieder duschen, wieder »porentief« rein sein! Abends, mit der Dämmerung, zieht erneut ein Gewitter auf. Wir betrachten die dunklen Wolken, schauen aus unserem sicheren Zimmer den grellen Blitzen zu. Das Gewitter tobt die ganze Nacht. Ob ein Ruhetag gut täte? Sterzing hat so manches zu bieten.

Sarntaler Alpen: Zwischen Haflingern und Steinmanndln

Wir brechen früh auf, Sterzing schläft noch. Wir wollen auf den Zinseler, doch zuerst müssen wir die Autobahnzufahrt hinter uns bringen. Von einem Wanderparkplatz führt ein schmaler Waldweg bergan. Die Bäume werden weniger und wir erreichen das

Zeltküche am Landshuter Höhenweg, im Hintergrund Hochfeiler, Zillertaler Hauptkamm und Rotes Beil

Mit dem Zelt über die Alpen

Mandlseitejoch. Von hier geht es nur noch wenig ansteigend zum Gipfel des Zinseler. Ein herrlicher Blick zurück auf Sterzing und die Stubaier Alpen entschädigt uns für 1600 Höhenmeter mühevollen Aufstieg. Sanft absteigend kommen wir bequem zum Penser Joch und tauchen in eine andere Welt ein: Viele Motorradfahrer, einige Mountainbiker und die Besatzungen etlicher Wohnmobile bevölkern die Gasthausterrasse. Den Trubel lassen wir bald wieder hinter uns. Über Pfadspuren kommen wir zum Astenberg und steigen Richtung Seebergsee ab. Hier grasen Haflinger, die Pferderasse, die in diesem Gebirgsstock ihren Ursprung hat.

Morgens ist der Himmel grau verhangen. Dem »Hufeisenweg« folgen wir nach Süden, zur Hörtlanerscharte. Auf die üppigen Wiesen folgt karges Blockgelände. Der Nebel wird dichter, der Wind heftiger. Es ist kalt und klamm. Wir entschließen uns zu einer Brotzeit mit heißem Tee in der Flaggerschartenhütte. Bald beginnt es zu regnen, sodass wir den Aufenthalt in einer warmen Hütte einer Regenwanderung vorziehen, obwohl noch früher Vormittag ist.

Am Gospeneider Joch unter dem Zinseler, Sarntaler Alpen

Am nächsten Tag ist der Himmel wie blank gefegt, flott erreichen wir das Tellerjoch. Unter uns, zwischen Wiesen, liegt Durnholz. Sein schlanker Kirchturm spiegelt sich im See. Über den aussichtsreichen Höhenweg wandern wir zum Latzfonser Kreuz. Ein hübsches, kleines Kirchlein steht am Felsvorsprung, einem der höchsten Wallfahrtsorte der Alpen. Wir haben einen weiten Blick in die Dolomiten. Der Ort strahlt Ruhe und Kraft aus. Wir ziehen über die leicht abfallende Jocherer Alm weiter zum sagenumwobenen Schwarzsee am Fuße des Villanderer. Nahe dem Ufer stellen wir unser Zelt auf.

Morgens steigen wir zu einer kleinen Scharte, zur Pestkapelle »Am Toten« auf. Von dort führt der Weg auf den Villanderer. Auf der Sarner Scharte stehen etliche Steinmanndl, große und kleine. Und natürlich ein Kreuz, weniger Gipfel- als vielmehr Wetterkreuz mit drei Querbalken. Wetterkreuze prägen diese Landschaft. In vielen anderen Regionen der Alpen selten geworden, sind sie Ausdruck des tiefen Glaubens im Sarntal. Nach einer Biwakhütte führt unser Weg steil und schattig über grobes Geröll abwärts. Der Weg ist recht gut in

Auf alpinen Wegen von München zum Gardasee

Nebel und Regen an der Flaggerschartenhütte: Grund genug für einen Ruhetag

den schroffen Hang gebaut. Trotzdem strengt das Gehen an, kostet viel Konzentration. Schließlich kommen wir nach Sarnthein, das größte Städtchen in diesem Gebirgsstock. Es ist erst Mittag, im Café genießen wir einen frischen Apfelstrudel. Beim Bummel durch den Ort sehen wir im Infokasten des Tourismusvereins, dass für den folgenden Tag eine Wanderung auf die Hohe Reisch – unser nächstes Ziel – geplant ist. Wir entschließen uns deshalb trotz der bereits zurückgelegten Strecke für den Weiterweg und steigen nochmal auf. Arg verschwitzt kommen wir bei der Auener Alm an. Wir stärken uns mit Holundersirup und Kuchen. Hier, im sumpfigen, moorigen Boden zwischen Alm und Auenjoch, ist es schwer, einen Zeltplatz zu finden.

Kurz nach Sonnenaufgang erreichen wir die Hohe Reisch mit ihren über 100 »Stoananen Manndln«. Es gibt große und kleine, dicke und dünne. Den Legenden nach ist dies ein verrufener Ort. Hier haben Hexen und Teufel Orgien gefeiert und Gewitter gemacht. Der Platz wurde erstmals 1540 in den Akten eines Hexenprozesses urkundlich erwähnt. Unser Weg führt uns weiter zum Möltner Kaser und Joch. Am frühen Vormittag begegnen uns die ersten Wanderer. Haflinger weiden auf den Wiesen. Immer mehr Wege ziehen sich durch den lichten Lärchenwald, mehr, als in unserer Wanderkarte verzeichnet sind. An mächtigen Bäumen vorbei erreichen wir das Tschaufenhaus mit Ausflugs- und Biergartenstimmung. Bis hierher führt eine Straße. Deshalb ist der Abstieg ins Etschtal wieder einsam, der kleine Fußweg wächst bereits zu. Ab und an queren wir die Straße, kommen tiefer. Die ersten Kastanienbäume und Weinberge tauchen auf. Wir sind in Terlan. Im ersten Café legen wir eine Pause ein und genießen Kaffee und Kuchen. Wir erfahren, dass hier auch Zimmer vermietet werden. Wozu noch lange nach einer Bleibe suchen?

Am Ruhetag in Terlan bekommt Wolfgang eine Grippe. An ein Wandern mit Fieber ist nicht zu denken. Erst im Oktober des gleichen Jahres können wir weitergehen. Der Jahrhundertsommer ist vorüber und ein Wettersturz

Mit dem Zelt über die Alpen

Weite Jocherer Almen in den Sarntaler Alpen, im Hintergrund die Dolomiten

Ende September hat in den Hochlagen bereits viel Neuschnee gebracht.

Über den Mendelkamm ins Felsenreich der Brenta

Mit dem Zug in Terlan angekommen, nehmen wir unseren Weg wieder auf und tauchen in den dunklen Wald ein. Schattig und tropfend empfängt er uns. Es geht steil bergan. Unser Weg führt in einer kleinen Schlucht zur Ruine Festenstein und weiter bis zur Gaider Scharte. Dort oben begrüßt uns eine andere Welt. Waren die Hänge zum Etschtal herbstlich bunt, sind die sanften Waldhänge Richtung Sankt Felix und ins Nonstal weiß verschneit. Der Blick zur Brenta beunruhigt uns: weiße Gipfel und Wolken. Ob wir da noch durchkommen werden? Die eingezeichnete Quelle von Val ist trocken. In der Nähe finden wir etwas Wasser und in einem kleinen Fichtenwäldchen einen schattigen, aber windgeschützten Zeltplatz: Für die Nacht ist Sturm angesagt.

In der Morgendämmerung packen wir das leicht überfrorene Zelt zusammen und machen uns auf den Weg. Bald erreichen wir die Furglauer Scharte und werden oben von der Sonne beschienen. Im Norden steht drohend eine graue Föhnwalze über den Sarntaler Alpen, rückt vor, weicht zurück. Trotz der Sonne fährt uns der Nordföhn eisig in die Knochen. Über einen Fußweg erreichen wir die Hotelsiedlung am Mendelpass. Vielleicht wäre es sinnvoll, den Mendelkamm entlang nach Süden zu gehen? In der Brenta müssten wir bis rund 2500 Meter Höhe aufsteigen. Mit unseren schweren Rucksäcken sind wir langsam. Das könnte bei den winterlichen Verhältnissen gefährlich werden. Der Wetterbericht gibt den Ausschlag: Für die nächsten Tage ist stabiles, herbstliches Hochdruckwetter angesagt. Wir versuchen unsere Route durch die Brenta fortzusetzen. Auf einem beschaulichen Wanderweg erreichen wir zusammen mit vielen Tagesausflüglern die Malga Romeno mit der kleinen Alpini-Kapelle. Hinter der Alm auf dem Forstweg zum Nonstal sind wir wieder alleine. Schließlich kommen wir zu den traumhaften Wiesen der Malga di Sanzano mit

Auf alpinen Wegen von München zum Gardasee

einem herrlichen Ausblick auf die verschneite Brenta. Leider sind die Brunnen trocken. Trotz traumhafter Zeltmöglichkeiten bleibt nur der Abstieg zur Baíta del Vescovo. Dort steht ein Brunnen mit dem Warnhinweis »Aqua non potabile – Cisterna«. Aber das Wasser riecht frisch und abgekocht ist es trinkbar.

Durch schattigen Hochwald zieht der Weg in das enge, schluchtartige Trockental von Dermullo. Kleine Felswände sind dicht mit Efeu überwachsen, manchmal sind Bachkolke zu erkennen. In Coredo erreichen wir das weite Becken des Nonstales. In einem kleinen Laden decken wir uns mit Lebensmitteln ein. Zwar müssen wir so schon jetzt einen schweren Rucksack tragen, aber es ist Montag. Den »Giorno di Chiusura« kennen wir bereits von anderen Touren. In Italien ist es üblich, dass an einem Tag, mindestens an einem Nachmittag in der Woche, alle Läden eines Ortes geschlossen haben. Was mit dem Auto nur einen kleinen Umweg bedeutet, ist zu Fuß schnell eine mehrstündige Wanderung. Durch Apfelplantagen steigen wir nach Dermullo ab. Überall herrscht Hochbetrieb, die Ernte läuft auf vollen Touren. Alles ist geprägt von den Äpfeln. Jeder freie Platz wird mit großen, grünen Plastikkisten vollgestopft: in mehreren Reihen, oft zehn Meter hoch und 100 Meter lang. Schließlich finden wir am Hauptplatz von Tuenno einen Gasthof und sind froh, bereits eingekauft zu haben: Die Läden sind geschlossen.

Am nächsten Tag beginnen wir unsere Wanderung wieder im herbstlichen Wald. Bis zu unserem geplanten Ziel haben wir 1500 Höhenmeter vor uns, in ostseitig orientierter und sonniger Lage. Nach dem steilen Wald öffnet sich die Landschaft und eine mit einzelnen Bäumen und Hütten bestandene hügelige Almfläche breitet sich aus. Immer freier wird der Blick, über dem Mendelkamm sind die Hochgipfel der Dolomiten aufgereiht. Wir machen einen Abstecher auf den Monte Peller. Lange sitzen wir am Gipfel in der milden Herbstsonne. Der Wind der letzten Tage hat sich gelegt. Der Blick reicht weit nach Norden, die Kette der Zentralalpen

Mit dem Zelt über die Alpen

liegt wie eine weiße Perlenschnur vor uns aufgereiht. Irgendwo dort drüben, ewig weit weg, muss der Olperer stehen, unsere Wegmarke. Wie weit wir schon gekommen sind! Und im Südosten können wir im Dunst den Monte Baldo erahnen, unseren letzten Berg. Dahinter sind die Alpen zu Ende. Auf dem Weg zur Malga Tassullo queren wir immer wieder kleine Schneefelder, aber im Vergleich zu den Vortagen ist schon viel Schnee weggeschmolzen. Der offene Biwakraum im Almgebäude ist wärmer als ein Zelt und sehr gemütlich, sodass wir ihn gerne nutzen.

Je weiter wir am nächsten Tag in den Piano della Nana eindringen, desto karger wird die Landschaft. Bald liegt eine geschlossene Schneedecke vor uns. Zu allem Überfluss ist der Weg in der Karte falsch eingezeichnet. So können wir die entscheidende Rinne zum Passo di Omet nur mit Mühe und einigen Umwegen finden. Etliche vereiste Stellen erfordern unsere ganze Aufmerksamkeit. Schließlich erreichen wir die Ostseite des Kammes und erblicken unter uns ein dichtes Wolkenmeer. Vom Mendelkamm, selbst von der Paganella, ist nichts zu sehen. In der Sonne wird der Schnee bereits weich und wir müssen steile, verschneite Rinnen queren. Hier liegt schon Lawinenschnee – Warnung genug. Wir sind froh, heil in den flachen Böden des Pra Castrón di Tuenno anzukommen. Als am Weiterweg ein größerer Schneerutsch abgeht, fällt uns die Entscheidung leicht: Wir steigen zum Lago Toblino ab und durch das wildromantische Tal zur Malga Flavona auf. Der dichte, schattige Wald begleitet uns die meiste Zeit. Schließlich verschwindet die Sonne hinter dem Hauptkamm der Brenta, es wird empfindlich kühl. Am Rand des Waldes schlagen wir unser Zelt auf, in unmittelbarer Nähe der Malga. Der Biwakraum ist bereits von einer Gruppe belegt.

Morgens ist im Zelt alles klamm und dichter Nebel umfängt uns. Doch bald nach dem Aufbruch erreichen wir die Nebelgrenze. Die Ostwände der Pietra Grande beginnen zu leuchten. Die Welt bekommt Struktur. Die ersten Sonnenstrahlen wärmen uns, während wir höher steigen. Vom Passo della Gaiarda offenbart sich unserem Blick ein unermessliches Wolkenmeer. Wo sich vorgestern Berge über Berge, Kette um Kette ausbreite-

Verlandungszone am Schwarzsee, Sarntaler Alpen

Auf alpinen Wegen von München zum Gardasee

ten, ist nur gleißende Watte zu sehen. Durch eine Traumlandschaft aus Blöcken, Latschen und leuchtenden Lärchen kommen wir zum Passo del Clamer. Unterwegs finden wir kein Wasser. Deshalb halten uns selbst die eindrucksvollen Wände der Cima Brenta nicht. Vielleicht finden wir im Bach weiter unten Wasser. Doch erst einmal müssen wir den obersten Wegabschnitt bewältigen – steil, vereist und ausgesetzt ziehen die Pfadspuren über Schrofen in die Tiefe. Endlich kommen wir am Bach an. Er plätschert tatsächlich munter in der Sonne dahin. Ohne Durst läuft sich der Fahrweg nach Molveno leichter. In diesem Touristenstädtchen übernachten wir in einem Luxushotel – so spät im Jahr haben die meisten Hotels bereits geschlossen.

Sehr zeitig gehen wir ein Stück die Uferstraße entlang, bevor uns der alte Pfad zum Monte Gazza führt. Das Wetter ist trist. Durch klammen Hochwald steigen wir an. Bei der ersten Brotzeit stellen wir fest, dass unsere Ausweise noch im Hotel liegen. Vergessen! Also laufe ich ohne Gepäck zurück – was macht schon eine »Dreingabe« von 500 Höhenmetern aus? Maria wartet beim Gepäck, die Kälte kriecht durch die Kleidung. Der Wind peitscht Nebelschwaden über die steinigen Almflächen. Die weidenden Schafe beneiden wir nicht. Erst nach einer geraumen Weile erreichen wir die Waldgrenze und sind vor der steifen Brise geschützt. Je tiefer wir gehen, desto mediterraner wird der Wald. Steineichen und Perückensträucher säumen unseren Weg. Endlich kommen wir zum idyllisch gelegenen Castel Toblino. Es ist geschlossen – Ruhetag. So trotten wir die Straße entlang nach Ponte Sarche.

Hoch über dem Gardasee – der Monte Baldo

In Pietramurata führt unser Weg ins wilde Bergsturzgelände der Marocche di Dro. Der Pfad verliert sich manchmal fast im Buschwald. In den Lichtungen ist Reif auf den Gräsern. Die Perückensträucher leuchten in flammenden Gelb- und Rottönen. Kein Mensch begegnet uns in diesem urwüchsigen, kargen Gelände. Schwärme von Staren sammeln sich, ruhen sich aus auf ihrem Weg in den Süden. Immer weiter dringen wir in die Wildnis ein, die Kiefern werden krüppeliger, der Bewuchs

Neugierige Ziegen

Mit dem Zelt über die Alpen

Der pure Luxus: Zeltküche mit Tisch und Bank (Baito del Vescovo)

dürftiger. Schließlich sind wir in einem Irrgarten aus wirr übereinander getürmten, haushohen Blöcken. Bei Dro beginnt der landwirtschaftlich nutzbare Talgrund. Obstplantagen und Weinberge wechseln sich ab. Über die Wallfahrtskirche Santa Maria di Laghel erreichen wir Arco.

An San Luigi vorbei folgen wir Wirtschaftswegen nach Nago. Die Kapelle ist zerfallen, an deren Stelle ist eine große Schweinezucht getreten. Hinter Nago steigen wir auf dem »Sentiero della Pace«, dem Friedensweg, an. Besonders am Kamm des Dos dei Frassini sind noch viele Reste der Gebirgsfront des Ersten Weltkriegs erhalten. Auf rund 1100 Metern müssen wir an der Sorgente Aqua d'Oro für diesen und den nächsten Tag Wasser holen. Auf einer Tafel steht warnend »Aqua non potabile« – kein Trinkwasser! Wir haben keine andere Wahl. Bis zum Mittag des nächsten Tages gibt es unterwegs kein Wasser. Die Hütte am Gipfel hat bereits geschlossen. So füllen wir unsere Flaschen und Wasserbeutel, geben Desinfektionsmittel zu. Mit acht Liter Wasser beladen werden die Rucksäcke jetzt richtig schwer. Mühsam steigen wir weiter auf. Am Monte Varagna schimmert etwas Sonne durch den dichten Hochnebel – wir ziehen mit neuem Elan weiter. Schließlich stehen wir über dem Nebelmeer und sehen vor uns den Gipfel des Altissimo aufragen. Nun gibt es kein Halten mehr. Es zieht uns förmlich über die bereiften Herbstwiesen zum Gipfel. Dort

werden wir von einer umfassenden Fernsicht über das wogende Wolkenmeer hinweg belohnt. In der Dämmerung löst sich der Nebel auf. Der Gardasee liegt tief und dunkel unter uns. Er ist von einem dünnen Schleier bedeckt, an seinen Ufern leuchten Straßenlaternen. Der Himmel färbt sich langsam von zartem Rosa in ein dunkles Nachtblau.

Morgens steigen wir zur Bocca di Navene ab. Wir sind zeitig unterwegs, überraschen ein paar Gämsen, die in die steilen Schrofen flüchten. Weiter unten queren drei Rehe unseren Weg. An der Colma di Malcesine können wir nicht nur im Schatten schöne Reif- und Frostbildungen an den Gräsern bestaunen, sondern auch bibbernde Seilbahntouristen in T-Shirt und Sandalen. Nachdem wir unsere Wasser- und Teevorräte in einer Hütte auffüllen konnten, wandern wir weiter. In der Karen stehen Gämsen. Über uns kreist ein Adler und tief unten liegt der See. Mit der Punta Telegrafo erklimmen wir den letzten nennenswerten Gipfel unserer Route. Es wäre

Auf alpinen Wegen von München zum Gardasee

schön, hier einfach zu bleiben, im Winterraum des Rifugio Telegrafo. Aber ohne Wasser oder Schnee müssen wir absteigen. Das private Rifugio Fiori del Baldo hat ganzjährig geöffnet. Zwar kann man dort nicht übernachten, aber wir wollen ja nur unsere Wasserreserven füllen. Dies wird überraschend kompliziert: Die Hüttenwirtin ist der Meinung, dass Zelten zu gefährlich sei und sie uns deshalb zu unserem Schutz kein Wasser verkaufen könne. Dem Hütten-Opa verdanken wir nach langer Diskussion doch noch den gnädig geduldeten Kauf von drei Litern. Die Dämmerung ist jetzt nah. Im letzten Licht erreichen wir einen geeigneten Platz und schlafen durstig ein.

Beim Frühstück teilen wir unser Wasser genau ein. Über Wiesen steigen wir ab, vereinzelte Buchen tragen herbstliches Laub. Die Bäume stehen dichter, wir tauchen in den Wald ein. In seinem Dunkel umfängt uns der Klang hunderter »Handys«: Jäger sind mit ihren stöbernden Hunden auf Hasenjagd. Jeder Hund hat einen elektronischen Krachmacher umgebunden. Diese verursachen die seltsame Geräuschkulisse, die wir nun zu hören bekommen: ein Herbstsonntag in Italien – Jagdsaison! Endlich erreichen wir Caprino Veronese. Nach stundenlangem Wasserrationieren gibt es wieder genügend zu trinken!

Über die Moränenhügel des Bardolino

Auf einem schönen Feldweg spazieren wir zwischen abgeernteten Rebstöcken hindurch. Ab und zu hängen noch vergessene Trauben an den Zweigen. Sie schmecken süß und würzig. Wir überlegen, ob wir in Affi ein Hotelzimmer nehmen sollen. Aber Affi ist geschlossen. Alles ist geschlossen, die Altstadt, der Stadtkern, an einer Bar hängt zwar ein Schild »Aperto« – es sieht aus, als hinge es seit Jahren dort. Nur am Zigarettenautomat herrscht reges Treiben. Nicht einmal der obligatorische Trinkwasserbrunnen funktioniert. Also ziehen wir auf den Monte Moscal hinauf.

Morgenstimmung an der Malga Tassullo mit Dolomitenblick

Mit dem Zelt über die Alpen

DER KRISTALLPALAST – DAS MOLYBDÄNBERGWERK AN DER ALPEINER SCHARTE UND SEINE TRAURIGE GESCHICHTE

Molybdän ist ein wichtiger Stahlveredler, der für Werkzeuge und Waffen nötig ist. Die meisten im Zweiten Weltkrieg bekannten Lagerstätten waren im Zugriffsbereich der Alliierten, sodass kleine Vorkommen für das Dritte Reich wichtig wurden. Das Molybdänerz im Umkreis der Alpeiner Scharte wurde deshalb ab 1941 versuchsweise abgebaut. Es wurden ca. 400 Meter Stollen in den Berg gesprengt und eine fast fünf Kilometer lange Seilbahn gebaut. Reste davon sind noch immer sichtbar. Der Anfang eines völlig vereisten Stollens ist mit Vorsicht und ausreichendem Licht begehbar. Wie lange der Bergbau betrieben und ob dort bereits Erzkonzentrat gewonnen wurde, ist nicht geklärt. Die verschiedenen Quellen widersprechen sich. Ein gewinnbringender Bergbaubetrieb in Friedenszeiten ist nicht möglich.

Der Abbauversuch im Permafrost in rund 2800 Meter Höhe, unter den Steilwänden von Schrammacher und Fußstein, war schwierig und gefährlich. Besonders Kriegsgefangene und Zwangsarbeiter wurden unsäglichen Mühen ausgesetzt. Doch die Quellenlage ist unklar. Sicher ist, dass am 11.11.1943 eine große Lawine das Barackenlager im Stollenbereich und die Seilbahn zerstörte und bis vier Meter hoch verschüttete. Ein Arbeiter konnte sich befreien und auf Skiern Hilfe holen. Trotz Schneefall und Sturm konnten 50 Opfer lebend geborgen werden. Dennoch starben mindestens 35 Menschen. Möglicherweise bedeutete dieses Unglück das Ende des Bergbaues an der Alpeiner Scharte.

Auf alpinen Wegen von München zum Gardasee

den flacheren Hügeln nicht üblich und wir werden erst einmal als Landstreicher angesehen. Doch nach einem Wortwechsel zeigen sie uns freundlich den Weg. Schneller als gedacht stehen wir vor dem Freizeitpark Gardaland. Die Achterbahnen ragen weit in den Himmel. Unser Ziel ist nah. Aber da spielt uns die Karte wieder einen Streich: Auch Gardaland ist falsch eingetragen! Deshalb wählen wir den falschen Weg und kommen weit nach Norden ab. Die einzige Möglichkeit, von hier nach Peschiera zu gelangen, ist, auf der Staatsstraße zu gehen. Weder unsere Karte noch die Anwohner wissen eine Alternative. Es dauert nur eine halbe Stunde, aber ist sicher der gefährlichste Abschnitt unserer Reise. Ohne Standstreifen bei immer wieder sehr eng stehenden Leitplanken. Die Busfahrer zeigen mit international verständlichen Handzeichen, dass sie uns für verrückt halten. Wie recht sie haben! Wieder bei Gardaland entdecken wir einen Feldweg und kommen an einer alten Rüstungsfirma und geschlossenen Campingplätzen vorbei ins Industriegebiet von Peschiera. Es gibt sogar ein Ortsschild. Wir sind am Ziel, nass, frierend, müde. Nichts deutet hin auf das Land, in dem die Zitronen blühen.

Ausgeschlafen, geduscht und in frisch gewaschenen Kleidern haben wir am nächsten Tag Muße und Lust, die Schönheiten Peschieras anzusehen.

Unterwegs zum Hauptmassiv des Monte Baldo

In der Altstadt von Peschiera del Garda

Oben in Castello werden wir doch wohl einen Wasserhahn finden! Der alte Weg ist wunderschön, doch in Castello gibt es nicht einmal mehr einen Zigarettenautomaten. In der Nähe hören wir Hämmern. Wo jemand arbeitet, müsste es auch Wasser geben. Damit können wir uns an den ruhigeren Ortsrand zurückziehen und unser Zelt am Waldrand aufbauen.

Morgens tropft Regen auf das Zelt. Beim Frühstück nimmt das Prasseln zu. Wir stapfen in dichtem Landregen los und steuern Calamasino an. Mit unserer Karte sind wir völlig verloren. Immer wieder kommen wir zu Wegkreuzungen, die in ihr nicht eingezeichnet sind. Mit einigem Nachfragen und einer »Ehrenrunde« gelangen wir schließlich doch in den gesuchten Ort. Die Einheimischen sind durch uns irritiert. Wandern ist in

Routenbeschreibung

An- und Rückreise

Die Anreise nach München ist mit dem Zug möglich, ebenso die Rückreise vom Gardasee nach München. Zwischendurch gibt es an mehreren Etappen Bahnanschluss, sodass man dort unterbrechen und auch wieder neu mit der Wanderung beginnen kann: z. B. bei den Etappen 4 (Bhf. Schwaz), 5 (Bhf. Weer), 10/11 (Bhf. Sterzing), 15 (Bhf. Terlan), 22/23 (von Arco mit dem Bus nach Trient, dort Bhf.). Vom Endpunkt Peschiera zurück mit dem Zug über Verona, einmal täglich gibt es eine Direktverbindung nach München. Schöner, aber länger: mit dem Linienboot nach Riva, per Bus nach Trient und erst dann mit dem Zug.

Übernachtungen

Unsere Alpendurchquerung war mit Zeltübernachtungen konzipiert. Außer in wenigen Fällen konnten wir dies auch wie vorgesehen durchführen. Allerdings erforderte dies das Mittragen von Zelt-, Schlaf- und Kochausrüstung.
Im Isartal kann aus Naturschutzgründen nicht gezeltet werden, im Alpenpark Karwendel ist Zelten ebenfalls verboten und nur ein alpines Notbiwak zulässig. Wasser gibt es nicht überall. Außerhalb von Naturschutzgebieten ist Zelten entlang der Strecke in der Regel problemlos möglich. Es ist selbstverständlich, dass kein Müll zurückbleibt und auf offenes Feuer verzichtet wird. Auch gehört es zum guten Ton, bei benachbarten Almen kurz um Erlaubnis zu fragen. Uns wurde dies nie verweigert.
In Naturschutzgebieten besteht grundsätzlich Zeltverbot, oft ist ein alpines Biwak für eine Nacht geduldet. Die Rechtslage kann sich sehr schnell ändern, ebenso Ausweisung und Grenzverläufe geschützter Gebiete. Daher besteht kein Rechtsanspruch gegenüber Verlag oder Autor.
Die Etappeneinteilung ist als Vorschlag zu sehen – der Vorteil des Zelttrekkings liegt gerade darin, von festen Übernachtungsplätzen unabhängig zu sein. Probleme bereitet manchmal der Mangel an Wasser. Darauf wird in der Routenbeschreibung bei den einzelnen Etappen hingewiesen.

1 Von München nach Fall

 230 Hm   ein Tag per Fahrrad, drei Tage zu Fuß

Topografische Karte UK L 1 Ammersee – Starnberger See und UK L 18 Bad Tölz – Lenggries und Umgebung 1:50 000

Wer zu Fuß geht, kann sich an die Beschreibung des »Traumpfads« (Nr. 3 in diesem Buch) bis Bad Tölz halten, ab dann auf dem hier beschriebenen Fuß- und Radweg weiter. Von Bad Tölz sind es 26 km bis Fall. Alternativ kann für diese ab Lenggries nicht so spannende Strecke der RVO-Bus 9569 genommen werden (Fahrplan www.rvo-bus.de).

Vom Münchner Hauptbahnhof erreicht man über Bahnhofsplatz, Schützenstraße, Fußgängerzone (Rad schieben!), Marienplatz, Altes Rathaus und Im Tal die Zweibrückenstraße. Den Isarradweg nach Süden zur Tierparkbrücke nehmen, auf die andere Isarseite wechseln (Zentralländstraße, Conwentzstraße, An der Isar). Am Elektrizitätswerk bei Buchenhain die Straße rechts ein Stück aufwärts fahren, links abbiegen (Fahrweg). Bald führt der Weg abwärts zur Isar. Bei der folgenden Radstrecke am Georgenstein vorbei bis Kloster Schäftlarn (schöne Wirtschaft) ist der Weg am schlechtesten; gelbe Dreiecke und die Jakobsmuschel sind die Markierungen. Dort auf die andere Isarseite wechseln. Durch die Pupplinger Au zum Wirtshaus Aujäger, hier erneut auf die andere Seite des Flusses. Auf dem Radweg nach Geretsried. Über die SS 2072 nach Bad Tölz fahren. Ab hier auf dem Radweg bis zum Sylvensteinspeicher bleiben, dabei in Obergries nochmal die Isarseite wechseln. Zum Übernachten gibt es in Fall mehrere Pensionen und Privatquartiere, z. B. das Hotel Jäger von Fall, Tel.: +49 8045 130.

2 Ins Vorkarwendel

 1300 Hm + 500 Hm Abstieg   6½–7½ Std.

freytag & berndt WK 321 Achensee – Rofan – Unterinntal und Topografische Karte UK L 30 Karwendelgebirge, beide 1:50 000

Ab Fall auf gesperrter Straße (Weg 236/239/F2) Richtung Forsthaus Aquila wandern, bald ab nach rechts mit Weg F2 über den Delpssee zur Tölzer Hütte (1835 m, DAV, bew. Mitte Mai bis Mitte Oktober, Tel.: +43 6641 80 17 90) im einsamen Vorkarwendel. Auf Weg 237 weiter über steile Grashänge zur Baumgarten- und zur Ochsentalalm (ca. 1640 m). Hier gibt es Wasser, jedoch keine Übernachtungsmöglichkeit.

3 Über den Grasbergkamm ins Falzthurntal

 800 Hm + 1250 Hm Abstieg   8–9 Std.

freytag & berndt WK 321 Achensee – Rofan – Unterinntal 1:50 000, AV-Karte Nr. 5/3 1:25 000

Weiter auf Weg 237 unter Hölzelstaljoch und Grasberg entlang zum Grasbergsattel (1540 m, einmal seilversichert und brüchig). Dort gibt es kein Wasser. Immer noch dem Weg 237 folgen und unter dem Kompar (2011 m) queren – kurzer Abstecher zum Gipfel möglich – zur Plumsjochhütte (1630 m, privat, Tel.: +43 5243 54 87). Über Gernalm und Pletzachalm hält man sich Richtung Pertisau (Weg 233) und zweigt kurz vorher rechts ins Falzthurntal ab (Weg 201, E4 alpin). Übernachtungsmöglichkeit bietet die Sennhütte Falzthurnalm (1089 m, privat, Tel.: +43 664 461 93 54).

Auf alpinen Wegen von München zum Gardasee

4 Abstieg ins Inntal

 1200 Hm + 1300 Hm Abstieg 8–9 Std.

freytag & berndt WK 321 Zillertaler – Tuxer Alpen – Jenbach – Schwaz 1:50 000, AV-Karte Nr. 5/3 1:25 000

Mit Weg 234 steil zur Dristlalm (1644 m, Wasser) aufsteigen, weiter über Nauderer Karl, Kaserjoch (Abstecher zur Kaserjochspitze, 2198 m, möglich), Naudersalm (Wasser), Rizuelhals zur Stallenalm (1340 m, Jausenstation). »Almsteig« zum Gasthof Karwendelrast (830 m, Reservierung notwendig, privat, Montag und Dienstag Ruhetag – nicht für angemeldete Übernachtungsgäste, Tel.: +43 5242 622 51).
Soll die Tour nach dieser Etappe beendet werden, von Hinterwies direkt nach Schwaz absteigen. Dort auch Bahnstation.

5 In die Tuxer Voralpen

 1400 Hm + 400 Hm Abstieg 6$^{1}/_{2}$–7$^{1}/_{2}$ Std.

freytag & berndt WK 151 Zillertaler – Tuxer Alpen – Jenbach – Schwaz 1:50 000

In die Schlucht des Vomper Baches abwärts halten und zum Ort Vomperbach (Ort, 556 m). Dort dem Radweg innaufwärts folgen bis zur Brücke bei Weer. Über die Brücke ins Zentrum von Weer. Weiter über den Weg 315 nach Innerst und zur Weidener Hütte (1799 m, DAV, Öffnungszeiten erfragen, Tel.: +43 5224 685 29), der Weg führt teilweise die Straße entlang.
Gute Zeltplätze gibt es in der Nähe der Nafingalmen und bei der Vallruckalm (2132 m, nochmal ca. 2–3 Stunden Gehzeit).

6 Durch die Tuxer Voralpen

 1600 Hm + 800 Hm Abstieg 7$^{1}/_{2}$–8$^{1}/_{2}$ Std.

freytag & berndt WK 151 Zillertaler – Tuxer Alpen – Jenbach – Schwaz und AV-Karte Nr. 31/5 Innsbruck und Umgebung, beide 1:50 000

Über Weg 315 weiter zum Geiseljoch (2292 m) steigen und dort rechts abzweigen mit Weg 49, 45, 35 über Vallruckalm, Nasse Tux, Torseen (2258 m), Ramsjoch (2508 m) und Zilljoch (2336 m) zur Junsalm. Dort befindet sich die Jausenstation Stoankasern (1985 m, privat, wenige Übernachtungsplätze, Tel.: +43 5287 875 23). Weiter zu den Toten Böden aufsteigen, wo es gute, allerdings windausgesetzte Zeltplätze und Wasser gibt.

7 Zum Tuxer Hauptkamm

 1400 Hm + 1400 Hm Abstieg 7$^{1}/_{2}$–8$^{1}/_{2}$ Std.

AV-Karten Nr. 31/5 Innsbruck und Umgebung und Nr. 31/3 Brennerberge, beide 1:50 000

Hier trifft die Route auf eine kurze Strecke den »Traumpfad« (vgl. Tour 3).
Weiter auf dem Weg 323 über den Gschützspitzsattel (2657 m) ins Weitental absteigen, und auf Weg 326 zum Tuxerjochhaus (2313 m, ÖTK, Tel.: +43 5287 872 16). Mit Weg 527 über Frauenwand (2541 m), Kaserer Schartl, Kleegrubenscharte (2528 m) und Steinernes Lamm (2488 m) zur Geraer Hütte (2326 m, DAV, bew. Mitte Juni bis Mitte Oktober, Tel.: +43 676 961 03 03). Etwa 100 Höhenmeter oberhalb sind die letzten kleinen Wiesen, dort ist Zelten möglich.

8 Über den Hauptkamm

 1100 Hm + 700 Hm Abstieg 6$^{1}/_{2}$–7$^{1}/_{2}$ Std.

AV-Karte Nr. 31/3 Brennerberge 1:50 000

Auf Weg 502 in die Alpeiner Scharte (2959 m, höchster Punkt der Route). Kurz unterhalb lohnt der »Kristallpalast« des Molybdänbergwerks einen Besuch. Achtung, seine Begehung ist nicht ungefährlich! Absteigen und auf Weg 528 zum Pfitscherjoch (2275 m, Pfitscherjochhaus, privat, Tel.: +39 0472 63 01 19) und weiter zur Landshuter Hütte (2713 m, DAV, Tel.: +39 0472 64 60 76). Kurz vorher quert der Weg ein Wiesenfleckchen. Oberhalb liegt im Schuttkar eine kleine, ebene Wiese. Wasser schmilzt von einem nahen Schneefeld ab. Später gibt es bis nach dem Schlüsseljoch kein Wasser mehr! Notfalls bleibt die Hütte als Übernachtungsmöglichkeit.

9 Am Landshuter Höhenweg

 300 Hm + 1300 Hm Abstieg 6$^{1}/_{2}$–7$^{1}/_{2}$ Std.

AV-Karte Nr. 31/3 Brennerberge 1:50 000, Kompass-Karte Nr. 44 Sterzing/Vipiteno 1:50 000

Den »Landshuter Höhenweg« (Nr. 3) zum Wolfendorn gehen (2776 m, kurzer Gipfelabstecher möglich) und weiter zum Flatschjöchl, Flatschspitze (2566 m) und Schlüsseljoch (2212 m). Absteigen zur Zirogalm, dort gibt es Wasser. Eine Übernachtungsmöglichkeit findet sich in der Enzianhütte, 1894 m, Tel.: +39 0472 63 12 24.
In der Nähe der Alm am Höhenweg nach Sterzing (Weg Nr. 11) kann man sich schöne Zeltplätze im Wald suchen, auch noch später bei der Daxalm (kleiner Bach).

Mit dem Zelt über die Alpen

Die Quellen in der Nähe des Schlüsseljochs (in der Karte eingezeichnet) sind nicht zuverlässig wasserführend. Sofern Wasser vorhanden ist, ist folgende Alternative (Weg Nr. 3, 13) für den Weiterweg über Rollspitze (2850 m), Hühnerspiel (2748 m), Weißspitze (2714 m), Riedspitze (2490 m), Saun (2085 m), Grubenalm, Braunhof, Sterzing möglich. Lang (ca. 9–10 Std.)! Unterwegs aber kein Wasser.

10 Abstieg nach Sterzing

 200 Hm + 1050 Hm Abstieg   5–6 Std.

AV-Karte Nr. 31/3 Brennerberge 1:50 000
Dem Höhenweg Nr. 3 weiterhin zur Daxalm und zur Hühnerspielhütte (1868 m, privat, Tel.: +39 0472 62 3 98) folgen. Über Brandneralm (1818 m, Jausenstation) und Gasthof Braunhof (1345 m) nach Sterzing absteigen (945 m, Übernachtung z. B. im Hotel Lamm, Tel.: +39 0472 765 1 27, oder über www.sterzing-und-umgebung.de).

11 In die Sarntaler Alpen

 1750 Hm + 600 Hm Abstieg   8–9 Std.

AV-Karte Nr. 31/3 Brennerberge 1:50 000, Kompass-Karte Nr. 44 Sterzing/Vipiteno 1:50 000, Tabacco Nr. 040 1:25 000
Von Norden quert man die Sarntaler Alpen, ein meist sanftes Gebirge, das im Schatten der benachbarten Dolomiten steht und deshalb viel von seiner ursprünglichen Ruhe bewahrt hat. Zelten ist kein Problem, Wasser findet sich meistens.
Zur Kirche Maria im Moos, dann zur Hauptstraße (Jaufenpassstraße) und nach rechts. Dieser kurz folgen, nach der Autobahnunterführung links ab, über den Ridnaunbach. Markierter Weg Nr. 14 über Außerrust und Gupp zum Mandlseitejoch (2185 m) und zum Zinseler, 2422 m. Der Abstieg führt zum Gospeneider Joch und weiter zum Penser Joch (2211 m, Gasthof, privat, Tel.: +39 0472 64 71 70). Von dort auf dem Weg 14A zur Seebergalm mit dem Seebergsee (2130 m). Gute Zeltplätze.

Unterwegs zum Pfitscher Joch, im Hintergrund Hochfeilermassiv mit Hochferner und Griesferner, Zillertaler Alpen

146

Auf alpinen Wegen von München zum Gardasee

12 Längs des Sarntaler Ostkammes

 900 Hm + 1200 Hm Abstieg 6½–7½ Std.

Tabacco Nr. 040 Monti Sarentini – Sarntaler Alpen 1:25 000
Über Weg 13 in die Hörtlaner Scharte (2605 m) zur Flaggerschartenhütte steigen (2481 m, CAI, Tel.: +39 0471 62 52 51). Unterwegs kurze, aber leichte Versicherungen.
Weiter über Tellerjoch (2520 m) zur Fortschellscharte (2299 m, unterhalb befinden sich auf der Eisacktaler Seite Wasser und Zeltplätze). Auf Weg 5 zum Latzfonser Kreuz (Wallfahrtskapelle, Latzfonser-Kreuz-Hütte, 2302 m, privat, Tel.: +39 0472 54 50 17). Gute Zeltplätze liegen wenig oberhalb, aber es gibt kein Wasser.

13 Abstieg nach Sarnthein

 450 Hm + 1800 Hm Abstieg 7–8 Std.

Tabacco Nr. 040 Monti Sarentini – Sarntaler Alpen 1:25 000
Der hier beschriebene Umweg über den Schwarzsee ist empfehlenswert, Reste und Stollenmundlöcher eines mittelalterlichen Bergbaus sind sichtbar! Ab der Sarner Scharte bieten sich bis Sarnthein keine Zeltplätze!
Auf dem Weg Nr. 1 nach Süden gehen. Immer wieder queren Wirtschaftswege. Dem Wirtschaftsweg im Bereich Rafuschgelalm (blauweiß markiert) nach rechts zu den Almen Moar in Ums und zum Seeberg mit dem Schwarzsee (2031 m) folgen. Den See entlang zur Rübner Alm (unterwegs ein gemauerter Bergwerksstollen und ein guter Zeltplatz) und zur Pestkapelle »Am Toten« (2186 m). Weiter auf Weg T zum Villanderer, 2509 m. Über die Sarner Scharte ins Schartl mit Biwakhütte (Wasser in den Lacken, abkochen!). Steil über den Weg Nr. 3 nach Riedelsberg und an Schloss Reinegg vorbei nach Sarnthein (974 m, www.sarntal.com) absteigen.

14 Über die Hohe Reisch

 1200 Hm + 550 Hm Abstieg 6–7 Std.

Tabacco Nr. 040 Monti Sarentini – Sarntaler Alpen 1:25 000
Dieser Weg läuft mit dem E5 auf einer kurzen Strecke parallel. Auf Weg Nr. 2 zum Auener Hof (1620 m, privat, Tel.: +39 0471 62 30 55). Weiter zu Auener Alm (1798 m, Jausenstation) und Auener Joch. Über Weg P auf die Hohe Reisch (2003 m) mit den »Stoanernen Manndln«. Absteigen zum Weg M zum Möltner Kaser (1763 m, Brunnen, Gasthof, privat, Tel.: +39 0368 40 00 76), nun Weg 4/E5 zum Möltner Joch folgen mit letzter guter Zeltmöglichkeit. Über Schermoos (Parkplatz) zur Langfennalm (1522 m, Gasthof).

Handtellergroße Eiskristalle im »Kristallpalast« an der Alpeiner Scharte, Zillertaler Alpen

15 Abstieg ins Etschtal

 100 Hm + 1400 Hm Abstieg 4–5 Std.

Tabacco Nr. 040 Monti Sarentini – Sarntaler Alpen und Nr. 034 Bozen 1:25 000, freytag & berndt WKS 7 Überetsch, Südtiroler Unterland 1:50 000
Diese Etappe läuft wieder mit dem E5 auf einer kurzen Strecke parallel.
Auf Weg 1/E5 nach Süden, beim Wirtshof Weg 7/7b zum Tschaufenhaus (1304 m) mit Jausenstation. Absteigen mit Weg 7, später mit 4/7 nach Terlan (218 m). Der Weg ist stark verwachsen. Übernachtung ist z. B. im Café Wieterer möglich (Tel.: +39 0471 25 74 74). Hier auch Bahnstation.

16 Aufstieg zum Mendelkamm

 1700 Hm + 500 Hm Abstieg 7–8 Std.

freytag & berndt WKS 7 Überetsch, Südtiroler Unterland 1:50 000
Nach Andrian und am Hauptplatz geradeaus aufwärts steigen. Am Straßenende in den Wald auf dem markierten Weg Nr. 15 weiter aufwärts in die Bachschlucht. Nach rechts ab in eine steile, trockene Schlucht mit einzelnen, leichten Versicherungen an der Ruine Festenstein vorbei und nach Gaid (ca. 900 m, Jausenstation). Von hier (immer noch auf

Mit dem Zelt über die Alpen

dem Weg 15) steil aufwärts in die Gaider Scharte (1632 m). Weiter über die sanften Hänge nach Süden (Weg 512) auf den Gantkofel, 1866 m, und in die Große Scharte (Quelle, manchmal Wasser). Weiter (unterwegs die Val-Quelle, meist wasserführend) zur Furglauer Scharte (ca. 1500 m). Einzelne Zeltplätze finden sich im Wald. Bei Wassermangel ist in ca. 1/2 Std. der Penegal (Hotel) erreicht.

17 Über den Mendelkamm

 750 Hm + 800 Hm Abstieg 5–6 Std.

freytag & berndt WKS 7 Überetsch, Südtiroler Unterland 1:50 000

Auf dem Weg 512 zum Penegal (1737 m, dort 4-Sterne-Hotel, Tel.: +39 0471 20 07 69). Auf dem Fußweg weiter zum Mendelpass wird der deutsche Sprachraum verlassen. Von dort auf dem Weg 521 zur Halbweghütte (privat, Tel.: +39 0471 63 22 21) und weiter zur Roenalm (Malga Romeno, 1773 m, privat, Tel.: +39 0463 816 42). Von hier ist ein Abstecher in 1/2 Std. zur Überetscher Hütte (1773 m, CAI, Tel.: +39 0471 81 20 31) und weiter auf den Gipfel des Roen, 2116 m, möglich. Von der Roenalm nach Westen auf dem Weg 537 über Malga di Don und Malga di Sanzeno (1614 m). Bei Vorhandensein von Wasser gibt es hier schöne Zeltplätze. Weiter zur Baita del Vescovo (1328 m, Zisternenwasser, abkochen) mit schönen Wiesenflecken im Wald.

Nachmittägliche Überquerung des Wildlahnerbaches, Zillertaler Alpen

18 Durch das Nonstal

 150 Hm + 950 Hm Abstieg 6–7 Std.

freytag & berndt WKS 7 Überetsch, Südtiroler Unterland 1:50 000, Tabacco Nr. 10 Sextener Dolomiten 1:50 000

Weg 537 abwärts zum Lago di Tavon benutzen und nach Coredo (853 m) absteigen. Ab hier keine Markierungen mehr. Die markierten Wege der freytag & berndt-Karte existieren nicht; auch die Tabacco-Karte ist nicht ganz zuverlässig. Durch Obstplantagen über Güterwege oder die Straße nach Dermullo (Bahnhof der Lokalbahn Trient – Malé). Über die viel befahrene Straße nach S. Giustina und Tassullo (alternativ durch die Schlucht des Noce, verwachsener Weg, keine Brücke mehr). Auf Wirtschaftswegen über Pavillo nach Tuenno (629 m) gehen. Hier gibt es mehrere Übernachtungsmöglichkeiten, z. B. Albergo Tuenno, Tel.: +39 0463 45 04 54; www.albergotuenno.com, oder 400 Hm oberhalb auch eine Zeltmöglichkeit bei der Malga Tuenno, oft ohne Wasser.

19 In die Brenta

 1400 Hm + 100 Hm Abstieg 5 1/2–6 1/2 Std.

Tabacco Nr. 010 Sextener Dolomiten 1:50 000

Nun wandern wir in die Brentagruppe. Hier ist zwar nicht der höchste, aber doch einer der alpinsten Abschnitte der ganzen Route. Zelten ist wegen Wassermangel mitunter schwierig und in den Naturparks grundsätzlich nicht erlaubt, ein alpines Biwak für eine Nacht wird meist geduldet.
Über Fahrstraße (Markierung Rif. Peller) zur Malga Tuenno, weiter aufwärts. Bei Verzweigung links, gleich rechts weiter aufwärts. Dann am Weg 313 weiter, bald darauf nicht rechts zum Rif. Peller (2022 m, CAI, Tel.: +39 0463 53 62 21) abzweigen, sondern geradeaus den Weg 351 zur Malga Tassullo (2090 m) nehmen. In der Alm gibt es einen Biwakraum des CAI, außerhalb des Almbetriebs findet man kein Wasser, nur aus der Zisterne (abkochen!).

20 Im Bärenland

 1050 Hm + 1300 Hm Abstieg 7–8 Std.

Tabacco Nr. 010 Sextener Dolomiten, 1:50 000, AV-Karte Nr. 51 Brentagruppe, 1:25 000

Auf dem Weg 336/306 zum Passo della Nana (2195 m), weiter mit Weg 306 (»Sentiero delle Palete«) über den Pian della Nana und auf den Passo del'Uomo (ca. 2500 m, leichte

Auf alpinen Wegen von München zum Gardasee

Am frühen Morgen auf der Hohen Reisch, bei den Stoananen Manndlen

Kletterstellen). Ostseitig queren und ins Val Madris (Weg 310) zur Malga Tuena (1740 m) absteigen. Hier gibt es Wasser. Weiter zum Lago Tovel (1177 m, Wirtshäuser). Aufsteigen über den Weg 314 zur Malga Pozzol (1860 m). Dort auf den Weg 371 zur Malga Flavona (Brunnen, Biwakmöglichkeiten) abzweigen.
Die Route führt durch den Teil des Naturparks, in dem die letzten wilden Alpenbären leben. Wir befinden uns in »Bärenland«, Infos dazu unter www.parcoadamellobrenta.tn.it. Eine Begegnung mit Bären ist trotzdem sehr unwahrscheinlich. Die von der Parkverwaltung empfohlenen Verhaltensregeln sind dennoch zu beachten.
Alternativ zur vorgeschlagenen Route kann der Sentiero delle Palete auch bis zum Rif. Grosté weiterbegangen werden, hier allerdings mit deutlich schwereren Klettersteigpassagen, Klettersteigausrüstung ist notwendig!

21 Abschied von der Brenta

 1050 Hm + 1300 Hm Abstieg 7–8 Std.

Tabacco Nr. 010 Sextener Dolomiten, 1:50 000, AV-Karte Nr. 51 Brentagruppe, 1:25 000

Auf Weg 371 über den Campo della Flavona zum Passo della Gaiarda gehen und mit Weg 301 zur Malga Spora (1852 m) absteigen. Weg 344 zum Passo del Clamer (2165 m) benutzen. Über leichte Kletterstellen gelangt man zur Hütte Croz dell' Altissimo (1438 m, privat, Tel.: +39 0360 98 92 42). Auf Fahrweg Nr. 319 hinunter nach Molveno (864 m, Hotels und Pensionen, z. B. Drei-Sterne-Hotel Alexander, Tel.: +39 0461 58 69 28).

22 Über den Monte Gazza

 1100 Hm + 1700 Hm Abstieg 7–8 Std.

Tabacco Nr. 010 Sextener Dolomiten 1:50 000

Auf der Straße Richtung S. Lorenzo gehen, bis links der Weg Nr. 612 zur Bocca di S. Giovanni (1675 m) führt. Dort auf Weg Nr. 602 über Monte Gazza, Malga di Gazza (1549 m) nach Ranzo. Wasser kann man bei Pra Longa auffüllen. Über Weg 613 zum Castel Toblino. An der Uferstraße auf einem Spazierweg nach Sarche (252 m). Übernachtung im Hotel Ideal, Tel.: +39 0461 56 41 31. Von Sarche gibt es Busverbindungen nach Arco und Trient.

23 Durch das Sarcatal

 200 Hm + 200 Hm Abstieg 6½–7½ Std.

Kompass-Karte Nr. 687 M. Stivo 1:25 000

Dem Hochwasserdamm der Sarca nach Pietramurata folgen. Dort gerade nach Süden. Bei einer markierten Abzweigung links zum Lago di Cavedine. Am Abflussbauwerk des Sees nach rechts. Mitten durch den Bergsturz Marocche di Dro. Bei der Straße links dem »Sentiero delle Marocche« folgen. Durch den Weiler Ischia di sopra nach Dro (Bars). Dort auf die andere Seite der Sarca wechseln, auf dem »Sentiero delle Marocche« weiter zum Ponte Romano bei Ceniga. Kurz auf dem Weg 431 ansteigen, dann im Tal bleiben. Nach Laghel und zur Kapelle Sta. Maria di Laghel. Über den Kreuzweg nach Arco (95 m) absteigen.

Mit dem Zelt über die Alpen

Überbleibsel des Sommers - Verblühtes Edelweiß

24 Auf den Monte Altissimo

 1950 Hm + 0 Hm Abstieg   7–8 Std.

Kompass-Karte Nr. 687 M. Stivo 1:25 000, freytag & berndt WKS 20 Gardasee 1:50 000

Über die Sarcabrücke in den Ortsteil Zevione. Weiter nach Caneve Pratosaiano und zur verfallenen Kirche S. Luigi (Schweinemastbetrieb). Über eine Schotterstraße schräg aufwärts zur SS 240. Auf Fußweg parallel zur Straße nach Nago (220 m, Bars). Auf Weg 632 zur Malga Zures (641 m) und weiter zur Malga Casina (Jausenstation). Hier ist die letzte Quelle Aqua d'Oro (Wasser abkochen oder desinfizieren)! Steil weiter ansteigen. Am Monte Varagna vorbei zum Monte Altissimo di Nago, 2079 m, mit Rif. Damiano Chiesa, (2059 m, CAI, Tel.: +39 0464 86 71 30). Gute Zeltplätze gibt es am Monte Varagna und am Altissimo.

25 Über den Monte Baldo

 1200 Hm + 1600 Hm Abstieg   8–9 Std.

freytag & berndt WKS 20 Gardasee 1:50 000

Hoch über dem Gardasee wird auf dieser Etappe der Monte Baldo längs überschritten. Das Ende der Alpen wird greifbar, der Horizont offen. Wegen Wassermangel ist Zelten problematisch.

Über Weg 651 zur Bocca di Navene (1425 m) und zu den Hütten und Restaurants an der Seilbahn von Malcesine (1752 m) aufsteigen. Weiter über Cima delle Pozzette (2132 m), dem Kamm zum Rif. Telegrafo folgen (2147 m, CAI, Tel.: +39 045 773 17 97). Der Weg ist abschnittsweise etwas ausgesetzt, aber nicht schwierig zu begehen. Weiter zum Coal Santo (2012 m), Rif. Chierego (1911 m, CAI, Tel.: +39 348 891 62 35), und zum Rif. Fiore del Baldo (Jausenstation). Mit Weg 658 absteigen, dann nach links zur Baita Naole (1584 m, Zeltplätze, Zisternenwasser nur bei Almbewirtschaftung!).
Achtung – unterwegs gibt es kein Wasser, es ist nur bei Hütten erhältlich! Die Auskünfte im privaten Rif. Fiori del Baldo sind nicht zuverlässig.

26 Abschied vom Gebirge

 150 Hm + 1200 Hm Abstieg   6–7 Std.

freytag & berndt WKS 20 Gardasee 1:50 000, Kompass-Karte Nr. 692 1:25 000, LagirAlpina Nr. 14 1:35 000

Über Weg 662 nach Colonei di Pesina absteigen. Weiter über Weg 662/622 zu den verfallenen Häusern von La Fabbrica (ca. 900 m). Weiter abwärts nach Gaon (369 m). Bei der ersten Kehre einem schlechten Fußweg gerade abwärts nach Caprino Veronese (253 m) folgen. Geradeaus erreicht man den Hauptplatz mit einem Kinderspielplatz, einem öffentlichen Brunnen und mehreren Bars.
Dort abwärts Richtung Verona. Nach der Brücke (Friedhofskreuzung) geradeaus in eine kleine Straße (rot-weiß markiert). Die nächste Straße queren und aufwärts (Schild Trambasore, Markierung D3). An der T-Kreuzung auf verwachsenem Pfad geradeaus abwärts. Bald besser zu einer Asphaltstraße (Markierungen). Rechts ab (nicht den Markierungen folgen!) dem Sträßchen folgen. Bei großer Straße scharf links abwärts, bis ein Schild nach rechts zeigt: »Montalto-Vicentino«. Hier bis zu den Häusern. Bei einer weißen Madonna rechts leicht aufwärts Richtung Coletto gehen. Die Hauptstraße queren (Markierung Mountainbikeweg 2+4) in die Via Broiare. Dem Weg bis zu einer T-Kreuzung folgen. Hier rechts den Feldweg einschlagen (nicht den Schildern nach Affi folgen, das wäre ein Umweg). Am Gehöft Colo vorbei direkt nach Affi hinab. Durch Affi zur Locanda Moscal (Übernachtung, Tel.: +39 348 891 62 35). Der Via Pigna folgen (markiert D1). Am Straßenende auf einem alten Saumweg nach Castello di Affi. Von Castello Richtung S. Andrea ergeben sich notfalls Biwakmöglichkeiten (Rücksicht auf bewirtschaftetes Land!) im Wald oder Olivenhain, dort aber kein Wasser.
Die Karte von freytag & berndt deckt zwar das Gebiet bis Peschiera ab, ist südlich von Caprino jedoch stark veraltet und fehlerhaft. Unbedingt die aktuelle LagirAlpina-Karte Basso Garda verwenden. Bis Caprino gibt es kein Wasser.

Auf alpinen Wegen von München zum Gardasee

27 Dem Ziel entgegen

 0 Hm + 150 Hm Abstieg   5–6 Std.

LagirAlpina Nr. 14 Basso Garda 1:35 000

Von Castello direkt abwärts. Zur Gärtnerei und danach rechts Richtung Ceriel di sopra. Dem Teersträßchen folgen. Bei markanter abfallender Kurve dem Fußpfad, dann dem Betonweg (Schild »Sentiero 4«) steil abwärts folgen. An der Teerstraße nach links abwärts zum Stoppschild. Hier rechts in die Strada Val Quarole. Abwärts zur zweiten Straße. Hier links, dann gleich rechts nach Villa. Durch den Weiler zur Hauptstraße, diese überqueren und vor der Ölmühle Turri nach rechts abbiegen (parallel zur Hauptstraße). An der nächsten Kreuzung links (nicht scharf links!) an Häusern vorbei auf einem beschrankten Weg nach Calamasino gehen. Dort, nach der Bar Centrale am Hauptplatz, rechts ab in die Via Concordia. Am Ortsrand links aufwärts zur Az. Agr. Monte Oliveto. Am Gut vorbei absteigen. Nach rechts in die Strada della Bisavola di sopra bis zur Hauptstraße. Hier kurz rechts, bei einem Madonnenbild nach links ab Richtung Corbelar. Kurz hinter den Häusern dem Sträßchen nach links folgen. An einem auffälligen Straßendreieck (große freie Fläche) nach rechts, dem Sträßchen immer geradeaus folgen.

Bei der T-Kreuzung nach links zur Hauptstraße (bereits sichtbar). Diese überqueren und gerade in den Feldweg. Immer die gerade Richtung beibehalten. Ein Teersträßchen überqueren und dem Wanderwegschild folgen. Über den Feldweg am Friedhof von Cola vorbei zur Hauptstraße. Dieser links aufwärts in den Ort (Bar) folgen. Bei der Y-Kreuzung rechts nach Pacengo, beim nächsten Kreisverkehr in das Neubauviertel und zur Az. Agriturismo Corte Ca' Nova. Am Gehöft vorbei und auf die Strada del Bagolino. Kurz nach einem Gehöft rechts ab in die Strada della Fontana Figara. Am Hof vorbei, bei den nächsten Häusern in die Via Camuzzi abbiegen, direkt auf Gardaland zu. Dem Weg über einen kleinen Bach folgen. Gleich bei der nächsten Kreuzung (man kommt von hinten zu den Parkplätzen von Gardaland) rechts zur Hauptstraße der Gardesana orientale. Diese überqueren und in den Ort Ronchi. Dort links in die Via Mascagni und einen Weg mit auffälliger Zypressenreihe benutzen, bei einer kleinen Straße nach rechts. An einem Campingplatz vorbei, unmittelbar vor dem Strand trifft man einen Hotelkomplex (Privatgrund, Betreten verboten). Diesen nach rechts (Schild »Spiaggia Gasparina Village«) zum öffentlichen Strand umgehen. Ab hier immer auf dem Uferweg nach Süden direkt nach Peschiera del Garda gehen (www.gardaweb.com). Ein Ortsschild gibt es auf diesem – besten – Zugang allerdings keines.

Am Aufstieg zum Monte Altissimo di Nago

Haflingerherde im Patroltal (Lechtaler Alpen)

Auf dem E5 zu Fuß in den Süden

Acht Tage – sechs Täler – drei Länder

6 Auf dem E5 zu Fuß in den Süden
Acht Tage – sechs Täler – drei Länder

TOURENINFO

SCHWIERIGKEIT ●●●○○
Meist leichter. Bei entsprechender Planung (kürzere Etappen etc.) ist der E5 auch für Kinder geeignet.

KONDITION ●●●○○
Die letzte Etappe ist schwerer, kann aber auch früher, an der Hirzerhütte, beendet werden.

ETAPPEN
8 Etappen, 125 km, 17 300 Hm (8150 Hm im Auf- und 9150 Hm im Abstieg).

HÖCHSTER PUNKT
Pitztaler Jöchl, 2995 m.

AUSGANGSORT
Oberstdorf im Allgäu.

ENDPUNKT
Meran im Etschtal.

ERLEBNISWELT/HIGHLIGHTS
In acht Tagen erleben wir sechs Täler und drei Länder und überall herrliche Gipfelpanoramen. Von den Gras- und Blumenbergen im Allgäu über die gewaltigen vergletscherten Felsriesen des Alpenhauptkammes in die warmen, sonnigen Täler der Südalpen. Die schroffen, steilen Berge im Lechtal und der naturbelassene, mäandrierende Lauf des Lechs. Gletscherströme wie der Mittelbergferner im Pitztal. Urig einsame Bauerngehöfte und abgelegene Dörfer im Passeiertal.

KARTEN
Kompass-Karten Nr. 120 und Nr. 121. Diese zwei Karten zeigen den gesamten Wegverlauf des E5. Indem sie den Weg nur in Ausschnitten wiedergeben, spart man sich viele Einzelkarten.

LITERATUR
Veit Metzler: Europäischer Fernwanderweg E5, Kompass Wanderführer 2004.

BESTE TOURENZEIT
Juli bis September.

Wer kennt sie nicht, die Sehnsucht nach dem Süden? Die Suche nach schönen Landschaften, fremden Kulturen und das Verlangen nach Sonne, frischer Luft und Dolce Vita. Ein Verlangen, das nicht nur Goethe und viele andere Dichter verspürten, sondern das auf uns alle große Verlockung ausübt. Und dies seit sehr langer Zeit. »Ötzi«, die 5300 Jahre alte Gletscherleiche, die zwischen Schnals- und Ötztal in der Nähe des Hauslabjochs gefunden wurde, war auch einer dieser Reisenden. Die Wissenschaftler bieten einige Theorien zu seiner Geschichte an. Er stammte mit großer Sicherheit aus dem Eisacktal. Vieles spricht dafür, dass er bei seinem Gang in das warme Schnalstal, in dem er zumindest zeitweise gelebt hatte, von einem heftigen Kälteeinbruch überrascht worden sein könnte. Seine Haltung deutet übrigens auf Tod durch Erfrieren hin, er hatte aber auch eine schwere Pfeilschussverletzung.

Auch für uns bildet die Fahrt mit dem Auto in den Süden eine Gelegenheit, ausgedehnten Tiefdruckgebieten zu entfliehen. Leider endet sie oft im Stau und Verkehrschaos. Zu stark frequentiert sind die wenigen befahrbaren Alpenübergänge. Aber viele von uns haben in ihrem Bekanntenkreis eine Person, die das vermeintlich Unmögliche schon geschafft hat und zu Fuß über die Alpen gegangen ist. Was auf den ersten Blick nach einem beängstigenden Kraftakt aussieht, muss bei näherem Hinsehen also doch möglich sein. Ist es nicht ein verlockender Gedanke, die gewaltige natürliche Barriere der Alpen aus eigener Kraft zu überwinden?

E5 – auf dem Weg zur Seescharte (Lechtaler Alpen)

Acht Tage – sechs Täler – drei Länder

Alpenklassiker E5

Ein Klassiker unter diesen Alpenübergängen von Nord nach Süd ist sicher der Fernwanderweg E5. Er wurde 1969 von der Europäischen Wandervereinigung geschaffen und führt von Frankreich nach Italien. Der interessanteste und am meisten begangene Teil der Strecke ist der alpine Nordabschnitt von Oberstdorf nach Meran. Er überquert Pässe bis auf 3000 Meter Höhe. Ein Weg, der abseits der üblichen Routen durch eine raue, ursprüngliche Naturlandschaft leitet. Eine Variante dieses Weges führt übrigens an der Fundstelle des Ötzi vorbei.

Aufgeteilt in acht Tagesetappen müsste das Unternehmen doch zu schaffen sein! Einzeln betrachtet sind die Etappen für durchschnittlich Trainierte gut zu bewältigen. Man muss sich natürlich der üblichen alpinen Gefahren gewahr sein, wie Kälteeinbrüchen, Absturzgefahr oder Steinschlag. Aber die Streckenführung auf dem E5 ist so angelegt, dass es keine Kletterstellen, Gletscherüberquerungen oder ähnliche Gefahrstellen zu

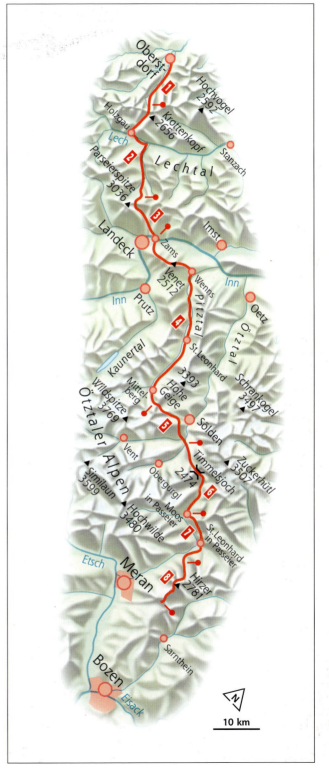

Auf dem E5 zu Fuß in den Süden

Sonnenuntergang über den Allgäuer Alpen

Sonnenbad nach langem Marsch

überwinden gibt. Der E5 ist auch für ältere, trittsichere und schwindelfreie Kinder auf jeden Fall geeignet. Evtl. muss man dann die Etappen variieren und ein kurzes Seil mit Klettergurt für steile Grate oder schmale Pfade mitnehmen.

Der Lohn dieser Mühe ist beträchtlich! In acht Tagen erwandert man sich drei Länder, durchquert sechs Flusstäler und überwindet fünf Bergketten. Eine herrliche Möglichkeit, die Alpen von Nord nach Süd kennen zu lernen. Von der regenreichen Stauzone der nördlichen Kalkalpen bis zu den sonnigen, trockenen Hängen der Dolomiten. Von der Milch- und Forstwirtschaft auf den grünen, artenreichen Hängen im Allgäu hin zu Obst- und Weinkulturen im trockenen, südlichen Meran. Allein schon der geologische Aufbau der Berge verspricht Abwechslung. Die Nagelfluhberge der Voralpen mit ihren herrlichen grünen Rinnen, der nährstoffreiche Flysch mit den steilen blumigen Grasbergen, die am Allgäuer Hauptkamm unvermittelt in kräftige Felsblöcke aus Hauptdolomit übergehen. Dann im Pitz- und Ötztal die Giganten am Alpenhauptkamm mit den riesigen Gletschern und Geröllfeldern. Gebildet aus Urgestein, dem Ötztal-Kristallin. Zuletzt die Sarntaler Alpen, ebenfalls aus Urgestein und dem vulkanischen Porphyr aufgebaut, aber schon in direkter Nachbarschaft zu den faszinierenden Kalktürmen der Dolomiten gelegen.

Jede Etappe ist aufs Neue begleitet von erwartungsvoller Spannung auf unbekannte Panoramen, stimmungsvolle Weiler oder traumhaft schöne Täler. »Solvitur ambulando« – dieser alte Spruch bedeutet »Es wird im Gehen gelöst«. Immer wenn sich etwas löst, entsteht Platz für Neues. Als Einstieg in die Erlebniswelt Berg, um mit wenig Aufwand viel Lebens- und Naturraum zu erfahren, ist der Nordabschnitt des E5 geradezu ideal. Er wird viele schöne Erinnerungen hinterlassen, die Lust darauf machen, zu den schönsten Bergen und Tälern zurückzukehren, um auf Wander-, Kletter- oder Skitouren noch mehr über die Geheimnisse und Schönheit dieser Landschaften zu erfahren.

Spurensuche

Die Aborigines in Australien orientieren sich auf ihren endlos langen Wanderungen im Outback mit den so genannten »Songlines«. Eine Art gesungene Landkarte, in der jedes markante Landschaftsmerkmal Erwähnung findet. Für die Aborigines, die keine Schrift kennen, sind diese Lieder und Geschichten zur Orientierung und damit zum Überleben notwendig. Für den E5-Wanderer nicht. Er hat schließlich seine Karten und Reisebeschreibungen.

Aber seine Erlebnisse auf dem Weg von Oberstdorf nach Meran werden genauso eine Linie des Erinnerns in seinem Gedächtnis zurücklassen. Eine Spur von erlebten und erzählten Geschichten. Vielleicht sind es so einfache Dinge wie die geniale Lebensgemeinschaft, die die Arve (Zirbelkiefer) mit dem Tannenhäher hat, unter dem Motto:

Acht Tage – sechs Täler – drei Länder

Nahrung gegen Fortpflanzung. Ein Lehrstück für komplexe Naturzusammenhänge. Oder das Erlebnis eines Sonnenuntergangs auf dem Seekogel bei der Memminger Hütte, flankiert von Steinböcken und einem Amphitheater bizarrer Schrofen und Zacken, die im letzten Licht des Tages aufleuchten und langsam verglühen. Manch einer wird beeindruckt sein von der Klamm bei Zams. Das mystische »Zammer Loch« steckt voller alter Sagen und Geheimnisse. Bewundern könnte man auch die ungeheure Zähigkeit, mit der die Bergbauern an den steilen Hängen des Passeiertales bei Moos oder Rabenstein ihre alten Gehöfte bewirtschaften.

Solch kleine Dinge machen mit den Unterschied zur Fortbewegung mit dem Auto oder Zug aus. Mit ihnen ist man zwar wesentlich schneller und bequemer am Ziel, aber was den Erlebnisreichtum betrifft, liegen Welten zwischen Fahren und Wandern. Zu Fuß gehen ist die schönste, weil langsamste Art der Fortbewegung.

Beginn in Oberstdorf

Das Dorf Oberstdorf ist längst keines mehr. Zu schön liegt es ganz im Süden Deutschlands und inmitten von sieben Tälern in den Allgäuer Alpen. Umgeben von sehr steilen, aber dennoch sanft wirkenden Grasbergen. Sie sind lieblich anzuschauen, wirken fast exotisch anmutig mit ihren grasigen Rücken, die wellenförmig auf- und abschwingen.

Der E5 beginnt zwar nicht in Oberstdorf, aber die meisten Wanderer starten hier, um nur den alpinen Nordteil der Strecke bis nach Meran zu gehen. Oberstdorf ist sehr gut mit Bus und Bahn zu erreichen. Ein kurzer Aufenthalt könnte sich lohnen. Zum Beispiel, wenn gerade der Wilde-Männle-Tanz aufgeführt wird. Dieser sehr alte, heidnische Brauch findet aber nur alle fünf Jahre statt. Oder um die Lorettokapelle anzuschauen und der Breitachklamm mit ihrem tosenden Wildwasser einen Besuch abzustatten. Wen es aber drängt, der macht sich sofort auf den Weg zur Spielmannsau. Dort gibt es einen Gasthof, der

Kemptner Hütte überm Sperrbachtobel

Auf dem E5 zu Fuß in den Süden

neben Unterkunft auch ein privates Taxi für den Transfer vom Bahnhof anbietet.

Ab hier geht es dann nur noch zu Fuß weiter. Manche Bergläufer schaffen die Strecke zur Kemptner Hütte in einer Stunde, wir Genießer brauchen wohl eher drei Stunden. Auf dem anfangs breiten Weg zum Sperrbachtobel flankieren uns rechts die Grasberge der Wildengundköpfe. Geradeaus droht der steile Zahn der Trettach mit seinem blanken Fels. Die Mädelegabel daneben ist in einfacher Kletterei für Gipfelsammler zu besteigen. Diese Gipfel des Allgäuer Hauptkammes bestehen aus Hauptdolomit und nicht aus dem mineralstoffreichen Flysch oder Hornstein wie die Grasberge. 145 Gipfel über 2000 Meter Höhe zählen die Allgäuer Berge, nur ca. ein Dutzend davon sind Grasberge.

Allgäuer Bergblumenwiese

Nur ein schmaler, schmutzigbrauner Pfad führt durch die dichte Vegetation. Die Luft ist feucht und riecht herb-würzig, fast ein wenig unangenehm, nach den riesigen Pestwurzblättern, die den engen Tobel ausfüllen. Manche der Erlen, die dazwischen aufragen, zeigen jetzt im Juli noch die Spuren der tiefen Schneebedeckung, unter der sie den ganzen Winter begraben waren. Im Grund des Sperrbachtobels liegen auch jetzt noch die Altschneereste der vielen Lawinen, die im Winter hier niedergehen. Darunter murmelt leise das Schmelzwasser auf seinem Weg in die Trettach bei Oberstdorf. An den ausgeaperten braunen Flecken, die der Schnee gerade erst freigegeben hat, treiben binnen kurzer Zeit Knospen und Triebe aus. Sie müssen die verlorene Vegetationszeit wieder aufholen.

Die Luft ist belebt von Fruchtfliegen auf der Suche nach frischen Blüten. Auch viele Schmetterlinge flattern umher, sie laben sich an den Salzen, die sie im Dung des Alpenviehs finden. Aufgrund der Schwüle und Windstille steht uns Wanderern der Schweiß auf der Stirn. Der schmale Weg an den steilen Flanken des Tobels fordert volle Konzentration. Manch einer wirkt schon hier am Einstieg zum E5 etwas erschöpft. Die Devise »Unten nur so schnell losgehen, wie man oben ankommen will«, bewährt sich hier. Jeder sollte seinen eigenen Rhythmus finden, das Tempo gehen, das seiner Kondition und Persönlichkeit entspricht.

Es ist nicht die längste Etappe, aber die erste. Deshalb hängt der Rucksack wie eine Klette an den Schultern, ja er wird von Stunde zu Stunde schwerer. Man könnte schwere Steine darin vermuten. Braucht man sie wirklich, die zweite Hose? Ich muss doch verrückt sein, ein schweres Buch auf die Gipfel zu schleppen. Und dann noch mit dem Titel »Stimmen vom Gipfel«. Meine innere Stimme sagt im Augenblick nur eines: »Ballast abwerfen und zwar sofort!« Also trinke ich erst einmal die Flasche leer und esse meine Brotzeit auf.

Nach dem anstrengend zu begehenden Sperrbachtobel öffnet sich die Landschaft. Der burgähnliche Fels des Kratzers liegt vor uns, daneben Mädelegabel und Trettach. Links ziehen die grünen Matten bis an den Fuß des Fürschießers. Dank des verschiedenartigen Gesteins gedeiht eine reiche Flora. Das Almvieh ist schon aufgetrieben und erfreut sich an den saftigen Gräsern. Kurz vor der Hütte steht das Gras hüfthoch. Der nährstoffhaltige Dung der Kühe lässt hier eine so genannte Lägerflora mit Eisenhut, Brennnesseln und Kreuzblume gedeihen, auch der Gute Heinrich findet sich manchmal ein. Er kann als Gemüse verwendet werden. Der Blaue Eisenhut dagegen ist die giftigste Pflanze in unseren Breiten, schon die bloße Berührung kann zu schweren Vergiftungen führen.

Acht Tage – sechs Täler – drei Länder

Das malerische Holzgau im Lechtal

Mit schweren Beinen erreichen wir keine Sekunde zu früh die Kemptner Hütte. Als sehr große und komfortable Hütte bietet sie Platz für 285 Menschen, und die Wanderer werden in ihr mit sehr gutem Essen verwöhnt. Aber im Augenblick genießen wir es, die verschwitzten Schuhe auszuziehen, die Beine hochzulegen und ein kühles Radler zu trinken. Nur das Auge wandert immer noch rastlos von Gipfel zu Gipfel. Unten über dem Tal hat die Sonne während des Tages immer mehr Quellwolken erzeugt, die in Fetzen aufsteigend jetzt am Abend wie ein Milchsee über den Tälern des Allgäus liegen. Aber schon bald werden sie in der Kälte der Nacht wieder aufgelöst.

Von der Kemptner Hütte zum Lech

Der Aufstieg zum Mädelejoch ist kurz und angenehm flach. Die Sonne blinzelt von den Lechtaler Alpen herüber und beleuchtet die zwei Bundesadler auf dem Grenzschild der Republik Österreich. Viel lieber würden wir die Adler am Himmel sehen, aber die Könige der Lüfte machen sich rar.

Dass dies hier nicht immer so war, belegt die Geschichte der Geierwally aus Elbigenalp, unten im Lechtal. In senkrechtem Fels seilte sie sich zu einem Adlerhorst ab und plünderte das Nest trotz der Gefahr durch angreifende Altvögel. Diese Mutprobe, die sie noch einmal wiederholte, machte sie berühmt und diente als Vorlage für einen Roman. Dass sie nebenbei eine emanzipierte Künstlerin war, die eine Malschule für Mädchen eröffnete, ist viel weniger bekannt.

Ungewohnt häufiger Steinschlag macht uns auf eine große Herde von Steinböcken mit ihren Kitzen östlich an der Krottenkopfscharte aufmerksam. Sie sind dort häufig in den Schotterfeldern bei ihrer Suche nach Flechten und Moosen anzutreffen. Vor uns liegt das Höhenbachtal. Eines der vielen Seitentäler, die den Lech mit Wasser versorgen. Während neben uns das Wildwasser gurgelt und schäumt, muss man immer wieder den Kopf heben und das herrliche Panorama der Lechtaler Alpen genießen. Genau gegenüber ragt südlich die Wetterspitze mit ihrer markanten Kontur auf.

Auf dem E5 zu Fuß in den Süden

An einem Sturmbruch vorbei erreichen wir bald die Vordere Schochenalp. Ein kleiner Weg links der Brücke führt zu einem sehr schönen Wasserfall. Friedlich liegen wiederkäuende Kühe direkt neben dem Höhenbach. Vielleicht genießen sie das Rauschen des Baches genauso wie wir. Wir wandern an einigen Hütten vorbei, und das Tal wird immer enger. Am Simmswasserfall geht es dann jäh bergab in eine enge Schlucht. Dieses Phänomen ist in vielen Seitentälern anzutreffen und ein Relikt der Eiszeit. Die Haupttäler wurden damals vom Gletscher trogförmig ausgehobelt, während die Seitentäler auf viel höherem Niveau einmündeten. Deshalb gibt es oft am Ende der Seitentäler Wasserfälle, die über große Höhenunterschiede hinunterstürzen.

In Holzgau fallen die mit barocken Malereien verschönerten Hausfassaden ins Auge, so zum Beispiel neben der sehr schön gelegenen Kirche. Am Gasthof gleich bei der Kirche fährt der Kleinbus in Richtung Memminger Hütte ab. Ihn zu benutzen ist selbst Puristen unter den Wanderern anzuraten. Die gut und gerne 13 Kilometer Laufstrecke zur Talstation der Materialseilbahn sind flach und zehren mächtig an der Wadenmuskulatur.

Madautal in den Lechtaler Alpen

Acht Tage – sechs Täler – drei Länder

Der Lech ist einer der letzten wenigstens im Oberlauf naturbelassenen Alpenflüsse. Sein breites Bett mit den riesigen Schuttflächen und den weitverzweigten Wasserläufen bietet vielen sehr selten gewordenen Pflanzen ein letztes Refugium. Gesäumt von Sträuchern und Büschen, manchmal von den robusten Sandkiefern, fließt er raumgreifend durch das ebene Lechtal bis zur Donau. Konsequenterweise wurde sein Oberlauf mitsamt den Auwäldern und Seitentälern unter Naturschutz gestellt. Die Ausweisung eines Naturparks Lechtal wurde mittlerweile beschlossen. Er gehört zu den »wilden Wassern« Tirols.

Impressionen aus den Lechtalern

Schweren Herzens lassen wir die sattgrünen Wiesen und die vielen Heuhütten im Tal hinter uns. Der idyllisch gelegene Gasthof Hermine wartet am Ende des tief eingeschnittenen Madautales auf uns. An der Materialseilbahn zur Memminger Hütte werden gerade die Rucksäcke einer isländischen Wandergruppe verstaut. Ich unterhalte mich mit einem Weggefährten, als einer der Rucksäcke mit Getöse mitten in den Fluss fällt. Die ausschließlich aus Frauen bestehende Gruppe nimmt es mit Humor. Berge sind sie gewohnt

Der Gratweg zum Württemberger Haus

Auf dem E5 zu Fuß in den Süden

– das sieht man an ihrem Schritt, aber die mitteleuropäische Sonne bringt sie gehörig ins Schwitzen. Ein Stück weiter oben treffen wir auf zwei Wegmarkierer des DAV Memmingen. Man müsste ihnen eigentlich für ihre altruistische Arbeit sofort ein Bier ausgeben, da aber keines im Rucksack steckt, bedanken wir uns wenigstens recht herzlich bei ihnen. Am gegenüberliegenden Berghang verziehen sich einige scheue Gämsen. Der Anstieg ist teilweise sehr steil und anstrengend. Es dauert immer einige Zeit, bis man seinen Schritt aufwärts gefunden hat. Wenn man mehrere Tage hintereinander läuft, hat man immer wieder gute und schlechte Tage. Schwere Beine an den einen, wenn es nicht so läuft, und leichte beschwingte an den anderen. Ans Ziel tragen sie einen aber dennoch, und letztlich zählt nur das.

Und dann fliegen sie doch noch, die Adler aus dem Lechtal. Einige fiepende Murmeltiere, die aufgeregt ihre Artgenossen warnen, machen uns auf sie aufmerksam. Die mittägliche Thermik trägt sie elegant und ohne einen einzigen Flügelschlag hoch hinaus, über unsere Köpfe. Sie scheinen die fetten Murmeltiere keines Blickes zu würdigen, was diese aber durchaus richtig einzuschätzen wissen. Die Einheimischen kennen den Horst im senkrechten Fels, in dem die Jungadler schon hungrig warten.

Hungrig sind auch wir, als die Memminger Hütte auf der Hochebene sichtbar wird. Ein kleiner Bach schlängelt sich zu ihren Füßen durch ein Hochmoor mit einheitlichem Pflanzenbestand. Vor der Hütte liegen friedlich und entspannt einige Kinder lesend im Gras. Die Isländerinnen sind hellauf begeistert. Ich nehme an von den schönen Bergen, oder vielleicht auch vom guten Rinderbraten mit Speckknödeln.

In Richtung Süden führt der Pfad am Unteren Seewi-See von der Memminger Hütte weg. Jetzt, früh am Morgen, ist die Luft herrlich klar und frisch. Ideal, um sich körperlich zu betätigen. Den mittleren Seewi-See umgehen wir links in Richtung Seescharte auf 2600 Meter Höhe. Im leichten Bogen durchqueren wir ein steiles, schattiges Steinkar, um nach einer Stunde schließlich durch die Scharte zu klettern. Mit einem Schritt stehen wir plötzlich lichtüberflutet auf dem sonnigwarmen Balkon auf der Südseite. Die Aussicht auf die Silberspitze, die im Gegenlicht ihren Namen rechtfertigt, und auf das Patroltal sind die Mühe des Aufstiegs mehr als wert. Es ist eigentlich viel zu früh für eine Rast, aber diese Stimmung muss man einfach auskosten. Von der Seescharte kann man links abzweigen, dann führt der Weg über eine schöne Gratwanderung zum Württemberger Haus. Ein bis zwei Stunden dauert dieser Umweg für Konditionsstarke länger. Er trifft bei einer Jagdhütte wieder auf den Originalweg.

Acht Tage – sechs Täler – drei Länder

Silberspitze und Lochbach über Zams (Lechtaler Alpen)

Der Morgen ist noch jung, wir sind die Ersten auf dem Weg und begegnen einigen Gämsen. Sie lieben steile Schotterfelder, wir aber quälen uns mehr holprig als elegant über solche Abschnitte hinweg. Ein silbriges, in Schleifen gelegtes Band leuchtet von unten herauf, der Lochbach. Sein Glänzen zieht die Blicke magisch an, denn die Umgebung ist noch in milchigweißen Dunst gehüllt. Im Gegenlicht der Sonnenstrahlen sind noch keine klaren Konturen zu erkennen. Die eigentümliche Stimmung beflügelt unsere Phantasie. Man kann sich unschwer allerlei Fabelwesen und märchenhafte Gestalten darin vorstellen, so wie sie in den vielen Sagen der Inntaler Bevölkerung auftauchen. Der Jäger, der einsam in die Wildnis zieht, oder der Hirte mögen Erdachtes und Erlebtes vereint haben. Aber es gibt hier auch eine Magie des Ortes, wir können sie regelrecht fühlen. Spüren tun wir auch unsere Beine, 1800 Meter Abstieg an diesem Tag sind eine echte Herausforderung für Muskeln und Gelenke. Eine kleine Einkehr in der Oberlochalm, wo ein Jäger mit dem Hirten der hiesigen Haflinger Herde schon beim Frühschoppen sitzt, gönnen wir uns.

Auf dem E5 zu Fuß in den Süden

Mittelbergferner im Pitztal

Vom Inntal zu den Pitztaler Gletschern

Am Lochbach verläuft der Weg vorerst flach. Durch schönen lichten Wald, der angenehm harzig riecht, und an kleinen Almen vorbei, führt er in eine Schlucht. Seit der Eiszeit hat sich dort der Lochbach tief ins harte Gestein eingeschnitten. Ein Schnürpfad, in den Fels gesprengt, zieht sich westlich der Silberspitze steil am Hang entlang. Er bietet beeindruckende Blicke in die tiefe Schlucht des »Zammer Lochs«.

Wir erreichen nun das Inntal. Die nördlichen Kalkalpen, die hier enden, fangen einen Großteil des Niederschlags und auch der kalten Winde ab. Im Winter ist dies an den hohen Schneemengen im Lechtal unschwer zu erkennen. Der Schutz der umliegenden Berge beschert dem Inntal so ein ungewöhnlich warmes und trockenes Klima.

Das beschauliche kleine Zams zeigt auf einer elektronischen Unterkunftsanzeige Zimmer jeder Art für die Wanderer an. Wer schon kurz nach Mittag angekommen ist, sollte sich einen Cappuccino genehmigen und dann unbedingt eines der »wilden Wasser Tirols«, das Zammer Loch, mit seinem mythischen und sagenumwobenen Wasserfall besichtigen.

Um neun Uhr schwebt die erste Gondel die 1400 Höhenmeter hoch zum Krahberg. Von dort geht es zu Fuß weiter auf dunklem Urgestein hinauf zur Glanderspitze und auf schönem Gratweg zum Kreuzjoch. Bei guter Sicht kann man einen umfassenden Rundumblick auf die Lechtaler Alpen, das Pitztal und rechts davon den mit Gletschern gespickten Kaunergrat genießen. Die vereisten Nordhänge des Alpenhauptkammes und die zahlreichen Gletscher künden von verlockenden Höhen. In der Ferne leuchtet Tirols höchster Berg, die Wildspitze. 3773 Meter hoch und immer schneebedeckt, weckt sie unser Interesse. Nordwestlich am Ende des Inntals, am Arlberg, ist die Ferwallgruppe mit der Valluga zu sehen. Nördlich dann unsere gestrige Etappe: die Lechtaler Alpen mit der Parseierspitze.

Vor dem langen Abstieg nach Wenns im Pitztal gibt es an der Larcheralm noch einmal die Möglichkeit zur Einkehr.

Acht Tage – sechs Täler – drei Länder

Vierzig Kilometer im Tal der Pitz zu laufen, wird uns durch eine Fahrt mit der ausgezeichneten Buslinie erspart. Zwar versäumt man viele schöne Eindrücke von alten Gehöften und Heureitern, die wie moderne »Land Art« in den Wiesen stehen. Man erspart sich aber auch genauere Anblicke einiger touristischer Zweckbauten, die mit der Ästhetik eines urtümlichen Alpentales nichts gemein haben.

Besiedelt wurde das Tal von den Bajuwaren und später den Alemannen. Viele Kinder aus dem Tal mussten aus Not, als so genannte Schwabenkinder, zum Arbeiten in den süddeutsch-schwäbischen Raum ziehen. Die Bauernhöfe im Pitztal waren durch Erbteilung fortwährend kleiner geworden und warfen für den Einzelnen zu wenig zum Überleben ab.

In Mittelberg am Gletscherbach positionieren sich willkürlich mächtige Felskegel. Fast einsam und verwaist wirken sie. Die eisige Hülle, unter der sie einst vereint waren, ist schon lange wieder abgeschmolzen. Der Fels bewahrt aber in seinen runden, weichen Formen noch die ungeheuren erosiven Kräfte des Eises. Bis zu vier Eiszeiten überfuhren das gesamte Pitztal. Nur die höchsten Gipfel ragten damals als so genannte Nunatakker aus dem alles überdeckenden Griff des Eises heraus. Tausende Meter dick war das Eis. Unvorstellbar, welche Kraft und welches Gewicht auf den Untergrund einwirkten. Nur ein kümmerlicher Rest ist heute von den Gletschermassen geblieben, aber er ist Bote einer vergangenen Zeit, und wer möchte ganz ausschließen, dass der schlummernde Riese eines Tages wieder erwachen könnte? In der Vergangenheit wurde bei Mittelberg jährlich eine Messe abgehalten – dass es zu keinen Verheerungen durch die Eismassen kommen möge ... Der Glaube half, die Angst vor den begrohlichen Naturgealten zu besänftigen.

Viele von uns Wanderern sehen zum ersten Mal ein Gletschertor. Das Wasser hat sich tief in den Gletscher hineingegraben und schießt jetzt an seinem Ende mitten aus ihm heraus. Darüber hängt zersplittertes, von Spalten durchzogenes Eis. Tausende von Jahren ist es alt, aber jetzt schmilzt es wegen

E5-Wanderer am Pitztaler Jöchl

Auf dem E5 zu Fuß in den Süden

der Klimaerwärmung rasant dahin. Die Neugier lässt uns einen Schluck des Gletscherwassers kosten. Fast enttäuscht, das hohe Alter nicht zu schmecken, setzen wir bedächtig weiter Fuß vor Fuß, um die Braunschweiger Hütte zu erreichen. Die Höhe verursacht leichte Kopfschmerzen und macht uns kurzatmig. Der Gletscher strahlt von seinem Eis viel Kälte ab. Ein wenig verloren fühlt man sich zwischen all den weißen Gletscherströmen. Ihr langsames Fließen ist nur anhand der Strukturen und Linien im Eis zu erkennen.

Ein wahrer Hort der Behaglichkeit und Wärme ist dagegen die Braunschweiger Hütte. Ist es die liebenswürdige Hüttenmannschaft oder die Riesenportion Kaiserschmarrn, die uns dies vermittelt? Man ist auf jeden Fall dankbar dafür.

Über das Pitztaler Jöchl ins Ötztal

Nach kurzem Aufstieg von der Braunschweiger Hütte erreichen wir das Pitztaler Jöchl, mit fast 3000 Meter Höhe der höchste Punkt auf dem E5. Hinter uns liegen das Pitztal, vor uns das Ötztal und der Pass nach Italien. Über den Rettenbachferner nähert man sich fast wehmütig wieder der Zivilisation in Form von Skiliften und einer Straße. So schön und erholsam ein Skigebiet im Winter sein mag, im Sommer ist es keine Freude für das Auge. Bald aber zweigt ein Höhenweg zur Gaislachalm ab. Auf ihm verlassen wir das Rettenbachtal. Nach der kargen und steinigen Höhe kehrt jetzt das Grün zurück. Wiesen und lichte Wälder mit den wunderschönen Arven, Heidelbeeren und Alpenrosen leuchten im Morgenlicht.

Der Weiler Gaislach im Ötztal

Acht Tage – sechs Täler – drei Länder

Das Ötztal in Wolken gehüllt

Der Weiler Gaislach, dem wir uns auf Almwiesen nähern, ist die erste bäuerliche Ansiedlung auf der anderen Talseite. Die Gehöfte zeigen sich als sehr ästhetische Holzhäuser, schon im Südtiroler Stil erbaut. Verwinkelte Treppen, Balkone und Erker machen sie gemütlich. Die saubere Luft und die starke UV-Strahlung gaben dem Holz seinen schönen rot-braunen Ton. Eine kleine weiße Kapelle mit den Schutzheiligen der Berge liegt nahebei.

Ein kleiner Pfad führt die E5-Wanderer durch steilen dichten Kiefernwald – Steinpilze locken einige Sammler an – hinunter zur Venter Ach und weiter direkt nach Zwieselstein und zum DAV-Unterkunftshaus hinab.

Das Ötztal ist ein 65 Kilometer langes, in Nord-Süd-Richtung verlaufendes Alpental und das längste Seitental der Ostalpen. Durch die Lage im Regenschatten der Alpen ist es eines der trockensten Gebiete des Alpenraums und weist auch ein bemerkenswert mildes Klima auf. Im Tal gedeihen Weintrauben, Aprikosen und Edelkastanien. Dem Erika-Kiefern-Wald in den etwas höheren Lagen folgt der Lärchen-Arven-Wald bis hinauf an die Baumgrenze. Noch höher findet man Weiden und die Heide. In der Alpregion wird die Heidelbeeren- und Alpenrosen-Pflanzengesellschaft »Zetten« genannt. Die »Planggen« dagegen sind steile Wildheumähder mit Alpenstrauß- und Reitgras.

Symbiose von Arve und Tannenhäher

Schilder am Weg weisen auf die spektakuläre Symbiose zwischen dem Tannenhäher und der Arve hin. Die Arve bildet zusammen mit der Lärche die letzten Baumbestände an der Waldgrenze. Bis zu minus 50 Grad Celsius hält sie aus. Ihre fünf Zentimeter großen Früchte sind aber zu groß, um durch Wind verbreitet zu werden. Vielleicht enthalten sie deshalb kalorienreiche, sehr wohlschmeckende Nüsse. Zur Reifezeit im August und September taucht der Tannenhäher auf. In einer regelrechten Ernteorgie sammelt er die Zapfen, klemmt sie zwischen Astgabeln, die so genannten Zapfenschmieden, und hackt so die Nüsse heraus. Bis zu 90 Stück passen in seinen Kehlsack. Diese verteilt er in kleinen Erddepots an warmen schneearmen Plätzen. Bis zu 25 Kilogramm versteckt er davon als Proviant für sich und seine Brut. Fast alles davon findet er mit unerklärlicher Präzision sogar unter Schneedecken wieder. Aber eben nicht alles – was im Boden zurückbleibt, bildet eine regelrechte Neupflanzung in warmer Lage und teils auch in neuen Gebieten. Ganz allein übernimmt er so die Erhaltung und Verbreitung des Arvenbestandes. Aus mangelnder Kenntnis über diese natürliche Verjüngung der Arven wurde der Häher gegen Abschussprämien bis 1961 stark bejagt.

Auf dem E5 zu Fuß in den Süden

Bergschafe am Beginn des Timmelstals

Ein uralter Handelsweg, das Timmelsjoch

Der Pfad führt von Zwieselstein, wo Gurgler Ach und Timmelsbach zusammenfließen, in Richtung der aufgehenden Sonne durch saftiges Wiesengelände empor zu einer Alm. Im weiteren Verlauf steigt er gemächlich an, vorbei an kargen Schafweiden bis zum Passo de Rombo, dem Timmelsjoch. Die Straße auf das Timmelsjoch ist erst seit 1968 fertiggestellt. Unser Saumpfad über den 2509 Meter hohen Pass wurde dagegen schon im 12. Jahrhundert erwähnt. Er wurde also schon seit Jahrhunderten von Händlern, Säumern und Reisenden genutzt. Bis zu 100 Kilogramm schleppten zum Beispiel die berühmten Ötztaler Kraxenträger auf ihren Rücken über die unvergletscherte Kerbe des Passes. Uns bringt ein 10-kg-Rucksack schon in Atemnot! Die europäische Hauptwasserscheide und Grenze zu Italien ist gleichzeitig eine Wetterscheide zwischen Nord- und Südalpen. Auf der einen Seite nieselt es, Wolkenschwaden hängen an den Dreitausendern fest, nehmen uns die Sicht und erzeugen eine atemlose, fast gespenstische Stille. Nur wenige Meter weiter teilt sich die weiße Wand wie von Geisterhand, und die Sonnenstrahlen schlucken jeden Wolkenfetzen, der sich hinüberwagt.

Vom Pass geht es sehr steil hinunter Richtung Osten ins Passeirer Timmelstal. Ein malerisch gelegenes altes Steinhaus liegt am Weg. In dessen Nähe stehen kräftige, leuchtend weiße Bergschafe, die sofort unsere Nähe suchen. Da sie, wie die meisten Weidetiere, ständig an Natriummangel leiden, sind sie auf der Suche nach Salz. Der Hirte kann sie mit einer Zufütterung sehr zutraulich halten. In der Not lecken sie aber auch das Salz auf der Haut der Wanderer ab.

Acht Tage – sechs Täler – drei Länder

Prozession in Rabenstein

Auf dem schmalen, alten Saumpfad, vorbei an Rinder- und Pferdeweiden, stoßen wir immer wieder auf kunstvoll aufgeschichtete Steinmauern als Begrenzung. Sicher ein Hinweis darauf, wie ungemein wichtig dieser Jochweg für die Tiroler aus dem Ötztal und dem Passeiertal war. Viehtrieb, Handel, Transport von Waren für das Bergwerk am nahe gelegenen Schneeberg, gemeinsame Wallfahrten, auch Schmuggel – alles vollzog sich über diesen Weg. Heute findet man außer den Hirten nurmehr uns E5-Wanderer, die auf ihm unterwegs sind. Ein paar hundert Höhenmeter tiefer, am Timmelsbach, weist ein Schild auf das 800 Jahre alte Bergwerk am Schneeberg hin. Bleiglanz, Silber und Zinkblende wurden von bis zu 1000 Knappen abgebaut. In diesem höchstgelegenen Bergwerk Europas gab es eine eigene Schule und eine Kirche.

Zeugnisse alter Bergbauernkultur

Nach dem Überqueren der Timmelsjochstraße weht uns bei Schönau der würzige und anregende Geruch von frischem Bergheu in die Nase. An den äußerst steilen Hängen stehen die Bergbauern und bringen die getrockneten, duftenden Gräser und Kräuter mit Hilfe von Seilbahnen direkt in den Heuschober. Für uns ist es fast ein ästhetischer Anblick, aber für die Bauern knochenharte Arbeit. Etwas weiter unten, bei Ober- und Unterprisch, sagt die Talbevölkerung über die Bauernhöfe: »*In Prisch müssen selbst die Hennen Steigeisen tragen, wollen sie nicht abstürzen.*«

Bei Rabenstein, dessen Gehöfte und Häuser sich harmonisch an die steilen Hänge schmiegen, gibt es Unterkunft und Verpflegung. Wenn man zudem das Glück hat,

Auf dem E5 zu Fuß in den Süden

am Sonntagmorgen eine Prozession in diesem Weiler zu erleben, dann spürt man etwas vom archaischen, von festen Riten und Gebräuchen bestimmten Leben in einem so entlegenen Bergdorf.

Rabenstein ist auch ein guter Standort, den südlich liegenden riesigen Naturpark Texelgruppe zu erkunden. Im anliegenden Seebertal, bekannt für seine Flora, Fauna und Mineralien, zum Beispiel den Granat, ragen der Hohe First und der Granatkogel aus dem ewigen Eis der Gletscher heraus.

Wer nicht in Rabenstein bleiben möchte, sondern weiter zu unserem Etappenziel Moos geht, passiert den eben liegenden Seehof. Hier lag früher der durch Bergstürze gebildete Kummersee. Achtmal durchbrachen seine Fluten die Fels- und Schotterbarriere und überschwemmten das Passeiertal. In Meran wurden dadurch einst die Spitalkirche samt Priester und Kirchenbesucher fortgeschwemmt. Vierhundert Menschen kamen allein 1419 bei diesem ersten Ausbruch zu Tode.

Immer enger und reißender wird das Bett der Passer auf dem Weg nach St. Leonhard. Aber bei Moos verlassen wir den Flusslauf und suchen uns in der Ortschaft eine Unterkunft.

In Moos zweigt nach Südwesten das Pfelderertal ab. Es führt bis an den Fuß der Hohen Wilde, 3482 Meter hoch, die sehr gut sichtbar ist. Wir verlassen den Ort in Richtung Osten und wandern auf warmen sonnenbeschienenen Südhängen in ca. einer Stunde bis zu den ersten Holzhäusern von Stuls. Auf 1315 Metern liegt der Hauptort von Stuls mit Einkehr- und Unterkunftsmöglichkeit.

Auf der Silberhütthöhe, einer prähistorischen Fundstelle, zeigt sich, dass schon frühzeitliche Menschen die aussichtsreiche, warme Lage des Hanges zu schätzen gewusst hatten. Kurz nach Schlattach biegt der Wanderweg rechts hinunter zur Straße. Ich empfehle, einen kleinen Umweg nach Glaiten zu machen, denn von hier hat man die schönste Aussicht auf das Passeiertal. Wie ein Balkon bietet dieser Wegabschnitt Blicke auf das hintere und vordere Passeiertal. Genau im Süden liegt Meran, links begrenzt von den Sarntaler Alpen, unserem heutigen Ziel, rechts vom Naturpark Texelgruppe. Direkt zu unseren

Gasthof Rabenstein im Passeiertal

Acht Tage – sechs Täler – drei Länder

Füßen fließt die Passer mit ihrem türkisblauen Wasser. Beim Hauptort des Tales, St. Leonhard, weitet sich das hintere Passeiertal. Die ersten Maroni- und Nussbäume wachsen, und das Klima erlaubt Ackerbau. In Richtung Meran wird es zunehmend wärmer, die Meereshöhe sinkt auf 330 Meter, und es gedeihen Wein, Obst und sogar Palmen.

Wir steigen ab zur Jaufenpass-Straße, wo am Kiosk bei der Glaitner Kehre ein Linienbus ins Tal fährt. Nach St. Leonhard folgt man dem Andreas-Hofer-Rundweg zum Fartleisbach bei der Gilfklamm bis zur Straße auf die Pfandleralm. Bei einer Hofkapelle beginnt der Wanderweg Nr. 1 nach Prantach – dort ein schöner Biergarten – und weiter zur Pfandleralm. Dort beziehen wir unser Nachtquartier.

Tiroler Freiheitserhebung

Bei der Jaufenburg in St. Leonhard haben 1809 die letzten Gefechte zwischen Tirolern und Franzosen stattgefunden. 200 französische Soldaten liegen auf dem Franzosenfriedhof im Westen des Ortes begraben. Andreas Hofer kämpfte von 1796 bis 1810 mit seinen Tirolern gegen die Franzosen und ihre Verbündeten, die Bayern. Sie mussten sich bis über den Brenner zurückziehen. Tirol war ein freies Land. Politische Bündnisse sorgten dafür, dass es nicht lange so blieb. Andreas Hofer musste sich, von seinen Mitstreitern verraten, in seine Heimat zurückziehen, in die Sarntaler Alpen. Neben der Pfandleralm, unserem heutigen Etappenziel, wurde er nach Verrat von

Blumen bei Stuls im Passeiertal

Herrlicher Blick von Glaiten ins Passeiertal

Auf dem E5 zu Fuß in den Süden

den Franzosen umzingelt und gefangen genommen. Da er trotz des französischen Drucks zu kollaborieren seinem Freiheitsgedanken treu blieb, wurde er in der Festung Mantua erschossen.

Sehenswert ist das Geburtshaus von Andreas Hofer, der »Sandwirt«. Es beherbergt ein Museum und liegt in direkter Nähe zum E5 kurz nach St. Leonhard.

Bedrohte Urlandschaften

Die folgende Etappe ist mit 1700 Höhenmetern im Aufstieg die anstrengendste der Alpenüberquerung. Deshalb empfiehlt sich ein früher Aufbruch aus der gemütlichen, neu erbauten Pfandleralm. Dann kann man mit der Kondition, die man sich bereits angelaufen hat, auch diesen Tag genießen. Immerhin bietet er außer Seen, die zu einem Bad einladen, faszinierende Ausblicke auf die gezackten Türme und Grate der Dolomiten im Osten. Im Westen leuchten in der Ferne die schneebedeckten Gipfel des Ortlermassivs, und davor liegt der Naturpark Texelgruppe.

Ein Murenabgang hat den E5-Wegverlauf zur Andreas-Hofer-Hütte unpassierbar gemacht. Der Weg hinter der Hütte führt jetzt zur Riffelspitze (2063 m). Eine reichhaltige Flora begleitet den Weg. Besonders schön sind die Alpenrosenfelder. Nach ca. vier Stunden sind wir an der Hirzerhütte auf 1960 Meter Höhe angekommen. Hier kann man die Etappe natürlich auch beenden. Nebenan liegt eine urige Geißenalm, dessen Älpler etwas vom störrischen Wesen der Ziegen angenommen haben könnte.

Über unseren Häuptern lockt die Hirzerspitze. Über ein weites Steinkar sind es noch 700 Höhenmeter zum Hirzerkar. Wer sich sehr fit fühlt, kann auch noch die 100 Höhenmeter zur Hirzer-Spitze aufsteigen und dort das Panorama genießen – vorausgesetzt, sie ist nicht, wie so oft, in Wolken gehüllt. Der Blick schweift im Norden zu den Zillertaler Alpen, dann im Uhrzeigersinn weiter zu den Geislerspitzen, zur Sella mit Piz Boé und Langkofel und im Süden zum Latemar und unserer weiteren Wegstrecke zum Skigebiet Meran 2000.

Hirzerspitze in den Sarntaler Alpen

Acht Tage – sechs Täler – drei Länder

In Richtung Anterantal geht es auf dem Gebirgsjäger-Gedächtnissteig weiter zu Schaf- und Pferdeweiden. Unterhalb der Videgger- und Verdinser Plattenspitzen liegt östlich der Kratzberger See auf über 2000 Meter Höhe direkt am Weg. An einem heißen Tag wirkt ein Bad im eisigen Wasser ungemein belebend. Die Füße sind nach dem Kneippen fast wie ausgewechselt, wenigstens für einige Zeit. Gut abgetrocknet steigt man wieder hinein in die dampfenden Bergstiefel und beginnt den allerletzten Anstieg auf das Missensteiner Joch. Anstatt der erwarteten Einsamkeit vor dem Abstieg nach Meran findet man hier leider die Stahlträger der Liftanlagen, die Löcher in den Himmel bohren. Nach der mehrtägigen Wanderung ist man in großen Höhen gewohnt, auf eine unberührte Urlandschaft zu treffen. Steile schroffe Felsen, Steinkare, Gletscher, undurchdringliche Wälder sind reizvolle Landschaftselemente, in die der Mensch gar nicht oder sehr wenig eingegriffen hat. Tut er es doch, haftet dem ein Frevel an. Schon ein kleiner Funkturm stört die Ästhetik.

Wer von der langen Etappe müde ist, kann in der Kirchsteiger Alm oder in der Meraner Hütte übernachten. Unten am Zusammenfluss von Passer und Etsch lockt aber schon Meran mit seinem südlichen Ambiente. Wer

Südtiroler Kulturlandschaft bei Falzeben (Sarntaler Alpen)

Auf dem E5 zu Fuß in den Süden

Südtiroler Bauernhaus

nicht mehr gehen mag, nimmt die Bahn nach Falzeben hinunter. Von dort fährt regelmäßig ein Bus ins 330 Meter niedrig gelegene Meran. Kurz vor Falzeben verwöhnt die liebliche Südtiroler Landschaft uns noch einmal mit Postkartenmotiven vom Feinsten: eine in Generationen gewachsene Kulturlandschaft mit umzäunten Weiden, kleinen Weihern und den Ansiedlungen der Südtiroler Bauern. Alles in sich sehr stimmig und von Menschen belebt, die hilfsbereit und freundlich gegenüber uns Reisenden sind. Als ob sie wüssten, dass der Charakter und die Ausstrahlung der Einwohner eines Landstriches mindestens genau so wichtig sind wie die landschaftliche Schönheit.

Durch die ursprünglichen Sarntaler Alpen nach Meran

Die Sarntaler Alpen liegen wie eine Insel im Herzen Südtirols. Beinahe umflossen von den Flüssen Passer und Eisack und deren tiefen Tälern, sind sie nur am Jaufenpass auf 2090 Meter Höhe richtig an die Hochgebirge angeschlossen. Die Talfer durchzieht das ganze Sarntal und fließt bei Bozen in die Eisack. Mit der Autobahn zum Brenner im Eisacktal und dem viel besuchten Passeiertal sind die Sarner regelrecht vom Reiseverkehr und Handel umflutet und bilden doch eine eigene kleine Welt. Vielleicht ist das einer der Gründe, warum im Sarntal, das früher sehr unzugänglich war, ein besonderer Schlag Menschen herangewachsen ist. Sie gelten als urwüchsig und halten immer noch ihre Bräuche und Sitten in Ehren. Sie tragen zu bestimmten Anlässen Tracht und schließen Dienstverträge mit einem einfachen Handschlag am Cyprianstag ab. Sie feiern und musizieren gerne, und am Sonntagmorgen sitzen Karten spielende Frauen im Wirtshaus. Es gibt keine spektakulären Berge, aber dafür eine vorzügliche Küche. Die braunen Holzgehöfte leuchten von den steilen, bewaldeten Hängen herunter. Dicht besiedelt sind die Sarntaler Alpen nur entlang des Talfer Talgrundes. In ihm führt auch die kurvige und tunnelreiche Hauptverkehrsstraße durch die Talferschlucht nach Bozen hinab.

Meran liegt uns jetzt zu Füßen. Wir sind am Ziel unseres langen Marsches angekommen. Im Schnittpunkt von Vintschgau, Passeier- und Etschtal erstreckt sich an den Hängen und in der Ebene die traditionsreiche Stadt.

Acht Tage – sechs Täler – drei Länder

Distel mit Widderchen

Auf unserem Weg in den Süden wurde die Vegetation immer mediterraner, die Wälder lichter und das Klima milder. Dennoch staunen wir über die üppigen Palmen, Zypressen und Kakteen Merans. 300 Sonnentage zählt das Städtchen; kein Wunder, dass die Luft warm ist und an laue Sommernächte erinnert. Zudem schützt das Gebirge im Westen und Norden gegen kalte Winde. Das raue Klima der nördlichen Kalkalpen liegt eindeutig hinter uns. Noch vermissen wir ein wenig die Ruhe und Einsamkeit der Höhen, aber Meran hat außer »Shopping Miles« noch mehr zu bieten. Zum Beispiel den Laubengang mit seinen schönen Arkaden; er zieht sich fast durch die ganze Stadt. Weil in Notzeiten Kühe in den Gassen gehalten wurden, nannte man Meran damals spöttisch »Kuhstadtl«. Sehenswert sind auch die botanischen Gärten von Schloss Trautmannsdorf und die Therme. Drei der ursprünglich vier Stadttore sind noch erhalten: das Vinschger Tor im Westen, das Passeirer Tor im Norden und das Bozner Tor im Süden.

Bei einer Tasse Cappuccino entspannen wir uns von der langen letzten Etappe. Ein beeindruckender Weg liegt hinter uns, und eine außergewöhnliche Leistung, ihn von Anfang bis Ende mit den eigenen Füßen gegangen zu sein. Man möchte keine Sekunde davon missen, weder den kalten Regentag noch den Gipfelanstieg am Rande der Erschöpfung. Jetzt am Ende des langen Weges fügen sich alle Erlebnisse zu einer unvergesslichen Landkarte zusammen, die im Gedächtnis Berge und Täler mit persönlichen Erfahrungen verknüpft. Der Südtiroler Reinhold Messner hat so schön gesagt: »*Der Berg braucht den Menschen nicht, aber der Mensch den Berg.*«

Historischer Gasthof im Passeiertal (Saltauserhof)

Routenbeschreibung

Roßgampenwasserfall im Höhenbachtal (Lechtal)

Acht Tage – sechs Täler – drei Länder

An- und Rückreise

Die Anreise nach Oberstdorf (Touristen-Information Oberstdorf, Tel.: +49 8326 36 45 00) erfolgt am besten mit dem Zug. Im Ort gibt es Unterkünfte jeder Art. Der Allgäuexpress (ALEX) fährt alle zwei Stunden die Strecke München – Oberstdorf. Täglich besteht eine Verbindung von Hamburg – Hannover – Würzburg bis Oberstdorf und von Dortmund nach Oberstdorf.

Bei Anreise mit Pkw ist mehrtägiges Parken auf den Parkplätzen Renksteg, Renksteg Wald, P1, P2 jeweils bis zu sieben Tagen möglich, Gebühr ca. drei Euro pro Tag. Günstiger ist der Parkplatz Faistenoy, hier kann zehn Tage für 10,50 Euro geparkt werden.

Bei der Rückreise erreicht man von Meran aus mit dem Zug in ca. 40 Min. Bozen. Vom Bahnhof Bozen Süd gibt es sehr gute Verbindungen über den Brenner nach Deutschland. Auskunft über Zugverbindungen gibt die Website www.trenitalia.it.

Übernachtungen

Die Hütten, egal ob privat oder Alpenvereinshütten, öffnen und schließen abhängig von der Schneelage und Witterung. Also nie auf angegebene Öffnungszeiten verlassen. Zur Sicherheit anrufen und nachfragen. Auch Betten oder Lager sollten vorher reserviert werden. Mit Verpflegung für unterwegs kann man sich zum größten Teil auf den Hütten eindecken. Man sollte sich gut überlegen, ob man sich mit dem Gewicht von Kocher und Nahrungsmitteln nicht vielleicht die Lust am Laufen verleidet. Bei den Hüttenwirten kann man sich während der Etappen über die aktuelle Wetterentwicklung informieren.

Für Unterkunft und Verpflegung ist in den Alpenvereinshütten für DAV-Mitglieder am Tag mit 30–35 Euro, für Nichtmitglieder mit 40–45 Euro zu rechnen. Unbedingt in die Hüttenbücher eintragen, das ist sehr wichtig für eventuelle Suchaktionen. Für Alpenvereinshütten siehe auch www.dav-huettensuche.de.

1 Bahnhof Oberstdorf – Kemptner Hütte

 1100 Hm + 60 Hm Abstieg   4–5 Std.

Kompass-Karte Nr. 120 Europ. Fernwanderweg E5 Nord 1:50 000

Von Oberstdorf (814 m) gehen wir südlich auf der Birgsauer Straße bis zum Parkplatz Oberer Renksteg. (Dort ist auch mehrtägiges Parken möglich, siehe oben.) Links abbiegen Richtung Golfplatz, einen kleinen Hügel hoch. Weiter bis zum türkisgrünen Christlessee und rechts von diesem bis zur Spielmannsau (990 m) in ca. 1 1/2 Std.

Variante: Vom Bahnhof Oberstdorf östlich zur Trettach, auf dem Wanderweg schön am Fluss entlang nach Gruben, 884 m. Dort weiter auf Weg Nr. 10 links der Trettach, bis man wieder auf die Straße zur Spielmannsau trifft. Es verkehren auch regelmäßig Stellwagen (hinter dem Rathaus) und Kleinbusse von Oberstdorf nach Spielmannsau, dort Unterkunfts- und Einkehrmöglichkeit. Abfahrtszeiten erfragen.

Weiter den E5-Schildern (oder roten Punkten) und Weg Nr. 438 folgend nach Süden ins Trettachtal hinein bis zur Talstation der Materialseilbahn der Kemptner Hütte. Keine Rucksackbeförderung. Im Wald führt der Weg dann weiter bis zum so genannten Knie, von wo wir links in den steilen Sperrbachtobel hinein abbiegen. An einer kleinen Kapelle vorbei gelangt man durch den teilweise mit Altschneeresten gefüllten Tobel in ungefähr 3 Std. zur schön in Blumen und Grasmatten eingebetteten Kemptner Hütte (1846 m, DAV, geöffnet ca. Mitte Juni bis Anfang Oktober, 290 Plätze, Tel.: +49 170 23 90). Von der Hütte sind Gipfelabstecher zum Kratzer oder Krottenkopf möglich.

2 Kemptner Hütte – Memminger Hütte

 1300 Hm + 900 Hm Abstieg   8 1/2 Std.*

* 5 Std. bei Benutzen von Taxi oder Kleinbus

Kompass-Karte Nr. 120 Europ. Fernwanderweg E5 Nord 1:50 000

Von der Kemptner Hütte steigen wir wieder südlich auf Weg Nr. 438 in 30 Min. zum Unteren Mädelejoch (1974 m) hinauf. Ein Schild mit dem österreichischen Wappen weist auf den

Schuhparade vor der Memminger Hütte

Auf dem E5 zu Fuß in den Süden

Grenzübergang in unser schönes Nachbarland hin. Steil hinab zieht sich der teilweise holprige Pfad ins Höhenbachtal, immer am plätschernden Roßgumpenbach entlang, bis zur gleichnamigen Alm. Wenn man direkt bei der Brücke am Fluss aufwärts geht, trifft man auf einen schönen Wasserfall. Am Zusammenfluss von Roßgumpenbach und Höhenbach beginnt ein breiter Fahrweg, der an der Jausenstation Café Uta und dem wild schäumenden Simms-Wasserfall vorbei direkt nach Holzgau führt. Am Gasthof bei der Kirche fahren nach Bedarf Kleinbusse zur Materialseilbahn der Memminger Hütte. Wer die 13 km dennoch gehen möchte, folgt den E5-Schildern über die Straße zum Lech hinunter und diesen entlang bis Schönau. Dort wechselt man bei der Brücke auf die rechte Flussseite und geht meist schattig weiter nach Stockach und Bach, von wo es nochmals eine Kleinbusverbindung ins Madautal gibt. Fußgänger kürzen den Weg knapp vor Bach bei Unterwinkel ab, indem sie nach rechts einer kleinen Straße ins Madautal folgen. Am Alperschonbach entlang führt die Kiesstraße nach Madau zum Gasthof Hermine (1310 m, Unterkunfts- und Einkehrmöglichkeit, Tel.: +43 6645 33 97 70). In 40 Min. gelangt man dann vom Gasthaus zur Materialseilbahn. Rucksackbeförderung ist gegen Gebühr möglich. Sehr steil sind dann die 700 Hm, die es hinauf zur Memminger Hütte zu überwinden gilt. In ca. 2 Std., vorbei an Wasserfällen und einem Tobel (Altschneereste), hat man die herrlich in einem Kessel gelegene Memminger Hütte erreicht (2242 m, DAV, geöffnet von Ende Juni bis Ende September, 120 Plätze, Tel.: +43 5634 62 08).

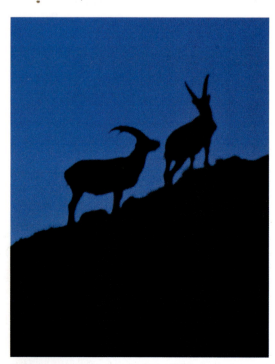

Steinböcke in der Dämmerung (Lechtaler Alpen)

3 Memminger Hütte – Zams

360 Hm + 1820 Hm Abstieg   5 1/2 Std.

Kompass-Karte Nr. 120 Europ. Fernwanderweg E5 Nord 1:50 000

Von der Memminger Hütte folgen wir den E5-Schildern und Weg Nr. 601 zur Seescharte (2599 m), ca. 1 Std. Dies ist der einzige Anstieg am heutigen Tag. Dabei passieren wir links den Unteren und Mittleren Seewi-See. Vor Letzterem führt ein Weg rechts ab zur Parseierspitze, dem höchsten Gipfel der Lechtaler Alpen. Dies ist aber ein mehrstündiger Abstecher, der nur geübten Bergsteigern (steile Altschneefelder, eventuell Grödel nützlich) anzuraten ist.

Variante: An der Seescharte zweigt ebenfalls ein Weg Nr. 601 links ab zum Württemberger Haus. Für Ausdauernde ist das eine schöne Variante, die als Gratweg (ausgesetzt) über die Großbergspitze führt. Sie bietet eine gute Fernsicht auf die Lechtaler Alpen, dauert aber 1 1/2 Std. länger als der Originalweg und leitet am Württemberger Haus vorbei (2220 m). Vom Württemberger Haus treffen wir auf dem Weg Nr. 631 bei einer Jagdhütte wieder auf den Originalweg am Lochbach.

Der E5 aber führt von der Seescharte steil hinunter durch ein Steinkar zur Oberlochalm (1799 m). Eine Stunde dauert der Abstieg mitten hinein ins wildromantische Patroltal. Bei oben genannter Jagdhütte treffen wir auf Weg Nr. 631 vom Württemberger Haus und folgen ihm in die Zammer Schlucht hinein. Nur ein schmaler Pfad ist in die steile Schlucht (mit beeindruckenden Tiefblicken!) hineingesprengt worden. Von der Aussichtskanzel, einer Lichtung im Kiefernwald über Zams, hat man einen schönen Blick ins Inntal. Es ist noch knapp eine weitere Stunde Abstieg nach Zams, 775 m. Unterkünfte jeder Art findet man über die Touristen-Information bei der Kirche (Tel.: +43 5442 633 95), wo man kostenlos direkt mit den Vermietern telefonieren kann. Einige Gastronomiebetriebe haben sich auf Wanderer eingestellt und bieten Buffets zum Festpreis an. Beim Vermieter auch nach Wäscheservice fragen.

4 Zams – Braunschweiger Hütte

1330 Hm + 1520 Hm Abstieg   7 Std.

Kompass-Karte Nr. 120 Europ. Fernwanderweg E5 Nord 1:50 000

Die erste Gondel auf den Krahberg fährt um 9:00 Uhr, bei genügend Nachfrage von Wanderern auch schon um 8:30 Uhr. Vom Krahberg (2208 m) auf Weg Nr. 11 und Nr. 5 zuerst flach, dann steil ansteigend auf die Glanderspitze (2513 m). Sie verwöhnt, da freistehend, mit einem Panoramablick über 360 Grad. Der aussichtsreiche Gratweg führt dann zuerst zum

Acht Tage – sechs Täler – drei Länder

Gletscherzunge des Mittelbergferners (Pitztal)

Wannejöchl und von diesem weiter zum Kreuzjoch (2464 m). In steilen engen Serpentinen, mit E5-Zeichen auf Steine gepinselt, erfolgt der Abstieg zur gemütlichen Krugerhütte. Dort Einkehr und Übernachtungsmöglichkeit. Ein breiter Güterweg leitet zur Larcheralm (Unterkunftsmöglichkeit Larcheralm am Venet, privat, 15 Plätze, Tel.: +43 6645 10 09 90) und weiter nach Wenns im Pitztal (982 m). Es gibt dort viele private Übernachtungsmöglichkeiten, auf Schilder achten. Bei der Touristen-Information kann man die Busfahrzeiten nach Mittelberg erfragen. Die Haltestelle befindet sich in der Nähe des Pitztaler Hofes. Die Busfahrt dorthin dauert 1 Std.
Von Mittelberg (1734 m) sind es knapp 2 km zur Gletscherstube, wo es ebenfalls eine Unterkunftsmöglichkeit (Tel.: +43 5413 862 52, 16 Plätze, Bustransfer von Wenns möglich) gibt. Eventuell ist Rucksackbeförderung mit der Materialseilbahn zur Braunschweiger Hütte möglich, telefonisch abklären. Ungefähr 3 Std. braucht man auf dem »Gletscherweg 918« (keine Sorge – keine Gletscherberührung!), um vorbei an glatt geschliffenen Felsen und der überhängenden Gletscherzunge hinauf zur Braunschweiger Hütte (2759 m, DAV, geöffnet von Mitte Juni bis Ende September, 120 Plätze, Tel.: +43 664 535 37 22) zu gelangen. Sie liegt am Südhang des Geigenkammes auf einem Bergrücken, und zu ihren Füßen fließen langsam die immer kleiner werdenden Gletscherströme.

5 Braunschweiger Hütte – Zwieselstein

▲ 300 Hm + 1600 Hm Abstieg   ⏱ 5 ½ Std.

Kompass-Karte Nr. 121 Europ. Fernwanderweg E5 Süd 1:50 000

Von der Braunschweiger Hütte benutzt man den Weg Nr. 918 östlich am Geigenkamm empor bis zum Pitztaler Jöchl (2995 m), dem höchsten Punkt des E5. Wer Kopfschmerzen oder andere Symptome der Höhenkrankheit verspürt, sollte möglichst schnell vom Jöchl ins Rettenbachtal absteigen. Der Weg oder besser die Trittspuren führen über ein Firnfeld (Vorsicht bei Nebel!) erst ca. 300 m nördlich, dann östlich ins Rettenbachtal zum Parkplatz der Ski-Talstation hinunter. Von hier begleitet der Weg Nr. 918 ungefähr die Straße, bis er nach rechts über den Rettenbach schwenkt, um dann parallel zu ihm bis auf 2100 m hinunterzuführen. Rechts der Straße windet sich dann der Weg Nr. 12 am Hang entlang und fast eben über Wiesen und

Auf dem E5 zu Fuß in den Süden

Arnika im Gegenlicht

Skigebiete bis zur Gaislachalm (1968 m, Einkehr- und Unterkunftsmöglichkeit Gasthof Gaislach, Tel.: +43 5254 29 14; www.gaislachalm.com). Der Pfad zieht durch Almwiesen bis zum kleinen idyllischen Weiler Gaislach auf 1793 m und dann östlich weiter durch dichten Wald zur Venter Ach. Dieser abwärts folgend gelangt man zu einer Sportanlage und dann direkt nach Zwieselstein und zum Quartier (1472 m, Talherberge Zwieselstein, Selbstversorgerhütte, DAV, ganzjährig geöffnet, 35 Plätze, Tel.: +43 5254 27 63).

6 Zwieselstein – Moos

 1060 Hm + 1500 Hm Abstieg   7 ½ Std.

Kompass-Karte Nr. 121 Europ. Fernwanderweg E5 Süd 1:50 000

Beim Gasthof Post in Zwieselstein besteht eventuell Mitfahrgelegenheit zum Timmelsjoch. Im Ort führt der Weg Nr. 43 über die Brücke nördlich bis an den Rand der Ortschaft, dann über Wiesen östlich zur steinernen Finanzwache. Etwa 500 m weiter überquert man die Timmelsjochbrücke. Erst rechts, dann wieder links der Passstraße, unter der Begleitung von vielen Bikern, die dasselbe Ziel wie wir haben, führt die Route weiter zum Timmelsjochpass (2509 m). Wir sind an der Grenze zu Italien, einer Wetterscheide und der europäischen Hauptwasserscheide. Von der Straße biegen wir links steil hinab ins Timmelstal und passieren dabei ein interessantes verfallenes Steingebäude. Ungefähr 1 Std. benötigen wir durch das weite grüne Timmelstal, bis wir auf 1780 m die alten sonnenverbrannten Holzgehöfte einer Alm antreffen. Die 400-m-Strecke weiter auf der Straße läßt sich leider nicht vermeiden, erst dann geht es nach rechts hinunter zu den einsam und steil gelegenen Höfen von Schönau. Bis nach Rabenstein begleiten wir den Flusslauf der noch kleinen Passer und erreichen die relativ ursprünglich gebliebene Ortschaft nach ungefähr einer weiteren Stunde. Übernachtungsmöglichkeit und zudem sehr gutes Essen gibt es bei den Schwestern, die den Gasthof Rabenstein (Tel.: +39 0473 64 70 00) betreiben. Wer weitergeht, muss noch einmal ein Stück die Straße entlang marschieren, um später, links vom Fluss Passer, in 1 ½ Std. Moos (1007 m, Touristen-Information Tel.: +39 0473 64 35 58) zu erreichen. Von Moos gibt es eine Busverbindung nach St. Leonhard und Meran. Wer sich in Rabenstein oder Moos länger aufhält, sollte das nahe liegende Bergwerksmuseum auf dem Schneeberg besuchen. Bis zu 1000 Knappen schürften auf dem höchstgelegenen Bergwerk Europas nach Silber, Blei und Zink.

7 Moos – Pfandleralm

 1050 Hm + 600 Hm Abstieg   7 Std.

Kompass-Karte Nr. 121 Europ. Fernwanderweg E5 Süd 1:50 000

Von Moos gehen wir zuerst auf der Straße durch den Tunnel, dann links in den Südhang hinein und in 1 Std. bis nach Stuls (1315 m). Weg Nr. 10a oder E5-Schildern folgen. In Stuls besteht die Möglichkeit zur Einkehr, bevor wir auf dem Weg Nr. 9 nach Schlattach auf 1244 m hinuntergehen. Ungefähr ½ km nach Schlattach führt rechts der Weg hinunter zur Jaufenpass-Straße, dort 300 m auf dem Teer entlang und dann links nach St. Leonhard. Sehenswert hier das Andreas-Hofer-Museum.

Variante: Nach Schlattach nicht rechts abbiegen, sondern weiter am Hang entlang bis nach Glaiten (1211 m). Von diesem ungemein romantisch liegenden kleinen Weiler über dem Passeiertal hat man einen prachtvollen Blick auf die Passer und die gesamte Talschaft. Ab Glaiten sind es dann nur wenige hundert Meter abwärts zur Jaufenpass-Straße und dem Kiosk »Glaitner Kehre«. Von der Linienbushaltestelle fahren Busse nach St. Leonhard. Man kann die Serpentinen der Passstraße natürlich auch zu Fuß abkürzen. In St. Leonhard beim Gasthof Strobl führt eine steile Straße südlich zum oberen Dorfrand. Dort hält man sich entlang eines Waalweges bis zur Gilfklamm und dann weiter nach Prantach. Im Pfandlerhof mit Biergarten kann eingekehrt werden. Steil bergauf führt der Weg nun zur Pfandler-Alm (1345 m, Gasthof Pfandleralm, privat, 20 Plätze, Tel.: +39 0473 6 41 8 41).

Acht Tage – sechs Täler – drei Länder

8 Pfandleralm – Meraner Hütte – Meran

1780 Hm + 830 Hm Abstieg 9–10 Std.

Kompass-Karte Nr. 121 Europ. Fernwanderweg E5 Süd 1:50 000

Für diesen anstrengenden Tag sollte man früh aufbrechen. Nach einem Murenabgang führt der neue Wegverlauf des E5 jetzt nordöstlich auf die Riffelspitze (2060 m) hinauf. Dieser Weg mit der Nr. 1 ist nur für Geübte zu empfehlen. Nach ca. 1 Std. erreicht man eine Lichtung mit schöner Aussicht auf das unter uns liegende Passeiertal. Vorbei an herrlichen Alpenrosenfeldern geht es steil hinauf zur Riffelschulter; von der Pfandleralm 2 Std. Gehzeit. An der Mahdalm (Einkehr- und Unterkunftsmöglichkeit) vorbei gelangen wir in weiteren 2 Std. relativ eben zur Hirzerhütte (1983 m, privat, bew. ca. von Ende Mai bis Ende Oktober, Tel.: +39 03305 159 00).

Weg Nr. 4 führt uns in 2 Std. steil hinauf zur Hirzerscharte. Nur ein schmaler Weg (Trittsicherheit) leitet zum Gipfelhang des Hirzer. Bei schönem Wetter lohnt sich der 20-minütige Anstieg auf den freistehenden Gipfel auf jeden Fall. Er bietet eine sehr gute Rundumsicht. Leider hängt er aber sehr oft in den Wolken.

Sonst auf dem Gebirgsjägersteig weiter auf Weg Nr. 4 in Richtung Anteranalpe. Dann ziehen wir östlich der Videgger Plattenspitze und unterhalb des Anteransees weiter zum Kratzberger See. An der Verdinser Plattenspitze vorbei kommen wir mit leichtem Anstieg schließlich hoch zum Missensteinjoch (2128 m). Unter uns liegen jetzt in einer weiten Mulde das Skigebiet »Meran 2000« und die Meraner Hütte (1930 m, AVS, 70 Plätze, Tel.: +39 0473 27 94 05). Hier besteht die Möglichkeit, die Wanderung für den heutigen Tag zu beenden. Wer am gleichen Tag noch in die Kurstadt Meran (Kurverwaltung Meran, Tel.: +39 0473 27 20 00) will, kann die Seilbahn an der Kirchsteiger Alm nach Falzeben benutzen; von dort verkehren regelmäßig Busse hinunter nach Meran. **Variante:** Bei Schlechtwetter besteht die Möglichkeit, von der Hirzerhütte in tieferen Lagen auf dem Weg Nr. 40 (»Taser Höhenweg«) bis zur Mittelstation der Naifbahn oder weiter nach Falzeben zu gehen.

Weiter Blick ins Passeiertal

Blick vom »Maximiliansweg« ins Alpenvorland: Forggensee und Bannwaldsee bei Füssen

Der Maximiliansweg

Vom Bodensee nach Berchtesgaden – eine wahrhaft königliche Tour

7 Der Maximiliansweg
Vom Bodensee nach Berchtesgaden – eine wahrhaft königliche Tour

TOURENINFO

SCHWIERIGKEIT ●●●○○

KONDITION ●●●○○

ETAPPEN
22 Etappen, 366 km, 18 000 Hm (je im Auf- und Abstieg).

HÖCHSTER PUNKT
Hochplatte, 2082 m.

AUSGANGSORT
Lindau am Bodensee.

ENDPUNKT
Berchtesgaden.

ERLEBNISWELT/HIGHLIGHTS
Abwechslungsreiche Wanderung durch die Bayerischen Voralpen, auch Teilbegehungen empfehlenswert. Höhepunkte am Weg sind die Königsschlösser und die schönen Voralpenseen sowie die recht alpine Querung der Ammergauer Alpen.

KARTEN
Kompass-Karte Nr. 2 und 8 für den Bregenzer Wald; Topografische Karten des Bayerischen Landesvermessungsamtes Nr. UK L 3, 4, 7, 8, 10, 18; AV-Karte Nr. 7/1. Die entsprechenden Kartenblätter sind im Tourenkopf jeder Etappe genannt.

LITERATUR
Eugen E. Hüsler: Maximiliansweg. Auf der Königsroute von Lindau nach Berchtesgaden, Bruckmann 2007; Hans Diem: Der Maximiliansweg, Verlag der Weitwanderer-Wanderführer 1999.

BESTE JAHRESZEIT
Anfang Juni bis Mitte Oktober.

Bereits ein Blick auf die Landkarte macht es deutlich: Der bayerische Anteil am größten europäischen Gebirge ist vergleichsweise klein, dazu mehr breit als tief. Weniger kann aber auch mehr sein oder: Klasse statt Masse. Dieser Eindruck drängt sich auf angesichts der landschaftlichen Vielfalt der Bayerischen Alpen, die da sanft-einladend und dort überwältigend sind: ein Ferienparadies halt.

So machen sich jedes Jahr, sommers wie winters, ein paar Millionen Bundesbürger auf in den Süden ihrer Republik, wo der Himmel weiß-blau ist und die Maß eine Messeinheit für Lebensqualität, wo das leicht wellige Auf und Ab der Topografie mit einem Mal alpine Dimensionen gewinnt, wo sich Felsgipfel hoch auftürmen, wo die Gletscher Seebecken ausgehobelt haben, von Füssen bis Berchtesgaden, vor und in den Bergen. Und wo die Kühe manchmal trittfester sind als so mancher Besucher aus dem Norden, dem platten.

Auf dem Maximiliansweg

Landeskunde auf Schusters Rappen lässt sich am nördlichen Alpensaum aufs Schönste betreiben: wandernd, auf dem »Maximiliansweg«. Erleben, kennen lernen, ganz ohne Stress, heißt dabei die Devise. In luftigen (Gipfel-)Höhen hat man dazu den allerbesten Überblick, und der reicht oft weit hinaus ins flache Land und bis zum Alpenhauptkamm. Dazu steht an oder auf so manchem bayerischen Berg auch eine urige Hütte, die den Aufstieg (im Sinne des Wortes) versüßt: Darf's ein Kaiserschmarrn sein? Oder doch lieber eine Brotzeit?

Knapp 200 Kilometer weit zieht sich der oberbayerische Alpensaum von Füssen bis zum Berchtesgadener Land, von den grünen Vorbergen des Ammergaus bis zu dem seit Jahrmillionen erstarrten Wellenschlag des Steinernen Meers. Was für Kontraste sind da versammelt! Felsmassen

Hier spielt die Musik: die Festspielbühne von Bregenz im Umbau

Vom Bodensee nach Berchtesgaden – eine wahrhaft königliche Tour

im Wetterstein, rund um Deutschlands Spitze (2962 m); eine grüne Idylle im Tegernseer Tal; herrliche Aussichtsbalkone wie die Benediktenwand, der Wendelstein oder der Hochstaufen; die Titanenmauer des Watzmanns über dem »schönsten Alpenfjord«, dem Königssee.

Der Königsweg

Vor rund anderthalb Jahrhunderten, im Sommer 1858, unternahm Maximilian II. seine Reise durch die Bayerischen (Vor-)Alpen, vom Bodensee ins Berchtesgadener Land, hoch zu Ross, teilweise auch »auf Schusters Rappen«. Der Tourismus unserer Tage hat ihn wiederentdeckt, diesen königlichen Weg, als Fernwanderroute. Allerdings nehmen der Originalweg des Königs und der moderne Weitwanderweg auf weiten Strecken einen unterschiedlichen Verlauf, wobei sie sich immer wieder kreuzen, gelegentlich auch zusammengehen. Friedrich von Bodenstedt, der Maximilian begleitete, hat uns eine lesenswerte Beschreibung hinterlassen, mit vielen reizvollen Details. Die Route folgte eher den Tälern, führte von Dorf zu Dorf; Gipfelbesteigungen wie jene des Grünten oder des Wendelsteins waren die Ausnahme. So besuchte man Garmisch-Partenkirchen, Mittenwald, machte Station in Vorderriß, unternahm

Dahin geht's! Wegschilder am Hörnle

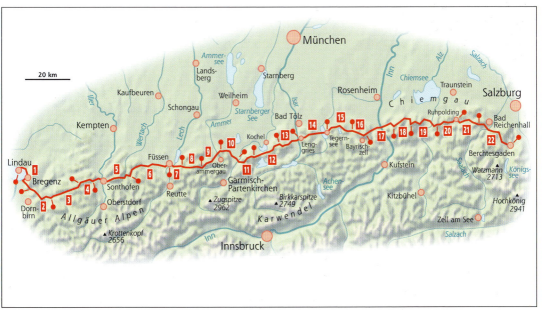

Der Maximiliansweg

einen Abstecher zum Alpenfjord des Achensees. Über Wildbad Kreuth, wo Maximilian einige Regierungsgeschäfte erledigte, führte die Reise weiter zum Tegernsee und nach Bayrischzell. Schliersee und Kufstein im Inntal waren Stationen am Weg, dann ging's über Reit im Winkl nach Ruhpolding und zum Chiemsee. Via Kössen und Lofer langte die Reisegesellschaft schließlich nach gut einem Monat in Berchtesgaden an.

Der Verlauf des modernen Maximiliansweges

Der Maximiliansweg unserer Zeit verläuft nördlich der Originalroute, er führt über zahlreiche Gipfel und Höhen, da und dort mit leichteren (weniger anstrengenden) Varianten. Er wurde 1991 offiziell eröffnet, und der DAV brachte auch einige Schilder an. Von einer durchgehenden, einheitlichen Markierung kann allerdings nicht die Rede sein.

Lindau ist Ausgangspunkt des Maximiliansweges. Über Bregenz steigt er an zum Bregenzerwald, folgt dann der Nagelfluhkette. Bei Sonthofen kreuzt er die Iller, über Unterjoch gelangt man nach Pfronten. Füssen und die Königsschlösser bilden ein echtes Highlight an der Route; Bergbegeisterte kommen bei der anschließenden Durchquerung der Ammergauer Alpen (auf der Gipfelroute) voll auf ihre Kosten, mit der Hochplatte (2082 m) als höchstem Punkt des

Dem Gipfel nahe: unter dem großen Kreuz des Hochgrats

Vom Bodensee nach Berchtesgaden – eine wahrhaft königliche Tour

Weges. Auch zwischen dem Loisachtal und dem Isarwinkel verläuft der Maximiliansweg auf Alm-, Grat- und Gipfelhöhe, dann quert er zum Tegernsee, wo man mit dem Schiff ans Ostufer übersetzt (Wiessee – Tegernsee). Nächster Höhepunkt ist dann der Wendelstein (den auch der König bestieg); bei Brannenburg im Inntal wechselt man vom Mangfallgebirge in die Chiemgauer Alpen. Mit der Kampenwand, Hochgern und Hochfelln sind hier nochmals drei ansehnliche Berge zu erklimmen, ehe der Weg eher gemütlich ausläuft und über Bad Reichenhall ins Berchtesgadener Land führt. Mit dem berühmten Watzmannblick endet die Tour in Berchtesgaden.

Die Gebirgsgruppen des Maximilianweges im Kurzporträt

Bregenzerwald

Der Bodensee und sein wichtigster Zufluss, der Rhein, markieren die Grenze zwischen West- und Ostalpen. Und genau hier, am Ostende des »Schwäbischen Meers«, startet der Maximiliansweg, erst dem Seeufer folgend, dann in den Bregenzerwald ansteigend. Das Hinterland der Landeshauptstadt zeigt sich als freundliche, durch die Viehwirtschaft (Käse!) geprägte Hügellandschaft, mit nach Süden und Osten allmählich ansteigenden Gipfelhöhen. Schmucke Dörfer und Weideflächen prägen das Bild, der Bergkranz zeigt

MAXIMILIAN II., KÖNIG VON BAYERN

Die Idee einer Wanderroute durch die Bayerischen Alpen hätte dem König vermutlich gefallen, lag ihm die Natur doch ebenso am Herzen wie die Förderung des Nationalgefühls: Heimat kennen lernen. In einer Verordnung des Jahres 1853 wurden Behörden und Amtsträger verpflichtet, die Bevölkerung zum Tragen traditioneller Kleidung anzuhalten. So hatten Gläubige auf ihren Wallfahrten Dirndl, Janker und Lederhose zu tragen. Auch der König erschien bisweilen bei öffentlichen Anlässen im traditionellen Gewand, als erster Wittelsbacher Regent. Max II. war es, der die Tracht hoffähig machte. Die Selbstverständlichkeit, mit der sie heute bei offiziellen Anlässen des Freistaats getragen wird, geht auf ihn zurück.

Maximilian II. gilt – wie bereits sein Vater, Ludwig I., den er 1848 auf dem bayerischen Thron beerbte, als großer Förderer von Wissenschaft und Kunst. Seine Vision war es, aus Bayern ein Zentrum des Intellekts und des Wissens zu machen, auf diese Weise auch politisch gegen die übermächtigen Preußen und Österreicher (so genannte »Trias-Politik«) an Gewicht zu gewinnen. Dafür holte er viele namhafte Wissenschaftler nach München, vor allem aus dem protestantischen (und liberaleren) Norden, was bei der katholischen Bevölkerung Bayerns allerdings auf wenig Verständnis stieß. Insgesamt brachte der Zuzug dieser »Nordlichter« dem Land aber einen kräftigen Modernisierungsschub. So entstanden zu Maximilians Zeit zahlreiche Bauten aus Stahl und Glas, die das Antlitz Münchens veränderten: der mittlerweile abgerissene Wintergarten der Residenz, Schrannenhalle und Großhesseloher Brücke, die immer noch davon zeugen.

Maximilian II., ein »Bürgerkönig« im Zwiespalt zwischen Moderne und Tradition.

Der Maximiliansweg

nur da und dort schroffen Fels. Der Maximiliansweg quert den vorderen Bregenzerwald; eine besonders schöne Aussicht über den gesamten Landstrich, vom Bodensee bis zum Hohen Ifen (2230 m), der die Grenze zum benachbarten Allgäu markiert, bietet dabei der Brüggelekopf (1182 m).

Allgäuer Alpen

Auch wenn die Hauptgipfel der Allgäuer Alpen bereits beachtliche Höhen erreichen, so ist das »Alp-Gau« doch vor allem eine grüne Bergregion, gibt es hier doch weit mehr Wiesen als Fels. Manche davon sind allerdings so steil, dass der Bergwanderer sie mit Vorteil meidet (z. B. die Höfatsgipfel). Einen freundlichen Mix aus Grün und Grau bieten die nördlichen Vorberge, durchwegs sehr lohnende Aussichtswarten. Das gilt in besonderem Maße für die Nagelfluhkette, die man auf dem Maximiliansweg überschreitet.

Blickfang im Panorama fast all dieser Gipfel ist der Allgäuer Hauptkamm, der das Tal der Iller und ihrer Zuflüsse im Süden so markant alpin abriegelt. Weit offen ist dagegen der Zugang von Norden, aus dem süddeutschen Alpenvorland, und das bereitet nicht nur Freude: Stau auf der Autobahnzufahrt, Blechlawinen in den Dörfern, Abgasschwaden über dem grünen Tal. Immerhin, in Hindelang und Oberstdorf bemüht man sich redlich um die (heikle) Balance zwischen Geschäft und Natur, Erschließung und Verzicht.

Wer an der fast zwanzig Kilometer langen Nagelfluhkette unterwegs ist, wundert sich vielleicht über das eigenartige Material, aus dem dieser Gebirgszug aufgebaut ist: Es wirkt fast wie Beton. Es handelt sich um so

genannte Nagelfluh, ein buntes Konglomerat unterschiedlichster Gesteine, die während der Alpenbildung im Molassebecken abgelagert wurden. Das Wasser transportierte dabei das Material ins Alpenvorland. Für Geologen ist die Nagelfluh von ganz besonderem Interesse, besteht sie doch aus einer ganzen Kollektion von Gesteinen. In ihr sind Informationen über längst abgetragene Schichten der Alpen gespeichert, sowohl über ihre Zusammensetzung als auch über den Zeitpunkt ihrer Abtragung.

> **ALLES KÄSE ODER WAS?**
>
> Auf der vierten Etappe des Maximiliansweges kommt man an einer für das (kulinarische) Allgäu sehr bedeutenden Stätte vorbei, der Aualpe im Gunzesrieder Tal. Hier produzierte der Schweizer Senner Johann Althaus 1827 den ersten Zentnerlaib nach »Emmentaler Art« und begründete so die florierende Käsewirtschaft der Region. Zunächst waren es vor allem eingewanderte Schweizer Senner, die sich der Käserei widmeten; nach und nach verdrängte die Grünlandwirtschaft den im Allgäu bislang dominierenden Getreideanbau.

Vom Bodensee nach Berchtesgaden – eine wahrhaft königliche Tour

Unweit vom Etappenpunkt Unterammergau wird auch in Ettal, gleich neben dem berühmten Kloster, Käse produziert, in der neuen Schaukäserei. Drei Dutzend Bauern der Region haben sich in einer Genossenschaft zusammengetan; sie verarbeiten und verkaufen ihre Produkte gemeinsam. Während im Erdgeschoss die verschiedenen Ammergauer Käse über den Ladentisch gehen (Probieren ist erlaubt!), man auf der Terrasse seine Brotzeit und dazu ein Klosterbier genießen kann, reifen im Keller bei konstanter Temperatur und Feuchtigkeit die Käselaibe. Bei den Führungen, die täglich um 11 Uhr stattfinden, kann man dem Käser bei der Arbeit über die Schulter gucken (Schaukäserei, Mandlweg 1, Ettal; Tel.: +49 8822 92 39 26; www.milch-und-kas-de).

Ammergauer Alpen
Kontraste prägen die Wegstrecke durch die Ammergauer Alpen: Königsschlösser zum Auftakt, dann eine wild-schroffe Gebirgsregion und zum Abschluss grüne Hügel und

Einkehr am »Maximiliansweg«: die Hirschalpe unter dem Spieser

Der Maximiliansweg

Die alpine Variante der 8. Wegetappe führt am »Fensterle«, einem Felsenfenster zwischen Krähe und Hochplatte, vorbei.

Vom Bodensee nach Berchtesgaden – eine wahrhaft königliche Tour

Moore am Alpenrand. Zwischen Füssen und dem Loisachtal erklimmt der Maximiliansweg den höchsten Punkt: 2082 Meter an der Hochplatte. Auf der Gipfelroute (Variante) führt er in ausgeprägt felsiges Gelände, zwischen der Krähe und der Klammspitze muss man wiederholt die Hände zu Hilfe nehmen, werden Bergerfahrung und etwas Kletterfertigkeit verlangt. Das entspricht durchaus dem alpinen Charakter dieser Berggruppe, die mit zahlreichen schroffen Zacken, jähen Grasflanken und beachtlichen Felswänden aufwartet. In Kletterkreisen bekannt ist der Geiselstein, seiner Form wegen gelegentlich als »Ammergauer Matterhorn« bezeichnet.

Am Ostrand der waldreichen Ammergauer Alpen, im Loisachtal, liegt das Murnauer Moos, mit 42 Quadratkilometern (samt Randbereichen) eines der größten noch intakten Moorgebiete Mitteleuropas. Es besteht überwiegend aus Streuwiesen, Seggenrieden, Schilfflächen, Restseen und ungemähten Feuchtwiesen; bei knapp einem Fünftel der Fläche handelt es sich um echte Hochmoore mit einer Torftiefe von bis zu 25 Metern. Das Moos ist Lebensraum zahlreicher selten gewordener Pflanzen wie dem Sonnentau, der Sibirischen Schwertlilie, dem Moor-Steinbrech, der Herbst-Wendelorchis und dem Wanzen-Knabenkraut. In dem Biotop sind über fünfzig Arten von Libellen, darunter die Sibirische Winterlibelle (Sympecma paedisca), die Zwerglibelle (Nehalennia speciosa) und die Keilflecklibelle (Aeshana isoceles), nachgewiesen. Das Murnauer Moos gilt als eines der bedeutendsten Wiesenbrütergebiete Süddeutschlands, beste Beobachtungszeit ist Mitte Mai bis Mitte Juni. Zwischen Murnau und Eschenlohe kann man mit etwas Glück – und einem Fernglas – Schlangenadler, Schwarzmilan, das Blaukehlchen oder den Berglaubsänger beobachten. Den Wachtelkönig (Crex crex), obwohl im Moos mit etwa 50 rufenden Männchen nachgewiesen, wird man kaum zu Gesicht bekommen. Ab und zu ist aber sein unverwechselbares Krächzen zu hören.

Eine geologische Besonderheit bilden die so genannten Köchel, aus Glaukoquarzit bestehende Felsbuckel. Bis 2001 wurde der harte Stein abgebaut und zur Straßenpflaste-

MODERNES MITTELALTER

Wenn manches in Neuschwanstein (1868–1886) an die Kinderwelt von Disneyland erinnert, dann nicht ohne Grund. Hier wie dort verbirgt sich hinter der »historischen« Fassade moderne Technik. So besaßen die Räume des Palas auf Neuschwanstein eine Heißluft-Zentralheizung (die allerdings nur unzureichend funktionierte), und es gab in allen Stockwerken fließendes Wasser, in der Küche sogar heißes. Die Toiletten besaßen automatische Spülungen. Verlangte es den König nach seinem Adjutanten oder einem Diener, benützte er die elektrische Rufanlage. Im dritten und vierten Stock waren Telefonanschlüsse installiert und anderes mehr.

Auch beim Bau wurde die moderne Technik bemüht: Mit Dampf betriebene Lastkräne waren im Einsatz, die Decke des Thronsaals stabilisiert ein Stahlkorsett.

Das Mittelalter als Illusion – passt das nicht zu dem unglücklichen Ludwig?

Der Maximiliansweg

DIE TUTZINGER HÜTTE

Bald ein Jahrhundert ist es her, dass die Hütte unter der Nordwand der Benediktenwand (1800 m) eröffnet werden konnte, und fast ein Jahrhundert lang trotzte sie Wind und Wetter. Bereits im ersten Jahr (1907) verzeichnete man auf der Hausstattalm 2500 Besucher, von denen 700 über Nacht blieben; ein Jahr später erhielt das Haus der AV-Sektion Tutzing sogar Telegrafenanschluss. Beide Weltkriege überstand die Tutzinger Hütte mehr oder weniger unbeschadet (sieht man von dem Lawinenniedergang im schneereichen Winter 1917 ab). Ihr Alter konnte sie aber nicht mehr verleugnen.

Seit ein paar Jahren steht eine neue, nach modernsten Erkenntnissen realisierte Hütte auf der Hausstattalm, geplant vom Kocheler Architekten Michael Holzer, ein schmuckes Holzhaus, dessen vorgefertigte Bauteile vor Ort zusammengesetzt wurden. Den Energiebedarf decken eine Photovoltaikanlage sowie ein Blockheizkraftwerk, das über eine Freileitung von der Talstation der Materialseilbahn mit Propangas versorgt wird. Und dafür, dass niemand in der hundert Quadratmeter großen, heimeligen Gaststube kalte Füße bekommt, sorgt eine Bodenheizung. Abends dann – die letzten Sonnenstrahlen an der »Benewand« sind längst verglüht – greift Hans Mayr, der Hüttenwirt, auch mal zu seiner Zither und unterhält seine Gäste mit original bayerischen Klängen.

Vom »Maximiliansweg« aus lässt sich der Hennenkopf (1786 m) leicht besteigen.

Vom Bodensee nach Berchtesgaden – eine wahrhaft königliche Tour

rung oder als Bahnschotter verwendet. Früher wurden die Steine über Loisach und Isar bis nach München geflößt.

Bayerische Voralpen

Wandern zwischen dem Herzogstand (1731 m) und dem Wendelstein (1838 m) heißt in aller Regel: unterwegs sein nahe dem Alpenrand, dem flachen Land, aber auch nicht weit von den »echten«, den großen Alpengipfeln. Darin liegt der besondere Reiz dieses Tourengebietes, und das wissen natürlich auch die Münchner, die vor allem an den Wochenenden für viel Betrieb sorgen, rund um die freundlichen Voralpenseen, aber auch auf den Wegen, die zu den Aussichtsgipfeln hinaufführen. Erleichtert wird so manche Tour durch Seilbahnanlagen, etwa am Herzogstand, am Brauneck oder am Wendelstein.

Touristische Zentren der Region sind Kochel/Walchensee, Bad Tölz/Lenggries, der Tegernsee mit seinen Uferorten, Schliersee und Bayrischzell. Besonders reizvoll ist der Kontrast zwischen den eher sanft geformten, bewaldeten Vorbergen und den schroffwilden Kalkzacken, die dahinter aufragen, teilweise sogar mit beachtlichen Felsabstürzen aufwarten wie die Benediktenwand (1800 m), der Roßstein und der Wendelstein (1838 m). Mehrere Höhen- und Gipfelwege mit kürzeren Felspassagen sorgen für etwas Spannung unterwegs und verleihen der Tour einen alpineren »Touch«.

Sanfte Formen dagegen dominieren rund um den Tegernsee, dessen Tal zu den Bilderbuchlandschaften Oberbayerns zählt. Wie kaum eine andere Region lebte und lebt das Voralpental von und mit Klischees, kaum eine Beschreibung kommt ohne die entsprechenden Attribute aus. Im lieblichen Bild dominieren Wald- und Wiesengrün, da und dort spitzelt ein Kirchturm in den weiß-blauen Himmel und mittendrin glänzt das rund neun Quadratkilometer große Gewässer.

Am Ostufer des Tegernsees liegt der gleichnamige Ort, 1954 zur Stadt erhoben und seit jeher Zentrum der Region. Das Mitte des 8. Jahrhunderts gegründete, nach seiner Zerstörung 978 unter Kaiser Otto II. neu aufgebaute Benediktinerkloster gehörte zu den reichsten Bayerns, während seiner Glanzzeit

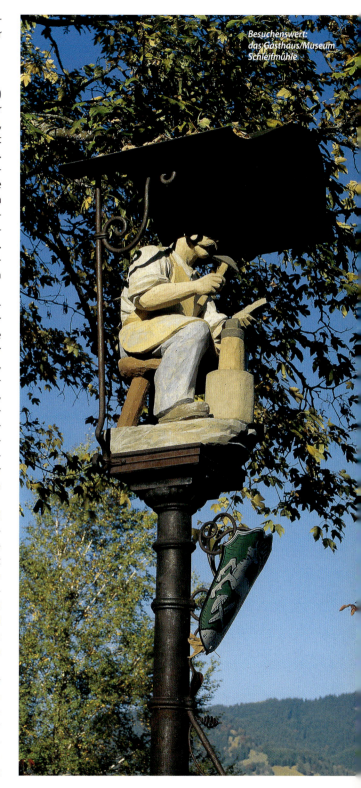

Besuchenswert: das Gasthaus/Museum Schleifmühle

Der Maximiliansweg

Im Anstieg zum Fockenstein

besaß es an die 12 000 Höfe zwischen Schwaben und Niederösterreich.

Die stattliche Klosteranlage beherrscht mit ihrer doppeltürmigen Kirche auch noch heute das Seeufer. Nach der Säkularisation im Jahr 1803 wurde der Komplex – nun herzogliches Schloss – klassizistisch umgebaut, dabei erhielt auch das barocke Gotteshaus des Graubündners Enrico Zuccalli eine neue (wenig gelungene) Fassade. Das Innere prunkt mit üppigem Stuck. Die Fresken schuf der junge Hans Georg Asam (1694). Gleich neben der Kirche ist das legendäre Herzogliche Bräustüberl ein beliebter Treffpunkt. Auch Wanderer, die auf dem Maximiliansweg unterwegs sind, werden sich hier gerne zu einer »Halben« niederlassen und die Hax'n unterm Tisch ausstrecken. Prost!

Chiemgauer Alpen

Zwischen dem Inntal und Bad Reichenhall bilden die Chiemgauer Alpen den nördlichsten Alpenbereich: eine Reihe schöner Gipfel angefangen mit der Wasserwand (1367 m) die einen ersten kantigen Akzent setzt, gefolgt von dem breiten Rücken der Hochries (1568 m).

Ein ganz anderes, unverwechselbares Profil zeigt dann die Kampenwand (1668 m) mit ihren in den Himmel weisenden Felsfingern. Ganz anders der Hochgern (1744 m), ein mächtiger Bergstock mit idyllischen Landschaftswinkeln in seinen Flanken. Und im Gegensatz zum Hochfelln (1671 m), seinem Nachbarn und Zwilling in Richtung Salzburg, führt keine Seilbahn auf seinen Gipfel. Den Abschluss nach Osten hin, fast schon in

Vom Bodensee nach Berchtesgaden – eine wahrhaft königliche Tour

Sichtweite der Mozartstadt Salzburg, machen Zwiesel und Hochstaufen (1771 m).

Vor den Gipfeln liegt Bayerns größtes Gewässer, der Chiemsee (518 m), mit seinen drei Inseln: Herrenchiemsee, Kraut- und Fraueninsel. Für Verehrer des »Kini« ist ein Besuch in Herrenchiemsee absolute Pflicht: Ludwig II. ließ auf dem 250 Hektar großen Eiland eine monumentale Residenz errichten, die allerdings wegen der prekären Finanzlage seines Staates ein Torso blieb, immerhin ein spektakulärer. Wie nahe Pracht und Verschwendung beieinanderliegen, demonstrieren eindrucksvoll die 75 Meter lange Spiegelgalerie und die vom König nie benutzten, dem von ihm vergötterten Sonnenkönig Louis XIV. geweihten Schlafgemächer.

Als Maximilian II. auf seiner bayerischen Alpenreise die Insel Herrenchiemsee, damals auch Herrenwörth genannt, besuchte, gab es auf dem Eiland neben, wie Friedrich von Bodenstedt notierte, »weitausgespannten Parkanlagen, Ländereien und prächtigen, gegen dreihundert Tagewerk umfassenden Waldungen« nur ein vergleichsweise bescheidenes Anwesen, wo der König und seine Entourage logierten. Anschließend unternahm man noch einen Besuch auf der Fraueninsel.

Wer auf dem Maximiliansweg unterwegs ist, genießt sowohl vom Hochgern als auch vom Hochfelln einen faszinierenden Vogelschaublick auf den See, seine Inseln und die Ortschaften rundum. Nicht zu übersehen ist auch das bewaldete Mündungsdelta der Tiroler Achen. Es gilt als Biotop von internationaler Bedeutung (um die 100 Brutvogelarten), steht deshalb auch seit einem halben

> **FREILICHTMUSEUM GLENTLEITEN**
>
> Mehr als nur einen Blick zurück in die »gute alte Zeit« bietet das Freilichtmuseum, dessen Areal oberhalb von Großweil inmitten einer reizvollen Voralpenlandschaft liegt. Rund 40 Gebäude – Bauernhöfe, Mühlen, Almhütten, Werkstätten – haben hier, original eingerichtet, einen neuen Platz gefunden. In der Hafnerei kann man beim Töpfern zuschauen; im Kramerladen mit »Tante-Emma-Flair« gibt's allerlei Handgemachtes zu kaufen, und die Gaststätte mit Biergarten lädt zur Brotzeit (im Sommerhalbjahr geöffnet; www.glentleiten.de).

Voralpenidylle Tegernsee

Der Maximiliansweg

Jahrhundert unter Schutz. Und es wächst, bedingt durch den Sedimenteintrag dieses Gebirgsflusses, jährlich um etwa 1,3 Hektar. So könnte der Chiemsee in etwa 10 000 Jahren (haben Wissenschaftler ausgerechnet) Vergangenheit – verlandet – sein. Das Achendelta darf nicht betreten werden; es sind aber in Ufernähe einige Beobachtungsstellen eingerichtet worden.

Berchtesgadener Alpen

Das letzte (Kalender-)Bild des Maximiliansweges liefert der Watzmann (2713 m), Kulissenberg von Berchtesgaden. Und hier, am Fuß der Berchtesgadener Alpen, endet die Wanderung quer durch die bayerischen Berge mit der letzten Etappe vor einem der schönsten alpinen Bergensembles.

Steinernes Kapital, das ist der Watzmann seit hundert Jahren, und passenderweise liegt vor seiner berühmten Ostwand auch noch der »schönste Fjord der Alpen«, der Königssee (603 m), acht Kilometer lang und fast 200 Meter tief. Er gehört zu den saubersten Gewässern Deutschlands. Die Passagierschiffe, die regelmäßig auf dem See verkehren, wurden bereits 1909 mit Elektromotoren ausgerüstet. Im kühlen Wasser, das seine grüne Farbe gelösten Kalkteilchen verdankt, die das einfallende Sonnenlicht brechen, leben zahlreiche, zum Teil selten gewordene Fischarten wie der Seesaibling und die Seeforelle, aber auch Barsch und Hecht. Unmittelbar an den beiden Seen liegen die Almen Salet und Fischunkel. Das Vieh wird jeweils im Frühsommer mit dem Boot zu seinen Weiden gebracht.

Den Weg übers Wasser wählen auch die meisten Touristen, und so ertönt auf der Überfahrt nach St. Bartholomä dann das unvermeidliche Trompetenecho. Und an Souvenirkitsch zum Berg, der die arg strapazierte Idylle so monumental überragt, dass empfindsamere Gemüter sich ganz winzig

Am Gipfelweg des Wendelsteins

Vom Bodensee nach Berchtesgaden – eine wahrhaft königliche Tour

vorkommen vor dieser Schöpfung der Natur, fehlt es natürlich auch nicht: Postkarten, Bierkrüge mit der versteinerten Watzmannfamilie, oder der Watzmann in der (Schnee-) Schütteldose.

Doch nach der großen Wanderung sollte man sich einen Abstecher zum Königssee gönnen, weil das prächtige Bild einfach dazugehört. An einem (viel größeren) See hat die Tour schließlich begonnen, in voralpinem Grün, und hier endet sie unter der gewaltigen Ostwand des Watzmanns mit einem grandiosen Finale.

Auch heute noch gibt es Besucher in Berchtesgaden, die nicht nur wegen der faszinierenden Bergkulisse kommen. Ihr Interesse gilt auch der Geschichte, der jüngeren: Der Obersalzberg war jahrelang das zweite Regierungszentrum Hitlers, hier, auf dem »Berg«, versammelten sich Nazigrößen, gab es Staatsempfänge. Damals entstand auch das »Teehaus« am Kehlstein (1837 m; heute Kehlsteinhaus) samt Zufahrt und Lift. Nach dem Krieg besetzten die Amerikaner den Obersalzberg. Aus dem Platterhof wurde ein Erholungszentrum der Streitkräfte (im Volksmund »General Walker«), und die umfangreiche Schallplattensammlung Hitlers machte eine Reise in die USA – ins dortige Nationalarchiv.

Das im Jahr 1999 eröffnete Dokumentationszentrum beleuchtet Geschichte und Bedeutung des Obersalzberges während der NS-Zeit; es lockte 2005 immerhin etwa 170 000 Besucher an. Und wo früher die Nazis über Kriegs- und Vernichtungsplänen brüteten, können heute zahlungskräftige Gäste eines Fünf-Sterne-Hotels sich bei Wellness-Anwendungen entspannen und ihren Golfschläger schwingen. Immerhin: Auf jedem der 138 Zimmer liegt eine Dokumentation zur bösen Vergangenheit eben dieses Platzes ...

Allgemeine Informationen über den Maximiliansweg

Grundsätzlich bewegt man sich auf der Wanderung von Lindau nach Berchtesgaden auf markierten Wegen. Allerdings ist die Qualität der Bezeichnungen und Orientierungshilfen vor Ort sehr unterschiedlich. Während man sich in Vorarlberg und im Allgäu kaum verlaufen kann, gute Markierungen und Wegzeiger an allen Verzweigungen stets weiterhelfen, ist man ab Füssen öfters auf seinen Orientierungssinn angewiesen. Sind im Bregenzerwald und in den Allgäuer Alpen die Wege nach Schweizer Vorbild einheitlich bezeichnet, stößt man weiter östlich vor allem auf regionale (entsprechend unterschiedliche) Markierungen. Da steht man dann schon mal im Wald und weiß nicht weiter: links oder rechts?

Verbaute Aussicht? Der Gipfel des Wendelsteins (1838 m)

Jede Etappe des Maximiliansweges ist in diesem Führer auch in einer Kartenskizze dargestellt, die alle Basisinformationen enthält. Trotzdem empfiehlt es sich, zusätzlich topografische Karten dabeizuhaben: um den Wegverlauf exakter verfolgen zu können oder für Alternativrouten bzw. Zwischenabstiege (z. B. bei einem Schlechtwettereinbruch).

22 Etappen umfasst der Maximiliansweg, und so ist er in unserem Führer auch beschrieben. Das heißt natürlich nicht, dass man sich sklavisch an diese Vorgabe halten muss. Nicht jeder hat vier Wochen (Frei-)Zeit für den ganzen Weg, und manchmal zwingt auch das Wetter zu Kompromissen oder Ruhetagen. Bei strömendem Regen macht Wandern ja wenig Spaß ...

Der Maximiliansweg

> **STECKBRIEF BAYERISCHE ALPEN**
>
> **Fläche:** ca. 8000 Quadratkilometer.
> **Höchster Punkt:** Zugspitze (2962 m).
> **Gebirgsgruppen:** Allgäuer Alpen, Ammergauer Alpen, Wettersteingebirge, Karwendel, Bayerische Voralpen (Estergebirge, Walchenseeberge, Benediktenwandgruppe, Tegernseer Berge, Mangfallgebirge), Chiemgauer Alpen, Berchtesgadener Alpen.
> **Bekannte Gipfel:** Hoher Ifen (2230 m), Mädelegabel (2645 m), Höfats (2259 m), Hochplatte (2082 m), Zugspitze (2962 m), Alpspitze (2628 m), Herzogstand (1731 m), Benediktenwand (1800 m), Schafreuter (2101 m), Birkkarspitze (2749 m), Wendelstein (1838 m), Kampenwand (1664 m), Hochstaufen (1771 m), Hochkalter (2607 m), Watzmann (2713 m).
> **Wichtigste Ortschaften:** Immenstadt, Sonthofen, Oberstdorf, Füssen, Garmisch-Partenkirchen, Bad Tölz, Lenggries, Tegernsee, Reit im Winkl, Ruhpolding, Bad Reichenhall, Berchtesgaden.

Finales Alpenbild am »Maximiliansweg«: der Watzmann (2713 m)

Der Maximiliansweg nutzt das bereits bestehende Wegnetz, und das ist – auch bedingt durch die topographischen Gegebenheiten – von ganz unterschiedlicher Beschaffenheit. Raue Bergpfade wechseln ab mit breiten Fußwegen oder Forstpisten; vor allem im Talbereich hat man auch mal Asphalt unter den Schuhsohlen. Einige Abschnitte der Route verlangen absolute Trittsicherheit und Bergerfahrung; in den Ammergauer Alpen gibt es zwei Varianten: die ausgeprägt alpine Gipfelroute und eine weniger an-

Vom Bodensee nach Berchtesgaden – eine wahrhaft königliche Tour

spruchsvolle, über mehrere Jöcher verlaufende Route.

Der Maximiliansweg führt mehrfach in alpine Höhen, einmal sogar knapp über die 2000-Meter-Höhenmarke hinaus (Hochplatte, 2082 m). Das heißt, dass manche Wegabschnitte nicht vor Mai problemlos zu begehen sind, dass ab Mitte Oktober bei einem Schlechtwettereinbruch auch mit Schnee gerechnet werden muss. Im Hochsommer wiederum wird es möglicherweise auf den zahlreichen, zum Teil auch steilen Anstiegen zu heiß. Beste Reisezeiten sind deshalb Ende Mai bis Ende Juni und September/Oktober. Der Herbst gilt grundsätzlich als schönste Wanderzeit mit längeren stabilen Wetterlagen und guter Fernsicht.

Die Etappen des Maximiliansweges sind teilweise zwar recht lang, mit Ausnahme der Gipfelvarianten aber ohne nennenswerte Schwierigkeiten. Bergerfahrung und Trittsicherheit braucht's trotzdem, dazu eine ordentliche Kondition. Über 1000 Höhenmeter Anstiegsleistung sind keine Ausnahme, und das mit dem nicht ganz leichten Rucksack auf dem Buckel! Da sollte der Fernwanderer schon einigermaßen trainiert sein; mit Vorteil unternimmt man vorab eine drei- oder viertägige Tour in den Alpen, um zu testen, wie der Körper auf diese Belastung reagiert.

Bad Reichenhall, die alte Salzstadt am Alpenrand

Routenbeschreibung

An- und Rückreise
Sowohl Lindau (Startpunkt) als auch Berchtesgaden (Endpunkt) haben gute Bahnverbindungen mit den Städten des süddeutschen Raumes. Der Maximiliansweg führt durch mehrere Ortschaften, die ebenfalls Bahnanschluss besitzen, sodass die Wanderung an diesen Stellen leicht unterbrochen bzw. neu aufgenommen werden kann: Sonthofen (Etappe 5), Füssen (Etappe 6), Unterammergau (Etappe 9), Lenggries (Etappe 13), Tegernsee (Etappe 14), Schliersee (Etappe 15), Fischbachau (Etappe 15), Brannenburg (Etappe 17), Ruhpolding (Etappe 20), Bad Reichenhall (Etappe 22).

Übernachtungen
Unterkunft am Maximiliansweg bieten neben den Dörfern, die überwiegend von und mit dem Tourismus leben, zahlreiche Gasthäuser sowie Berg- und Alpenvereinshütten. Sie sind nur teilweise ganzjährig bewirtschaftet, praktisch alle aber mindestens in der Zeit von Mai bis Oktober. Ganz wichtig: Stets am Vortag anrufen, um Schlafplätze zu reservieren, vor allem während der sommerlichen Ferienzeit!

Bei den Etappenbeschreibungen sind sowohl die Telefonnummern der Übernachtungsmöglichkeiten aufgeführt als auch die der örtlichen und regionalen Touristen-Informationen, in deren Zuständigkeitsbereich der Maximiliansweg verläuft.

Molassegestein an der Nagelfluhkette

1 Am »Schwäbischen Meer«

 keiner   5 Std.

Kompass-Karte Nr. 2 Bregenzerwald – Westallgäu 1:50 000

Die erste Etappe beginnt am Lindauer Bahnhof (Touristen-Information Tel.: +49 8382 26 00 30). Vom Hafen teils am Ufer, teils durch historische Gassen zur modernen Straßenbrücke, die Lindau mit dem Festland verbindet. Am Europaplatz rechts in den Bodensee-Radweg, der in Ufernähe verläuft. Hinter dem Campingplatz überquert er die Leiblach und die Grenze zu Vorarlberg. Auf der Uferpromenade spaziert man hinein nach Bregenz (2 1/2 Std., Touristen-Information Tel.: +43 5574 495 90). Vorbei am Bahnhof weiter zur berühmten Seebühne und zum städtischen Strandbad. Hinter dem großen Yachthafen betritt man das Naturschutzgebiet »Mehrerauer Seeufer – Bregenzerachmündung«. An der Mündung der Bregenzerach biegt der Weg nach links um. Zunächst im Auwald, dann auf dem Damm flussaufwärts zur großen Straßenbrücke, die Bregenz mit Hard verbindet. Über die Ach und gleich danach links in den schönen Uferweg nach Wolfurt (434 m, 2 1/2 Std.).

2 In den Bregenzerwald

 960 Hm + 710 Hm Abstieg   7 Std.

Kompass-Karte Nr. 2 Bregenzerwald – Westallgäu 1:50 000

Von Wolfurt auf einem der markierten Wege zum Gasthaus Dreiländerblick (760 m, 1 Std.) in schöner Hanglage über dem Rheintal. Weiter in sanftem Anstieg bis zu den Höfen unter der Schneiderspitze (971 m, 3/4 Std).
Im anschließenden Abstieg nach Alberschwende (721 m, 1 1/4 Std., Touristen-Information Tel.: +43 5579 42 33) wechseln sich Waldparzellen und Wiesen ab. Über Hinterfeld spaziert man hinein in das Dorf. Am östlichen Ortsende liegt die Talstation des Sessellifts zum Brüggelekopf (1182 m); ein Wegschild weist zum Gipfel. Knapp unterhalb steht der Alpengasthof Brüggele (1150 m, 1 1/2 Std., privat, Tel.: +43 5579 43 91; www.alpengasthof.com).
Beim Abstieg auf der geteerten Straßenzufahrt bis zur ersten großen Linkskurve. Hier rechts und teilweise im Wald hinab zu der Ferienhaussiedlung Kaltenbrunnen, dann links und hinunter zur Straßengabelung bei Müselbach. Auf der 90 Meter hohen Betonbrücke wird der Graben der Bregenzerach überquert, wenig weiter geht links der Fußweg nach Lingenau (685 m, Tafeln) ab. Über Fehren (666 m) spaziert man hinein in das schmucke Vorarlberger Dorf (2 1/2 Std., Touristen-Information Tel.: +43 5513 63 21).

Vom Bodensee nach Berchtesgaden – eine wahrhaft königliche Tour

3 Zum Staufner Haus

 1040 Hm + 110 Hm Abstieg 5 ¹/₂ Std.

Kompass-Karte Nr. 2 Bregenzerwald – Westallgäu 1:50 000

Die Etappe startet bei der Kirche in Lingenau. Zunächst auf Fahrwegen bergan gegen den lang gestreckten Rücken des Rotenbergs (994 m), dann sanft abwärts nach Hittisau (790 m, 1 ³/₄ Std., Touristen-Information Tel.: +43 5513 62 09 50).
Die Fortsetzung der Tour leitet über die Weiler Rain und Reute ins malerische Leckner Tal. Hinter dem seichten Leckner See passiert man erst den Gasthof Höfle (1027 m, 1 ³/₄ Std., Tel.: +43 5513 65 35), dann eine Weggabelung (hier links!) und wenig weiter die Grenze zu Bayern. Über die Untere Samansbergalpe führt der Pfad in den Obergleichwangtobel, dann hinauf zur Südlichen Lauchalpe (1419 m) und steil weiter auf den Kamm der Nagelfluhkette. Knapp jenseits des Grates, auf seiner Nordseite, liegt das Staufner Haus (1614 m; 2 Std.; DAV, 86 Plätze, Tel.: +49 8386 82 55; www.staufner-haus.de), wenig höher die Bergstation der Hochgrat-Seilbahn (1704 m).

Variante: Länger, aussichtsreicher ist der »obere Weg«, bei dem die Nagelfluhkette vom Hochhäderich bis zum Staufner Haus überschritten wird. Die bestens markierte Route wartet mit einigen gesicherten Passagen auf. Nur für erfahrene Berggänger geeignet! Bolgenach – Hochhäderich (1566 m, Berggasthaus Hochhäderich, Tel.: +43 5513 64 72 und 0664 161 14 23) – Falkenköpfe (1561 m) – Eineguntkopf – Hochfluhalpenkopf (1636 m) – Seelekopf (1663 m) – Staufner Haus (5 ³/₄ Std.).

Das Tal der Vils von der Burg Falkenstein

Diverse Wegpassagen sind recht ausgesetzt, bei Nässe ist diese Route deshalb objektiv gefährlich. Am Stuiben (1749 m) und am Steineberg gibt es einige Sicherungen; 7 ¹/₂ Std. ab Staufner Haus.

4 Über die Nagelfluhkette

 450 Hm + 1180 Hm Abstieg 5 ¹/₂ Std.

Topografische Karte UK L 8 Allgäuer Alpen 1:50 000

Vom Staufner Haus zur Bergstation der Hochgratbahn (1704 m) und weiter auf den Hochgrat (1834 m, ³/₄ Std.). Mit Zwischenabstieg in die Brunnenauscharte (1626 m) zum doppelgipfligen Rindalphorn (1821 m, 1 ¹/₄ Std.). Die Fortsetzung der Route läuft rechts des felsigen Grates hinunter in die Gündlesscharte (1542 m). Nun südseitig abwärts zur Rindalm und auf steilem Fahrweg zur Aualpe (1052 m, 1 ¹/₂ Std.). Zuletzt geht's auf der asphaltierten Talstraße über die Gunzesrieder Säge (930 m, Bushalt) talauswärts nach Gunzesried (889 m, 2 Std., Touristen-Information Blaichach Tel.: +49 8321 80 08 36).

Variante: Wesentlich reizvoller als der lange, ziemlich monotone Talhatscher nach Gunzesried ist eine Fortsetzung der Kammwanderung aus der Gündlesscharte bis über den Steineberg hinaus – wenn Kondition und Wetter gut sind.

5 Von der Iller zur Wertach

 1180 Hm + 990 Hm Abstieg 7 ¹/₂ Std.

Topografische Karte UK L 8 Allgäuer Alpen 1:50 000

Von Gunzesried zunächst nach Sonthofen (743 m, 1 ¹/₂ Std., Touristen-Information Tel.: +49 8321 61 52 91). Von der Stadtmitte bergan zur Burgruine Fluhenstein. Im weiteren Anstieg passiert man die Weiler Walten, Unterried und Breiten. Erst am lang gestreckten Westgrat des Tiefenbacher Ecks (1525 m) wird aus der Asphaltstraße eine dünne Wegspur. Sie steigt im Wald steil zum Westgipfel an und läuft dann flach hinüber zum östlichen Eck (1569 m, 3 Std.).
Hinab zur Verzweigung bei der Karl-Hüller-Hütte (1434 m). Hier links und hinüber zum Spieser (1651 m, 1 ¹/₂ Std.), an dessen Fuß sich der Weg gabelt. Nun wahlweise südseitig um den Berg herum oder oben drüber. Aus dem Sattel unter dem Jochschrofen hinab ins Skigebiet von Unterjoch

201

Der Maximiliansweg

und weiter zur »Deutschen Alpenstraße«. Parallel zum Asphaltband und der jungen Wertach nach Unterjoch (1013 m), dann rechts zum Weiler Steinberg und zur Landesgrenze. Auf Tiroler Boden links zum Landhotel Rehbach (1080 m, 1 1/2 Std., privat, Tel.: +43 5675 66 94; www.rehbach.at).

6 Schlösser und Seen

 480 Hm + 750 Hm Abstieg 7 1/2 Std.

Topografische Karte UK L 10 Füssen und Umgebung 1:50 000

Vom Landhotel Rehbach (1080 m) geht's zunächst hinunter zur Vils und über den Bach. Durch den tiefen, bewaldeten Graben auf einer Forstpiste hinaus nach Pfronten (853 m, 2 3/4 Std., Touristen-Information Tel.: +49 8363 698 88). Im Ortsteil Meilingen beginnt der Aufstieg zur Burgruine Falkenstein (1267 m, 1 3/4 Std.). Vom Burghotel (Tel.: +49 8363 91 45 40) auf breitem Treppenweg zur Ruine Falkenstein, die den Gipfel krönt. Auf der Zufahrtsstraße weiter bergab bis zu einer kleinen Senke (ca. 1140 m). Hier biegt man bei einem alten Grenzstein auf den Zirmgratweg ein (Wegweiser). Er verläuft über den Zwölferkopf (1287 m) und steigt dann ab zur Sommerwirtschaft der Saloberalpe (1089 m). Auf einer Sandstraße hinunter zur Waldidylle Alatsee (868 m, 1 3/4 Std.). Auf dem Uferweg rechts um das Gewässer herum, dann zum Ober- und zum Mittersee und weiter nach Bad Faulenbach. Von dort am Lechufer entlang in die Altstadt von Füssen (808 m, 1 1/4 Std., Touristen-Information Tel.: +49 8362 938 50).

7 Ein wahrhaft königlicher Weg

 1200 Hm + 300 Hm Abstieg 5 Std.

Topografische Karte UK L 10 Füssen und Umgebung 1:50 000

Erstes Zwischenziel dieser Tagesetappe ist das Schloss Hohenschwangau, das Maximilian 1832–1836 in neugotischem Stil über der verfallenen Burg Schwanstein erbauen ließ. Der bequemste Zugang verläuft von Füssen parallel mit der Straße zum Ort Hohenschwangau (Rad- bzw. Fußweg).

Von Schloss Hohenschwangau zum unteren Ende des Alpsees (752 m) und rechts hinauf nach Neuschwanstein (964 m). Der Weiterweg führt an der Rückseite des Schlosses über steile Stiegen hinunter in die malerische Pöllatschlucht (Wasserfall!). Mit dem rauschenden Wasser talauswärts zu einem Holzlagerplatz. Kurz auf einer Straße, dann hinüber zur Talstation der Tegelberg-Seilbahn (820 m, 2 1/2 Std.).

Hier folgt man dem Sträßchen, das neben der Sommerrodelbahn ins Tälchen des Rautbachs leitet (Kulturpfad

Am Weg vom Hörnle ins Loisachtal

Vom Bodensee nach Berchtesgaden – eine wahrhaft königliche Tour

»Schutzengelweg«). An der Weggabelung links und im Wald hinauf zur Rohrkopfhütte (1320 m). Neben dem Lift bzw. neben der Skipiste zum Tegelberghaus (1707 m, 2 1/2 Std., Tel.: +49 8362 89 80 und 0172 853 29 23, privat, 23 Plätze; www.tegelberghaus.de).

8 Durch die Ammergauer Alpen

 420 Hm + 1190 Hm Abstieg 5 1/2 Std.

Topografische Karte UK L 10 Füssen und Umgebung 1:50 000

Vom Tegelberghaus (1707 m) durch die Südflanke des Branderschrofens zur Wiesensenke des Branderflecks (ca. 1620 m). Hier links hinab ins innerste Lobental. Unten am Bach wird aus dem Fuß- ein Fahrweg. Nach knapp 2 km auf einer Brücke rechts übers Wasser und mit der Forstpiste nördlich um das »Ammergauer Matterhorn«, den Geiselstein (1879 m), herum zum kleinen, aufgestauten Bockstallsee. Hinter dem Gewässer links zur Wankerfleck-Kapelle (1148 m) und weiter zur Kenzenhütte (1285 m, 3 Std., privat, bew. Christi Himmelfahrt bis Mitte Okt., 60 Plätze, Tel.: +49 8368 390). Direkt vor dem Haus beginnt der Anstieg zum Bäckenalmsattel (1536 m). Der Abstieg führt ostwärts hinunter zur Bäckenalm (1309 m) und durch das Sägertal hinaus zum Lindergrieß. Abseits der Autostraße nach Linderhof (943 m, 2 1/2 Std., Tel.: +49 8822 790; www.schlosshotel-linderhof.de).

Variante: Auf der alpinen Variante über Krähe und Hochplatte in den Ammergauer Alpen erreicht der Maximiliansweg an der Hochplatte (2082 m) seinen höchsten Punkt. Der will allerdings verdient werden: mehrfaches Auf und Ab mit mehreren, teilweise gesicherten Felspassagen, 5 1/2 Std.

Weitere Variante: Die »obere« Variante des Fernwanderweges führt von der Kenzenhütte über die Klammspitze (1924 m) zu den Brunnenkopfhäusern (1602 m, 5 1/2 Std., Tel.: 0175 654 01 55).

9 Der König war schon da!

 1160 Hm + 710 Hm Abstieg 6 Std.

Topografische Karte UK L 3 Pfaffenwinkel – Staffelsee 1:50 000

In Linderhof um das große, umzäunte Schlossgrundstück herum, dann im Linderwald bergan, zweimal breite Forstpisten querend. Unter dem Laubereck (1758 m) stößt man auf den Klammspitz-Kammweg. Auf ihm hinüber zu dem bereits lange sichtbaren Pürschlinghaus (1564 m, 2 1/4 Std., DAV, ganzj. bew. außer April und Nov., 66 Plätze, Tel.: +49 8822 35 67).

Der Abstieg führt durch den Waldgraben der Schleifmühlenlaine hinaus nach Unterammergau (836 m, 1 3/4 Std.), dann mit der Bundesstraße nordwärts zur Kappelkirche (859 m). Vor dem Kirchlein biegt man rechts ab und folgt einem Fahrweg über offenes Wiesengelände in den Graben der Kappellaine. Dort links und in einer weit ausholenden Schleife hinauf zur Aiblehütte (1293 m), die eine kleine Kuppe mit hübscher Aussicht krönt. Zuletzt an dem bewaldeten Rücken entlang zur Hörndlhütte (1390 m, 2 Std., DAV, ganzj. bew. außer April und Nov., 23 Plätze, Tel.: +49 8845 229).

Variante: Wer über die Klammspitze zu den Brunnenkopfhäusern (1602 m, siehe Variante 8. Etappe) gekommen ist, wird auf den Zwischenabstieg nach Linderhof verzichten und die »obere« Route zum Pürschlinghaus nehmen. Sie verläuft an der Südseite des Klammspitzkamms, unterhalb des schroffen Grats, hinüber zum Pürschlinghaus (1564 m, 2 1/2 Std.).

10 Ins Alpenvorland

 50 Hm + 800 Hm Abstieg 4 Std.

Topografische Karte UK L 3 Pfaffenwinkel – Staffelsee 1:50 000

Von der Hörndlhütte (1390 m) folgt man zunächst dem Güterweg, der zwischen dem Vorderen und dem Mittleren Hörnle hindurch zur Hörnlealm (1431 m) führt. Nördlich am Hinteren Hörnle (10 Min.) vorbei und weiter zur Wiesenmulde unter dem Rißberg (1430 m). Der Pfad leitet in die Südhänge des Berges, biegt dann nach links um und zieht im Zickzack hinunter zu einer Forstpiste. Man verlässt sie nach links und folgt dem Hohlweg, der am Bergfuß schließlich in eine Straße mündet. In Grafenaschau (656 m, 2 Std.) rechts einbiegen in das für den motorisierten Verkehr gesperrte Sträßchen, das am Rand des Murnauer bzw. Eschenloher Mooses verläuft. Zuletzt unter der Autobahn hindurch und hinein nach Eschenlohe (639 m, 2 Std., Touristen-Information Tel.: +49 8824 82 28).

11 Ins königliche Jagdrevier

1320 Hm + 390 Hm Abstieg 6 Std.

Topografische Karte UK L 18 Bad Tölz – Lenggries 1:50 000

In Eschenlohe (639 m) zunächst über die Loisach, dann auf Straßen ins waldreiche Tal der Eschenlaine und weiter in den Graben der Grießlaine. Nun auf schmalem Fußweg hinauf zur Ohlstädter Alm (1413 m, 3 1/4 Std.). Aus dem Sattel unter dem Rotwandkopf im Zickzack zum Heimgarten (1790 m, 1 Std.) mit kleiner Gipfelhütte.

203

Der Maximiliansweg

Bayerische Bergidylle: Alm im Isarwinkel

Der Weiterweg führt vom Gipfel am rechten Rand schroffer Abbrüche zunächst rund 200 Höhenmeter bergab, schlängelt sich dann am Grat entlang (Sicherungen, leichte Felsen). Über einen Schrofenhang steigt man auf zum Herzogstand (1731 m, 1 1/4 Std.). Zuletzt auf dem ehemaligen Reitweg hinab zum Herzogstandhaus (1573 m; 1/2 Std.; privat, 80 Plätze, Tel.: +49 8851 234).
Variante: Vom Sattel der Ohlstädter Alm (1413 m) besteht eine markierte Abstiegsmöglichkeit zum Walchensee (802 m) – mögliche Alternative bei einem Schlechtwettereinbruch. Am Kesselberg kann man dann wieder in die Originalroute einfädeln. Ab Eschenlohe etwa 4 1/2 Std.

Rappintal. Über die Kochler Alm (1173 m) zur schön gelegenen Staffelalm (1321 m), dann südlich um Rabenkopf und Glaswand herum und hinauf zur Glaswandscharte (1324 m). An der Waldgrenze gabelt sich die Route: Rechts geht's zur Benediktenwand (1800 m), links, zuletzt absteigend, zur Tutzinger Hütte (1325 m, 4 Std., DAV, Öffnungszeiten erfragen, 91 Plätze, Tel.: +49 175 164 16 90; www.tutzinger-huette.de).
Variante: Natürlich lockt der »Rigi Oberbayerns« den Weitwanderer zur ganz großen Aussicht. Dabei bietet sich eine Überschreitung von West nach Ost an, mit Abstieg vom Rotohrsattel zum Etappenziel, der Tutzinger Hütte. Im Abstieg leichte Felsen (Drahtseile), zusätzliche Gehzeit etwa 1 1/2 Std.

12 Zur Benediktenwand

 850 Hm + 1100 Hm Abstieg 7 Std.

Topografische Karte UK L 18 Bad Tölz – Lenggries 1:50 000
Diese Etappe startet mit dem Abstieg vom Herzogstandhaus zum Kesselberg (850 m, 1 1/2 Std.). Der Maximiliansweg kreuzt die Straße und steigt dann zur Jocher Alm (1381 m, 1 1/2 Std.) an. Dahinter bergab zur Kotalm (1133 m) und ins

13 In den Isarwinkel

 650 Hm + 1300 Hm Abstieg 4 3/4 Std.

Topografische Karte UK L 18 Bad Tölz – Lenggries 1:50 000
Von der Tutzinger Hütte ansteigend zum Rotohrsattel (ca. 1670 m). Hier zweigt rechts die ostseitige Gipfelroute ab (siehe 12. Etappe). Der Weg zum Brauneck umgeht den felsigen Grat der Achselköpfe nordseitig, dabei 200 Höhenmeter

Vom Bodensee nach Berchtesgaden – eine wahrhaft königliche Tour

verlierend. Latschenkopf (1712 m), Kirchstein und Stangeneck (1646 m) sind die nächsten Hochpunkte der Aussichtswanderung. Zuletzt am Schrödelstein (1548 m) vorbei und hinüber zum Brauneck (1555 m, 3 Std.) mit Gipfelhaus (Brauneckhaus, 1550 m, DAV, 70 Plätze, Tel.: +49 8042 87 86 und 0171 623 24 97; www.brauneckgipfelhaus.de).
Von der Seilbahnstation (1510 m), der Skipiste ausweichend, nordöstlich hinunter zur Garlandalm. Hier stößt man auf eine Schotterpiste, die in den Riesenparkplatz der Seilbahn mündet. Über die Bergbahn- und die Wegscheiderstraße kommt man ins Ortszentrum von Lenggries (679 m, 1 ¾ Std., Touristen-Information Tel.: +49 8042 501 80).
Variante: Wer den Zwischenabstieg nördlich der Achselköpfe vermeiden möchte, kann die vier schroffen Zacken im Hauptkamm der Benediktenwandgruppe auch überschreiten (leichte Felsen, einige Sicherungen). Der Gratweg zweigt etwa 50 Meter unterhalb des Rotohrsattels ab (Tafel).

14 Zur Voralpenidylle Tegernsee

1110 Hm + 1040 Hm Abstieg 6 ½ Std.

AV-Karte Nr. 7/1 Tegernsee – Schliersee 1:25 000
Vom Ortszentrum Lenggries (679 m) südlich nach Hohenburg, dann hinauf zum Hohenburger Weiher. An seinem Nordufer Hinweis zum Geierstein. Die teilweise recht undeutliche Spur verläuft über den lang gestreckten Westgrat, erst fast flach, dann steiler, zuletzt über einen Steilhang zum Geierstein (1491 m, 2 ½ Std.).
Dahinter nordseitig hinab in den Wald, bei der Verzweigung rechts zu einer Forstpiste. An einer Senke links am Kamm aufwärts zu einer Wiesenmulde und weiter zum Fockenstein (1564 m, 1 ½ Std.).
Vom Gipfel über Schrofen hinab in den Wald, dann auf einer Straße zur Aueralm (1269 m). Dahinter links und leicht steigend zur Waxlmoosalm (1185 m), dann am bewaldeten Rücken bis zum Zwergelberg (1135 m). Steil hinunter zum Sonnenbichl mit seinem Gasthaus und am Zeiselbach entlang hinein nach Bad Wiessee (749 m, 2 ½ Std., Touristen-Information Tel.: +49 8022 860 30). Mit dem Schiff über den Tegernsee (www.seenschifffahrt.de).

15 Vom Tegernsee ins Leitzachtal

870 Hm + 850 Hm Abstieg 6 Std.

AV-Karte Nr. 7/1 Tegernsee – Schliersee 1:25 000
Vom Bahnhof Tegernsee links zum Promenadenweg. Nach wenigen Minuten zweigen der »Bayernweg« und der »Alte Sommerweg« zur Neureuth ab. Am Berggasthaus Neureuth (1261 m, 1 ½ Std.) vorbei und in leichtem Auf und Ab zur Gindelalm (1242 m). Durch das Schilchental hinab zum Breitenbach und hinaus nach Schliersee (784 m, 2 ¼ Std., Touristen-Information Tel.: +49 8026 606 50). Vom Ortszentrum zur Mündung des Leitner Grabens und durch ihn ansteigend in die Waldsenke im Rücken des Auracher Köpferls (ca. 1130 m). Dahinter hinab ins Tal der Leitzach und hinein nach Fischbachau (772 m, 2 ¼ Std., Touristen-Information Tel.: +49 8028 876).

16 Über den Wendelstein

1070 Hm + 650 Hm Abstieg 5 ½ Std.

Kompass-Karte Nr. 8 Tegernsee – Schliersee – Wendelstein 1:50 000
Von der Dorfmitte in Fischbachau (772 m) zunächst auf Asphalt zum Wallfahrtsort Birkenstein (Kapelle, 853 m), dann im Wald bergan zur Kesselalm (1275 m), zuletzt über einige Serpentinen. In der Grassenke (1350 m) unter dem felsigen Breitenstein (1622 m) rechts und ohne größere Höhenunterschiede um die bewaldete Ostflanke des Schweinsberges herum zur Durhamer Alm (1315 m, 2 ¼ Std.). Weiter zur Elbachalm, dann auf die Südseite des Wendelsteins und in Kehren hinauf zum Wendelsteinhaus (1736 m). Auf komfortablem Zickzackweg zum Wendelstein (1838 m, 1 ¾ Std.).
Der Abstieg führt erst in die Nordflanke des Gipfels, dann hinunter zur Zeller Scharte (1611 m). Weiter bergab in die Wiesensenke (1418 m) bei der Reindler Alm. Rechts talabwärts bis zu einer Weggabelung und rechts auf einem schönen Waldweg zur Mitteralm (1198 m, 1 ½ Std., DAV, 50 Plätze, Tel.: +49 8034 27 60; www.mitteralm.com).

17 Über den Inn

1080 Hm + 710 Hm Abstieg 6 ½ Std.

Topografische Karte UK L 7 Chiemsee und Umgebung 1:50 000
Der Maximiliansweg führt parallel zur Zahnradbahn von der Mitteralm (1198 m) talauswärts in das weitere Siedlungsgebiet von Brannenburg (Touristen-Information Tel.: +49 8034 45 15). Via St. Margrethen hinein ins Dorf, dann über den Inn nach Nußdorf (487 m, 2 ½ Std.). Am östlichen Ortsende im Graben des Steinbachs bergan zu einer Verzweigung. Auf einer Teerstraße über den Bach und dahinter gleich wieder rechts. Am Gehöft Schwarzenbach vorbei zu einem Tümpel (636 m) und auf einer Asphaltstraße zum Gasthof Duft (780 m, 1 ½ Std.). Weiter auf der Straße Richtung Samerberg. Am Wanderparkplatz Spatenau (740 m) rechts und auf einem Fahrweg über ein paar Schleifen bis unter die Wimmeralm (1151 m), dann in kurzen Kehren über

Der Maximiliansweg

die Seitenalm hinauf zum Südwestgrat der Hochries und an ihm zum Gipfel mit dem Hochrieshaus (1568 m, 2 1/2 Std., DAV, 40 Plätze, Tel.: +49 8032 82 10; www.hochrieshaus.de).

18 Der Kampenwand entgegen

 850 Hm + 950 Hm Abstieg   5 Std.

Topografische Karte UK L 7 Chiemsee und Umgebung 1:50 000

Vom Hochrieshaus (1568 m) zunächst über den breiten Nordostrücken des Berges hinab zu einer Wegspinne (1356 m) nahe der Riesenalm, dann geradeaus zur Riesenhütte (1346 m, DAV, ganzj. bew. außer April und Nov., Tel.: +49 8052 29 21; www.riesenhuette.de). Dahinter auf einer Sandstraße bergab und flach hinüber zur Hofalm (970 m). In Kehren hinunter ins Priental und unter dem Schlosshügel von Hohenaschau (2 1/2 Std., Touristen-Information Aschau Tel.: +49 8052 90 49 37) zur Talstraße. Bei den großen Parkplätzen der Kampenwandbahn links und mit einem Sträßchen (Wegweiser) über Wiesen bergan in den Wald. An der Verzweigung rechts und nach 200 Meter spitzwinklig links in den alten Reitweg. Er mündet unter der Maiswand in eine Forstpiste. An der Verzweigung oberhalb der Schlechtenbergalm (1270 m) rechts und um den Felszacken des Hirschensteins herum hinauf zur Kampenwandbahn und zum Berggasthaus SonnenAlm (1467 m, 2 1/2 Std., Berggasthaus SonnenAlm, privat, 56 Plätze, Tel.: +49 8052 44 11).

19 Über die Kampenwand zum Hochgern

 1200 Hm + 1200 Hm Abstieg   7 1/4 Std.

Topografische Karte UK L 7 Chiemsee und Umgebung 1:50 000

Vom Berggasthaus auf dem breiten Spazierweg flach zur Steinlingalm (1448 m). Wenig oberhalb gabelt sich der Weg: links um die Kampenwand herum, dabei eine Scharte passierend (Drahtseil), geradeaus zu den Felsen. In leichter Kletterei (I) in die »Kaisersäle« und zum höchsten Punkt mit riesigem Kreuz. Ostseitig durch eine Verschneidung (Drahtseile) hinab in die grasige Senke, auf die der untere Weg einmündet. Halbrechts abwärts und unter den Felsen des Hochalpenkopfs (1494 m) hindurch. Am Kamm zur Piesenhauser Hochalm (1360 m). Auf breitem Almweg um die Hochplatte herum und bergab zum Hochplatten-Sessellift (1040 m). Etwa 100 Meter vorher spitzwinklig rechts und auf der Sandstraße hinunter nach Marquartstein (546 m, 4 1/2 Std., Touristen-Information Tel.: +49 8641 69 95 58). Jenseits der Tiroler Achen bergan. Auf einem Ziehweg bzw.

auf der Sandstraße zur Agergschwendalm (1040 m). Weiter über ein paar Kehren zum Hochgernhaus (1461 m, 2 3/4 Std., privat, ganzj. bew., 34 Plätze, Tel.: +49 8641 619 19).

20 Zweimal Panorama

 880 Hm + 1680 Hm Abstieg   7 Std.

Topografische Karte UK L 7 Chiemsee und Umgebung 1:50 000

Vom Hochgernhaus (1461 m) auf ordentlichem Weg über den licht bewaldeten Südhang bergan, dann auf die Nordseite wechseln und weiter in die kleine Senke zwischen den beiden Hochgerngipfeln (3/4 Std.).

Der Abstieg folgt vom Kreuz am Westgipfel kurz dem Grat, läuft dann in kurzen Kehren über den sehr steilen Südhang hinunter. Bei der Weggabelung links zur Bischofsfellnalm. Dahinter weiter abwärts zur Hinteralm (1131 m) und auf einer Sandstraße in die Wiesensenke zwischen Hochgern und Hochfelln (1 1/2 Std.).

Im Weißgraben in ein paar Schleifen zu einer Gratscharte (1425 m). Links um den Thoraukopf (1481 m) herum und über die Thorauschneid zum Gipfel des Hochfelln (1671 m, 1 3/4 Std.) mit seiner Kapelle. Etwas unterhalb steht das Hochfellnhaus.

Der Abstieg führt zum Ansatzpunkt der Strohnschneid, dann hinunter zur Fellnalm (1351 m). Weiter talabwärts, an der Abzweigung zur Farnbödenalm vorbei und an der sonn-

Ein Haus mit Aussicht: das Hochgernhaus

Vom Bodensee nach Berchtesgaden – eine wahrhaft königliche Tour

Rast am Berg: auf der Bischofsfellnalm

seitigen Talflanke hinaus zu der Waldsenke (1077 m) zwischen Poschinger Wand und Haßlberg. Auf breitem Forstweg durch den Eckwald hinab zu den Häusern von Egg (810 m) und auf Nebenstraßen hinein in das Langlaufdorf Ruhpolding (655 m, 3 Std., Touristen-Information Tel.: +49 8663 880 60).

21 Vom Chiemgau ins Berchtesgadener Land

 1000 Hm + 270 Hm Abstieg 5 ³/₄ Std.

Topografische Karte UK L 4 Berchtesgadener Alpen 1:50 000

Die Etappe startet als Talwanderung, führt teilweise auf Straßen von Ruhpolding (655 m) über die Weiler Infang, Oberhausen, Ramsen und Hinterbichl nach Inzell (693 m, 2 ¹/₂ Std., Touristen-Information Tel.: +49 8665 988 50). Von der Ortsmitte ostwärts zum Weiler Breitmoos und halblinks auf einem Wiesenweg zum Hof Einsiedl (767 m). Nun einem Ziehweg folgen, der im Wald ansteigt und bald in eine breite Forstpiste mündet. Auf dieser etwa 300 Meter bis zur Abzweigung eines schmaleren Waldsträßchens (rechts). Von seinem Endpunkt auf einem guten Weg in vielen Kehren bergan, zuletzt links haltend zur Kammhöhe. Knapp dahinter liegt die idyllische Kohleralm (1450 m, 1 ³/₄ Std.). Von der Alm mit einigem Auf und Ab durch die überwiegend bewaldeten Südhänge des Hinterstaufen ostwärts zur Zwieselalm (1386 m, 1 ¹/₂ Std., Zwieselalm, privat, Tel.: +49 8651 31 07).

22 Finale furioso

 240 Hm + 1060 Hm Abstieg 7 Std.

Topografische Karte UK L 4 Berchtesgadener Alpen 1:50 000

Die letzte Etappe führt von der Zwieselalm (1386 m) auf markiertem Weg – mehrfach Forstpisten kreuzend – überwiegend schattig hinunter zur Padinger Alm (667 m), dann weiter abwärts zur Saalach und auf dem Nonnersteg über den Fluss. Unter der Umgehungsstraße hindurch und hinein nach Bad Reichenhall (473 m, 2 ¹/₄ Std., Touristen-Information Tel.: +49 8651 60 61).

Man verlässt das Zentrum der alten Bäderstadt nach Osten und steigt nördlich des bewaldeten Streitbühls (551 m) auf Quartierstraßen an nach Bayerisch Gmain (¹/₂ Std.). Am Bahnhof vorbei zum Parkplatz am Ortsrand. Nun auf breitem Weg, mal links, dann rechts der Bahntrasse, in sanftem Anstieg zur Wasserscheide von Hallthurm (695 m, 1 ¹/₂ Std.). Nun dem komfortablen »Maximilians-Reitweg« folgen, am Fuß des Untersbergmassivs entlang, dabei den Ort Winkl umgehend. Hinter Bischofswiesen (615 m), das ebenfalls rechts abseits bleibt, am Wasserfall des Weiherbachs vorbei. In Anzenbach mündet der Reitweg in eine breite Asphaltstraße. Auf ihr Richtung Berchtesgaden, vorbei am großen Krankenhaus. Nur wenig weiter, an der markanten Rechtskurve, öffnet sich ein besonders schöner Blick auf die Stadt und das Watzmannmassiv. Rechts haltend spaziert man hinein ins Zentrum von Berchtesgaden (571 m, 2 ³/₄ Std., Touristen-Information Tel.: +49 8652 944 53 00), wo diese wahrhaft »königliche« Reise endet.

Zwischen Klosters und St. Antönien führt der Große Walserweg über das Rätschenjoch.

8 Der Große Walserweg
Auf den Spuren der Walser von Zermatt zum Kleinwalsertal

TOURENINFO

SCHWIERIGKEIT ●●●●●
Die Schwierigkeiten variieren stark und reichen von einfachen Tal- und Höhenwegen bis zu hochalpinen Übergängen.

KONDITION ●●●●●
Je nach Teilstrecke auch weniger.

ETAPPEN
35 Etappen, 660 km, 37 000 Hm (je im Auf- und Abstieg, also 74 000 Hm ges.).

HÖCHSTER PUNKT
Theodulhütte, 3317 m.

AUSGANGSORT
Zermatt/Wallis.

ENDPUNKT
Österreichisches Kleinwalsertal bzw. bei großer Runde Klosters/Graubünden.

ERLEBNISWELT/HIGHLIGHTS
Der Weg führt durch einige der eindrucksvollsten Berglandschaften der Alpen. Neben berühmten Gebirgen wie Walliser Alpen, Rätikon, Allgäuer Alpen oder Silvretta werden auch weniger bekannte, aber deswegen nicht minder eindrucksvolle Berggruppen durchquert. Den eigentlichen Höhepunkt der Tour bieten jedoch immer wieder die alten Walserhöfe und -siedlungen, die aufgereiht wie an einer Perlenschnur dem »Großen Walserweg« seinen Verlauf vorgeben.

KARTEN
Topografische Karte des Bayerischen Landesvermessungsamtes UK L 8; AV-Karte Nr. 26; Landeskarten der Schweiz (LKS) Nr. 238, 248, 256, 257, 258, 265 T, 266, 267, 274, 275, 283, 284, 293, 294 ; ÖK Nr. 141, 142, 143, 170; siehe die einzelnen Etappen.

LITERATUR
Führerliteratur zum Großen Walserweg ist vergriffen. Fachliteratur zum Thema »Walser« ist vorhanden, z. B. von Kurt Wanner: Unterwegs auf Walserpfaden, hrsg. von der Walservereinigung Graubünden, Chur 2002. Literaturhinweise auch auf www.wir-walser.ch.

BESTE TOURENZEIT
Mitte Juni bis Mitte Oktober (je nach Schneelage und Hüttenöffnungszeiten), Mitte Juli bis Anfang Oktober in den westalpinen Bereichen zwischen Zermatt und Airolo.

Bis heute ist der »Großer Walserweg« selbst in Weitwandererkreisen wenig bekannt und wird im Vergleich zu anderen Alpenrouten nur selten begangen. Vielleicht schrecken so manchen die Länge der Tour, die etwas unübersichtliche, variantenreiche Wegführung oder die oftmals fehlenden Beschilderungen ab. Der Große Walserweg ist nicht also solcher durchgehend beschildert!

An den Eindrücken, den dieser herrliche Weg bietet, kann es jedenfalls nicht liegen. Wer sich auf das anstrengende Abenteuer Großer Walserweg einlässt, der wird mit einem Landschaftserlebnis belohnt, das seinesgleichen sucht. Schon zum Auftakt lässt der Weg um die Eisriesen der Walliser Viertausender jedes Bergsteigerherz höher schlagen. Im Tessin, in Graubünden und im österreichischen Vorarlberg führt er dann durch einsame Täler, über stille Höhen oder durch weithin bekannte Berggruppen.

Doch die eindrucksvollen Landschaften sind nur ein Teil dieses unvergleichlichen Höhenweges. Der Große Walserweg erschließt uns eine weite Dimension – er bietet eine Reise durch Raum und Zeit. Er führt uns weit zurück ins Mittelalter, als die Walser damit begannen, die Hochlagen im zentralen Alpenbereich urbar zu machen und zu besiedeln. Immer wieder stoßen wir auf der gesamten Wegstrecke auf die jahrhundertealten Zeugen ihrer Kultur. Eindrucksvoll erzählen ihre holzbraunen Höfe, ihre abgelegenen Siedlungen und Saumwege von der Härte des Berglebens in vergangenen Zeiten. So manches ist verschwunden, doch vieles ist bis heute erhalten und wird im Bewusstsein der eigenen Geschichte weiterhin gepflegt. Die Verbindung von herrlicher Berglandschaft mit der Kultur der alten Siedler macht den Großen Walserweg zu einem einzigartigen Weitwanderweg, der mehr Interesse als bisher verdient.

Der erste Wandertag endet inmitten der Walliser Bergriesen an der Theodulhütte.

Auf den Spuren der Walser von Zermatt zum Kleinwalsertal

Von Zermatt rund um den Monte Rosa ins Saaser Tal

Viel Schnee im frühen Sommer und ein verregneter August haben uns dazu gezwungen, den Beginn des Großen Walserweges zwischen Zermatt und Airolo Anfang Oktober als letztes Teilstück in Angriff zu nehmen. Am frühen Morgen wandern wir durch die verwaisten Gassen von Zermatt. Wir folgen trotz einer tief hängenden Wolkendecke der Linie des einstmals viel begangenen Saumweges, der von Zermatt aus über den Theodulpass nach Süden führte. Nach 1300 Höhenmetern erreichen wir die Seilbahnstation Trockener Steg. Wir folgen einem Felskamm, der vorbei an der Gandegghütte weiter oben zum Oberen Theodulgletscher läuft und uns herrliche Nah- und Fernblicke auf die Gletscher und Berge im Herzen der Walliser Alpen bietet. Glanzpunkt der Aussicht ist natürlich das dunkle, beeindruckend steile Matterhorn. Am Ende des Felskamms treibt das Steigen über den leicht verschneiten, spurenlosen Oberen Theodulgletscher den Schweiß auf die Stirn. Ein eisiger Höhensturm und die dünne Luft machen den Gang entlang der Piste auch nicht leichter. Die Theodulhütte ist Anfang Oktober bereits verschlossen. So müssen wir noch zusätzliche Höhenmeter überwinden, ehe wir im Rifugio Guide auf über 3400 Meter

Höhe mit heißer Pasta und einem warmen Bett versorgt werden.

Am nächsten Morgen setzt sich das versprochene Hochdruckgebiet allmählich durch, und nur am Matterhorn hängt noch ein letzter großer Wolkenberg. Schnell ist der nahe Theodulpass erreicht, und wir überschreiten die Grenze nach Italien. Vor uns liegt eine vom Skibetrieb geschundene Hochgebirgslandschaft, durch die wir uns den Weg zum fast 3000 Meter hohen Colle Superiore delle Cime Bianche suchen. Ein letztes Mal wendet

Im Weiler Cuneaz erinnert die unverwechselbare Architektur an die Walser Siedler.

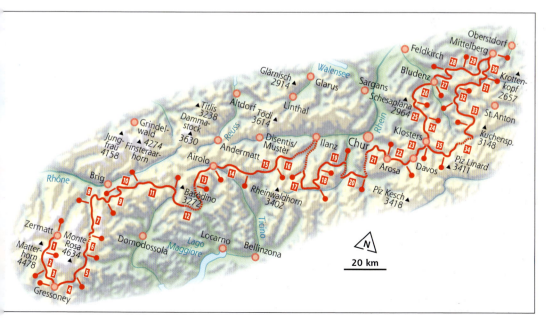

211

Der Große Walserweg

sich der Blick zurück zum Matterhorn – jenseits des Aostatales schimmern die Gletscherflächen des Gran Paradiso. Einsam liegt die grüne Wasserfläche des Gran Lago am Fuße der Fels- und Eisflanken der Gobba di Rollin. Vorbei an einigen Almen führt uns der lange Abstieg hinab nach Blanchard und Saint Jacques (San Giacomo), zu unserem Ziel im Val d'Ayas. Hier ist die Sprache der von ihren Nachbarn als »Uoberbärger« bezeichneten Walsersiedler schon lange verklungen. Doch so mancher Ortsname und viele alte Gebäude zeugen im Val d'Ayas bis heute von der vergangenen Zeit.

Am dritten Wandertag folgt der Walserweg der »Alta Via Valle d'Aosta« zum Weiler Crest. Hier zeigen die dunklen Holzhäuser deutlich die Einflüsse der Walser Siedler. Noch deutlicher wird dies dann im wunderschönen, 2000 Meter hoch gelegenen Weiler Cuneaz, der heute lediglich in den Sommermonaten bewohnt ist. Ein anstrengender Anstieg bringt uns von Cuneaz hinauf zu den kleinen Seeaugen am Colle Pinter, über den die alte Verbindungsroute vom Val d'Ayas ins benachbarte Lystal läuft. Der Blick reicht vom Pass nach Westen bis zum weißen Eisschloss des Mont Blanc. Über den Weiler Alpenzu Grande mit seinen alten Walserhäusern und der kleinen Kapelle, die sich am Rande eines Steilabbruchs festklammert, führt der Weg jenseits hinab nach Gressoney-St. Jean, dem in der Walsersprache »Zar Chilchun« (Zur Kirche) genannten Hauptort des Lystals. Anfang des 13. Jahrhunderts gehörte das Lystal zu den ersten Walser Siedlungsgebieten südlich des Monte Rosa und bildet bis heute die stärkste Walsersprachinsel auf der Alpensüdseite.

Am vierten Tag liegt der lange Weg über den Colle Valdobbia vor uns. Über diesen Pass zogen einst die Walser vom Lystal, um das benachbarte Val Vogna zu besiedeln. Über eine Steilstufe und sanftes Almgelände steigen wir zum bereits geschlossenen Rifugio Sottile am Colle Valdobbia hinauf, an dessen sonnenwarmen Wänden wir uns eine Rast gönnen. Die Aussicht reicht vom Gran Paradiso im Westen bis zur Bernina im Osten. Auf dem immer deutlicher zu erkennender Steinplattenweg des alten Saumpfades steigen wir hinab ins herrliche Val Vogna. Vorbei an einer Anzahl malerischer Walserweiler und kleinen Kapellen wandern wir durch das lang gestreckte, stille Tal hinaus nach Alagna, der von Tourismus überschwemmten Hauptort. Um 1300 wurde das Valsesia von Macugnaga und Grosseney her besiedelt.

Am nächsten Tag verlassen wir Alagna in nördlicher Richtung. Fünf Kilometer folgen wir einer Teerstraße, ehe der Bergsteig beginnt. Teils ist der uralte, von den Walsern erbaute Steinplattenweg noch gut zu erkennen, der zum eng eingeschnittenen Durchschlupf des Colle del Turlo führt. Auf Knie verschleißendem Steinplattenweg steigen wir in unzähligen Kehren zum Querazzatal ab.

DIE GESCHICHTE DER WALSER

Schon vor der ersten Jahrtausendwende ließen sich alemannische Nomaden im Goms, dem Walliser Hochtal an der oberen Rhône, nieder. Hier, in einer Höhenlage von 1500 Metern, errichteten sie die ersten dauerhaften Hochgebirgssiedlungen und entwickelten sich zu Spezialisten für die alpine Landwirtschaft. Bis Ende des 12. Jahrhunderts erschlossen sie alle Walliser Hochtäler. Vom 13. bis zum 15. Jahrhundert führten verschiedene Faktoren dazu, dass sie zu den Erschließern der Hochlagen im zentralen Alpenbereich zwischen Aostatal und Allgäu wurden. Zum einen herrschten im Hochmittelalter günstige klimatische Bedingungen. Zum anderen waren die nun »Walser« (als Kurzform von Walliser) genannten Bauern darauf angewiesen, ihre kleinen Höfe ungeteilt an einen Nachkommen zu übergeben. Die weiteren Kinder standen als Kolonisten bereit. Und drittens waren die Feudalherren daran interessiert, die bis dahin weitgehend brachliegenden Hochlagen ihrer Ländereien wirtschaftlich zu nutzen und, in vielen Fällen wohl auch durch die hoch gelegenen Siedlungen, die Handelswege über die Berge zu beleben. So lockten sie die Walser mit außerordentlichen Rechten wie dem Erbrecht an den Höfen, selbstständiger Verwaltung, eigener Gerichtsbarkeit und geringen Abgaben in ihre Länder. Die ersten Walsersiedlungen außerhalb des Wallis entstanden in den Hochtälern südlich des Monte Rosa und im Formazzatal. Von hier aus erschlossen die Walser die Hochlagen Graubündens und von dort in einer letzten Siedlungswelle ihr nördlichstes Siedlungsgebiet in Vorarlberg. In einer meist romanisch geprägten Umwelt verband ein Netz von Saumwegen, denen heute der Große Walserweg folgt, über die trennenden Bergkämme hinweg die abgeschiedenen Siedlungen der Walser.

Auf den Spuren der Walser von Zermatt zum Kleinwalsertal

Vorbei an der aufgelassenen Goldgräbersiedlung Città Morta und dem Kirchlein von Motta führt uns der nicht enden wollende Weg endlich nach Staffa, der Hauptsiedlung von Macugnaga. Die im 13. Jahrhundert gegründete Streusiedlung war bekannt für ihren Viehmarkt und besaß von allen Siedlungen südlich des Monte Rosa die engsten Beziehungen zur alten Walliser Heimat.

Die Seilbahn zum Monte-Moro-Pass hat im Oktober bereits ihren Betrieb eingestellt, und so biegen wir bei der Kirche im Weiler Chiesa Vecchia, in Walserdeutsch »Zer altu Chilchu«, in den alten Saumweg zum Monte Moro ein. Durch Wald steigen wir zur Mittelstation der Seilbahn und dann mühevoll den gewaltigen, schattenlosen Steilhang hinauf. Kurze Pausen werden durch den Blick auf die riesige Ostflanke des Monte Rosa versüßt. Nach schweißtreibenden 1500 Höhenmetern erreichen wir endlich die große Madonna auf dem Monte-Moro-Pass, über den einst ein viel begangener Saumweg lief. Jenseits steigt man durch Felsgelände zum Mattmark-Stausee hinunter. Da der weitere Abstieg unterhalb der Staumauer immer nahe der Talstraße verläuft, lassen wir uns vom Postbus hinab nach Saas Almagell bringen.

Vom Saaser Tal zur Gotthardstraße

Am sechsten Tag unserer Wanderung erwartet uns mit dem »Saaser Höhenweg« einer der wohl schönsten Panoramawege der Alpen. Von Saas Almagell wandern wir durch lichten Lärchenwald hinauf zur Almagelleralp und queren dann im Auf und Ab die Ostflanke des Saaser Tales mit herrlichem Blick auf die eisgepanzerten Viertausender. Im Alpdorf Finilu taucht nach dem langen, aber kurzweiligen Weg bereits die Abendsonne die alten Walserhäuser in warme Brauntöne. Gottlob trennt uns nur noch ein nicht allzu langer Abstieg von unserem Etappenziel Gspon.

Wir folgen dem Höhenweg, der uns durch Wald und über Alpwiesen zum Gebidumpass führt. Im Norden ragen die Berner Alpen auf und das unnahbar wirkende Bietschhorn

Vorbei an prächtigen Walserhöfen zieht der Weg durch das Val Vogna.

Der Große Walserweg

Auf den Spuren der Walser von Zermatt zum Kleinwalsertal

zieht die Blicke auf sich. Nach der engen Furche des Bistinepasses steigen wir am Ende des Tages zum Simplonpass hinab. Der alte, schon von den Römern ausgebaute Saumweg war in früherer Zeit eine wichtige Handelsroute und verband die Walsersiedlungen südlich des Passes mit dem Walliser Kernland im Rhônetal.

Vom Simplonpass wandern wir auf dem im 17. Jahrhundert von dem Kaufmann Kaspar Jodok von Stockalper erbauten und nach ihm benannten Kulturweg ins Tal der Taferna und dann rechts hinauf nach Rothwald an der Simplonstraße. Von hier leitet uns der »Simplon-Höhenweg«, der uns immer wieder beeindruckende Blicke über das Rhônetal auf die Bergriesen der Berner Alpen bietet, rund um das Gantertal nach Rosswald.

Steil geht es morgens durch Rosswald zum kleinen Kirchlein hinauf und dann auf einem ruppigen Weg zu einer verfallenen Alphütte am Fuße des Fülhorns. Ein wundervoller Hangweg mit Ausblick nach Westen auf die Walliser Viertausenderparade führt sanft ansteigend zum Saflischpass. Jenseits erwartet uns ein langer Abstieg durchs Saflischtal ins Binntal, das die Walser im 13. Jahrhundert besiedelten. Nahezu unverfälscht blieben im herrlichen Binntal, schon 1964 von seinen Einwohnern unter Naturschutz gestellt, die alten Höfe und Weiler erhalten. Nachmittags statten wir dem Dörfchen Fäld einen Besuch ab. Rund um Kapelle und Dorfbrunnen gruppieren sich in ungestörter Harmonie die alten Holzgebäude und bieten eines der schönsten Dorfbilder entlang unseres langen Weges.

Von Binn führt uns der Weg an Fäld vorbei durch das lang gestreckte Binntal bergan. Vom Talschluss folgen wir dem alten, teils mit Steinplatten belegten Saumweg der Walser, der einstmals Goms und Binntal mit dem Val Formazza verband, zum Albrunpass. Vom Pass steigen wir kurz bergab und mühen uns dann zur Scharte Scatta Minoia hinauf. Benannt ist dieser Pass nach einer Walser Kaufmannsfamilie aus dem Val Formazza (von den Walsern »Pomatt« genannt), die über diese Felsscharte eine Handelsroute unterhielt. Tief unter uns leuchtet die grüne Wasserfläche des Lago Vannino, an dem vorbei uns der Weg zum Sagersboden führt. Die Seilbahn ist geschlossen, und so müssen wir am Ende eines langen Wandertages auch die letzten 500 Höhenmeter hinab ins Val Formazza auf Schusters Rappen überwinden. Um das Jahr 1200 ließen sich im Pomatt Walser aus dem Goms nieder. Vom Pomatt aus zogen Ende des 13. Jahrhunderts Siedler in den Rheinwald und gründeten dort weitere Walsersiedlungen.

Als Aufwärmprogramm dient uns am nächsten Morgen die Talwanderung von Ponte nach Fondovalle (Stafelwald). Kurz nach dem Dörfchen beginnt der Weg zur Guriner Furka, über den die Pomatter Walser Mitte des 13. Jahrhunderts Bosco Gurin besiedelten und der über Jahrhunderte hinweg die wichtigste Verbindungslinie der Guriner zur Außenwelt blieb. Vom Pass schlendern wir dann über Weideflächen hinab ins Walserdorf Bosco Gurin, der höchstgelegenen und einzigen deutschsprachigen Gemeinde im Kanton Tessin. Nach der relativ kurzen Etappe bleibt uns heute ausreichend Zeit, das malerische Dorf mit seinen typischen Walserhäusern und dem informativen Walsermuseum zu besichtigen. Gerne würden wir noch länger in Bosco Gurin bleiben, doch das sich verschlechternde Wetter mahnt zur Eile. Um noch eine Chance auf die Vollendung des Weges nach Airolo zu haben, fahren wir mit dem Postbus hinab nach Bignasco, dem Hauptort an der oberen Maggia.

Unterhalb von Fletschhorn und Lagginhorn quert der Weg durch die Ostflanke des Saaser Tales.

Im Binntal ist das Heu für den langen Winter schon sicher verstaut.

Der Große Walserweg

Am nächsten Morgen bringt uns das Postauto durch das Val Bavona nach San Carlo im hintersten Talwinkel. Die Steinhäuser heben sich im Nebel kaum von den grauen Felswänden ab. Die Seilbahn zu den Stauseen von Robiei ist geschlossen. Durch dichten Laubwald steigen wir zum steinernen Alpdorf Campo hinauf, das gespenstisch im Nebel aufragt. In Serpentinen geht es jetzt durch eine Schlucht hinauf zur Bergstation der Seilbahn. Wolken nehmen uns den viel gerühmten Blick auf die Gletscher des Basodino. Ein eiskalter Wind saugt die Feuchtigkeit aus den Wolken, überzieht den Steig mit einer glatten Eisschicht und zaubert bizarre Eisgebilde auf die Felsen. Eine kleine Wolkenlücke gewährt uns einen kurzen Blick auf den von steilen Granitwänden gesäumten Lago Sfundau, in den – vom Nebel gedämpft – geräuschlos ein Wasserfall stürzt. Wenig später ist der von Steinmännern bewachte Passo di Cristallina erreicht, über den ein gnadenloser Eissturm fegt. So schnell wie möglich steigen wir jenseits nach Airolo ab.

Fäld im Binntal zählt zu den schönsten Dörfern am Großen Walserweg.

Von der Gotthardlinie zur Rhätischen Bahn

Von Airolo führen uns die Wegweiser der »Strada alta della Leventina« zur Mittelstation der Standseilbahn Piotta – Ritom. Die steilste Standseilbahn Europas nimmt uns einen Anstieg von 400 Höhenmetern ab. Vom Stausee von Ritom, in dem sich der blaue Tessiner Himmel spiegelt, steigen wir auf einem uralten Saumweg über die sonnenverbrannten Hänge des Val Piora zum Passo Sole hinauf. Ein angenehmer Steig bringt uns auf die Ostseite des Passes nach Acquacalda im Valle Santa Maria hinab, durch das die Straße zum Lukmanierpass läuft.

Am nächsten Morgen wandern wir über bunt gesprenkelte Bergwiesen der Alpsiedlung Dötra zum Wiesenkessel von Anveuda. Anstrengend nun hinauf zum Passo Cantonill, von dem uns ein langer, steiler Abstieg nach Campo Blenio führt. Auf teils ruppigem Weg, der immer wieder die Fahrstraße berührt, steigen wir zur Staumauer des Lago di Luzzone hoch. Der lange Tunnel der Werksstraße,

Auf den Spuren der Walser von Zermatt zum Kleinwalsertal

Hoch über dem Ticinotal wandern wir am tiefblauen Lago Ritom entlang.

die südlich um den See führt, bietet uns während eines heftigen Sommergewitters einen zuverlässigen Unterschlupf. Am Nordzipfel des Sees beginnt dann der lang gezogene Schlussanstieg zur Capanna Michela, die wir nach einem weiteren Gewitter tropfnass erreichen.

Nachdem sich am Morgen die letzten Wolken aufgelöst haben, verlassen wir die angenehme Berghütte und steigen ohne Mühe zum Pass Crap la Crush hinauf. Vor uns liegt die weite Greina-Ebene. In zahllosen Mäandern, zerteilt in unzählige Seitenarme, fließt der »Rein da Sumvitg« über die sumpfige, von Dreitausendern eingefasste Hochebene. Der Bau eines geplanten Wasserkraftwerkes, das diese einzigartige Naturlandschaft zerstören würde, konnte bisher verhindert werden. Vom Pass folgen wir dem Weg am Rand der Greina-Ebene entlang, überqueren den Pass Diesrut und steigen zum malerischen Dorf Vrin ab. Da ein direkter Übergang von Vrin nach Vals nur auf schwierigen Pfaden möglich ist, nehmen wir den Postbus, der uns mit Umsteigen in Ilanz zum Walser Siedlungsgebiet von Vals bringt. Im Hauptort Platz, der sich über die Jahrhunderte zum Zentrum der weit verstreuten Höfe entwickelt hat, schauen wuchtige Doppelhäuser auf den Dorfplatz. In der Nähe finden wir im »Gandahus« das sehenswerte Valser Heimatmuseum.

Am nächsten Morgen folgen wir in umgekehrter Richtung dem Weg der ersten Walser Siedler, die um das Jahr 1300 von Hinterrhein ins Valser Tal gelangten und dann über Jahrhunderte auf dieser Strecke den Saumhandel vom Vorder- zum Hinterrhein aufrechterhielten. Vorbei an der Kirche steigen wir durch ein Spalier alter Häuser bergan. Bald formen sich unter uns die mit Schiefer gedeckten Dächer zu einer imposanten grauen Dachlandschaft. Über Wiesen wandern wir hinein in das Peiltal, das mit seinen sattgrünen Wiesen und verstreuten, alten Höfen ganz dem Idealbild der Walser Siedlungen entspricht. Über den Valserberg kommen wir schließlich zum Dörfchen Hinterrhein, das 1274 als erste Walsersiedlung in Graubünden gegründet wurde. Am Hinterrhein führt uns der Weg vorbei an den Walsersiedlungen Nufenen und Medels nach Splügen. An den imposanten Holz- und Steingebäuden und

Der Große Walserweg

Die »Alte Landbrugg« überspannt nahe dem Dorf Hinterrhein den gleichnamigen Fluss.

der prächtigen Kirche lässt sich die einstmalige Bedeutung dieser alten Drehscheibe des Passverkehrs ablesen.

Am nächsten Tag folgen wir dem Weg der Walser, die im 14. Jahrhundert von den schnell angewachsenen Siedlungen am Hinterrhein über den Safierberg stiegen, um das Safiental

Über das Rheintal schweift der Blick zu den schneebedeckten Gipfeln des St. Gallener Oberlandes.

zu besiedeln. Steile, steingepflasterte Gassen bringen uns zum Dorfplatz hinauf und weiter zum Törli, das den Weg aus dem Tal weist. Der Weg führt über die Wiesen bergauf und bald liegen die steingrauen Dachwellen tief unter uns. An der Stutzalpe legt sich der Anstieg zurück, ehe wir über den steilen Schlusshang zur Pforte des Safierberges hinaufsteigen,

die sich unter den beeindruckenden Schieferspitzen des Chrachenhorn auftut. Unter uns breitet sich nun das weit geschwungene Safiental aus, in dessen hinterstem Winkel wir auf dem alten Saumweg über einige Steilstufen absteigen. »Z'Hinderst« lautet treffend der Name des obersten Hofes, hinter dem sich das Tal in dunklen, von Wasserfällen überronnenen Schieferwänden schließt. Auf dem Talsträßchen wandern wir jetzt zum Weiler Thalkirch mit seiner malerisch gelegenen, schlichten Kirche aus dem 15. Jahrhundert. Hier gewährt uns eine in einem Walserhof untergebrachte Wandererherberge Schutz für die Nacht.

Am Morgen führt uns eine schmale Wegspur nach Camana, wo in einem altehrwürdigen Walserhof ein kleines Heimatmuseum untergebracht ist. Von hier steigen wir dann in den Talgrund zum Hauptort Safien-Platz ab. Durch den jenseitigen steilen Waldhang leitet uns der »D'Stäga« genannte Steig, der in früheren Zeiten für die Safier die kürzeste und in manchen schneereichen Wintern einzige Verbindung mit der Außenwelt darstellte, anstrengend nach Usser Glas hinauf. Am nahen Glaspass öffnet sich der Blick auf die Wiesen des Heinzenberges, die im oberen Bereich von Walsern und in tieferen Lagen von der romanischsprachigen Urbevölkerung besiedelt waren. Ein langer Abstieg bringt uns teils auf alten Wegen, teils auf schmalen Straßen hinab nach Thusis.

Durch das Herz von Graubünden

Da der Kulturweg »Via Mala« großteils auf der Straße verläuft, besteigen wir in Thusis den Postbus, der uns durch die berühmte Schlucht nach Zillis bringt. Bevor die modernen Straßen durch die Schlucht gebaut wurden, stellte die Via Mala (»schlechter Weg«) das Haupthindernis an den Passwegen über Splügen und San Bernardino dar. Bevor wir wieder dem Walserweg folgen, besuchen wir in Zillis die einzigartige Kirche St. Martin. Ihre reiche Ausstattung verdankt sie wohl der Angst und den daraus resultierenden zahlreichen Spenden der Reisenden. So grüßt der heilige Christophorus, Schutzheiliger der Reisenden, in Überlebensgröße von der Außen-

Auf den Spuren der Walser von Zermatt zum Kleinwalsertal

Der Große Walserweg

Die Bergseite der Kirche von Davos-Frauenkirch ist als lawinenbrechender Keil gemauert.

wand, und im Inneren bietet die bemalte romanische Holzdecke ein biblisches Bilderbuch für trostbedürftige Gläubige. Von Zillis wandern wir zum Wiesensattel von Obermutten hinauf. Das gesamte Dörfchen ist aus Holz erbaut, selbst das 1718 errichtete Gotteshaus, einzige Holzkirche in Graubünden. Auf der Fahrstraße über Stafel weiter zum Hauptort der Muttener Walser, nach Untermutten. Hier biegen wir in den alten Kirchweg ein, der die Muttener Walser bis zum Bau einer eigenen zur Kirche ihrer romanischen Nachbarn in Stierva führte. Ein langer Abstieg bringt uns von Stierva hinab zur Talstraße nahe Tiefencastel. Dort unternehmen wir links einen Abstecher zur einzigartigen Kirche St. Peter in Mistail, um 800 erbaut und ursprünglich Teil

eines Klosters. Heute zählt es zu den ganz großen Kulturschätzen Graubündens.

Die Postbusverbindung von Tiefencastel nach Churwalden ziehen wir dem langen Talmarsch durch die ausufernde Touristensiedlung von Lenzerheide-Valbella vor. Von Churwalden leitet uns ein Teersträßchen durch die Wiesen des Walserberges. In den engen Gassen von Tschiertschen drängen sich rund um die Kirche holzbraune Höfe, auf deren Fassaden Haussprüche oder die Familiennamen als kleine grafische Kunstwerke verewigt sind. Vom Dorf steigen wir auf nun angenehmem Weg hinauf zur Ochsenfelder Alm. Ein herrlicher Panoramaweg leitet uns anschließend am Berghang entlang, ehe wir nach Arosa absteigen können. Das im 14. Jahrhundert vor

Auf den Spuren der Walser von Zermatt zum Kleinwalsertal

Walsern gegründete Dorf hat sich ganz dem Tourismus verschrieben und sein altes Gesicht fast vollständig eingebüßt.

Schnell steigen wir am nächsten Morgen ins Tal der Plessur ab, überqueren erst den Fluss und dann auf einer schwankenden Hängebrücke den breiten Geröllstrom des Welschtobels. Durch Wald und über steile Latschenhänge mühen wir uns zur Maienfelder Furgga hinauf. Zufrieden lehnen wir uns an die sonnengewärmte Wand der kleinen Schutzhütte und genießen den weiten Blick nach Osten, der vom Piz Kesch bis zur Silvretta reicht. Doch bald mahnt fernes Donnergrollen zum Aufbruch. Obwohl wir die schutzlosen Abstiegshänge so schnell wie möglich hinter uns bringen, überfällt uns noch vor der rettenden Stafelalp ein kräftiger Gewitterschauer. Nach einer langen Rast zeigt sich wieder die Sonne, und über dampfend-feuchte Wiesen steigen wir zum alten Kirchlein von Davos-Frauenkirch ab. Um 1280 zogen wohl Walser von den Monte-Rosa-Tälern als Siedler in das Tal von Davos und gründeten neben jener vom Rheinwald die zweite große Mutterkolonie in Graubünden. Von hier aus wurden die Nachbartäler besiedelt und weitere Walserkolonien in Vorarlberg gegründet.

Am nächsten Morgen können wir uns viel Zeit lassen, denn vor uns liegt die einfachste Etappe des gesamten Weges. Ein Wanderweg führt uns von Frauenkirch am Landwasser entlang nach Davos, wo die alten Ortsteile

Mitte:
Vom Rätschenjoch führt der Weg durch das Gafiertal hinab nach St. Antönien.

Rechts: Über den Wiesen von Partnun ragen die steilen Kalkberge des Rätikon auf.

Der Große Walserweg

Auf den Spuren der Walser von Zermatt zum Kleinwalsertal

Platz und Dorf zu einer Stadt von 12 000 Einwohnern zusammengewachsen sind. Vorbei am Davoser See wandern wir zu den kleinen Walsersiedlungen von Laret, ehe uns der Schluchtweg in den mondänen Touristenort Klosters hinableitet. Hier hat man geschickter gebaut, und das Ortszentrum des einstmals kleinen Walserdorfes ist nicht so entstellt wie jene von Arosa und Davos. Die Bahnverbindung gibt uns hier die Möglichkeit, die Wanderung auf dem Großen Walserweg für einige Wochen zu unterbrechen.

Die große Nordschleife des Walserweges

Nach Anreise mit dem Zug verbringen wir eine Nacht in Klosters-Dorf, um möglichst früh zur bevorstehenden langen Etappe aufbrechen zu können. Über 800 Höhenmeter leitet uns der Weg durch Bergwald hinauf zur Bergstation der Madrisa-Seilbahn. Über die Weiden der Saaser Alp und durch das unberührte Hochtal der Chüecalanda erreichen wir nach dem langen Anstieg das Rätschenjoch, das uns die Rast mit einem herrlichen Ausblick nach Nord und Süd versüßt. Über die Karstfelsen der Gafier Platten steigen wir dann in das Gafia-Tal ab. Über grüne Alpweiden führt uns der schmale Weg endlich zur Straße im Tal von St. Antönien hinab. In diesem weltfernen Hochtal ließen sich die Walser wohl erst im 15. Jahrhundert nieder. Jahrhundertelang blieb St. Antönien eine der abgeschiedensten Walsergemeinden in Graubünden. So konnte sich hier oben das typische Siedlungsbild mit den verstreuten Hofstellen besonders gut erhalten. Entlang der Straße wandern wir dann hinauf zur herrlichen Streusiedlung Partnun-Stafel.

Der nächste Tag beginnt mit dem Aufstieg über gepflegte Sommerwiesen zur Carschinahütte. Wir folgen dem herrlichen Höhenweg, der unter den senkrechten Südwänden von Drusenfluh und Drei Türmen entlangführt. Über abschüssige Felsbänder steigen wir hinauf in das Schweizer Tor, wo wir auf die österreichische Seite des Rätikons wechseln. Noch ein kurzer Anstieg und dann hinab zur türkisgrünen Wasserfläche, an der die große Douglashütte auf uns wartet.

Am Morgen empfängt uns ein grauer, unfreundlicher Himmel. Trotzdem ignorieren wir die Seilbahn und den Bus, der unterhalb der Staumauer an der Talstation wartet. Wir wollen zu Fuß durch das Brandnertal, das Mitte des 14. Jahrhunderts von Walsern besiedelt wurde, nach Bludenz hinabwandern. Im Hauptort Brand werfen wir einen Blick in die um 1500 erbaute Kirche mit ihren interessanten Fresken. Die Wanderung hinab nach Bludenz zieht sich unerwartet in die Länge. Umso mehr genießen wir schließlich das südländische Flair in der hübschen Altstadt.

Mit der Seilbahn zum Muttersberg verkürzen wir am nächsten Tag den langen Weg hinüber ins Große Walsertal. Auch diese Wiesen hier oben wurden im 15. Jahrhundert von Walser Siedlern aus dem Wald geschlagen. Zumeist auf Wirtschaftsstraßen wandern wir

über den Tiefenseesattel in das Tal des Laguzbaches. Vorbei an den einsamen Höfen von Garfülla, die nur noch im Sommer bewohnt sind, führt uns der Weg hinauf zur herrlich gelegenen Alpsiedlung Laguz. Nach einer erfrischenden Einkehr bringt uns ein letzter Anstieg hoch zum Garmilsattel. Tief unter uns liegt im Großen Walsertal unser Ziel, von dem uns noch nahezu 1000 Höhenmeter trennen. Nach einem langen Abstieg über die wunderschönen Alpweiden von Partnom und Wiesen von Stein können wir im Ort Sonntag endlich unsere müden Beine ausruhen.

Viele rätoromanische Ortsnamen zeugen davon, dass das Große Walsertal schon vor

Senkrechte Felswände überragen den Kirchturm von Bürs.

Aus bunten Sumpfwiesen wachsen die dunklen Nordwände der Kirchlispitzen.

Der Große Walserweg

Neben dem Heimatmuseum von Sonntag pflegt eine Bäuerin ihren Garten.

der Ankunft der Walser, die im 14. Jahrhundert aus dem Wallgau und über die Berge einwanderten, mindestens als Alpgelände genutzt war. Weit verstreut liegen im Tal, das nie besonders dicht besiedelt war, bis heute die Höfe und Weiler. Unser Weg führt uns am taufrischen Morgen an der Lutz entlang zum Dörfchen Buchboden, wo ein langer, schattenloser Aufstieg beginnt. Auf Alpstraßen wandern wir hinauf zur Ober-Überlutalpe, in der wir einen Blick in die Käserei werfen können. An der Alp wechseln wir auf einen Panoramasteig, der uns mit herrlichen Ausblicken über das Große Walsertal und auf das Lechquellengebirge verwöhnt. Doch nach und nach werfen mächtige Cumuluswolken bedenkliche Schatten auf unseren Weg. Bald lassen uns die Blitze eines Sommergewitters zusammenzucken, und patschnass erreichen wir die rettende Biberacher Hütte.

Schon früh brechen wir am nächsten Morgen zu einer langen Etappe auf, die vor uns liegt. Zum Aufwärmen leitet uns ein aussichtsreicher Weg sanft zum Braunarlfürggele hinauf, ehe uns ein steiler Abstieg zur jungen Bregenzer Ache bringt. Rechts öffnet sich der breite Auenfelder Sattel. Schon vor langer Zeit kapitulierten die Walser, die dort siedelten, vor den Unbilden des Hochgebirges. Bis ins 17. Jahrhundert mussten sie von Schröcken über den Sattel zur sonntäglichen Messe nach Lech ziehen und dort auch ihre Toten begraben. War im Winter der Übergang nicht passierbar, wurden die in Schröcken Verstorbenen im Schnee eingefroren, bis der Weg nach Lech wieder frei war. Nach einem bisher einsamen Wandertag teilen wir uns zwischen dem Körbersee und dem nahen Hochtannbergpass den Weg mit vielen Ausflüglern. Hochkrumbach heißt die Walsersiedlung am Pass, die im Jahre 1900 von den letzten Einwohnern aufgegeben wurde. Heute erinnern eine Kapelle und einige nur noch als Maiensässen genutzte Walserhöfe an die alten Zeiten. Ein letzter Anstieg führt uns über den Hochalppass, einen der beiden klassischen Übergänge, über die die Walser um das Jahr 1300 ihr nördlichstes Siedlungsgebiet erreichten, ins Kleinwalsertal. Eigentlich haben wir hier den Endpunkt

224

Auf den Spuren der Walser von Zermatt zum Kleinwalsertal

des Großen Walserweges erreicht, doch wir wollen auch noch die östliche Schleife des Weges begehen, die uns zurück nach Klosters führen soll.

Zu den östlichsten Walserkolonien

So schultern wir am nächsten Tag wieder unsere Rucksäcke und wandern durch das Gemsteltal zum Gemstelpass hinauf, über den wie am nahen Hochalppass über die Jahrhunderte die Kleinwalsertaler enge Verbindungen zu den Walsern am Tannberg unterhielten. Nach dem kurzen Abstieg treffen wir in Hochkrummbach auf den gestrigen Weg. Wir wenden uns nun aber nach Osten und folgen der »Alten Salzstraße«. Auf ihr wurde seit dem 14. Jahrhundert das Tiroler Salz nach Westen transportiert. Das Saumwesen bescherte den Walsersiedlungen am Tannberg zusätzliche Verdienstmöglichkeiten. In Warth, das wie alle anderen Siedlungen am Tannberg und wie das Kleinwalsertal um 1300 besiedelt wurde, lassen wir schließlich die heutige Etappe enden.

Der steile Aufstieg von Warth Richtung Wannenkopf bildet den schweißtreibenden Auftakt des folgenden Tages, bevor wir auf herrlichem Panoramaweg ins wunderschön gelegene Bürstegg hinüberwandern. Nur noch zwei Häuser und die Kapelle sind von dem im Laufe des 19. Jahrhunderts entvölkerten Ort erhalten. Der Weg führt uns anschließend hinab in den mondänen Wintersportort Lech. Das Dorf ist die alte Hauptsiedlung der

Die Felswände des Breithorns ragen am Südrand des Große Walsertales in den Himmel.

Der Große Walserweg

Walser am Tannberg und war jahrhundertelang zentraler Kirch- und Gerichtsort. Vom Ort Lech folgen wir nun dem Lauf des gleichnamigen jungen Flusses. Lange zieht sich der Weg hin, bis wir von der Freiburger Hütte auf den Formarinsee hinabblicken können, in dem sich die abendlich erleuchtete Rote Wand spiegelt.

Ein langer Abstieg liegt hinter unseren geschundenen Knien, als wir am nächsten Tag Dalaas erreichen. Die Sommerhitze kann uns heute aber nicht schrecken, denn der folgende Anstieg aus dem Klostertal führt uns durch einen schattigen, dicht bewaldeten Nordhang zum Kristbergsattel. Unter uns liegt jetzt das Walser Siedlungsgebiet von Kristberg und Silbertal, das wohl schon vor der Ankunft der Walser von rätoromanischen Bergknappen bewohnt wurde. Sie bauten hier, wie der Name schon sagt, vor allem reiche Silbervorkommen ab. Vorbei an der alten,

Nahe der Silvrettahütte streifen im letzten Tageslicht Steinböcke durch die Felshänge.

Die dunklen Felshörner des markanten Patteriol schauen auf den kleinen Pfannsee.

eigenwilligen Kirche St. Agatha, in die die Walser Siedler einige Reliquien ihres »Nationalheiligen« St. Theodul verbrachten, steigen wir zu unserem Etappenziel Silbertal ab.

Das anfangs enge und gewundene Tal der Litz gibt uns am nächsten Morgen den Weg ins Herz der Verwallgruppe vor. Vorbei an verstreuten Walserhöfen und einem Wasserfall mit dem eigenwilligen Namen »Giesla-Fuchsschwanz« steigen wir zur Ronaalpe hinauf. Ganz gerade streckt sich nun das Tal zum Patteriol, dem schönsten Berg im Verwall, der für die nächsten Stunden unseren unübersehbaren Wegweiser spielen wird. Vorbei an malerischen Seeaugen überschreiten wir am Silbertaler Winterjöchle die europäische Wasserscheide, zugleich die Grenze zwischen Vorarlberg und Tirol, und steigen in das von der Rosanna durchflossene Schönverwalltal ab. Bald können wir uns in der Schönverwallhütte stärken, ehe uns ein letzter Anstieg am Ende eines langen Wandertages zur Heilbronner Hütte bringt.

Mit frischer Kraft wandern wir frühmorgens von der Hütte durchs blühende Verbellatal hinab zum Kops-Stausee und dann über das Zeinisjoch nach Galtür. Anfang des 14. Jahrhunderts gründeten hier die Walser ihre östlichste und einzige auf Tiroler Boden gelegene Kolonie. In Galtür gönnen wir uns ein Frühstück, ehe uns der Postbus über die Silvrettastraße zur Bielerhöhe bringt. Eilig verlassen wir diesen Touristenrummelplatz. Der Weg am türkisfarbenen Silvretta-Stausee entlang gehört uns dann wieder fast alleine. Im sanft ansteigenden Klostertal kreuzen Frösche und Kröten den Steig, ehe wir den steilen Schlussanstieg zur Roten Furka in Angriff nehmen. Beeindruckend ragen allseits die dunklen Felshörner der Silvrettaberge über uns auf, von denen blendend weiße Gletscher zu Tal strömen. Vorsichtig tasten wir uns vom Pass durch die bröckelige Flanke zum Silvrettagletscher hinab. Lange bleiben wir dann ganz ruhig auf einem Felsen im Moränenvorfeld des Gletschers sitzen und beobachten einen Steinbock, ehe wir im letzten Tageslicht zur nahen Silvrettahütte absteigen.

Am letzten Tag unseres langen Weges wandern wir von der Hütte durch leuchtende Almrauschfelder hinab zur Alpe Sardasca. Hier könnten wir in den Kleinbus steigen, der zwischen der Alpe und Klosters pendelt. Doch wir wollen als genussvollen Abschluss den einfachen Weg hinaus nach Klosters zu Fuß erleben. Vorbei an Almwiesen, auf denen der Türkenbund blüht, führt uns die Tour hinab zum Walserweiler Monbiel und weiter nach Klosters-Platz. Am Ortsrand erinnert das Heimatmuseum im »Nutli-Hüschi«, einem winzigen Hof aus dem 16. Jahrhundert, an das entbehrungsreiche Leben der Walser Siedler und weckt in uns viele Bilder, Erinnerungen und Eindrücke, die wir auf ihren Spuren in den letzten Wochen gesammelt haben.

Auf den Spuren der Walser von Zermatt zum Kleinwalsertal

Routenbeschreibung

Hoch über dem Lystal führt der Weg an den Hütten der Alpi Longi vorbei.

An- und Rückreise

Sowohl der Ausgangspunkt Zermatt (Bahnanschluss) als auch die Endpunkte Klosters (Bahnanschluss) bzw. Kleinwalsertal (gute Busverbindungen zur Bahnstation Oberstdorf) sind mit öffentlichen Verkehrsmitteln problemlos zu erreichen. Dank des meist gut ausgebauten öffentlichen Verkehrsnetzes kann der Große Walserweg in mehreren Teilstücken begangen werden. Vor allem das ausgezeichnete Schweizer Bahnnetz, das mehrmals gekreuzt wird, bietet sich für Anfahrt und Rückreise an. Möglichkeiten zum Umsteigen in Bus oder Bahn gibt es z. B. bei den Etappen 2, 4, 6–11, 13, 16, 17, 19–23, 26, 27, 29, 30, 32, 34.

Übernachtungen

Viele Etappenorte sind bekannte Fremdenverkehrszentren und bieten eine Fülle unterschiedlicher Quartiere. Aber auch in den abgelegeneren Zielen findet man immer ohne Probleme eine Unterkunft. Vielfach bieten sich zusätzliche Unterkünfte zur Verkürzung der teils recht langen Etappen an. Bei größerer Auswahl an Übernachtungsmöglichkeiten sind die Telefonnummern der jeweiligen Touristen-Informationen aufgeführt, bei Einzelunterkünften die zugehörigen Nummern.

1 Von Zermatt zum Theodulpass

 1700 Hm Anstieg*   7 Std. (1 ¼ Std.)

* bei Seilbahnbenutzung bis Trockener Steg 380 Hm

LKS Nr. 284 Mischabel 1:50 000

Die Etappe kann bedeutend verkürzt werden, indem man von Zermatt mit der Seilbahn bis zur Station »Trockener Steg« auffährt. In Zermatt (1616 m, Touristen-Information Tel.: +41 27 966 81 00) durch das Dorf aufwärtsgehen und dann der Beschilderung nach durch Wald zum Weiler »Zum See« und weiter nach Furi (1864 m, Zustiegsmöglichkeit zur Seilbahn zum Trockenen Steg). Nun teils steil aufwärts über die Alpe Hermettji zur Seilbahnstation Trockener Steg. Von hier über Felskamm aufwärts zur Gandegghütte (privat, 30 Plätze, Tel.: +41 79 607 88 68) und bald über den Oberen Theodulgletscher zum Gletscherskigebiet. An diesem entlang hinauf zum Theodulpass (3290 m, Grenze Schweiz-Italien) und zum nahen Rifugio del Teodulo (Theodulhütte 3317 m, CAI, 86 Plätze, Tel.: +39 0166 94 94 00). Bei unsicheren Verhältnissen kann auch ab der Bergstation entlang der Gletscherskipiste zum Theodulpass aufgestiegen werden.

Auf den Spuren der Walser von Zermatt zum Kleinwalsertal

2 Vom Theodulpass nach Saint Jacques

 200 Hm + 1850 Hm Abstieg 6 Std.

LKS Nr. 284 Mischabel, 283 Arolla, 293 Valpelline und 294 Gressoney 1:50 000

Vom Rifugio del Teodulo steigen wir zum nahen Theodulpass ab. Nun erst westlich und dann südwestlich teils weglos durch Geröll und auf Pisten des Skigebietes abwärts zur Capella Bontadini und unter der Seilbahn zur Testa Grigia hinüber zum Lago Cime Bianche (2808 m). Von hier unter weiteren Seilbahnen hindurch Aufstieg zum Colle Superiore delle Cime Blanche (2982 m). Gelb markierter, teils steiler Abstieg nach Süden zum Bach, der aus dem Gran Lago fließt. Durch das Tal vorbei an der Alpe Mase und der Alpe Varda langer Abstieg nach Fiery, dem hintersten Weiler im Val d'Ayas. Auf Saumweg über Blanchard hinab nach Saint Jacques (San Giacomo, 1689 m, Touristen-Information, auch für Champoluc, Tel.: +39 0125 30 71 13). Wer den nächsten Wandertag verkürzen möchte, kann zu Fuß oder mit Bus von hier in den vier Kilometer entfernten Touristenort Champoluc gelangen und am folgenden Tag mit der Seilbahn nach Crest auffahren.

3 Von Saint Jacques über den Colle di Pinter nach Gressoney-St.-Jean

 1250 Hm + 1520 Hm Abstieg 7 Std.

LKS Nr. 294 Gressoney 1:50 000

Von Saint Jacques östlich Aufstieg über Rifugio Casale (CAI, Tel.: +39 01 25 30 76 68) zu Höhenweg, der über Soussun nach Crest (1935 m) führt. Von hier Aufstieg zum Weiler Cuneaz und über Steilstufen und an den Laghi di Pinter vorbei zum nahen Colle di Pinter (2777 m). Jenseits teils steiler Abstieg über Alpe Lago Inferiore und Alpe Montil Inferiore zum Weiler Alpenzu Grande. In Serpentinen hinab in den Talgrund des Lystales, die Straße überqueren und jenseits des Flusses rechts ins nahe Gressoney-St. Jean (1385 m, Touristen-Information Tel.: +39 0125 35 51 85).

4 Von Gressoney-St.-Jean über den Colle Valdobbia nach Alagna

 1180 Hm + 1380 Hm Abstieg 8 Std.

LKS Nr. 294 Gressoney 1:50 000

Von Gressoney-St. Jean wandern wir kurz talaus nach Vobbia und biegen links in den Weg zum gleichnamigen Pass. Steil durch den Wald aufwärts zu den Alpen von Cialrezzo di Sotto und di Sopra und weiter zum Ospizio Sottile (Tel.: +39 0347 954 36 16) auf dem Colle Valdobbia (2480 m). Jenseits durch das Valdobbia abwärts über Alpe Pastore und Alpe Laarecchio nach Montana. Nun steil abwärts zur Ponte Napoleone und ins nahe Kirchdörfchen Peccia. Auf altem Saumweg durch das Val Vogna nach San Antonio (1381 m, Rifugio San Antonio, privat, 20 Plätze, Tel.: +39 0163 919 18) und auf der Straße abwärts nach Riva-Valdobbia im Valsesia. Nun entweder mit Bus nach Alagna oder über den Fluss nach Balma und auf Wirtschaftswegen nach Alagna (1190 m, Touristen-Information Tel.: +39 0163 92 29 88).

5 Von Alagna über den Colle del Turlo nach Macugnaga

 1630 Hm + 1550 Hm Abstieg 9 1/2 Std.

LKS Nr. 294 Gressoney und 284 Mischabel 1:50 000

Von Alagna nördlich bergauf zum Vorort Piedemonte und auf Teerstraße fünf Kilometer talauf bis zum Parkplatz nahe dem »Wisswasser« genannten Wasserfall. Hier beginnt der lange Anstieg vorbei an den Alpen Mittlenthal, d'Eggu, Faller und Grafenboden und dem kleinen Lago del Turlo zum Colle del Turlo (2738 m). Jenseits führt uns der Plattenweg vorbei am Bivacco Lanti (Notunterkunft) und der Alpe Schena abwärts zur Alpe La Piana im Valle Quarazza. Durch das lang gezogene Tal, vorbei an der aufgelassenen Bergwerkssiedlung Città Morta und dem kleinen Stausee Lago delle Fate ins Dörfchen Motta. Ein Plattenweg bringt uns nun nach Isella, und entlang der Anza erreichen wir endlich Macugnaga-Staffa (1308 m, Touristen-Information Tel.: +39 0324 651 19).

6 Von Macugnaga über den Monte-Moro-Pass nach Saas Almagell

 1540 Hm* + 650 Hm Abstieg** 7 Std.***

*   entfällt bei Seilbahnbenutzung
** bis Bushaltestelle Mattmark-Stausee; bis Saas Almagell 1170 Hm
*** bis Mattmarkstausee

LKS Nr. 284 Mischabel 1:50 000

Von Macugnaga-Staffa gehen wir zur nahen Talstation der Monte-Moro-Seilbahn (mit ihrer Hilfe kann man bis kurz unter die Passhöhe hochfahren) und weiter zum nahen Weiler Chiesa Vecchia. Hier auf altem Saumweg und durch den Wald teils steil zur Mittelstation der Monte-Moro-Bahn. Weiter anstrengend auf altem Weg, der teils von Pisten zerstört ist, zum Rifugio Oberto (CAI, 30 Plätze, Tel.: +39 0324 655 44) und zum nahen Monte-Moro-Pass (2868 m, Grenze Italien – Schweiz). Jenseits durch felsiges, teils mit Seilen gesichertes Gelände Abstieg über den Tälliboden zum Mattmark-Stausee und am See entlang zur Staumauer (2203 m). Von hier entweder zu Fuß (teils auf, teils nahe der Straße, zusätzlich 2 Std.) oder mit dem Bus hinab nach Saas Almagell (1673 m, Touristen-Information Tel.: +41 27 958 66 44, Busverbindung zur Bahnstation Visp).

229

Der Große Walserweg

7 Von Saas Almagell auf dem Saaser Höhenweg nach Gspon

 1000 Hm + 780 Hm Abstieg 7 1/2 Std.

LKS Nr. 284 Mischabel und 274 Visp 1:50 000
Von Saas Almagell östlich durch Wald hinauf zur Almageller Alp (2194 m, Berghotel Almageller Alp, privat, 40 Plätze, Tel.: +41 27 957 38 48). Hier folgen wir links dem »Saaser Höhenweg« über den Kamm der Weissfluh zum Kreuzboden (Chrizbode, 2397 m) mit der Seilbahnstation der Bergbahn, die von Saas Grund heraufkommt. In stetem Auf und Ab auf dem Panoramaweg über Hannig, Grübealp, Hoferälpli, Siwiboden und Obere Schwarzwald-Alpe zum Weiler Finilu. Von hier auf Alpstraße Abstieg ins nahe Gspon (1893 m, z.B. Gasthof Alpenblick Tel.: +41 27 952 22 21, Seilbahnverbindung zur Bahnstation in Stalden).

8 Von Gspon über den Bistinepass zum Simplonpass

 1000 Hm + 890 Hm Abstieg 6 1/2 Std.

LKS Nr. 274 Visp 1:50 000
Von Gspon wandern wir auf dem Höhenweg über die Alp Sädolti zum Gibidumpass (2201 m). Jenseits auf Alpweg hinab zur Brücke im Tal der Gamsa (1800 m) und jenseits Anstieg über die Bististafel zu den Hütten von Groß Läger. Von hier bringt uns ein Steig zum Bistinepass (2416 m) hinauf. Jenseits anfangs in Kehren nach Bistine hinab und schräg links den steilen Hang zu den Weiden der Bergalp im Talgrund hinab. Nun wandern wir auf Wirtschaftsstraßen und zum Schluss an der Passstraße entlang zum nahen Simplonpass hinauf (1997 m, Touristen-Information Tel.: +41 27 979 17 01, Busverbindung zur Bahnstation in Brig).

Durch das Gamsatal läuft der Weg auf die weiße Fläche des Gamsagletschers zu.

9 Vom Simplonpass auf dem Simplonhöhenweg nach Rosswald

 840 Hm + 1030 Hm Abstieg 7 Std.

LKS Nr. 274 Visp 1:50 000
Vom Simplonpass folgen wir dem restaurierten alten Passweg (»Stockalperweg«) nach Norden hinab ins Tal de Taferna. Hinter der Taferna-Alpe (1597 m) halten wir un rechts und steigen nach Rothwald an der Simplonpassstraße hinauf. Hier beginnt der »Simplonhöhenweg«, der in weitem Bogen um das Gantertal führt. Über die Alpsiedlung Wase die Alpen Strickboden, Bortel (2113 m) und Steinuchälle und das Dörfchen Stafel leitet er uns durch teils steile Hänge nach Rosswald (1819 m, Touristen-Information für Rothwald und Rosswald Tel.: +41 27 921 60 30, Verbindung von Ross wald mit Seilbahn und Bus zur Bahnstation in Brig).

10 Von Rosswald über den Saflischpass nach Binn

 830 Hm + 1250 Hm Abstieg 6 1/2 Std.

LKS Nr. 274 Visp, 275 Valle Antigorio und 265 T Nufenenpass 1:50 000
Wir wandern durch das Dörfchen Rosswald an der Kirche vorbei aufwärts und dann an einem Wiesenrücken entlang zum Saflischboden. Nun auf sanft ansteigendem Panorama weg lange Hangquerung zum Saflischpass (2564 m). Jenseit durch das Saflischtal an der Mässhitta und der Alpe Sicker chäller abwärts zu Weggabelung. Entweder rechts durch das Tal über Heiligkreuz oder links über die Hänge von Rufi bort ins Binntal hinab und rechts in den nahen Hauptor Binn (1400 m, Touristen-Information Tel.: +41 27 971 45 47 Busverbindung zur Bahnstation in Fiesch).

11 Von Binn über Albrunpass und Scatta Minoia nach Ponte

 1390 Hm + 1500 Hm Abstieg 10 Std.

LKS Nr. 265 T Nufenenpass 1:50 000
Von Binn wandern wir zum Weiler Fäld (Imfeld) hinauf un folgen dann der Alpstraße, die durch das obere Binntal übe Freichi zur Wegkreuzung am Blatt führt. Hier rechts aufwärt zur Binntalhütte (2267 m, SAC, 56 Plätze, Tel.: +41 27 971 47 97 und auf Steinplattenweg zum nahen Albrunpass (2409 m Grenze Schweiz – Italien). Jenseits Abstieg zu einer Weg kreuzung auf dem obersten Talboden, links zur Alpe Forn Inferiore (2220 m) und Aufstieg zum Rifugio Ettore Con (Notunterkunft) auf der Scatta Minoia (2599 m). Jenseits de Passes steigen wir über die Alpe Curzalma zum Lago Vannin

Auf den Spuren der Walser von Zermatt zum Kleinwalsertal

Nach einem steilen Anstieg erreicht man kurz nach einem blauen Seeauge die Guriner Furka.

b. Links um den See herum zur Staumauer und zum Rifugio Margaroli (2196 m, CAI, 66 Plätze, Tel.: +39 0324 631 55) und durch das Tal abwärts zur Bergstation der Sesselbahn am Sagersboden (1772 m). Nun entweder mit der Bahn oder zu Fuß hinab ins Val Formazza nach Valdo oder Ponte (1274 m, Touristen-Information Tel.: +39 0324 630 59).

baren Bergdorf Bosco Gurin (1503 m, Touristen-Information Tel.: +41 91 759 02 02, Ethnographisches Walsermuseum; www.walserhaus.ch) hinab. Vom Dorf mit dem Postbus hinab nach Cevio und weiter nach Bignasco im Vallemaggia (442 m, Touristen-Information Tel.: +41 91 753 18 85).

12 Von Ponte über die Guriner Furka nach Bosco Gurin und Bignasco

 1190 Hm + 900 Hm Abstieg 5 ½ Std.

LKS Nr. 265 T Nufenenpass und 275 Valle Antigorio 1:50 000

Von Ponte wandern wir auf schmalen Sträßchen links des Toce über San Michele nach Fondovalle. Kurz nach dem Dörfchen biegen wir links in den Weg zur Guriner Furka. Nun durch schütteren Wald aufwärts zur Alpe Stavello und weiter zu einer Weggabelung auf ca. 2000 Meter Höhe. Rechts in Kehren aufwärts und dann lange Querung zur Guriner Furka (2323 m, Grenze Italien – Schweiz). Jenseits ohne Orientierungsprobleme über die Wiesen der Grossalpe (Capanna Grossalp, Tel.: +41 91 759 02 02) zum stets sicht-

13 Von Bignasco über den Passo di Cristallina nach Airolo

 1830 Hm* + Abstieg 1630 Hm 10 Std.

* bei Seilbahnbenutzung 870 Hm

LKS Nr. 265 T Nufenenpass 1:50 000

Der Postbus bringt uns von Bignasco nach S. Carlo (938 m) im hintersten Val Bavona. Von hier könnte man mit der Seilbahn zur Capanna Basodino auffahren (Zeitersparnis 3 Std). Wir folgen dem Wanderweg durch dichten Wald zur Alpsiedlung Campo und durch eine Schlucht zur Capanna Basodino (1856 m, SAC, Tel.: +41 91 753 27 97) hinauf. Auf Fahrstraße rechts um den Lago Binaco und auf Steig am Lago Sfundau vorbei zum Passo Cristallina (2568 m). Jenseits durch ein Tal, vorbei an der Capanna Cristallina (2349 m, SAC, 90 Plätze, Tel.: +41 91 869 23 30) abwärts zur Alpe di Cristallina (1800 m). Hier rechts auf dem Panoramaweg

Der Große Walserweg

Über weiße Felsen rauscht ein Wildbach in den Lago di Luzzone.

»Strada Alta Valle Bedretto« bis zum Wegweiser an der Cassina della Croce. Nun entweder links haltend abwärts der Direktabstieg nach Airolo oder geradeaus sanft ansteigend zur Alpe di Pesciüm (1740 m) und von dort mit der Seilbahn hinab nach Airolo (1159 m, Touristen-Information Tel.: +41 91 869 15 33, Bahnstation).

14 Von Airolo über den Passo Sole nach Acquacalda

 870 Hm + 690 Hm Abstieg 7 Std.

LKS Nr. 266 T Valle Leventina 1:50 000
Vom Ortszentrum von Airolo in den Vorort Valle und der »Strada Alta della Leventina« zumeist auf schmalen Fahrstraßen über Brugnasco bis Altanca (1390 m) folgen. Mit der Standseilbahn hinauf zur Bergstation (1783 m) und auf Fahrstraße zum nahen Lago Ritom. Am Nordufer des Sees entlang und dann vorbei an der Kapelle San Carlo und der Alpe di Piora vorbei zur Capanna Cadagno (1987 m, FAT, 60 Plätze, Tel.: +41 91 868 13 23). Auf Fahrweg durch das Val Piora aufwärts und an der Alpe Carorescio di Sopra rechts auf Steig zum Passo Sole (2376 m). Teils auf undeutlichem Steig (auf Markierungen achten) Abstieg über die Alpe Lareccio ins Valle Santa Maria und links haltend nach Acquacalda (1752 m, Übernachtung im Centro ecologico, Tel.: +41 91 872 26 10) an der Lukmanierstraße.

15 Von Acquacalda über Campo Blenio zur Capanna Michela

 1410 Hm + 990 Hm Abstieg 8 Std.

LKS 266 T Valle Leventina und 265 Disentis 1:50 000
Von Acquacalda jenseits der Straße auf Hangweg durch den Bergwald hinauf zum Croce Portera (1917 m) und über die Wiesen hinab zur Capanna Alpina di Dötra (1748 m, Tel.: +41 91 946 10 08) in der Alpsiedlung Dötra. Auf Fahrstraße von hier nach Anveuda (1678 m) und teils steiler Anstieg zum Passo Cantonill (1973 m). Jenseits teilweise steil durch den Wald hinab nach Campo Blenio (1204 m, Touristen-Information Tel.: +41 91 872 14 87). Links haltend durch das Dorf und teils auf einem Steig die Kehren der Werksstraße abschneidend zur Staumauer des Lago di Luzzone. Auf Sträßchen und durch Tunnel rechts um den See zur Alpe Garzott und auf Wanderweg zum fjordartigen Ende des Sees. Hier beginnt der Schlussanstieg zur Capanna Michela (Capanna Motterascio, 2172 m, SAC, 60 Plätze, Tel. +41 91 872 16 22).

16 Von der Capanna Michela über den Pass Diesrut nach Vrin (Vals)

 330 Hm + 1050 Hm Abstieg 5 Std.

LKS Nr. 256 Disentis und 257 Safiental 1:50 000
Von der Capanna Michela durch das breite Tal aufwärts zum nahen Übergang Crap la Crusch (2259 m). Rechts an der Greina-Hochebene entlang zu ihrem nördlichen Ende (in der Nähe Camona da Terri, SAC, Tel.: +41 81 943 12 05). Rechts Aufstieg zum nahen Pass Diesrut (2428 m). Jenseits wandern wir über Schutt und die Weiden der Alpe Diesrut nach Puzzatsch hinab, dem hintersten Weiler im Lumneziatal und folgen dann dem Fahrsträßchen nach Vrin (1448 m, Touristen-Information Tel.: +41 81 931 18 58). Hier besteigen wir den Postbus, der uns mit einem Buswechsel in Ilanz (Bahnstation) nach Vals-Platz (1252 m, Touristen-Information Tel.: +41 81 920 70 70, Heimatmuseum) bringt.

17 Von Vals über den Valserberg nach Splügen

 1270 Hm + 1060 Hm Abstieg 9 Std.

LKS Nr. 257 Safiental und 267 San Bernardino 1:50 000
Vom Ortszentrum von Vals-Platz steigen wir südwestlich aufwärts und halten uns an der Wegteilung oberhalb des Ortes rechts. Auf Fahrsträßchen und dann steil links aufwärts

Auf den Spuren der Walser von Zermatt zum Kleinwalsertal

ins Peiltal. Über Kartütscha, Uf der Matten und Balmatachli zur Alpe Walletsch (1875 m) und teils steiler Aufstieg zum Valserberg (2504 m). Jenseits den Markierungen folgen und langer Abstieg nach Hinterrhein (1620 m, Busverbindung nach Splügen). Unter der Schnellstraße hindurch, über den Hinterrhein und an der rechten Flussseite vorbei an Nufenen und Medels nach Splügen (1457 m, Touristen-Information für Splügen bis Hinterrhein Tel.: +41 81 650 90 30, Busverbindung zur Bahnstation in Thusis).

18 Von Splügen über den Safierberg nach Safien-Thalkirch

 1050 Hm + 820 Hm Abstieg 6 Std.

LKS Nr. 267 San Bernardino und 257 Safiental 1:50 000

In Splügen wandern wir durch den Ort aufwärts. Teils auf Wanderwegen, teils auf Alpstraßen anfangs steil aufwärts zur Stutzalpe und durch das Tal des Stutzbaches zum Safierberg (2486 m) hinauf. Über mehrere Steilstufen führt der Steig vom Pass ins hinterste Safiental hinab. Hier beginnt ein Fahrsträßchen, das uns über Turrahus (Berggasthaus, privat, Tel.: +41 81 647 12 03) nach Thalkirch (1686 m, Berggasthaus, Tel.: +41 81 647 11 07) leitet.

19 Von Safien-Thalkirch über den Glaspass nach Thusis

 710 Hm + 1520 Hm Abstieg 7 Std.

LKS Nr. 257 Safiental 1:50 000

Von Thalkirch wandern wir auf schmalem Weg und auf Alpstraßen zu den Weiden von Camana (Safier Heimatmuseum) und steigen dann nach Safien-Platz (1345 m, Gasthof Rathaus, Tel.: +41 81 647 11 06) ab. Jenseits geht es durch den Waldhang teils steil aufwärts nach Usser Glas (Berggasthaus Beverin, privat, 30 Plätze, Tel.: +41 81 651 13 23). Von hier auf der Fahrstraße zum nahen Glaspass (1846 m) und auf Wanderweg hinab nach Obertschappina (1577 m, Busverbindung nach Thusis). Auf Wegen und auf der Fahrstraße über Urmein hinab nach Thusis (723 m, Touristen-Information für Tschappina und Thusis Tel.: +41 81 651 11 34, Bahnstation).

20 Von Thusis (Zillis) über Obermutten nach Tiefencastel

 1030 Hm + 1120 Hm Abstieg 7 Std.

LKS Nr. 257 Safiental und 258 Bergün 1:50 000

Von Thusis mit dem Postbus nach Zillis (945 m, Kirche St. Martin). Von hier zum nahen Weiler Reischen und dann

Um das Jahr 800 wurde die Kirche St. Peter in Mistail erbaut.

zumeist auf Alpstraßen Aufstieg zur Maiensässe Samest. Nun auf Wanderweg zum Wiesensattel von Obermutten (1860 m) und auf der Fahrstraße über Stafel abwärts nach Untermutten. Hier biegen wir in den Waldweg, der uns nach Stierva führt. Durch Wald und über Wiesen hinab zur Straße im Tal. Rechts (links beschilderter Abstecher zur herrlichen Kirche St. Peter in Mistail) führt der Weg ins nahe Tiefencastel (851 m, Touristen-Information Tel.: +41 81 681 18 17, Bahnstation).

21 Von Tiefencastel (Churwalden) nach Arosa

 1150 Hm + 650 Hm Abstieg 9 Std.

LKS Nr. 248 Prättigau 1:50 000

Von Tiefencastel bringt uns der Postbus nach Churwalden (1229 m, Touristen-Information Tel.: +41 81 382 14 35). Auf wenig befahrenen Straßen über die Weiler Stein, Büel und Fanülla nach Runcalier (1493 m). Von hier steigen wir nach Praden (1162 m) ab und folgen der Straße rechts nach Tschiertschen (1343 m, Touristen-Information Tel.: +41 81 373 10 10). Nun auf Bergwegen über die Ochsenalp (1936 m) zum »Roten Tritt« und dann an den Prätschseen und der Alpe Maran vorbei Abstieg nach Arosa (1739 m, Touristen-Information Tel.: +41 81 378 70 20, Bahnstation).

Der Große Walserweg

22 Von Arosa über die Maienfelder Furgga nach Davos-Frauenkirch

 830 Hm +1050 Hm Abstieg 5 Std.

LKS Nr. 248 Prättigau 1:50 000
Wir steigen durch Arosa am Untersee vorbei in das Tal der Plessur (ca. 1630 m) ab, überqueren den Fluss und auf einer Hängebrücke die Schotterfläche des Welschtobels. Aufstieg durch den Wald zum Furggatobel und endlich steil aufwärts zur Maienfelder Furgga (2440 m). Jenseits quert der Weg die Nordhänge des Chummertällis und führt dann über Weiden zur Stafelalp (1894 m, Tel.: +41 81 413 66 31) hinab. Nun teils auf Alpstraßen, teils auf Wanderwegen hinunter nach Davos-Frauenkirch (1512 m, Touristen-Information Tel.: +41 81 415 21 21, Bahnstation).

23 Von Davos-Frauenkirch über Davos nach Klosters-Dorf

 120 Hm + 510 Hm Abstieg 4 Std.

LKS Nr. 248 Prättigau 1:50 000
Von Davos-Frauenkirch am Flüsschen Landwasser entlang und vorbei an Davos-Platz und Davos-Dorf (die zu einer Stadt zusammengewachsen sind) vorbei zum Davoser See. Rechts um den See herum und über St. Wolfgang (1631 m) nach Laret. Den Wegweisern folgend auf Waldwegen Abstieg nach Klosters-Platz (1206 m, Bahnstation) und über Wiesen nach Klosters-Dorf (1124 m, Touristen-Information Tel.: +41 81 410 20 20, Bahnstation, Museum Klosters Nutli Hüschi).

24 Von Klosters über das Rätschenjoch nach Partnun-Stafel

 1780 Hm* +1140 Hm Abstieg 9 1/2 Std.

*bei Seilbahnbenutzung 1100 Hm

LKS Nr. 248 Prättigau und 238 Montafon 1:50:000
Von Klosters-Dorf steigen wir über Flue zur Bergstation der Madrisa-Seilbahn (1887 m) auf (alternativ per Seilbahn). Jetzt über die Weiden der Saaser Alpen Untersäss und Obersäss aufsteigen und dann durch das Hochtal der Chüecalanda zum Rätschenjoch (2602 m). Jenseits Abstieg über die Gafier Platten und durch das Tal des Gafierbaches über Sunnistafel und Dörfi zur Straße im St. Antönier Ortsteil Rüti (1461 m). Links geht es in zehn Minuten nach St. Antönien-Platz (Touristen-Information Tel.: +41 81 332 32 33). Wir halten uns jedoch rechts und wandern auf oder nahe dem Talsträßchen nach Partnun-Stafel hinauf (1763 m, z. B. Berggasthaus Alpenrösli Tel.: +41 81 332 12 18 oder Berggasthaus Sulzfluh Tel.: +41 81 332 12 13).

25 Von Partnun-Stafel über das Schweizer Tor zur Douglashütte

 840 Hm + 630 Hm Abstieg 5 1/2 Std.

LKS Nr. 238 Montafon 1:50 000
Von Partnun-Stafel steigen wir über Wiesen und zum Schluss über Blockwerk zur Carschinahütte (2236 m, Tel.: +41 79 418 22 80) hinauf. Nun auf dem »Rätikon-Höhenweg Süd« unter den Wänden der Drusenfluh entlang, bis über abschüssige Platten und über eine gesicherte Felsstufe zum Schweizer Tor (2137 m) aufgestiegen werden kann (Grenze Schweiz – Österreich). Von hier links zum Verajoch (2330 m), jenseits Abstieg zum Lünersee und links um den See zur Douglashütte (1967 m, OEAV, 150 Plätze, Tel.: +43 5559 206).

26 Von der Douglashütte durch das Brandertal nach Bludenz

 1410 Hm Abstieg 4 1/2 Std.

LKS 238 Montafon oder Österreichische Landeskarte Nr. 141 Feldkirch, beide 1:50 000
Von der Douglashütte steigen wir neben der Staumauer in Serpentinen zur Bushaltestelle am Ende der Straße ab (bis hierher auch mit Seilbahn und Weiterfahrt mit Bus nach Brand und Bludenz). Kurz auf der Straße, dann auf Wald-

Fetthenn-Steinbrech und Glockenblume krallen sich in eine schmale Felsspalte.

Auf den Spuren der Walser von Zermatt zum Kleinwalsertal

Über das Große Walsertal schweift der Blick zu den Bergen des Lechquellengebirges.

wegen hinab nach Brand (1037 m, Touristen-Information Tel.: +43 5559 55 50). Jetzt Abstieg teils auf Forststraßen, teils auf Wanderwegen über Klostermaisäß nach Bürs (570 m, Touristen-Information Tel.: +43 5552 626 17) und von dort ins nahe Bludenz (588 m, Touristen-Information Tel.: +43 5552 621 70, Bahnstation).

27 Von Bludenz nach Sonntag im Großen Walsertal

 1290 Hm* + 1630 Hm** Abstieg 9 Std.

* ohne Benutzung der Muttersbergbahn 1930 Hm
** bei Benutzung der Seilbahn Stein – Sonntag 1110 Hm

LKS Nr. 238 Montafon oder Österreichische Landeskarte Nr. 141 Feldkirch und 142 Schruns, alle 1:50 000
Wir gehen durch das Stadtgebiet von Bludenz nördlich aufwärts zur Muttersbergbahn und lassen uns von ihr zum Muttersberg (1402 m, Alpengasthof Muttersberg Tel.: +43 5552 699 95) hinauftragen. Von hier großteils auf Natursträßchen zum Tiefenseesattel (1502 m). Jenseits Abstieg über die Tiefenseealpe zum Weiler Hof (1050 m) im Tal des Marulbaches. Rechts auf Wanderweg dem Bach folgend an den Häusern von Garfülla vorbei und auf Steig und Fahrsträßchen zur Alpsiedlung Laguz (1584 m) hinauf. Von hier links (nordwestl.) über Alpwiesen auf den Garmilsattel (1810 m) und jenseits über die Partnom-Alpen nach Stein hinab (1292 m, Abfahrt mit der Seilbahn zum Ort Sonntag möglich). Nun über Wiesen abwärts zur Lutz und kurzer Gegenanstieg nach Sonntag (888 m, z. B. Gasthof Löwen Tel.: +43 5554 52 36 oder Gasthof Krone Tel.: +43 5554 51 44).

28 Von Sonntag durch das Große Walsertal zur Biberacher Hütte

 1290 Hm + 320 Hm Abstieg 6 ½ Std.

Österreichische Landeskarte Nr. 142 Schruns und 112 Bezau 1:50 000
Von Sonntag kurzer Abstieg zum Ufer der Lutz und am Flüsschen entlang nach Buchboden (910 m, weitere Übernachtungsmöglichkeiten z. B. Gasthof Kreuz Tel.: +43 5554 52 14, Pension Jäger Tel.: +43 5554 559 10 und Pension Sicher Tel.: +43 5554 55 38). Auf Alpstraßen steigen wir zu den Hütten der Alpe Ober-Überlut auf. Nun auf dem »Hochschere-Weg« im Auf und Ab zur Biberacher Hütte (1842 m, DAV, 80 Plätze, Tel.: +43 5519 257).

Der Große Walserweg

Juppenspitze und Braunarlspitze schauen auf das Sumpfland am Kalbelsee.

29 Über Braunarlfürggele und Hochalppass ins Kleinwalsertal

 1060 Hm + 1690 Hm Abstieg 8 Std.

Topografische Karte UK L 8 Allgäuer Alpen 1:50 0000
Von der Biberacher Hütte auf dem Höhenweg über Schadonaalpe und Alpe Lägerzun zum Braunarlfürggele (2145 m). Jenseits teils steil abwärts zur Brücke über die junge Bregenzer Ache (1390 m) und dann ansteigend zum Körbersee (1656 m, Hotel Körbersee, Tel.: +43 5519 265). Nun wandern wir in leichtem Auf und Ab, zum Schluss an der Passstraße entlang zum Hochtannbergpass (1700 m, Hotel Adler, Tel.: +43 5583 42 64). Von hier Anstieg zum westlich des Widdersteins eingelassenen Hochalppass (1938 m) und jenseits Abstieg über die Bärgunthütte nach Baad (1244 m, Busverbindung über Mittelberg zur Bahnstation in Oberstdorf). Entweder zu Fuß auf dem Weg den linken Talhang entlang oder mit Bus nach Mittelberg (1215 m, Touristen-Information Kleinwalsertal Tel.: +43 5517 511 40).

30 Vom Kleinwalsertal über den Gemstelpass nach Warth

 Aufstieg 890 Hm + 620 Hm Abstieg 5 Std.

Topografische Karte UK L 8 Allgäuer Alpen 1:50 0000
Von Mittelberg wandern wir zum nahen Weiler Bödmen und biegen dort nach Süden in das Gemsteltal. Über die Untergemstelalpe und die Obergemstelalpe zum Gemstelpass (1972 m) hinauf. In gleichbleibender Höhe nach rechts zur Widdersteinhütte (privat, 35 Plätze, Tel.: +43 664 391 25 24) und steil abwärts zum Hochtannbergpass (1700 m, Hotel Adler, Tel.: +43 5583 42 64). Auf der »Alten Salzstraße« durch die verstreuten Gebäude von Hochkrumbach (Hotel Jägeralp, Tel.: +43 5583 42 50) und am rechten Talhang über die Holzbodenalpe nach Wolfegg und weiter ins nahe Warth (1495 m, Touristen-Information Tel.: +43 5583 35 15).

31 Von Warth über Lech zur Freiburger Hütte

 1100 Hm + 670 Hm Abstieg 8 Std.

Österreichische Landeskarte Nr. 142 Schruns und 143 St. Anton 1:50 000
Von Warth teils steil aufwärts zum Wannenkopf (1900 m, mit der Steffisalpbahn 450 Hm weniger Aufstieg) und auf dem Höhenweg über dem Lechtal nach Bürstegg (1719 m). Teils auf Fahrwegen zum Auenfeldsattel und Abstieg nach Lech (1444 m, Touristen-Information Tel.: +43 5583 216 10). Wir wandern nun stets nahe dem jungen Lech teils auf Fahrsträßchen über Zug und Zuger Älpele zur Freiburger Hütte (1918 m, DAV, 140 Plätze, Tel.: +43 5556 735 40) am Formarinsee.

32 Von der Freiburger Hütte über Dalaas und den Kristbergsattel nach Silbertal

 640 Hm + 1670 Hm Abstieg 5 Std.

Österreichische Landeskarte Nr. 142 Schruns 1:50 000
Der Wegweisung nach Dalaas folgend wandern wir von der Freiburger Hütte auf dem Steig abwärts nach Mason. Nun auf Fahrsträßchen hinunter nach Dalaas (916 m, Touristen-Information Tel.: +43 5585 72 44, Bahnstation). Jenseits der Alfenz beginnt beim »Kristbergsaal« der Anstieg, der uns durch den Waldhang auf den Kristbergsattel (1484 m) bringt. Jenseits wandern wir hinab zum Kirchlein auf dem Kristberg (Gasthof Kristberg, Tel.: +43 5556 22 90). Nun entweder mit der Seilbahn oder zu Fuß hinab nach Silbertal (889 m, Touristen-Information Tel.: +43 5556 741 12).

Auf den Spuren der Walser von Zermatt zum Kleinwalsertal

33 Von Silbertal über das Silbertaler Winterjöchle zur Heilbronner Hütte

 1470 Hm + 50 Hm Abstieg 9 Std.

Österreichische Landeskarte Nr. 142 Schruns und 143 St. Anton 1:50 000

Von Silbertal folgen wir dem lang gezogenen Litztal über die Ronaalpe und die Gafunaalpe bis zum Silbertaler Winterjöchle (1940 m). Ein kurzer Abstieg bringt uns ins Schönverwalltal. Hier auf dem Fahrweg nach rechts zur Schönverwallhütte (2007 m). Ein letzter Anstieg führt uns bald hinauf zum Scheidsee und zur nahen Heilbronner Hütte (2308 m, DAV, 110 Plätze, Tel.: +43 5446 29 54).

34 Von der Heilbronner Hütte über Galtür und die Rote Furka zur Silvrettahütte

 1100 Hm + 1070 Hm Abstieg 8 Std.

Österreichische Landeskarte Nr. 143 St. Anton und 170 Galtür 1:50 000, und AV-Karte Nr. 26 Silvrettagruppe 1:25 000

Von der Heilbronner Hütte führt der Weg durchs Verbellatal zum Kops-Stausee hinab. (Von hier Busverbindung nach Galtür und zur Bielerhöhe). Wir wenden uns nach links und wandern über das Zeinisjoch nach Wirl und weiter nach Galtür (1584 m). Mit dem Bus zur Bielerhöhe (2036 m, in der Nähe das Madlenerhaus, DAV, 80 Plätze, Tel.: +43 5543 85 21), überqueren die Staumauer des Silvretta-Stausees und folgen dem westlichen Ufer. Durch das sanft ansteigende Klostertal und zum Schluss steil hinauf zur Roten Furka (2688 m). Jenseits durch eine brüchige Felsflanke, dann am Rand des Silvrettagletschers und durch Moränen hinab zur Silvrettahütte (2341 m, SAC, 75 Plätze, Tel.: +41 81 422 13 06).

35 Von der Silvrettahütte nach Klosters-Platz

 1160 Hm Abstieg 3 ¾ Std.

AV-Karte Nr. 26 Silvrettagruppe 1:25 000 und LKS Nr. 248 Prättigau 1:50 000

Von der Silvrettahütte auf dem Steig hinab zur Sardasca-Alpe (1648 m, ab hier Pendelbus nach Klosters). Weiter im Talgrund über die Alpen Spärra und Novai und am Weiler Monbiel (1291 m) vorbei nach Klosters-Platz (1206 m, Touristen-Information Tel.: +41 81 410 20 20, Bahnstation).

Von der Roten Furka geht der Blick über das Klostertal hinab zum Silvretta-Stausee.

Schreckhorn und Finsteraarhorn von Rotmoos

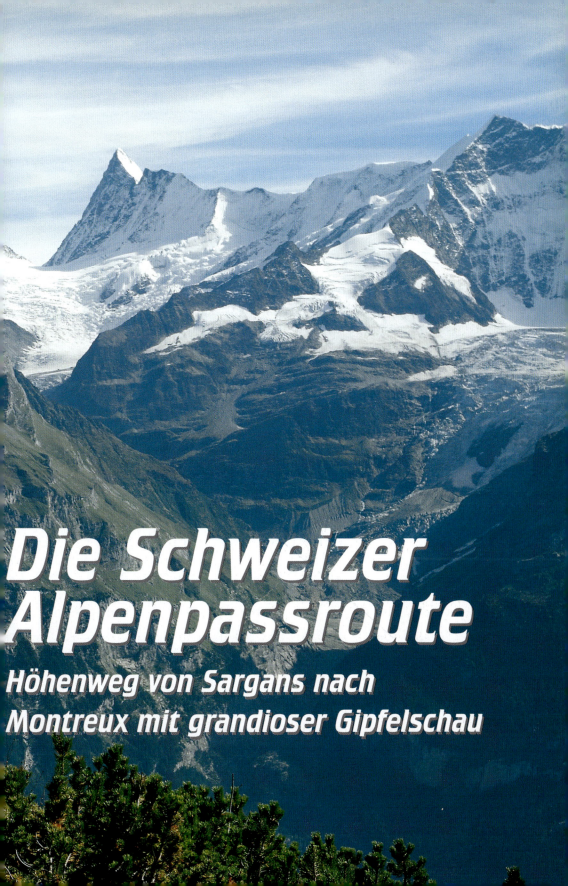

Die Schweizer Alpenpassroute

Höhenweg von Sargans nach Montreux mit grandioser Gipfelschau

9 Die Schweizer Alpenpassroute
Höhenweg Sargans – Montreux mit grandioser Gipfelschau

TOURENINFO

SCHWIERIGKEIT ●●●●○

KONDITION ●●●●○

ETAPPEN
16 Etappen, 340 km, 18 700 Hm (je im Auf- und Abstieg).

HÖCHSTER PUNKT
Pass Hohtürli, 2778 m.

AUSGANGSORT
Sargans im Kanton St. Gallen.

ENDPUNKT
Montreux am Genfer See.

ERLEBNISWELT/HIGHLIGHTS
Der »Balkonweg« mit Überschreitung von 19 Pässen bis 2778 Meter Höhe in wunderbarer Berglandschaft ist das Erlebnis an sich. Dazu kommen die Bergketten-Skyline von Drei- und weltbekannten Viertausendern hoch über Blumenwiesen, aber auch die Ausblicke auf das Alpenvorland. Die Talorte sind teils sehr bekannt und gut besucht, teils urwüchsig, klein und familiär.

KARTEN
Die Karten von Kümmerly + Frey 1:60 000 (mit für die Alpenpassroute eher ungünstigem Blattschnitt), die Landeskarte der Schweiz LKS 1:25 000 bzw. die offiziellen Wanderkarten der Schweizerischen Arbeitsgemeinschaft für Wanderwege SAW mit rot hervorgehobenen Wanderwegen (erkennbar am T nach der Kartennummer) 1:50 000. In erster Linie wurden die SAW-Karten verwendet.

LITERATUR
Offizielles Wanderbuch der Alpenpassroute, Verlag Kümmerly + Frey 1994; Informationen aus dem Internet über die Alpenpassroute, die Via Alpina und von www.wandern.ch (Thomas Gloor; Vereinigung Schweizer Wanderwege, Bern) wie auch von Schweizer Fremdenverkehrsbüros sowie die SAC Hütteninfos.

BESTE TOURENZEIT
Mitte Juli bis Anfang September.

Ein Blick auf die Alpenkarte der Schweiz und es ist klar: Da zieht geradlinig ein Höhenzug von Sargans im Rheintal Richtung Südwesten auf den Genfer See zu mit einer Gipfelparade sondergleichen: Pizol, Segnas, Vorab, Hausstock, Tödi, Clariden, Windgällen, Spannort, Titlis, Dammastock, Schreckhorn, Eiger, Mönch, Jungfrau, Breithorn, Blümlisalp, Doldenhorn, Altels, Wildstrubel, Wildhorn, Oldenhorn ... Davor liegen in den Tälern in Richtung Nordwesten sehr bekannte Schweizer Ferienorte wie Engelberg, Grindelwald, Wengen, Mürren oder Adelboden. Reizvollen Kontrast dazu bilden die kleinen Feriendörfer wie Elm, Braunwald, Lenk, Lauenen und Gsteig. Beliebt sind auch die Dörfer an Durchgangsstraßen wie Linthal, Altdorf, Meiringen und Kandersteg. Die Orte sind durch Fußwege mit der Alpenpassroute verbunden, einem »Balkonweg der Extraklasse«.

Seit dem Jahr 2002 ist die Alpenpassroute zwischen Sargans und Gsteig ein Teil des Via-Alpina-Wegenetzes. Die Schweizerische Arbeitsgemeinschaft für Wanderwege (SAW) in Bern bezeichnet die Alpenpassroute in Zukunft als Via Alpina »Grüner Weg« mit entsprechender Verlängerung von Gsteig nach Montreux. Die Route wird ab 2008 speziell markiert sein und in einem nationalen Routenführer beschrieben werden.

Beginn in den Glarner Alpen
Von Ende September bis Mitte Oktober 1995 herrschte in der Schweiz eine günstige Wetterlage. Am frühen Nachmittag des 29. September verlasse ich zusammen mit meiner Evelyn bei heiterem Himmel Sargans. Auf dem alten Steinweg gehen wir hinauf ins Weisstannental und an alten Bauernhöfen vorbei in drei Stunden zum Dorf Weisstannen. Im Hotel Alpenhof sind Touristenlager frei, wir können auch essen und frühstücken. Wegen eines Nachtschießens an einem Schießstand nebenan ist die Gaststube

Dorf Elm im Sernftal

Höhenweg von Sargans nach Montreux mit grandioser Gipfelschau

voll mit wehrtauglichen Männern, die regelmäßig üben müssen, sogar nachts.

Kein Schild weist auf die Alpenpassroute hin, kein Hinweis zur Wegfindung steht in meiner Wanderkarte, nur die offizielle Wegbeschreibung von 1994 hilft mir weiter. Bei Raureif am Boden und Eiswolken am Himmel steigen wir auf zur Foo-Alp, die Berge sind bis zur Waldgrenze herab angeschneit. Ein Jäger kommt uns entgegen, er glaubt nicht an das Gelingen der gesamten Tour so spät im Jahr. Durch Wald und über Weiden kommen wir auf den grasigen Foopass (2223 m), es liegt nur wenig Schnee, das beruhigt uns. Wir schauen voraus in den Talschluss mit dem nächsten Pass, er ist umrahmt von den Bergen Vorab, Hausstock und Kärpf. Gemütlich steigen wir über Almen mit schon für den Winter dichtgemachten Hütten und durch Bergwald hinab zum Feriendorf Elm zu Einkauf und Einkehr. Hier lesen wir, dass morgen, am 1. Oktober, um 8:34 Uhr die Sonne durch das Martinsloch im Felsgrat hoch oben in das Tal strahlen wird – sofern sie scheint! Wir verzichten auf dieses Naturschauspiel und gehen weiter zum Panzerschießplatz Wichlen. Ein Schießplan verspricht Frieden für dieses Wochenende, andernfalls müssten wir einen Umweg nehmen. Also »ohne Tritt marsch« mittendurch und hinauf, oberhalb bietet sich nach knapp acht Stunden Gehzeit ein ebener Grasfleck zum Zeltaufbau an.

Der Ortstock bei Braunwald

Kein Albtraum hat uns die Nachtruhe geraubt, aber am Morgen stört uns eine dunkle Wolkendecke. Als das Zelt gerade verpackt ist, setzt Schneeregen ein. Oben auf Wichlenmatt sind wir schon nass und kalt, hocherfreut über die offene Tür setzen wir uns in eine Schießpostenhütte zum Frühstück aus dem

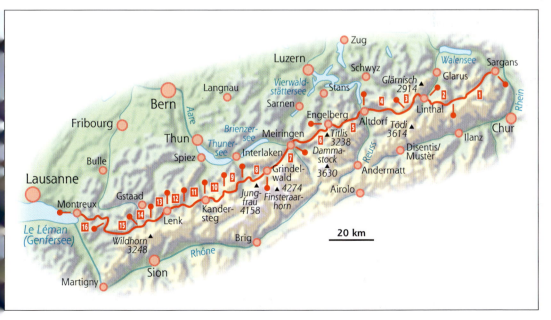

Die Schweizer Alpenpassroute

Der Brunnistock am Weg zum Surenenpass

Rucksack. Bei Sturmwind steil bergauf zum Richetlipass (2261 m), drüben schiebt uns der Wind sehr steil hinunter zu einer »militärischen Hirtenhütte«, offen für bedrängte Bergsteiger. Bravo gelobte Schweiz!, auch dieses Angebot nehmen wir dankend für eine windgeschützte Rast an. Der Abstiegsweg zeigt sich nach dem schon erfolgten Almabtrieb als fast unbegehbar, besser klappt es auf der längeren Fahrstraße nach Linthal-Matt (648 m). Kurz entschlossen fahren wir noch mit der Standseilbahn hinauf zum autofreien Kurort Braunwald (1256 m). Hotelkomfort lockt, die nassen Kleider hängen gut im warmen Zimmer, ein Gerät trocknet sogar unsere nassen Stiefel über Nacht.

Neue Eindrücke in den Urner Alpen

Begeistert vom wieder schönen Wetter und dem Gebirge um uns herum bummeln wir unter dem Ortstock und den Jederstöcken zum Urnerboden (1372 m). Ein kleines Dorf liegt dort auf einer der schönsten Alpweiden der Schweiz. Warm scheint die Sonne ins Tal, darüber thront der eiskalte Clariden (3267 m) über Felsfluchten und grünbraunen Matten. Neben der neuen Teerstraße und dem alten Postkutschenweg steigen wir auf dem alten Saumpfad zum Klausenpass (1942 m) hinauf. An der Kapelle steht der Psalm 111,2: »Die Werke des Herrn sind groß, zum Staunen für alle.« Und wir staunen auch – rechts über die Felsfluchten, links über eine schneebedeckte Gipfelfolge, nach vorne über ein zauberhaftes Bauernland. Der Abstieg erfolgt in Almwiesen zwischen Eis- und Felsmassiven nach Urigen (1295 m), das historische Hotel Post liegt gerade schön in der Abendsonne.

Auf einem alten Weg wandern wir abwärts nach Spiringen, auf Gehsteigen über Bürglen nach Altdorf, der Heimat des Wilhelm Tell, nahe am Vierwaldstätter See. Von hier muss Evelyn zurück nach Sargans und nach Hause fahren, während ich über den Fluss Reuß nach Attinghausen gehe und steil zum Berggasthaus Brüsti (1525 m) mit einem fantastischen Panoramablick nach Osten aufsteige.

Bei Sonnenschein wandere ich mit Lust und Laune in großartiger Berglandschaft auf den Surenenpass (2291 m), genieße den Weitblick vor und zurück. Wie ich so meine Lebensfreude hinausbrülle, »Hanse wo bist du – mitten im Gebirge«, kommt urplötzlich eine Staffel Militärhubschrauber auf mich

Höhenweg von Sargans nach Montreux mit grandioser Gipfelschau

zugeflogen. Die Piloten von fünf Helis üben nacheinander einen Überraschungsangriff mit mir als lebendem Ziel. Es ist eine super Flugschau – die Piloten zeigen, wie perfekt sie sind. An der Abstiegsstrecke liegt die Blackenalp in großartiger Felsumrahmung, davon schwärmen auch einige Tagestouristen. Dann geht es schön hinunter und hinaus zum mondänen Engelberg. Mit Lebensmitteln aus einem Laden breite ich mich demonstrativ an einem Springbrunnen aus zum Picknick mitten im Ort. Unter Seilbahnen führt der Weg weiter. Lieber gondele ich hinauf zum Trübsee, bestaune dann vom Jochpass (2207 m) aus den mächtigen Titlis (3238 m), die Wendenstöcke sind gerade vergoldet von der Abendsonne, unten liegt herbstfarben der Bergwald, der Engstlensee spiegelt herauf. Da lasse ich gerne das Hotel links liegen und stelle im letzten Licht, nach sieben Stunden Gehzeit, meine Stoffhütte in die wunderbare Landschaft. Im Gebirge wird das Zelten für eine Nacht weltweit bei Einhaltung einiger Regeln als Biwak geduldet.

Unter dem berühmten Berner Dreigestirn Eiger, Mönch und Jungfrau

Vor dem neuen Holzhaus der schon geschlossenen Baumgartenalp steht die Bank für mein Frühstück. Als Zubrot gibt es den Blick auf das Wetterhorn gratis dazu. Ein Föhnsturm beutelt den Bergwald und mich auf dem Balkonweg nach Reuti. Eine kurze Seilbahnfahrt hinab nach Meiringen und zu Fuß weiter nach Willigen. In der Gegend stehen sehr schöne alte und auch viele neue Holzhäuser. Auf einem neu angelegten Fußweg erfolgt der Aufstieg nach Rosenlaui unter der gewaltigen Felsburg von Wellhorn und Wetterhorn, eine Sensation! Die Große Scheidegg (1962 m) gibt sich bewölkt, das Gasthaus hier oben hat wenig Betrieb und offeriert deshalb nur kalte Küche. Unterhalb der Wolkendecke lassen riesige Felssockel und Gletscherzungen gewaltige Bergmassive darüber erahnen.

Trüb und verregnet ist es am nächsten Morgen. Die Häuser von Grindelwald liegen weit verstreut im Talboden, nur die Müllabfuhr regt sich schon. Es gibt hier einen hoffnungsvollen Wetterbericht und einen Waschsalon zum Waschen der Kleidung, derweil ein Frühstück im Gasthaus und Zeit ,Karten zu schreiben. Sowie sich mittags die Wolkendecke hebt, hebe ich meine Füße bergauf zur Kleinen Scheidegg (2061 m; 4 1/4 Std. Gehzeit). Emsig fahren Züge der Jungfraubahn rauf und runter, mit nur wenigen Leuten besetzt, war wohl kein Wetter heute für »Top of Switzerland«, wie das Jungfraujoch auch genannt wird. Mehr und mehr von der Eiger-Nordwand lässt sich sehen und zieht mich in ihren Bann. Ich belege ein Lager im Berghaus Grindelwaldblick, spaziere dann auf das Lauberhorn (2472 m), ohne Sicht auf die berühmte Skyline, aber wenigstens mit Talblick. Nach den letzten Eiger-Nordwand-Besteigungen gefragt, berichtet mir der Wirt ohne viel Bedauern, die Ersten im Jahr seien gleich runtergefallen.

Die berühmte Eiger-Nordwand

Die Schweizer Alpenpassroute

Umgebung der Blümisalphütte

Die Wildhorn-Gruppe vom Hahnenmoospass

Es ist wolkenlos schönes Wetter. Also gleich noch einmal aufs Lauberhorn steigen und bei Sonnenaufgang das Wahnsinnspanorama mit Eiger, Mönch und Jungfrau genießen. Das Unesco-Weltnaturerbe steht mir gewaltig und eiskalt gegenüber, so ein Glück! Bei dem Prachtwetter fahre ich mit der Zahnradbahn zum Jungfraujoch (3454 m) hinauf im heute voll besetzten Zug, wenn auch die Rückfahrkarte viel kostet. Massen von Menschen schauen mit mir in die Berner Gletscherwelt und auf den Aletschgletscher, dann von der Sphinx (3571 m) hinaus ins Tiefland um Interlaken, ein Foto jagt das nächste. Bequem und oft zurückblickend gestaltet sich dann mein Abstieg über Wengen nach Lauterbrunnen mit dem Staubbachfall im grandiosen Trogtal: 500 Meter breit, mit fast senkrechten Seitenwänden und mehreren Wasserfällen. Ich nehme die Standseilbahn zur Grütschalp, schon bin ich wieder im Bild und auf dem Balkonweg nach Mürren (1638 m). In den bekannten Ferienorten klingt die Saison allmählich aus. Noch so viele freie Betten können mich nicht locken, ich gehe weiter zur Spielbodenalp und zelte vor einem Panorama vom Eiger bis zum Breithorn bei wundervoller Abendstimmung.

Schauen und Staunen auf noch mehr Berner Berggiganten

Bei Sonnenschein wandere ich am zehnten Etappentag weiter in ein Hochtal unterm Schilthorn. Der Wirt der Rotstockhütte serviert mir in der warmen Morgensonne ein Frühstück vor dem Haus. Auf Hartschnee und Geröll steige ich dann steil bergauf zur Sefinenfurka (2612 m). Staunen zurück zum Titlis, voraus zur Blümisalp. Auf der nächsten Bergflanke liegt viel Schnee. Am Kamm entdecke ich die Blümisalphütte, rechts daneben das Hohtürli, höchster Punkt der

Höhenweg von Sargans nach Montreux mit grandioser Gipfelschau

Alpenpassroute. Zwei Bergsteiger kommen mir entgegen und versichern mir, dass der Aufstieg möglich sei und die Hütte offen. Also unbesorgt an einem Drahtseil hinab ins Schuttkar und mit Juhu hinunter nach Bundtäg; auf einem Bergweg in Wald und auf Schotter sehr steil hinauf an die Schneegrenze, teils auf Schnee, oben auf Treppenstufen und kettenversichert problemlos auf das Hohtürli (2778 m). Ich steige kurz weiter auf einem Rücken über Hartschnee zur Blümlisalphütte (2840 m), sie ist in meiner Wegbeschreibung als Möglichkeit für Unterkunft und Verpflegung erwähnt. Eigentlich ist es noch früh am Tag, aber ich bleibe hier noch über Nacht, zusammen mit zehn anderen Hüttenbummlern. Von so einem fantastischen Aussichts- und Höhepunkt mit Bewirtung kann ich nicht so schnell weitergehen! Das Panorama zieht sich vom Eiger bis zum Wildstrubel. Am Abend sorgt ein tiefroter Sonnenuntergang für allgemeine Aufregung. Allerdings haut es mich nachts auf dem Weg zum Toilettenhaus so heftig auf dem eisglatten Boden hin, dass sogar der Vollmond wackelt.

Auf der Randmoräne des Blümlisalp-Gletschers steige ich hinab zur Alm Oberbärgli, quere nach links und habe einen grandiosen Tiefblick auf den nachtblauen Öschinensee unter der gleißend weißen Flanke des Doldenhornes. Sagenhaft. Schauen und Staunen ... Leider ist mein Fotoapparat hoffnungslos überfordert. Über eine Steilstufe muss ich zum See hinab und kurz in ihm schwimmen, bevor die Spaziergänger da sind. Die kommen mir dann beim Abstieg nach Kandersteg in Scharen entgegen. Mit dem Lebensmitteleinkauf aus dem Supermarkt denke ich auf einer Parkbank sitzend begeistert zurück: Dieser Weg präsentiert hautnah eine Bergprominenz nach der anderen mit wilden und steilen und höchsten Nordflanken, dennoch lässt er immer wieder weit ins Vorland schauen. Unser bayerischer Maximiliansweg von Lindau nach Berchtesgaden fällt mir ein,

Der Öschinensee unter dem Blümlisalphorn

Die Schweizer Alpenpassroute

Die Diablerets-Gruppe von Isenau aus

das ist auch so ein Balkonweg, halt nicht so hoch und nicht so prominent, aber gut zum Trainieren für größere Strecken.

Aufstieg in ein Hochtal, über eine Felsstufe und in Steilschotter zur Felsscharte Bunderchrinde (2385 m). Wieder ein wunderbares Panorama vom Eiger bis zum Rinderhorn, gut ausgeleuchtet vom Sonnenschein. Hier dominieren Doldenhorn und Altels, darunter liegt in der Grasflanke der Öschinensee wie eine runde Glasscheibe, traumhaft schön! Abstieg in einem Steilkar zu Weideland, auf Almwegen weiter ins Tal. Da schwenkt ein Soldat eine rote Fahne und hält mich an: Militär übt lautstark und echoverstärkt in einem Talkessel am Großen Lohner. Gewehre ballern, Kanonen donnern, Düsenjäger jetten, Helikopter knattern, Nachschub rollt an. Die Reserve im Hinterland hat Ruh', sie reinigen Waffen und reparieren auch einige Fahrräder von Einheimischen, gelobte Schweiz! In Adelboden ist viel Betrieb, freie Zimmer werden angeboten, doch ich zelte lieber am Weiterweg.

So kann ich frühzeitig in Wald und Wiese zum Hahnenmoospass (1954 m) aufsteigen mit Aussicht auf neue Gipfel wie Wildstrubel und Wildhorn. Die Berge stehen jetzt mehr auf Distanz, ihre Flanken sind weniger steil, schon lässt meine Aufregung nach. Auch gut, denke ich mir, und gehe bei sonnigem Herbstwetter genüsslich hinab in das kleine Dorf Lenk, schön liegt es im Tal. Weiter au den Trüttlisbergpass (2038 m) zu einer großzügigen Rundumsicht mit dramatisch wirkender Gewitterstimmung im Westen. Hinab ins Bauerndorf Lauenen mit dem Mühlehaus als Schmuckstück. Ein Zimmer bietet sich zu Übernachtung an, die Waschmaschine de Hauses zwingt Schweiß heraus und Frische hinein in meine Kleider.

Beschaulicher Ausklang in den Waadtländer Alpen

Um den kurzen Tag und die Schönwetterlage auszunützen, gehe ich früh aus dem Haus. Im Morgengrauen bei 5 °C flott über de bewaldeten Krinnenpass (1659 m) zum Dörf chen Gsteig. Die Morgensonne verdrängt de Rest der Nacht, die Bauernhäuser werfe noch lange Schatten auf die Wiesen, di Laubbäume sind inzwischen keine Farbtupfe mehr, und ich atme frische Herbstluft. Daz

Höhenweg von Sargans nach Montreux mit grandioser Gipfelschau

ein Frühstück vom Wirt im sonnigen Gastgarten, dann noch etwas Obst aus dem Laden, es geht mir gut. Die Weintrauben teile ich bei einer Unterhaltung mit einer Bäuerin auf dem Weg zum Blattipass (1919 m). Dann verlockt mich ein Brunnentrog an der Seebergalm zu einem Bad, ich lege mich kurz ins erfrischende Wasser. Die Frauen einer Wandergruppe haben es bemerkt und kreischen entsetzt auf. Auf dem Weg über den Col des Andérets (2034 m) nach Isenau zeigen sich das prächtige Oldenhorn und seine Umgebung. Nun sind die Ortsnamen französisch und die Almhäuser anders gebaut. Oberhalb von Les Diablerets zieht der Höhenweg weit zum Col des Mosses (1446 m) mit Autostraße und einem Hotel zum Essen und Schlafen.

Um 6:30 Uhr kann ich das Hotel durch den Keller verlassen. Mit mir sind erneut Soldaten auf dem Weg, sie haben stundenlang mit Hubschrauberunterstützung den Ernstfall zu üben, während ich friedlich, die Sonne im Rücken, Richtung Genfer See gehe. Der Mond steht noch am Himmel, den Lac de l'Hongrin habe ich zur Seite und vor mir schönste Almen. Mit den weichen Konturen ist dies der passende stimmungsvolle, beruhigende Ausklang der Alpenpassroute. Auf Fahrwegen aufwärts über Sonlomont nach Linderrrey, abwärts nach Vuichoude, beschaulich zum Col de Chaude (1621 m). Tief unten ruht im Dunst der riesige Genfer See. Beim Abstieg in einer steilen Flanke mit Bergwald klingt mein Sommer aus, am 48. Tag meiner dritten Alpenlängsüberschreitung ab dem Neusiedler See, und am 14. Tag nach dem hier beschriebenen Start in Sargans. In Souchaux gibt es eine Einkehr, in Glion heißt es an einem Brunnen die Stiefel säubern, und dann durch eine romantische Schlucht nach Montreux am Genfer See abzusteigen.

Hatte ich doch vorher schon geahnt, dass die Alpenpassroute ein Megahit sein würde! In einem schönen Oktober, fast allein auf weiter Flur, dazu Eindrücke von einem lautstarken Herbstmanöver der Schweizer Armee. Bei der Heimreise mit der Bahn hat mir ein Soldat von seinem Einsatz berichtet. Erschöpft ist er dann eingeschlafen und erst verspätet, lange nach seinem Heimatort, wieder wach geworden.

Die Alm Chaude

Routenbeschreibung

Der Ruchen am Foopass

An- und Rückreise
An- und Rückreise sind per Bahn möglich. Auch die einzelnen Etappenorte können mit Bus und manchmal auch per Bahn erreicht werden. Daher kann die Tour an jedem beliebigen Tag abgebrochen werden.
Die Route kann ohne Nachteile auch in Gegenrichtung begangen werden. Viele Tagesetappen (12) lassen sich durch Benutzung von Verkehrsmitteln (Bus, Bahn, Seilbahn) oder Einschieben einer weiteren Übernachtung abkürzen.

Übernachtungen
Alle Talorte haben Hotels, Gasthäuser oder preisgünstige Touristenlager. Am Weg selbst liegen Berggasthäuser und Hütten, dadurch können einige Etappen nach Belieben verkürzt oder verlängert werden. Auskunft und Reservierung am besten über die Touristen-Informationen der Talorte, die Telefonnummern sind bei den Etappenbeschreibungen nachfolgend genannt. Da die Tour unabhängig von Hüttenübernachtungen ist, bietet sie sich als Herbstunternehmung an.
Durch Zelten in sechs Nächten ergab sich eine andere Etappeneinteilung, die übrigen Hausübernachtungen ohne Reservierung waren kein organisatorisches Problem.

1 Vom Rheintal über den Foopass in das Sernftal

 1850 Hm + 1370 Hm Abstieg 11 Std.

SAW 237 T Walenstadt und 247 T Sardona 1:50 000, LKS 1155 Sargans, 1175 Vättis, 1174 Elm 1:25 000

Die Alpenpassroute ist bisher nicht als solche beschildert. Die Bergstrecken sind aber wie auch sonst in der Schweiz mit den Nahzielen der Route gut beschildert und mit den Farben weiß-rot-weiß markiert. Die angegebenen Gehzeiten sind für geübte und gut vorbereitete Bergwanderer ausgelegt – ohne Rastzeiten.
Diese erste Etappe ist die gleichzeitig die längste der Alpenpassroute und kann bei Übernachtung in Weisstannen au zwei Tage verteilt oder mit einer Busfahrt von Sargans nach Weisstannen (13 km) verkürzt werden.
Sargans (480 m, Touristen-Information Tel.: +41 81 720 08 20 im Schloss das Museum Sarganserland und eine Dokumentation zum Gonzenbergwerk) liegt westlich des Rheintales Vom Bahnhof Sargans (480 m) durch die Autobahnunterführung nach Mels – hier wurde bis 1966 Eisenerz abgebaut schon 1412 war eine Eisenschmiede in Betrieb – auf einen

Höhenweg von Sargans nach Montreux mit grandioser Gipfelschau

alten Steinweg bergauf, in Alpweiden und Wäldern vorbei an alten Bauernhöfen im Weisstannental zum kleinen Dorf Weisstannen (1000 m, 4 Std., Touristen-Information Tel.: +41 81 725 30 00). Das Dorf wurde schon 1398 erwähnt und war einst Alpbezirk des Klosters Schänis; es zeigt schöne alte Holzhäuser. Übernachtung z. B. in Hotel Gemse (Rest., Zimmer und Lager, Tel.: +41 81 723 17 05) oder Hotel Alpenhof (Rest., Zimmer und Lager, Tel.: +41 81 723 17 63).

Von Weisstannen auf Fahrweg nach Vorsiez und der Alpwirtschaft Siez (Rest., Zimmer und Lager, Tel.: +41 81 723 17 48). Auf Bergweg bergauf über die Foo-Alp (1875 m) zum Foopass (2223 m, 4 1/4 Std.). Weideland und Blumenwiesen. Blick voraus in den Talkessel von Elm mit den Gipfeln Vorab, Hausstock (3158 m) und Kärpf und zum nächsten Übergang, dem Richetlipass zwischen Hausstock und Kärpf.

Auf Bergweg steil abwärts zu den Hütten Raminer Matt, Blick in die Felsen des Piz Sardona und des Piz Segnas, zu den Zacken der Tschingelhörner, zum Gletscher des Vorab. Auf Fahrweg in Wiesen und Bergwald bergab zum Feriendorf Elm (962 m, 2 3/4 Std., Touristen-Information Tel.: +41 55 642 52 52). Das Dorf mit gut erhaltenem Dorfkern vermarktet Mineralwasserquellen, im Talende befindet sich ein Armeeschießplatz.

2 Vom Sernftal über den Richetlipass ins Tal der Lindt

1300 Hm + 1600 Hm Abstieg   7 1/2 Std.

SAW 247 T Sardona und 246 T Klausenpass 1:50 000, LKS 1174 Elm und 1173 Linthal 1:25 000

Von Elm auf Autostraße über Steinibach zu den Hütten Walenbrugg vor dem Panzerschießplatz Wichlen. Auf einer Schießanzeige stehen die Übungstage, sie finden nur zeitweise statt und keinesfalls an Wochenenden. Schießwachen verhindern bei Schießbetrieb den Zugang. Bei Schießbetrieb gilt die Umgehung nördlich des Geländes über Ober Erbs mit dem Gasthaus Skihütte und dem Erbser Stock (2161 m) nach Wichlenmatt, 1 Std. länger. Begeher der Gegenrichtung werden auf Wichlenmatt von der Schießwache auf die Umleitung verwiesen.

Ist kein Schießbetrieb, wandert man auf dem Fahrweg durch das Übungsgelände mit großen Zielscheiben hinauf zum Platz Wichlenmatt mit einer Schießpostenhütte. In Blumenwiese steiler Aufstieg zum Richetlipass (2261 m, 4 1/2 Std.), Blick zurück in den Talkessel von Elm und die umliegenden Berge der Glarner Alpen.

Auf Bergweg über Weideland steil bergab. Auf 1995 Meter Höhe vorbei an einer Militär- und Hirtenhütte mit vier Schlafplätzen, Ofen mit Brennholz ist vorhanden. 1995 war die Hütte für bedrängte Bergsteiger offen. Auf Almweg abwärts in den Talboden, vorbei an Alphütten im Durnachtal mit Rückblick auf die Flanken des Hausstock und des Ruchi in 3 Std. nach Linthal-Matt (648 m, Touristen-Information

Tel.: +41 55 643 39 17). Linthal liegt klein und bescheiden, aber malerisch im obersten Tal der Linth, umrahmt von den Gletscherbergen Hausstock, Tödi und Clariden. Es besteht aus drei Dörfern: Matt, Dorf, Ennelinth.

3 Auf der Glarner Sonnenterrasse zum Urnerboden

 870 Hm + 145 Hm Abstieg   4 3/4 Std.

SAW 246 T Klausenpass 1:50 000, LKS 1173 Linthal, 1193 Tödi 1:25 000

Von Linthal-Matt entweder die Standseilbahn nehmen oder zu Fuß in Wald mit vielen Kehren über 600 Hm zu einer Sonnenterrasse mit dem autofreien Ferienort Braunwald (1256 m, 1:40 Std.) aufsteigen. Braunwald (Touristen-Information Tel.: +41 55 642 52 52) ist ein viel besuchter, autofreier Sommer- und Winterferienort auf einer Sonnenterrasse unter dem Ortstock mit einem großen Pflanzenschutzgebiet.

Auf Fahrweg flach unter dem Ortstock entweder über Rietberg oder das Gasthaus Nussbüel zur Vorder Stafel, unter den Jegerstöcken in 3:10 Std. weiter zum Dorf Urnerboden (1372 m) mit Blick zurück zum Abstieg vom Richetlipass, zu den Bergen Tödi und Clariden und voraus zum Klausenpass. Urnerboden (Touristen-Information Tel.: +41 55 643 21 31), der kleine Ferienort mit zwei Gasthäusern, liegt in einem der

Glarner Felsgipfel über dem Sernftal

Die Schweizer Alpenpassroute

Tell-Denkmal in Altdorf

schönsten und größten Almböden der Schweiz. Schon seit 1196 gehört der Talschluss topografisch unlogisch zum Kanton Uri, obwohl der Alpboden Richtung Kanton Glarus entwässert.
Von Unterst Wang – Urnerboden (3 km) verkehrt eine Buslinie.

4 Über den historischen Klausenpass

 750 Hm + 1680 Hm Abstieg 7 ¹/₂ Std.

SAW 246 T Klausenpass 1:50 000, LKS 1173 Linthal, 1193 Tödi, 1192 Schächental 1:25 000
Von Urnerboden auf dem alten Saumweg die Auto- und die Postkutschenstraße abkürzend hinauf zum Klausenpass (1948 m, 1 ³/₄ Std.) mit dem Hotel Klausenpasshöhe (Tel.: +41 879 11 64). Rückblick zum Urnerboden.
Mit Blick nach links zu den Bergen Clariden und Schärhorn, zum Brunnital mit Gr. Ruchen und Gr. Windgällen, nach rechts zu Schächentaler Windgällenstock und Höch Pfaffen, voraus zum Massiv mit dem Gr. Spannort auf einem Fahrweg in Weideland bergab über Heidmanegg, Ob den Hegen, dem historischen Hotel Posthaus Urigen zum Dorf Spiringen (923 m, 3 ³/₄ Std.), Gasthaus St. Anton). Fußweg nach Witerschwanden, auf Gehsteig oder auf Wanderwegen über das Dorf Bürglen (522 m, Hotel, seit 857 erwähnt, Tell-

denkmal) in 2 Std. nach Altdorf (447 m). Altdorf ist Hauptort und Zentrum des Kanton Uri, war 1799 bis auf 14 Wohngebäude abgebrannt und zeigt sehenswerte Herrenhäuser, Telldenkmal und historisches Museum (Touristen-Information Tel.: +41 41 872 04 50).
Bei Bedarf kann man die Buslinie Urnerboden – Altdorf benutzen.

5 In Alpweiden über den Surenenpass in das Engelberger Tal

 1850 Hm + 1300 Hm Abstieg 10 ¹/₂ Std.

SAW 246 T Klausenpass und 245 T Stans 1:50 000, LKS 1192 Schächental, 1191 Engelberg 1:25 000
Von Altdorf auf Straße nach Attinghausen (476 m, ¹/₂ Std. Hotel), Aufstieg in Bergwald auf einem alten Steinweg zum Hochplateau Brüsti (1525 m, 3 Std.). Blick zurück ins Tal mit Altdorf, Bürglen und Schattdorf und in Richtung Klausenpass. 700 m in Richtung Surenenpass liegt das Berggasthaus Z'Graggen (Zimmer und Lager, Tel.: +41 871 06 38).
Auf gesichertem Gratweg über einen Höhenrücken mit Felsbergen rundum zum Nassfruttli, in einem Kar mit Geröllhalden (evtl. mit Schneeresten) hinauf zum Surenenpass (2291 m, 3 Std.). Der Blick schweift zurück zum Klausenpass, voraus liegt der Abstieg mit dem 3000er Titlis am Horizont. Weiter in 4 Std. auf Bergweg in Alpweiden zwischen Schlossberg und Wissigstock zur Blackenalp (1773 m, Übernachtung) hinunter, schön gelegen im Felsenkessel, und über die Stäfelialp (Übernachtung), das Gasthaus Alpenrösli (Übernachtung) und die Alp Herrenrüti (1165 m, Übernachtung) nach Engelberg (1002 m, Touristen-Information Tel.: +41 41 639 77 77, sehenswertes Benediktinerkloster aus dem 12. Jh.), einem weltbekannten Sommer- und Winterkurort inmitten einer großartigen Berglandschaft.
Seilbahnbenützung kann den Weg von Attinghausen zum Hochplateau Brüsti abkürzen.

6 Zur ehemaligen Poststation im Haslital

 1200 Hm + 1600 Hm Abstieg 9:50 Std.

SAW 245 T Stans und 255 T Sustenpass 1:50 000, LKS 1191 Engelberg und 1210 Innertkirchen 1:25 000
Von Engelberg auf Bergweg steil aufwärts in Wald und Weiden zur Gerschnialp (Hotel Restaurant Ritz), weiter in vielen Kehren zur Bergstation (Berghotel Trübseehof), vorbei am Trübsee (1796 m, 2 ³/₄ Std.) Aufstieg in Skigebiet zum Jochpass (2207 m, 1 ¹/₄ Std., Berghaus Jochpass). Abstieg zu Engstlensee und Engstlenalp (1834 m, 1 Std., Hotel Engstlenalp) unter den Wendenstöcken. Nun entweder auf Almweg über die Baumgartenalp und mit Blick auf das Berner Hoch-

Höhenweg von Sargans nach Montreux mit grandioser Gipfelschau

Berghaus auf dem Jochpass

gebirge in einer Steilflanke queren über Underbalm, Hinterarni, Reuti (1061 m, 3 3/4 Std., Hotel) nach Meiringen. Oder ab Engstlenalp auf Straße im Gental abwärts über Hotel Restaurant Schwarzental zum Talende und rechts ab Richtung Westen über Bergschwendi nach Meiringen (595 m, 1:05 Std.). Meiringen, der Ferienort im Haslital (Touristen-Information Tel.: +41 33 972 50 50), stellte früher ein wichtiges Passstraßen-Zentrum dar, bis zu 300 Postpferde waren hier stationiert. Zweimal wurde der alte Ort im 19. Jh. von Bränden fast völlig zerstört.

Das Gebiet ist mit Seilbahnen dicht erschlossen: von Engelberg zum Trübsee, vom Trübsee zum Jochpass, vom Jochpass zur Engstlenalp, von Reuti nach Meiringen. Ferner verkehrt eine Buslinie Engstlenalp – Meiringen.

7 Am Wetterhorn entlang nach Grindelwald

 1370 Hm + 930 Hm Abstieg 7 3/4 Std.

SAW 255 T Sustenpass und 254 T Interlaken 1:50 000, LKS 1210 Innertkirchen und 1229 Grindelwald 1:25 000

Von Meiringen auf Straße nach Willigen (621 m, Hotel), vorbei an alten Bauernhäusern auf Straße und auf neuem Wanderweg bergauf über Schwendi und Zwirgi (Gasthaus) nach Rosenlaui (1367 m, 3 Std., Hotel). Empfehlung: kurzer Abstecher zur Rosenlauischlucht. Auf neuem Wanderweg an der Wetterhorngruppe entlang über die Schwarzwaldalp (Hotel) zur Großen Scheidegg (1962 m, 2:20 Std., Hotel, Tel.: +41 33 853 67 16). Ausblick voraus zur Kleinen Scheidegg. Abstieg auf Straße und altem Passweg mit Blick auf den Ob. Grindelwaldgletscher über das Hotel Wetterhorn nach Grindelwald (1034 m, 2:25 Std., Touristen-Information Tel.: +41 33 854 12 12). Grindelwald ist erstmals 1146 erwähnt, ab 1800 wurde es zum Touristenziel, 1880 standen schon 615 Gästebetten bereit. Aufschwung bekam Grindelwald durch den Anschluss an die Oberlandbahn 1890 und den Bau von Wengernalpbahn 1893 und Jungfraubahn 1912. Von Meiringen besteht eine Busverbindung über die Große Scheidegg nach Grindelwald.

8 Dem Dreigestirn Eiger, Mönch, Jungfrau ganz nah

 1120 Hm + 1350 Hm Abstieg 6:40 Std.

SAW 254 T Interlaken 1:50 000, LKS 1229 Grindelwald und 1228 Lauterbrunnen 1:25 000

Durch Grindelwald spazieren, auf Wanderweg und Fahrweg in der Nähe der Zahnradbahn mit Blick auf die Eigernordwand über Alpiglen (1616 m, 2:20 Std., Hotel) zur Kleinen Scheidegg (2061 m, 1 1/2 Std.) steigen: Übernachtung z. B. im Hotel Bahnhof, Hotel Bellevue des Alpes, Berghaus Grindel-

Die Schweizer Alpenpassroute

waldblick (Rest., Zimmer und 90 Lager, 5 Min. ab Bahnhof Kleine Scheidegg).
Die Alpenpassroute verläuft nun weiter am Bahngleis entlang über Wengernalp (1874 m, Hotel) nach Wengen (1275 m, 1:40 Std., autofreier Kurort, Hotels), und auf einem kurvenreichen Fahrweg steil bergab nach Lauterbrunnen (797 m, 1:10 Std., Touristen-Information Tel.: +41 33 856 85 68), liegt in einem ausgeprägten Trogtal mit vielen Wasserfällen, der bekannteste ist der Staubbachfall. Der Ortsname kommt von den vielen Quellen im Tal, den »lauteren Brunnen«. Bergbahnen gibt es zur Wengernalp und zwischen Grütschalp und Mürren, ferner die Zahnradbahn Grindelwald – Kleine Scheidegg – Lauterbrunnen.
Variante: Übernachtung auf der Kleinen Scheidegg für Besteigung Lauberhorn (2472 m, 375 Hm) zu einem Rundum-Panorama von Großer Scheidegg über Wetterhorn, Schreckhorn, Eiger, Mönch, Jungfrau, Breithorn, Tschingelhorn, Gspaltenhorn, Schilthorn, Gemmenalphorn bis zum Augstmatthorn.
Weitere Variante: Fahrt mit der Zahnradbahn (www.jungfraubahn.ch, dort auch Fahrpreise abfragen!) ab Kleiner Scheidegg hoch zum Jungfraujoch (3454 m). Mit einem Aufzug hinauf zur Sphinx, 3571 m, zu einem Tiefblick auf Aletschgletscher, mit 22 km der längste Eisstrom Europas, Konkordiaplatz und auf die umgebenden Gletscherberge, nach Norden auf die Orte Interlaken und Thun, auf die Vorgebirge und das Flachland zwischen Bern und Luzern.

9 An der Skyline der Berner Alpen entlang

 1815 Hm + 1200 Hm Abstieg 9:10 Std.

SAW 254 T Interlaken und 264 T Jungfrau 1:50 000, LKS 1228 Lauterbrunnen und 1248 Mürren 1:25 000
Von Lauterbrunnen auf Fahrweg und Fußweg teils steil bergauf zum autofreien Kurort Mürren (1638 m, 2 1/2 Std., Touristen-Information Tel.: +41 33 856 86 86), ist eine ehemalige Walsersiedlung, liegt auf einer Sonnenterrasse, hat 350 Einwohner und 2000 Fremdenbetten und ist nicht zuletzt durch die Schilthornseilbahn zum Drehrestaurant Piz Gloria (2970 m) mit Aussicht auf 200 Gipfel – darunter Lauberhorn, Eiger, Mönch, Jungfrau, Ebnefluh, Mittaghorn, Grosshorn, Breithorn, Gspaltenhorn – und 40 Gletscher bekannt.
Durch Mürren zur Talstation der Schilthornseilbahn, auf Wanderweg aufwärts über Gimmela zur Spielbodenalp, auf Bergweg teils in Steilflanke mit Seilversicherungen über den Aussichtspunkt Bryndli zur Alp Poganggen und zur Rotstockhütte (2039 m, 2:10 Std., bew. Juni bis September, 50 Plätze, Tel.: +41 33 855 24 64). Auf Bergweg in Weide, oben in Schuttkar steil bergauf zur Sefinenfurgge (2612 m, 1:50 Std.). Ausblick zurück zur Kleinen Scheidegg, voraus zum Pass Hohtürli.
Abstieg auf Bergweg in Steilflanke mit Schotter, teils mit Drahtseil versichert, zur Alp Obere Dürreberg (bew. Senn-

Eiger, Mönch und Jungfrau von der Grütschalp

Höhenweg von Sargans nach Montreux mit grandioser Gipfelschau

Kandersteg mit großem Lohner (links)

hütte), auf Fahrweg in Weideland zur Griesalp im obersten Kiental (1408 m, 2:40 Std., Touristen-Information Tel.: +41 33 676 10 10, Hotels, Naturfreundehaus, Berggasthaus Golderli Tel.: +41 33 676 21 92).
Varianten ergeben sich durch Fahrten mit der Luftseilbahn Lauterbrunnen – Grütschalp und der Panoramabahn Grütschalp – Mürren.

10 Über das Hohtürli nach Kandersteg

 1370 Hm + 1600 Hm Abstieg 7 $^1/_2$ Std.

SAW 264 T Jungfrau und 263 T Wildstrubel 1:50 000,
LKS 1248 Mürren und 1247 Adelboden 1:25 000
Von der Griesalp Aufstieg in Wald zur Oberi Bundalp (1840 m, Berghaus), auf Bergweg in Steilgelände bergauf, in einer Felsrippe entlang auf Treppenstufen mit Seilversicherung auf das Hohtürli (2778 m, 4 $^1/_4$ Std.), den höchsten Punkt der Alpenpassroute.
Abstieg auf Bergweg in steilem Schuttkar, auf Randmoräne mit Blick auf den Blümlisalpgletscher zur Alm Oberbärgli, über eine Steilstufe mit Seilversicherungen abwärts nach Unterbärgli (Berghaus), durch lichten Bergwald zum Öschinensee (1593 m, 2 $^1/_4$ Std., Hotel, Restaurant, Berghaus). Einzigartige Landschaft mit dem gleißend weißen Gipfel des Doldenhorns über dem tiefblauen See – ein viel besuchtes Ausflugsziel.
Auf Wanderweg mitsamt vielen Touristen hinab nach Kandersteg (1176 m, 1 Std.; auch die Benützung der Seilbahn Öschinensee – Kandersteg ist möglich, Touristen-Information Tel.: +41 33 675 80 80). Kandersteg war im Mittelalter ein Stützpunkt am Handelsweg über den Lötschenpass. Zum Bau des Lötschbergtunnels wohnten von 1906 bis 1913 hier über 3500 Personen.
Variante: Abstecher in zehn Minuten vom Hohtürli zur Blümlisalphütte (2840 m, SAC, bew., 138 Plätze, Tel.: +41 33 676 14 37). Eisgipfel und Gletscher sind ganz nah, dazu ein super Panorama und Blick auf den Thuner See.

11 Hochalpin weiter, von Kandersteg nach Adelboden

 1210 Hm + 1030 Hm Abstieg 6 $^3/_4$ Std.

SAW 263 T Wildstrubel 1:50 000, LKS 1247 Adelboden 1:25 000
Von Kandersteg auf Talweg (3 km) nach Eggeschwand (dorthin auch Buslinie), auf Bergweg aufwärts über die Almhütten Usser Üschene (1595 m) und Alpschele (2094 m), eine Felsstufe hinauf und steil auf Schotter zwischen Großem und Kleinem Lohner in die Scharte Bunderchrinde

Die Schweizer Alpenpassroute

Der Arnensee mit Seebergalm

(2385 m, 3:50 Std.). Fantastisches Panorama vom Eiger über Blümlisalphorn, Doldenhorn, Balmhorn, Altels bis Rinderhorn. Voraus Tiefblick nach Adelboden.
Abstieg auf Bergweg in steilem Schuttkar zum Bergkessel Bunderchumi, über eine Steilstufe und Weideland zur Bunderalp (Berghaus), auf Fahrweg mit Abkürzungen in Wald und Weide nach Bunderle, auf Talwegen und Straße nach Adelboden (1356 m, 2:55 Std., Touristen-Information Tel.: +41 33 673 80 80). Der Ort ist benannt nach einem Adeligen, der hier Boden besaß. Die Sommerweide wurde erst spät von Familien aus Frutigen dauernd bewohnt.

12 In Wald und Blumenwiesen von Adelboden nach Lenk

 600 Hm + 890 Hm Abstieg 4 ½ Std.

SAW 263 T Wildstrubel 1:50 000, LKS 1247 Adelboden und 1267 Gemmi 1:25 000
Von Adelboden auf Tal- und Fahrweg am Geilsbach aufwärts in Wald und Weide über Berglager und Geils (1707 m, 2 Std.) zum Hahnenmoospass (1956 m, ¾ Std., Berghotel). Von Geils auch Seilbahn zum Hahnenmoospass. Blick auf Wildstrubel, Wildhorn und Lohner. Nun auf Fahr- und Fußweg abwärts über Büelberg (1661 m, Berghaus) nach Lenk (1068 m, 1 ¾ Std., Touristen-Information Tel.: +41 33 733 31 31). Lenk früher »Lengi Egg« genannt, war Raststätte für Säumer, seit dem 17. Jh. berühmtes Heilbad mit Schwefelquellen.
Buslinien gibt es zwischen Adelboden und Geils sowie zwischen Büelberg und Lenk.

13 Auf Wiesenwegen vor einem Endlos-Bergpanorama

 970 Hm + 800 Hm Abstieg 5 ¼ Std.

SAW 263 T Wildstrubel 1:50 000, LKS 1266 Lenk 1:25 000
Von Lenk am Wallbach aufwärts, auf Treppen und Stufen durch die Wallbachschlucht zum Berghaus Wallegg (1330 m, 1 Std.), in Weideland, Blumenwiesen, teils Sumpfwiesen über die Almen Untere Lochberg und Obere Lochberg zum Trüttlisbergpass (2038 m, 2 ½ Std.). Dort erfreut wieder ein herrliches Panorama mit Wildstrubel und Wildhorn den Wanderer. Abstieg über Weide zur Alp Vordere Trüttlisberg, in Wald und Weide über Rütschli nach Lauenen (1241 m,

Höhenweg von Sargans nach Montreux mit grandioser Gipfelschau

1 ¾ Std., Touristen-Information Tel.: +41 33 748 81 81), einem kleinen Dorf mit dem historischen Mühlehaus von 1765, bestes Beispiel für Saanenländer Baukunst.

14 In das Tal der Saane nach Gsteig

 420 Hm + 460 Hm Abstieg 2:40 Std.

SAW 263 T Wildstrubel 1:50 000, LKS 1266 Lenk 1:25 000

Von Lauenen in Wiese und Wald bergauf zum Chrinnepass (1659 m, 1:25 Std.). Blick auf das Oldenhorn und zum Gegenanstieg. Abstieg über Rohr hinab nach Gsteig (1200 m, 1 ¼ Std., Touristen-Information Tel.: +41 33 748 81 81) im Saanetal. Gsteig gehört zu den schützenswerten Ortschaften der Schweiz, der Gasthof Bären von 1756 ist reich verziert mit Schnitz- und Malfriesen.

15 Von Gsteig zum Col des Mosses

 1160 Hm + 920 Hm Abstieg 7:20 Std.*

* Gegenrichtung 2:40 Std.

SAW 263 T Wildstrubel und 262 T Rochers-de-Naye 1:50 000, LKS 1266 Lenk und 1265 Les Mosses 1:25 000

Von Gsteig in Wiese und Wald bergauf über die Alp Vordere Walig zum Blattipass (1919 m, 2:10 Std.), in Alpweiden und Wald zur Seebergalp (1712 m) über dem Arnensee. Nun im französisch sprechenden Kanton Vaud (Waadt) über Chalet Vieux hinauf zum Col des Andérets (2034 m, 1:35 Std.). Abstieg über die Hütten von Isenau und La Marnèche (Berghaus, Bergstation der Seilbahn von Diablerets) nach La Crua, auf flachem Aussichtsweg in Blumenwiesen über die Almen Meitreile, Marnex, La Dix, La Lé, La Première, Chersaule 1657 m) über das schön gelegene Plateau Oudiou zum Col des Mosses (1445 m, 3:55 Std.). Am Col des Mosses liegen die Ferienorte Les Mosses (Touristen-Information Tel.: +41 24 491 14 66) und La Lécherette.

16 Durch einsame Almgegend nach Montreux

 890 Hm + 1920 Hm Abstieg 9:10 Std.

SAW 262 T Rochers-de-Naye 1:50 000, LKS 1265 Les Mosses und 1264 Montreux 1:25 000

Von Les Mosses im Gelände auf verwinkelten markierten Wegen oder auf der Autostraße nach Le Lécherette (1379 m, 3 ½ km, 1 Std.). Meist auf Fahrwegen in Weideland mit Blick auf den sternförmigen Stausee Lac de l'Hongrin und die umliegenden Berge aufwärts über die Alp Les Mossettes, den Col de Sonlomont (1503 m, 1:25 Std.) zur Alp Linderrey, 1669 m. Dann vom Ende des Fahrweges steil abwärts zur Alp Vuichoude d'en Bas, aufwärts in Weide und Wald über die Alp Vuichoude d'Haut und die Alp Chaude zum Col de Chaude (1621 m, 3 ¼ Std.). Blick auf die Rochers de Naye und tief zum Genfer See.

Kurzer steiler Abstieg auf dem Almweg, auf Fahrweg und Abkürzung in Bergflanke mit Wald über Erniaule nach Les Troncs, kurzer Aufstieg nach Sonchaux (1261 m, Gasthaus). Ausblick auf die Dents di Midi, die Savoyer Berge, das Rhônetal, den Genfer See. Auf Fahr- und Wanderweg abwärts zum Dorf Glion (708 m, 2:40 Std.). Fantastischer Blick auf den Genfer See und seine Umgebung.

Kurz auf Straße, dann schöner Abschluss mit dem Abstieg auf Wanderweg durch die romantische Schlucht Gorges du Chauderon – unten rauscht der Bach, oben rumort der Verkehr – nach Montreux (395 m, 0:50 Std.). Wegweiser mit einer gelben Raute führen zum Bahnhof.

Montreux (Touristen-Information Tel.: +41 848 86 84 84; www.mvtourism.ch) im Kanton Vaud ist der meistbesuchte Kurort am Genfer See, hat ein mildes Klima und eine schöne Lage an der waadtländischen Riviera. Eine Zahnradbahn führt zum Berg Rochers de Naye (2045 m).

Man kann diese lange letzte Etappe durch Benützung der Buslinie Col des Mosses – La Lécherette oder der Zahnradbahn Glion – Montreux abkürzen.

Alm über dem Lac de l'Hongrin

Am Griespass, oberhalb des gleichnamigen Stausees, beginnt die GTA und ist so zu Fuß aus von der Schweiz erreichbar.

Auf der GTA durch die piemontesischen Alpen

Teilstrecke Griespass bis zur Dora Baltea

10 Auf der GTA durch die piemontesischen Alpen
Teilstrecke Griespass bis zur Dora Baltea

TOURENINFO

SCHWIERIGKEIT ●●●●○

KONDITION ●●●●○
Teils lange Abstiege!

ETAPPEN
20 Etappen (ohne Varianten), 300 km, 36 000 Hm (ca. 17 000 Hm im Aufstieg und 19 000 Hm im Abstieg).

HÖCHSTER PUNKT
Colle di Bellino, 2804 m.

AUSGANGSORT
Griespass, 2479 m.

ENDPUNKT
Ventimiglia, 3 m.

ERLEBNISWELT/HIGHLIGHTS
Die lange GTA führt durch unterschiedliche Natur- und Kulturräume. Diverse Gebirgsgruppen (Walliser, Grajische, Cottische, See- und Ligurische Alpen) werden durchquert, man kommt durch einen Nationalpark und mehrere regionale Naturparks, taucht in die Atmosphäre kleiner Bergdörfer ein, findet auf dieser Teilstrecke Reste der Walserkultur, hört den Klang der okzitanischen Sprache. Ein Weg, der dem Wanderer den Kontakt zur Bergbauernkultur ermöglicht.

KARTEN
Als Übersichtskarten eignen sich gut die Generalkarte Italien Extra 1 Piemont-Aostatal für den Großteil der GTA (Etappen 1–55) und die Generalkarte Italien Extra 5 Ligurien für den Schlussteil der GTA, beide 1:200 000. Für die einzelnen Etappen sind die IGC-Wanderkarten (Istituto Geografico Centrale) im Maßstab 1:50 000 nötig und dort jeweils angegeben. Dazu etappenweise die Landeskarten der Schweiz (LKS).

LITERATUR
Werner Bätzing: Grande Traversata delle Alpi. Der Große Weitwanderweg durch die Alpen des Piemont. Teil 1: Der Norden, Rotpunktverlag 2006; Werner Bätzing: Grande Traversata delle Alpi. Der Große Weitwanderweg durch die Alpen des Piemont. Teil 2: Der Süden, Rotpunktverlag 2006. ; Eberhard Neubronner: Das schwarze Tal. Unterwegs in den Bergen des Piemont, Goldmann Verlag 2002.

BESTE TOURENZEIT
Ende Juni bis Mitte September.

Blick ins Formazza-Tal beim Abstieg vom Griespass, im Hintergrund der Lago di Morasco

Die italienische »Grande Traversata delle Alpi« (GTA) ist nicht nur einer der längsten, sondern auch einer der schönsten Weitwanderwege der Alpen. Auf 60 Tagesetappen, 1000 Kilometer Länge und mit je 53 000 Höhenmetern im Auf- und Abstieg verläuft sie von der Schweizer Grenze am Griespass (beim Nufenenpass) bis Ventimiglia am Mittelmeer. Die GTA führt immer in der Nähe der Wasserscheide des Westalpenbogens durch touristisch unerschlossene, einsame und spektakuläre Alpenlandschaften des Piemont, bevor sie mit den Ligurischen Alpen das Mittelmeer erreicht.

Beim Wandern durch die einsame Kulturlandschaft fällt der Blick auf eine uns oft unbekannte, beeindruckende, aber auch vom Verfall bedrohte traditionelle Welt. Aber auch, wer sich für unberührte, hochalpine Naturlandschaften begeistert, kommt voll auf seine Kosten, denn geboten

Teilstrecke Griespass bis zur Dora Baltea

werden immer wieder grandiose Aussichten auf vereiste Gebirgsmassive, senkrechte Kalksteinwände, zerklüftete Gipfelketten, Bergseen ... Der GTA-Wanderer wird die Stille und die Einsamkeit dieser scheinbar weltentrückten Orte genießen – auf markierten Wanderwegen ohne Kletterpassagen in hochalpinem Gelände, manchmal auch auf Schneefeldern. Alpine Erfahrung, Trittsicherheit und Orientierungsvermögen sind für die Begehung nötig. Die vorgeschlagene Teilstrecke ist nicht einheitlich markiert und wechselt zwischen weiß-rot-weiß, auch (rot-)weiß-rot oder rot-weiß-(gelb-)rot.

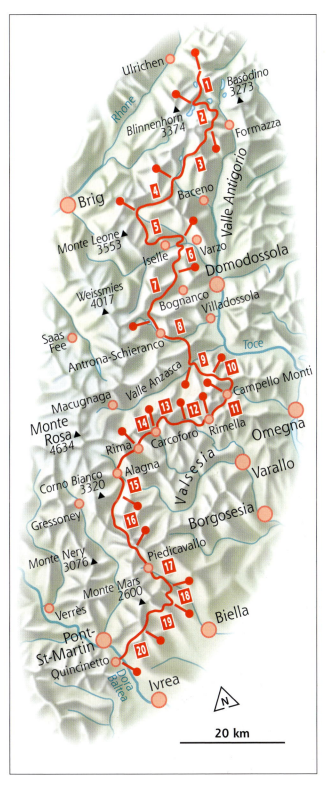

Auf der GTA durch die piemontesischen Alpen

Die GTA – ein französisches Vorbild

Als Vorbild für diesen einzigartigen Weg dienten die französischen Fernwanderwege, die so genannten »Grandes Randonnées« (GR) und insbesondere die französische GTA, die als GR 5 im Jahr 1971 in dieses Netz aufgenommen wurde.

Die Idee entstand aus der Not heraus, denn im gesamten Raum der Südwestalpen brechen seit 1850 Wirtschaft und Kultur zusammen und große Gebiete sind fast menschenleer geworden. Mit der Einführung der GR 5 – vom Genfer See durch die französischen Alpen zum Mittelmeer – erhoffte man sich positive Impulse für diese Bergregionen.

Erfolge wurden bald sichtbar, in kleinen Bergbauerndörfern, die stark von Entsiedelung bedroht waren, entstanden einfache Unterkunftsmöglichkeiten (so genannte »gîtes d'etappe«) und kleine Läden, wo die Wanderer essen, schlafen und Lebensmittel kaufen konnten. So entwickelte sich in vielen Orten eine kleine, dem Wandertourismus angepasste Infrastruktur, deren Ertrag den Einheimischen zugutekam. Der Erfolg der GR 5 wurde in der Region Piemont, deren Alpentäler ebenfalls unter Abwanderung leiden, einige Jahre erstaunt verfolgt. Schließlich wurde im Jahr 1979 die piemontesische GTA, auf dem französischen Konzept basierend, aus der Taufe gehoben. Um die GTA in den in

Die Alpe Bettelmatt im Formazza-Tal. Diese Alm gibt dem Bettelmatt-Käse, der im gesamten Formazza-Tal hergestellt wird, seinen Namen.

Teilstrecke Griespass bis zur Dora Baltea

Italien vorgeschriebenen Entwicklungsplänen berücksichtigen zu können und um ihr Geldmittel von den beteiligten Provinzen und der Region Turin sicherzustellen, wurde sie in die Regionalpolitik eingebettet und ein Trägerverein, die »Associazione GTA«, gegründet. Ziel der GTA war die Reduzierung der seit Jahrzehnten dauernden Abwanderung, verbunden mit der sozialen Aufwertung des Lebensraumes.

Das GTA-Konzept – auf historischen Pfaden von Ort zu Ort

Die GTA verläuft ausschließlich auf alten Wegen – ehemaligen Militärstraßen, Saum- oder Bergbauernwegen –, neue Wege wurden nicht extra angelegt. Da die GTA entlang des Alpenhauptkammes und wenn möglich von Dorf zu Dorf führt, müssen zahlreiche Täler, die vom Alpenhauptkamm steil zur Po-Ebene abfallen, gequert werden. Eine typische GTA-Etappe verläuft daher von einem Tal über einen hohen Pass ins Nachbartal. Mit der Benutzung der alten Wege wird auch die alte traditionelle Bergbauernkultur vom Wanderer entdeckt: Überreste der traditionellen Lebensweise und Landnutzung wie einheitliche Ortsbilder mit Steindächern, ehemalige Backöfen und steingefasste Brunnen oder Almen und ehemalige Ackerterrassen. Auch die zahlreichen Militärrelikte wie Bunker, Kasernen und Festungsanlagen bleiben dem GTA-Wanderer nicht verborgen.

Besonderes Augenmerk richtete man auf die Wahl der Übernachtungsmöglichkeiten: Wenn möglich liegen die Etappenunterkünfte in einem kleinen Bergbauerndorf, abseits der wenigen touristischen Zentren. Einheimische betreiben die einfachen Unterkünfte – fast immer mit angeschlossenem Restaurant –, die sich »Posti tappa« nennen. Das können kleine, familiäre Hotels oder auch nur Matratzenlager in vorher leerstehenden Gebäuden sein. Mancherorts wurden ehemalige Schulhäuser zu Posti tappa umfunktioniert. So ist sichergestellt, dass der Ertrag des Wandertourismus vor Ort bleibt. Wie spartanisch die Übernachtungsmöglichkeiten in einigen Fällen tatsächlich sind, so überbordend ist die Verpflegung der Wanderer. Man spürt die ehrliche Gast-

Weintrauben beim Rifugio Alta Via, in der Nähe des Mittelmeers (Dolceacqua)

Auf der GTA durch die piemontesischen Alpen

ABWANDERUNG IN DEN PIEMONTESISCHEN BERGREGIONEN

Große Teile der piemontesischen Bergregionen sind seit Langem von Entvölkerung und dem Zusammenbruch der traditionellen Autarkiewirtschaft und Bergbauernkultur geprägt – viele der kleinen Dörfer sind dem Verfall preisgegeben.
Ackerbau und Viehwirtschaft hatten über Jahrhunderte die einheimische Bevölkerung mehr schlecht als recht ernährt, wobei die wenigen Überschüsse auf den regionalen Märkten getauscht oder verkauft wurden. Mit Handwerksarbeiten und Säumertätigkeiten (Transport von Waren mit dem Maultier über Pässe) wurde überall ein Zubrot verdient. Durch die intensive Nutzung auch der kleinsten Flächen wurde eine erstaunlich hohe Bevölkerungszahl ernährt. Ein Ventil für den Bevölkerungsdruck war die temporäre Emigration im Winter, wenn es im Dorf nicht viel Arbeit gab. Man zog in die Po-Ebene oder nach Frankreich, wo man als ambulanter Händler, Handwerker oder Hirte ein wenig Ersparnisse ansammeln konnte, die meist zum Kauf neuer Ackerparzellen oder einer Kuh genutzt wurden.

Viele der Saum- und Militärwege, auf denen die GTA verläuft, waren für beladene Maultiere ausgelegt.

Ende des 19. Jahrhunderts, mit Beginn der Industrialisierung Italiens und der Entstehung eines nationalen Marktes für landwirtschaftliche Produkte, begann der langsame Zusammenbruch. Die traditionelle Landwirtschaft war nun der effektiveren Landwirtschaft der Po-Ebene, mit der sie konkurrieren musste, unterlegen.
Das Handwerk brach mit der Industrialisierung ebenfalls ein, und mit dem neuen Verkehrsmittel Eisenbahn war auch die Arbeit als Säumer überflüssig geworden. Nun wandelte sich die temporäre Emigration in eine dauerhafte – immer mehr Emigranten blieben für immer ihrer Heimat fern und suchten sich einen Arbeitsplatz in den Fabriken der Ebene –, zu mühsam erschien nun das Leben in den Bergen. Einige Täler verloren seit 1871 mehr als 50 % ihrer Einwohner, ganze Dörfer sind verlassen und liegen in Ruinen. Viele Berggemeinden zeigen infrastrukturelle Mängel und soziale Defizite, weil sie nur noch von wenigen Personen ganzjährig bewohnt werden. Bis heute gibt es kaum Arbeitsplätze in den Tälern, und die Erwerbstätigen müssen in die Städte am Rande der Alpen pendeln.
Die Abwanderung breiter Bevölkerungsteile spiegelt sich auch in der Landschaft wider: Ehemalige Ackerterrassen wachsen zu und verbuschen oder verwalden, auf weiten Teilen der Almflächen verhält es sich ebenso. An steilen Stellen werden die Wiesen nicht mehr gemäht und die einstmals für die Ernährung so wichtigen Kastanienwälder, die sich in den unteren Tallagen über weite Flächen erstrecken, werden nicht mehr genutzt und gepflegt. Es bleibt zu hoffen, dass sich die Natur nicht die ganze, über Jahrhunderte entstandene Kulturlandschaft zurückerobert, denn dies wäre nicht nur ein kultureller und ein ökologischer, sondern auch ein ästhetischer Verlust.
Seit kurzem gibt es jedoch auch positive Impulse in dieser Region. Einige Emigranten kehren jetzt, meist als Pensionäre, in ihre Heimatdörfer zurück. Und es gibt auch einige junge Menschen, die heute bewusst das Leben in den Bergen wählen und die versuchen, sich hier mit neuen Ideen eine Existenz zu schaffen, zum Beispiel mit dem Betrieb eines Posto tappa.

Heute werden nur noch die gut erreichbaren und wenig steilen Almen bestoßen (Gardetta-Hochebene, Maira-Tal).

Teilstrecke Griespass bis zur Dora Baltea

Das Rifugio Cittá di Busto liegt sehr aussichtsreich und erlaubt einen weiten Rundblick.

reundschaft und ist willkommen. Und quasi als Belohnung nach einem Wandertag wird aufgetischt, was die bodenständige piemontesische Küche hergibt: kräftige Gemüsesuppe (Minestrone), Risotto und Pasta, Wildschweinbraten und Pilzgerichte, um nur einige Gerichte zu nennen. Nicht zu vergessen Dutzende von köstlichen Nachspeisen, denn die Piemontesen sind auch Meister des »Dolce«. Zum Essen wird meistens ein »Dolcetto«, »Barbera« oder »Nebbiolo« gereicht, die beliebtesten Rotweine aus dem benachbarten Weinanbaugebiet der Langhe.

Am Rande des Überlebens

1979 wurden mit großem Presserummel die ersten sechs Etappen der GTA eröffnet und danach wurde sie Stück für Stück erweitert, bis es im Jahr 1985 – inklusive der Varianten – 70 Tagesetappen gab. Obwohl die GTA erfolgreich startete, gab es schon bald Probleme: Die Fördergelder für die GTA blieben gering, und die Präsenz der GTA in der Presse nahm rasch ab, was zu einem Rückgang der GTA-Wanderer führte. Davon war besonders die GTA-Ostroute (16-tägige Variante) betroffen, die schon bald nicht mehr gepflegt und durchgängig begehbar war. In Italien geriet das so hochgelobte Projekt stückweise in Vergessenheit und wäre wohl gescheitert, wenn sich nicht einige engagierte Personen (Wissenschaftler, Bergsteiger, Reiseschriftsteller) aktiv für den Erhalt der GTA engagiert hätten. Aufgrund von GTA-Werbekampagnen, die vor allem Werner Bätzing im deutschsprachigen Raum durchführte, wuchs hier das Interesse an der GTA, und sie erlangte unter Weitwanderern den Ruf eines besonderen Geheimtipps. So verhalfen die Wanderer aus Deutschland, Österreich und der Schweiz der GTA zum Überleben, und weitere Posti tappa und Wegstücke mussten nicht mehr geschlossen werden – seit Mitte der 1990er-Jahre ist die GTA (wieder) überall durchgängig begehbar. Aber die GTA war und ist nie überlaufen, die Zahl der Wanderer ist gerade so groß, dass die kleinen Strukturen überleben können.

Auf der GTA durch die piemontesischen Alpen

Der Lago di Morasco. In der Bildmitte am linken Ufer ist die Kraftwerkszentrale zu sehen.

Von Gipfelriesen ...

In der Nähe des Lago Maggiore beginnt der lange Marsch ans Mittelmeer. Gleich zu Anfang protzen die Drei- und Viertausender der Walliser Alpen, deren Gletscher sich langsam in die Täler wälzen. Auf den folgenden Etappen befindet man sich im kulturell interessanten Walsergebiet rund um den 4633 Meter hohen Monte Rosa, der in fantastischen Fernsichten den Wanderer auf der GTA mit seinen mächtigen vereisten Wänden in den Bann zieht. Man bewegt sich hier auf einem uralten, oft kunstvoll gepflasterten Wegenetz und übernachtet in Walserorten wie Campello Monti, Rimella oder Rima.

Die Walliser wurden zu Walsern, als sie im 12. Jahrhundert begonnen haben, das Wallis nach allen Himmelsrichtungen zu verlassen und woanders neu zu siedeln. Ein Teil von ihnen gelangte auch ins Piemont, da im Mittelalter starke Kontakte zwischen dem Wallis und Oberitalien bestanden. Da die besten Siedlungsplätze damals schon besetzt waren, siedelten die Walser meist in großer Höhe, wo kein Ackerbau mehr möglich war. Sie konzentrierten sich daher auf die Viehwirtschaft und konnten vom Grundherrn Getreide kaufen. Wegen ihrer benachteiligten Lage erhielten die Walser oft Sonderrechte von ihm, wie zum Beispiel die volle persönliche Freiheit, mussten sich aber im Gegenzug zum Waffendienst verpflichten. Der Grundherr hatte so den Vorteil einer Bevölkerungsvermehrung und damit eine Festigung seiner Herrschaftsansprüche, höhere Steuereinnahmen und eine bessere Kontrolle über die strategisch wichtigen Alpenpässe.

Walserorte sind leicht an ihrer Architektur zu erkennen: Die Walser blieben auch im Piemont ihrer typischen Holzblockbauweise treu. Weit schwieriger ist es geworden, entlang der GTA »Walsertütsch«, die ursprüngliche Sprache der Walser, heute noch zu hören. Die Zahl deren Sprecher ist im 20. Jahrhundert rapide geschrumpft. Die wichtigsten Walserorganisationen, deren Zweck die Erforschung, Förderung und Belebung des Walsertums ist, sind heute die »Internationale Vereinigung für Walsertum« mit Sitz in Brig und die »Fondazione Enrico Monti« in Anzola d'Ossola.

Teilstrecke Griespass bis zur Dora Baltea

.. zum Alpenrand

Nach den Eisriesen führt die GTA an die Nähe des Alpenrandes bei Biella und Ivrea und erlaubt neben Rückblicken auf die hohen Gipfel des Alpenhauptkammes auch fantastische Tiefblicke in die Po-Ebene, die sich in nur etwa 10 Kilometer Entfernung von der GTA ausbreitet. Da ein Alpenvorland fehlt, ist der Alpenrand hier sehr steil, und die Höhenunterschiede sind auch auf kurzen Distanzen sehr groß.

Auf diesem Teil der GTA kommt man in zwei Wallfahrtsorte: San Giovanni d'Andorno und Oropa. Pilgerer verehren hier Maria seit Jahrhunderten. Der Klosterkomplex in Oropa ist ein riesiger Bau, der Wallfahrtsort einer der größten im Alpenraum – die religiöse Komponente hat in den piemontesischen Bergen eine sehr lange Tradition. Immer wieder stößt der Wanderer an der GTA auf kleine Kapellen entlang des Weges.

Beim Übergang von den Walliser Alpen in die Grajischen Alpen passiert man das Tal der Dora Baltea und erreicht damit den zweittiefsten Punkt der GTA nach Ventimiglia, den Ort Quincinetto auf nur 295 Meter Höhe. Hier wird ein berühmter piemontesischer Wein produziert – der Nebbiolo. Es waren die Römer, die nach der Besetzung der piemontesischen Alpentäler den Weinanbau einführten. Heute ist er auf die untersten und sonnigsten Tallagen begrenzt, früher reichten die sorgsam gepflegten Terrassenanlagen des Weinanbaues bis in Höhen von 1000 Meter.

Grajische Alpen

In der Hochgebirgslandschaft der Grajischen Alpen verläuft die GTA am Rande der bekannten Gran-Paradiso-Gruppe. 1922 wurde hier der erste Nationalpark Italiens gegründet, der Parco Nazionale Gran Paradiso. Das Naturschutzgebiet geht auf ein ehemaliges königliches Jagdrevier zurück, das 1856 eingerichtet und dann sukzessive erweitert wurde. Da im Jagdrevier nur der König jagen durfte, erholte sich der Bestand der hier beinahe schon ausgerotteten Steinböcke rasch – bis zum Ersten Weltkrieg zählte man wieder rund 3000 Exemplare. Die Jagdleidenschaft der italienischen Herrscher war ein Segen für diese

Eine Balm (einfachste Unterkunft, von Felsen überdacht) bei der Alpe Preia

Auf der GTA durch die piemontesischen Alpen

arme Region, denn durch sie entstanden neue Arbeitsplätze: Zahlreiche Jagdsteige und einige Jagdhäuser (»case reali di caccia«) ließ der König für sich und sein Gefolge bauen, und Jagdaufseher überwachten das Gebiet. Hin und wieder kam es auch zu Schenkungen des Königs (Brücken, Straßen etc.). Auch ein anderer großer Naturpark im Piemont hat seine Wurzeln in einem königlichen Jagdrevier – der Parco Naturale Alpi Marittime (Seealpen-Naturpark).

Nach anfänglichen Akzeptanzproblemen haben sich diese Parkgebiete mittlerweile etabliert und sind heute wegen ihres Tierreichtums bei Wanderern sehr beliebt. Sie sind ein Beweis dafür, dass sich aus der Natur auch Einnahmen erzielen lassen, ohne sie zu zerstören.

Eine der schönsten Stellen im Nationalpark Gran Paradiso ist die Hochebene Piani di Rosset, eine gewellte Hochfläche auf 2700 Meter Höhe, in deren Mulden kleine Seen schimmern und die von der vergletscherten Gran-Paradiso-Gruppe im Osten überragt wird. Auch zu den anderen Himmelsrichtungen hin wird sie von gewaltigen, teils eisbedeckten Gebirgsmassiven abgeriegelt.

In den südlichen Grajischen Alpen liegen die besonders tief eingeschnittenen Lanzotäler (Valli di Lanzo) mit ihren vergletscherten Talschlüssen. Wegen ihrer Nähe zu Turin und ihres hochalpinen Landschaftscharakters wurden sie Ende des 19. Jahrhunderts ein beliebtes Ziel der Mitglieder des italienischen Alpenvereins, später auch des Turiner Bürgertums, die hier ihre Sommerfrische verbrachten. An diese guten Zeiten des Fremdenverkehrs konnten die Lanzotäler jedoch später nie mehr anknüpfen, und heute sind Besu-

Von der Alpe Prei im Antrona-Tal sind weite Fernblicke möglich.

266

Teilstrecke Griespass bis zur Dora Baltea

cher ziemlich rar. Bekanntestes Ziel ist der 3538 Meter hohe Rocciamelone, der von der GTA aus an einem zusätzlichen Tag ohne große Schwierigkeiten bestiegen werden kann.

Dieser Panoramagipfel ist der höchstgelegene Wallfahrtsort der Alpen, seit Jahrhunderten wird hier die Madonna verehrt. Angeblich hat der Markgraf von Asti 1358 den Gipfel bestiegen, dabei ein Madonnenbildnis in einer Höhle hinterlassen und so den Beginn der Wallfahrten eingeleitet. Diese forderten in den folgenden Jahrhunderten einige Todesopfer. Daraufhin wurde die Wallfahrt erst aufgehoben, später dann zu einer niedriger gelegenen Kapelle verlegt. Seit 1895 führen die Wallfahrten wieder zum Gipfel, nachdem der Weg ausgebaut und entschärft wurde.

Cottische Alpen

»Re di pietra« (König aus Stein) lautet der Beiname des Monviso, mit 3841 Meter der höchste Gipfel der Cottischen Alpen. Seine markante Gipfelpyramide besteht aus hartem und widerstandsfähigem Grüngestein, der langsamer verwittert als die benachbarten Gesteine. So überragt er die Gipfel der Umgebung um einige hundert Höhenmeter und dominiert mit seiner unverwechselbaren Gestalt die gesamten Cottischen Alpen.

Die Trennlinie zwischen den Grajischen und den Cottischen Alpen bildet das Susatal. Hier ist es sonniger und trockener als in den benachbarten Tälern, was eine sehr frühe Besiedelung begünstigte. Auch der Weinbau, der hier seit den Römern kontinuierlich betrieben wird, profitiert davon. Seine politische Bedeutung verdankt das Tal dem Montge-

Eine Kirche oberhalb des Walserortes Campello Monti im Strona-Tal

Auf der GTA durch die piemontesischen Alpen

Blick von der Bocchetta di Campello zum in Wolken verhüllten Monte Rosa (Walliser Alpen)

nèvre-Pass, eine sehr niedrige Verbindung zwischen Genfer See und Mittelmeer. Dieser strategisch wichtige Übergang wurde immer wieder militärisch umkämpft. Festungen am Pass, weitere Stellungen in der Höhe und die monumentale Festungsanlage Exilles zeugen davon. Schon in keltischer Zeit stand an glei- cher Stelle eine Wehranlage. Berühmt geworden ist die große Schlacht von 1747 bei der Testa dell'Assietta zwischen Franzosen und Piemontesen. Die GTA quert dieses ehemalige Schlachtfeld auf über 2500 Meter Höhe, auf dem heute noch Spuren des Kampfes zu sehen sind.

Teilstrecke Griespass bis zur Dora Baltea

Durch das Susatal führen heute eine Autobahn, Staatsstraße und Eisenbahn, und im oberen Talbereich liegen die Skistationen, wo viele Wettbewerbe der Olympischen Winterspiele 2006 ausgetragen wurden. Trotz der Nähe zu Turin, der modernen Verkehrserschließung und der großen Skigebiete sind jedoch nicht alle Teile des Susatals vom Massentourismus betroffen. Die GTA verläuft auch hier in den stillen, von Abwanderung bedrohten Gegenden, in denen die (ehemalige) Kulturlandschaft noch zu sehen ist.

In Zukunft soll durch das Susatal auch noch die neue Hochgeschwindigkeitseisen-

Auf der GTA durch die piemontesischen Alpen

Die GTA folgt beim Abstieg von der Bocchetta di Campello ins Mastallone-Tal einem wunderschönen Saumweg.

bahn (Turin – Lyon) führen. Es kam zu heftigen Protesten der Einheimischen gegen dieses Projekt, und es wurden sogar die schon begonnenen Bauarbeiten blockiert. Derzeit wird das Vorhaben noch einmal von der italienischen Regierung überprüft.

Vom Susatal führt die GTA in die Waldensertäler Germanasca, Chisone und Pellice. In diesen Tälern hat sich die Religionsgemeinschaft der Waldenser seit dem Mittelalter erhalten. Diese vorreformatorische Bewegung wurde im 13. Jahrhundert in Lyon gegründet, und ihre Anhänger waren einer langen und brutalen Verfolgung als »Ketzer« ausgesetzt. Als letztes Rückzugsgebiet dienten den Waldensern die piemontesischen Alpentäler, denn hier tat sich die Obrigkeit aus geografischen und politischen Gründen schwer, sie zu kontrollieren. 1532 bekannten sich die Waldenser zur Reformation Luthers. Damit wurde die Glaubensgemeinschaft zwar eine offizielle Kirche, aber die Verfolgung hielt im Zuge der Gegenreformation weiter an. Erst 1689 erhielten sie die Religionsfreiheit von Savoyen-Piemont zugesichert (man brauchte sie als Bündnispartner gegen Frankreich), aber beschränkt auf Teile der Täler Germanasca, Chisone und Pellice. Erst 1848 erhielten sie die vollen Bürgerrechte und durften ihren Glauben nun auch außerhalb der Waldensertäler leben. Die GTA führt direkt an wichtigen Stätten und Museen der Waldenser vorbei.

Ein stattliches Walserhaus bei S. Maria di Fobello

Am Ende dieser Täler erhebt sich die Pyramide des Monviso, den die GTA auf den nächsten Etappen umrundet.

Entsiedelung im Berggebiet

In den südlichen Cottischen Alpen quert die GTA den größten zusammenhängenden Entsiedelungsraum der gesamten Alpen, die Täler Varaita, Maira, Grana und Stura di Demonte. Seit der höchsten Bevölkerungsdichte Ende des 19. Jahrhunderts ist die Einwohnerzahl in diesen Tälern um 80 % gesunken. Vom drastischen Bevölkerungsrückgang der letzten 100 Jahre zeugen zahlreiche verlassene Weiler, deren Durchquerung Gänsehaut verursacht: Eingestürzte Häuser, deren Mauern von Brennnesseln und anderem Unkraut

Teilstrecke Griespass bis zur Dora Baltea

DIE OKZITANIER – MINDERHEIT IM ALPENRAUM

In den Cottischen, See- und Ligurischen Alpen durchquert die GTA den okzitanischen Sprach- und Kulturraum. Das Okzitanische hatte sich in Südfrankreich aus dem Vulgärlatein entwickelt und verbreitete sich rasch im französisch-piemontesischen Alpenraum, der damals noch eine kulturelle Einheit bildete. Als Sprache der Troubadoure und Minnesänger wurde es vom 11. bis 13. Jahrhundert zur wichtigsten Literatursprache im romanischen Raum. Nordfrankreich beendete die okzitanische Blütezeit mit den »Albigenser-Kreuzzügen«, dabei ging es jedoch in Wirklichkeit nicht um die angebliche Ketzerbekämpfung, sondern um die Zerstörung der Selbstständigkeit Südfrankreichs. So verschwand das Okzitanische in Frankreich stückweise, während es sich im italienischen Alpenraum gut erhalten hat. Es wird heute noch in zwölf Alpentälern des Piemont gesprochen, hauptsächlich von der älteren Bevölkerung in den oberen Talabschnitten.

Seitdem Okzitanisch im Jahr 1999 als Minderheitensprache in Italien gesetzlich anerkannt und unter Schutz gestellt wurde, erlebt die okzitanische Kulturbewegung eine deutliche Aufwertung, was sich an zahlreichen Veranstaltungen und zweisprachigen Ortsschildern zeigt. Ihre bedeutendsten Merkmale sind Sprache, Musik, Tanz und lokale Küche und ihr sichtbarster Ausdruck ist die okzitanische Flagge (gelbes Kreuz auf rotem Grund), die häufig an Gebäuden weht.

Auf der GTA durch die piemontesischen Alpen

überwuchert sind, zurückgelassenes Mobiliar und Kinderspielzeug, das unter löchrigen Dächern vermodert, alte und verrostete Arbeitsgeräte, die niemand mehr braucht – es ist der Blick in eine Vergangenheit, die keine Zukunft in sich trägt.

Mächtige und schroffe Kalksteinwände bilden hier den Alpenhauptkamm, und wegen ihres Aussehens nennt man die Berge dieser Täler auch »Dolomiten von Cuneo«. Aber auch große, weite Almflächen mit fantastischen Fernsichten prägen die Täler, wie zum Beispiel die Gardetta-Hochebene im Mairatal, auf der seit prähistorischer Zeit Viehherden im Sommer weiden. Unter dem Wahrzeichen der Gardetta, der Kalknadel »Rocca la Meya«, grasen meist die weißen Rinder der »Razza Piemontese«, einer hier sehr beliebten Fleischrasse.

Kulinarische Liebhaber kommen um den Posto tappa im Albergo della Pace in Sambuco nicht herum. Das kleine Bergdorf ist zwar ebenfalls von dem extremen Bevölkerungsverlust gekennzeichnet, aber das ausgezeichnete Restaurant von Bartolo ist an den Wochenenden ein beliebter Treffpunkt für das gesamte Sturatal. Hier werden Hochzeiten gefeiert oder wird unter Freunden ausgiebig getafelt. Eine Spezialität des Hauses ist »Agnello sambucana« (Sambucana-Lamm). Die Sambucana-Schafrasse war schon vom Aussterben bedroht, ist dann aber durch die Regionalpolitik davor bewahrt worden – die Zucht von Sambucana-Schafen wird heute gefördert. Ihr Fleisch besitzt einen hervorragenden Geschmack und gilt als Delikatesse des Sturatals.

Seealpen – die »Alpi del sole«

Dass sich in Sichtweite des Mittelmeers und in Nachbarschaft der Ligurischen Alpen die rauen Gipfel der Seealpen noch über 3000 Meter hoch auftürmen, ist im deutschsprachigen Raum nur Wenigen bekannt. Dabei sind die Seealpen, in Italien auch »Alpi del sole« genannt, mit ihrem hochalpinen Charakter

Der posto tappa in Santa Maria di Fobello (Mastallone-Tal)

Teilstrecke Griespass bis zur Dora Baltea

und den abgeschiedenen Tälern zu Recht als ein »ungefasster Edelstein« zu bezeichnen. Die GTA führt in zehn Etappen durch die italienischen Seealpen und eröffnet dem Wanderer beeindruckende Tief- und Gipfelblicke.

Der Parco Naturale delle Alpi Marittime (Naturpark Seealpen), eine der größten Naturschutzgebiete Italiens, liegt in den zentralen Seealpen. Die GTA durchquert den knapp 28 000 Hektar großen Park auf einigen Tagesetappen und bietet Ausblicke auf zahlreiche 3000er und einige kleine Gletscher – die südlichsten der Alpen. Das Gebiet war einst ein Jagdrevier der Könige, und die damals für das Gefolge und die Lasten angelegten Saumpfade (»Mulattiere«) machen die herbe und spröde Hochgebirgslandschaft der Seealpen erstaunlich einfach zugänglich. Die reiche Fauna und Flora lassen Naturliebhaber und Botaniker ins Schwärmen kommen. 2000 verschiedene Pflanzenarten, darunter 40 Orchideenarten, sind im Naturpark heimisch, und auch Endemiten – das sind Pflanzen, die nur hier wachsen – sind besonders zahlreich anzutreffen. Am bekanntesten ist die Saxifraga florulenta (Mercantour-Steinbrech), die nur einmal nach etwa 30 Jahren blüht, um danach abzusterben.

Naturliebhaber erfreuen sich an Murmeltieren, Gämsen, Steinböcken und anderen Tieren.

Empfehlenswert und leicht zu verwirklichen ist ein Abstecher in den benachbarten französischen Nationalpark Mercantour, wo etwa 40 000 prähistorische Felszeichnungen erhalten sind – ein gigantisches Freiluftmuseum im Hochgebirge, das die jahrtausendelange Nutzung der Seealpen als Weideflächen auf eindrucksvolle Weise belegt.

Ligurische Alpen

Die Ligurischen Alpen bilden den südlichsten Zipfel der Alpenkette und erstrecken sich vom Tendapass, 1871 Meter hoch, im Westen bis zum Colle di Cadibona, 436 Meter, im Osten, wo die Alpen in den Ligurischen Apennin übergehen. Die Ligurischen Alpen sind ein Teil der randlichen Kalkalpen. Obwohl hier nur noch wenige Gipfel mehr als 2500 Meter Höhe übersteigen, besitzt das Gebirge immer noch einen alpinen Landschaftscharakter. Die

MILITÄRSTRASSEN

Die piemontesischen Alpentäler bilden eine Region, die in der Neuzeit sehr stark vom Militär geprägt wurde. Dies lag zum einen an der aggressiven Außenpolitik von Savoyen-Piemont, die zahlreiche Kriege in dieser Region nach sich zog, zum anderen an der großen strategischen Bedeutung der Passübergänge – um in die italienische Tiefebene zu gelangen, mussten die französischen und spanischen Truppen erst die piemontesischen Alpen überwinden.

Schon im 16. Jahrhundert wurden die wichtigsten Übergänge militärisch gesichert. In der Folgezeit wurde das bestehende System erweitert, und der Höhepunkt der militärischen Bautätigkeit fand schließlich unter Benito Mussolini statt, der noch die kleinsten Übergänge in größter Höhe befestigen und unzählige Militärstraßen als Verbindungs- und Versorgungswege bauen ließ. Dabei wurden häufig auch private Firmen als Bauträger eingesetzt. Da auch die Franzosen ihre Gebirgsstellungen extrem verstärkten, durchzieht seit Anfang des 20. Jahrhunderts ein riesiges und weit verzweigtes Netz von Militärstraßen und Gebirgsjägersteigen das Gebiet auf beiden Seiten des Alpenkammes. Dabei gibt es mehrere Typen, die mehr oder weniger breit ausgebaut sind. Die GTA verläuft meistens auf schmäleren Militärwegen, die nur für Fußtruppen angelegt wurden und nicht für motorisierte Fahrzeuge. Durch geschickte Trassenführung wurden größere Steigungen vermieden, wo es nötig war, wurde mit Steinen gepflastert. Nach dem Zweiten Weltkrieg wurden einige der Straßen ausgebaut und in das Verkehrsnetz eingegliedert, die Mehrzahl wurde aber seitdem sich selbst überlassen und nicht mehr gepflegt.

Diese Straßen, die einst dem Militär und dem Krieg dienten, bieten heute – in Friedenszeiten – hervorragende Wander- und Mountainbiketouren und stellen gleichzeitig ein begehbares Mahnmal militärischen Irrsinns dar.

dominanten Landschaftsformen sind senkrechte Felswände, schluchtartig eingeschnittene Täler und große, karstige Hochflächen mit zahlreichen Höhlen. An der Ligurischen Riviera fällt das Gebirge steil ins Meer ab. Aufgrund der Nähe zum Meer kommen hier sowohl mediterrane als auch alpine Pflanzenarten vor – ein Paradies für Botaniker.

Es ist ein besonderes Erlebnis, in alpinem Gelände in Sichtweite des Mittelmeers zu wandern und sich dann in Ventimiglia in die Fluten zu stürzen, ein krönender Abschluss! Trotz der Nähe zum Meer ist man in völliger Einsamkeit unterwegs, denn auch die Siedlungen im ligurischen Hinterland sind von

Auf der GTA durch die piemontesischen Alpen

Entvölkerung und wirtschaftlichem Zusammenbruch erfasst. Als häufige Siedlungsform sind hier die malerischen »Villages perchés« zu finden, das sind auf Graten, Pässen oder Gipfeln strategisch günstig gelegene Siedlungen, Trutzburgen gegen Feinde, die früher über das Meer gekommen waren. Diese pittoresken Siedlungen mit ihren alten Häusern und engen Gassen sind heute besonders stark von der Entsiedelung betroffen. Die wenig bewohnten und kulturell alpin geprägten Täler bilden einen starken Kontrast zur bevölkerungsreichen Küste.

Neben der okzitanischen Minderheit im Pesio-, Ellero-, Corsaglia- und Tanarotal hat sich rund um den Monte Saccarello eine noch unbekanntere Minderheit erhalten: die Brigasker. Als transhumante Viehhirten benötigten sie große Almflächen, die hier zur Verfügung standen. Aber man zog mit dem Vieh im Sommer auch in die See- und Cottischen Alpen, die Winterweiden lagen im Rhône-

An mehreren Almen vorbei führt ein sorgfältig gepflasterter Saumweg zum Colle d'Egua, dem Übergang vom Mastallone- ins Egua-Tal.

Teilstrecke Griespass bis zur Dora Baltea

Delta und an der Riviera. 1979 stellte der letzte Brigasker-Wanderhirte seine Arbeit ein, ein Teil der alten Kultur lebt jedoch in Sprache und Traditionen fort.

Die GTA – ein Beispiel für erfolgreichen Ökotourismus

Die GTA setzt seit über 20 Jahren die Idee einer »sanften« und nachhaltigen Entwicklung durch Wandertourismus um. Obwohl die politische Unterstützung für die GTA im Piemont gering bleibt (eine löbliche Ausnahme macht hier nur die Provinz Cuneo), stellt sie dennoch ein gelungenes Projekt dar. Einerseits verschafft sie Einheimischen einen Arbeitsplatz, andererseits ermöglicht sie Besuchern, die Westalpen auf eine besonders intensive Weise zu entdecken. Wer Einsamkeit dem Luxus vorzieht, ist in dieser faszinierenden Alpenlandschaft richtig aufgehoben. Die GTA hat auch in Zukunft begeisterte Wanderer, die auf diesem wunderbaren Weg gehen, dringend nötig.

Routenbeschreibung

An- und Rückreise

Jeder Abschnitt der GTA hat seine eigene Charakteristik und seine eigenen Reize. Nachfolgend wird ein Teilabschnitt aus dem Norden der GTA vorgestellt, der mit öffentlichen Verkehrsmitteln gut erreichbar ist. Zwischendurch verfügen einige Etappenorte über Bahnstationen, sodass eine GTA-Wanderung dort leicht unterbrochen und andernorts auch wieder aufgenommen werden kann (z. B. 5., 9., 15. Etappe). Anreise mit der Bahn via Basel und Bern nach Brig. Dort umsteigen und weiter per Bahn nach Ulrichen. Von Ulrichen mit dem Postbus der Gotthard-Linie, der von Oberwald kommt, Richtung Airolo.

Übernachtungen

Es wird dringend empfohlen, die Unterkünfte (meist bewirtschaftete Berghütten des italienischen Alpenvereins und Posti tappa, also Privatunterkünfte) mindestens einen Tag vorher zu reservieren und ausreichend Bargeld auf eine GTA-Wanderung mitzunehmen (viele weitere nützliche Informationen unter www.gtaweb.de und www.wanderweb.ch/gta).

1 Über den Griespass nach Italien

 600 Hm + 350 Hm Abstieg 3 Std.

IGC Blatt 11 Domodossola e Val Formazza und LKS Blatt 265 Nufenenpass, beide 1:50 000

Mit dem Bus bis zum Abzweig Griespass (Haltestelle), dann zu Fuß auf Kraftwerkstraße zum Griessee (2386 m) und weiter zum Griespass (2479 m). Hinunter ins Formazza-Tal zur Alpe Bettelmatt (2112 m), dann Richtung Südwesten zum Rifugio Città di Busto (2482 m, CAI, 52 Plätze, Tel.: +39 0331 63 63 46). Diese Etappe ist gut zum Eingehen und Akklimatisieren.
In dieser sehr wasserreichen Region wurden einige Stauseen zur Energiegewinnung angelegt. Zu ihnen gehören beispielsweise der Griessee dieser ersten Etappe, der Lago di Morasco (siehe 2. Etappe), der Lago del Toggia und der Lago del Sabbione.

2 Über den Passo di Nefelgiù

 750 Hm + 1050 Hm Abstieg 4 Std.

IGC Blatt 11 Domodossola e Val Formazza und LKS Blatt 265 Nufenenpass, beide 1:50 000

Abstieg vom Rifugio Città di Busto (lokaler Weg 9 C) zum Lago di Morasco, 1815 m (in diesem Stausee versank 1940 die Walsersiedlung Morasco). Rechts um den See herum bis zur Staumauer, direkt danach dem Weg halbrechts nach oben folgen, dann auf Schottersträßchen bergauf. Bei einer Abzweigung (unter Stromleitung) rechts Richtung Südwest und weiter zur Alpe Nefelgiù (2049 m). Nach dem Almgebäude auf die rechte Seite des Baches wechseln und hinauf zum Passo di Nefelgiù, 2583 m (vor dem Pass muss mit Schneefeldüberquerung gerechnet werden). Abstieg zum Rifugio Margaroli (2196 m, CAI, 46 Plätze, Tel.: +39 0324 631 55), das direkt am Lago Vannino, 2177 m, liegt.

3 Ins Deverotal

 400 Hm + 950 Hm Abstieg 5 Std.

IGC Blatt 11 Domodossola e Val Formazza und LKS Blatt 265 Nufenenpass, beide 1:50 000

Vom Rifugio Margaroli Aufstieg zum Colle Scatta Minoia, 2599 m (Parkgrenze des »Parco Naturale Veglia e Devero«), es kann zu Schneefeldüberquerungen kommen. Nach dem Pass Abstieg zur Alpe Forno Inferiore. Über Almflächen (viele Murmeltiere) geht es zum Lago di Devero (1856 m) und weiter nach Crampiolo (1767 m, Albergo La Baita, privat, 32 Plätze, Tel.: +39 0324 61 91 90 oder +39 0324 621 64). Auf geschotterter Fahrstraße zur Ebene der Alpe Devero (1631 m) und dort in den rechten Ortsteil zum Rifugio Castiglioni (1640 m, CAI, 36 Plätze, Tel.: +39 0324 619126 oder +39 0324 621 01). Infos auch unter www.alpedevero.it.
Die Scatta Minoia (Scatta = Scharte) war neben dem Albrunpass für die Walser jahrhundertelang eine wichtige Verbindung zwischen dem Wallis und dem Pomatt (= Val Formazza). Dabei bildete die Alpe Devero einen wichtigen Etappenort. Der Almboden ist im Sommer bewohnt und bewirtschaftet und zeigt sich als überaus blumen- und mineralienreiches Gebiet.

4 Zur Alpe Veglia ins Cairascatal

 1000 Hm + 850 Hm Abstieg 5 1/2 Std.

IGC Blatt 11 Domodossola e Val Formazza und LKS Blatt 275 Valle Antigorio, beide 1:50 000

Diese Etappe verbindet die beiden Naturschutzgebiete Alpe Veglia (eingerichtet 1978) und Alpe Devero (eingerichtet 1990). Beide zusammen bilden seit 1995 den »Parco Naturale Alpe Veglia ed Alpe Devero« (Informationen unter www.parcovegliadevero.it). Vor gut 100 Jahren wurden auf diesen beiden Almen fast 2000 Rinder und Tausende von Schafen gesömmert, heute sind es nur noch etwa 600 Rinder, da die Almnutzung stark zurückgegangen ist.
Vom Rifugio Castiglioni zum Ortsteil Piedimonte (1644 m). Aufstieg im Wald nach Buscagna (1941 m), dann weiter über das weite Almgebiet der Alpe Buscagna und zum Schluss

Teilstrecke Griespass bis zur Dora Baltea

Das Rifugio Città di Busto ist die erste Unterkunft auf der GTA vom Griespass kommend.

steiler hinauf zur Scatta d'Orogna (2461 m). Etwa 200 Hm absteigen, dann Wiederanstieg zum Passo di Valtendra (2431 m, Trittsicherheit erforderlich, eine Stelle ist seilversichert). Vom Pass steil hinunter zur Alpe Stalaregno, schließlich durch Lärchenwald leicht bergab zur Alpe Veglia (1769 m, Ortsteil Cornú) und zum Rifugio Città di Arona (1750 m, CAI, 68 Plätze, Tel.: +39 0324 78 08 37 oder +39 0324 722 51, Infos unter www.alpeveglia.it). Im Süden dominiert der gewaltige Monte Leone (3553 m) mit seiner grandiosen Hochgebirgslandschaft.

5 Auf dem »Sentiero delle Cengie«

 400 Hm + 1600 Hm Abstieg 6 ½ Std.

IGC Blatt 11 Domodossola e Val Formazza und LKS Blatt 275 Valle Antigorio, beide 1:50 000

Vom Rifugio folgt man dem Fahrweg nach San Domenico, bis rechts der »Sentiero delle Cengie« (»Felsbänderweg«) zum Passo delle Possette abzweigt (einige ausgesetzte Stellen, mit Ketten und Drahtseilen versichert). Dann unschwierig über die Alpe Vallé, Stalletto und Le Balmelle zum Passo delle Possette (2179 m). Der Abstieg vom Pass erfolgt über Ciampalbino und Casalavera (1543 m) bis zur Kirche von Bugliaga, wo man auf die Asphaltstraße gelangt. Etwa 2 km nach Trasquera (Albergo La Pineta, Località Sotta, Tel.: +39 0324 792 56) auf der »Mulattiera di Brocc« zur Ponte Boldrini und weiter nach Varzo (Ortsteil Bertonio, 586 m, Albergo Sempione, privat, Tel.: +39 0324 70 05). Da Varzo über einen Bahnhof verfügt, kann hier die Wanderung leicht unterbrochen werden.

Variante: Der »Sentiero delle Cengie«, der einige ausgesetzte Stellen aufweist, kann auch umgangen werden. Dafür lässt man die Abzweigung zum »Sentiero delle Cengie« unbeachtet und biegt erst später vom Fahrweg nach S. Domenico nach rechts, auf die neue Almstraße zur Alpe Vallé, ein. Kurz vor der Alpe Vallé trifft man wieder auf den oben beschriebenen Weg.

6 Über den Passo Variola ins Bognancotal

 1800 Hm + 750 Hm Abstieg 7 Std.

IGC Blatt 11 Domodossola e Val Formazza und LKS Blatt 275 Valle Antigorio, beide 1:50 000

Auf der SS 33 (Simplonpassstr. in Richtung Schweiz) etwa 1 ½ km bis nach Rosso (562 m, Ortsteil von Trasquera), und dort die Straße links zur Kraftwerkszentrale hinunter. Auf der zweiten Brücke überquert man nach rechts den Fluss Di-

Auf der GTA durch die piemontesischen Alpen

veria, am Ende der Brücke beginnt die GTA rechts neben einem Tunnel (Markierungen). Im Wald auf einer alten Mulattiera bergauf und über die Alpen Selvanera (1138 m), Wolf (1377 m) und Lorino (1820 m). Nach der Alpe Lorino hält man sich rechts und geht an einem kleinen Kamm entlang, dann über zwei Geröllfelder zum Passo Variola (2258 m). Beim Abstieg hält man sich zur rechten Talseite hin und geht sanft absteigend über mehrere Almen (teils bestoßen), dann auf der Schotterstraße nach S. Bernardo (1628 m, Rifugio San Bernardo, Tel.: +39 0324 24 82 33 oder +39 333 679 46 95).

7 Ins Alpdorf Cheggio

 800 Hm + 900 Hm Abstieg 6 Std.

IGC Blatt 11 Domodossola e Val Formazza und LKS Blatt 284 Mischabel, beide 1:50 000

Von S. Bernardo (hier trifft die GTA auf die »Weitwanderroute Simplon – Fletschhorn«, Infos unter www.valrando.ch) Richtung Süden und in etwa höhenparallel zur Alpe Oriaccia (1561 m). Weiter zur Alpe Vallaro (1821 m), Campo und zur Alpe Preia (2044 m). Eine Rinne führt von hier zum Passo della Preia (2327 m, Abzweigung der Weitwanderroute Simplon – Fletschhorn nach Westen). Vom Pass nun abwärts zur Alpe della Preia (2083 m) und dann Richtung Südosten zur Alpe di Teste (2001 m). Später oberhalb des Lago Alpe dei Cavalli (hier trifft die GTA auf den Weitwanderweg Via Alpina »Blauer Weg«; www.via-alpina.com, identische Wegführung ab hier auf den folgenden 9 Etappen mit der GTA) und an der Alpe Bisi Curzell (1626 m) vorbei und hinunter zum Alpdorf Cheggio (1500 m, Rifugio Città di Novara, CAI, 24 Plätze, Tel.: +39 0324 57 59 77).

8 Vom Antronatal ins Anzascatal

 1000 Hm + 1800 Hm Abstieg 7 Std.

IGC Blatt 11 Domodossola e Val Formazza, LKS Blatt 284 Mischabel und Blatt 285 Domodossola, alle 1:50 000

Abstieg auf alter Mulattiera vom Alpdorf Cheggio nach Antronapiana (908 m). Von Loasca (743 m) auf der Haupt-

Der Lago Vannino mit dem Monte Minoia (links), dem Pass Scatta Minoia (Mitte), und der Punta della Scatta (rechts)

Teilstrecke Griespass bis zur Dora Baltea

straße nach Prabernardo Madonna (684 m) und weiter bis kurz nach Ruginenta, dann zweigt rechts von der Straße (bei Haus mit Hundezwingern) eine Mulattiera ab, die in den Wald hoch und zum Gratrücken La Colma führt (1570 m, verfallene und renovierte Almgebäude sowie Rifugio Alpe Colma, privat, Tel.: +39 0339 751 16 53 oder +39 0347 902 00 98). Abwärts Richtung Süden auf einer Mulattiera im Zickzack durch den Wald nach Olino (842 m). Ab hier auf einem kleinen Sträßchen weiter bergab, bis zur SS 549. Auf dieser dann nach Molini (480 m) und weiter nach Madonna della Gurva (525 m, Locanda del Tiglio, privat, 14 Plätze, Tel.: +39 0324 811 22), dem ehemaligen Ausgangspunkt der GTA.

Eine Wegmarkierung mit dem Logo der GTA

9 Zur Alpe del Lago

 1160 Hm + 100 Hm Abstieg   4 Std.

IGC Blatt 10 Monte Rosa, Alagna e Macugnaga, LKS Blatt 285 Domodossola, beide 1:50 000

In den Hochlagen der Südseite der Walliser Alpen liegen Walserdörfer, wo die Walsertradition noch deutlich sichtbar ist. Auf alten Walserwegen verlaufen die folgenden GTA-Etappen von Tal zu Tal. Mit öffentlichen Verkehrsmitteln ist die Anreise dorthin per Bahn bis Domodossola möglich, von da aus mit dem Bus ins Anzascatal bis Haltestelle Gurva in Molini di Calasca.

Bei der Wallfahrtskapelle Madonna della Gurva Aufstieg im Wald zur Alpe Pozzetto und Alpe Camino. Weiter in aussichtsreicher Wegführung und am Schluss bergab zu den Almhütten mit dem Rifugio del Lago (1545 m, nicht bewirtschaftetes Biwak, Matratzen, Kochgelegenheit).

10 Ins Stronatal

 640 Hm + 880 Hm Abstieg   5 Std.

IGC Blatt 10 Monte Rosa, Alagna e Macugnaga, LKS Blatt 285 Domodossola, beide 1:50 000

Vom Biwak auf den Grat südlich des Pizzo Camino (2491 m, Abstecher auf den Gipfel möglich), dann steil bergab bis zu einer Abzweigung, wo sich der Weg nach Süden wendet. An der Alpe Pian Lago (1743 m, nicht bewirtschaftetes Biwak, Matratzen, Kochgelegenheit) vorbei auf den Ostgrat der Punta dell'Usciolo (auch hier Abstecher auf den Gipfel möglich) und Querung der Ostflanke. Über zwei Gräben zum Colle dell'Usciolo (2037 m). Abstieg vorbei an mehreren Almen in den Ort Campello Monti (1305 m, Posto tappa in ehemaliger Schule, 14 Plätze, Tel.: +39 0323 895 44; den Schlüssel muss man auf einer Alm holen etwas oberhalb des Dorfes).

11 Übergang vom Stronatal ins Mastallonetal

 620 Hm + 750 Hm Abstieg   3 1/4 Std.

IGC Blatt 10 Monte Rosa, Alagna e Macugnaga 1:50 000

Von Campello Monti Aufstieg an mehreren Almen vorbei zur Bocchetta di Campello (1924 m, lokaler Weg Nr. 548). Abstecher auf die Punta del Pizzo möglich (2232 m, tolle Aussicht auf Monte-Rosa-Gruppe). Abstieg vom Pass an der Südflanke der Punta del Pizzo entlang, später durch Wald, schließlich erreicht man die Asphaltstraße, die nach Rimella führt (1176 m, Albergo Fontana, privat, Tel.: +39 01635 52 00, weitere Informationen auch über Jörg Klingenfuß und auf www.rimella.de).

12 Auf und Ab im Mastallonetal

 400 Hm + 480 Hm Abstieg   3 1/4 Std.

IGC Blatt 10 Monte Rosa, Alagna e Macugnaga 1:50 000

An der großen Nordkehre der Asphaltstraße (am unteren Ortsende von Rimella) beginnt die GTA bei einer zugewachsenen Kapelle (lokaler Weg Nr. 538). Aufstieg an den Orten Roncaccio Inferiore und Superiore vorbei und dann weiter in

Auf der GTA durch die piemontesischen Alpen

Das Almdorf Cheggio im obersten Antrona-Tal

stetigem Auf und Ab zur Siedlung La Res auf einer Grathöhe. Von hier abwärts zum Ort Belvedere, kurz vor dem Ortseingang rechts und weiter Richtung Antoniuskapelle (Abstecher zur Kapelle möglich). Vor der Kapelle im Wald nach links und zum Parkplatz von Boco Superiore, von hier weiter nach Riva und auf der Straße nach Santa Maria di Fobello (1095 m, Posto tappa, privat, 15 Plätze, Tel.: +39 0163 551 47).

13 Vom Mastallonetal ins Eguatal

 1150 Hm + 940 Hm Abstieg 6 1/4 Std.

IGC Blatt 10 Monte Rosa, Alagna e Macugnaga und LKS Blatt 294 Gressoney, je 1:50 000

Von Santa Maria bis zu den Häusern von La Gazza, wo der Weg zum Colle Baranca (lokaler Weg Nr. 517) beginnt. Nach der Steilstufe der Baranca an einer Alpini-Gedächtniskapelle vorbei zur Alpe Selle (1824 m). In einem Bogen auf Almwiesen bergauf und weiter zum Colle d'Egua (2239 m, Blick auf Monte-Rosa-Ostwand). Abstieg (lokale Wege Nr. 518, 122) in den weiten Almkessel der Alpe Egua, vorbei an der Alpe Piovale und dem Rifugio Boffalora (1635 m, CAI, 40

Plätze, Tel.: +39 0163 956 45), und schließlich nach Carcoforo (1304 m, Posto tappa im Hotel Alpenrose, privat, 18 Plätze, Tel.: +39 0163 956 01).

14 Ins Sermanzatal nach Rima

 1050 Hm + 940 Hm Abstieg 6 Std.

IGC Blatt 10 Monte Rosa, Alagna e Macugnaga und LKS Blatt 294 Gressoney, beide 1:50 000

Auf dieser Etappe wird ein Teil des Parco Naturale Alta Valle Sesia gequert, wo häufig Murmeltiere, Gämsen und Steinböcke beobachtet werden können.
Von Carcoforo zum Ende der Naturstraße, dort Richtung Colle del Termo (lokaler Weg Nr. 112). An den Alpen Trasinera Bella (1925 m) und del Termo (2081 m, hier Stein mit alten Felszeichnungen) vorbei und weiter zum Colle del Termo (2531 m, Abstecher auf die Cima del Tiglio, 2546 m, möglich). Abstieg vom Pass auf unproblematischem Weg (lokaler Weg Nr. 93) in den Walserort Rima (1441 m, Posto tappa in der Casa del Parco Naturale Alta Valsesia, 9 Plätze, Tel.: +39 0163 950 40; Schlüssel für den Posto tappa beim Restaurant Grillo Brillo).

Teilstrecke Griespass bis zur Dora Baltea

15 Unter den Wänden des Monte Rosa

1200 Hm + 1130 Hm Abstieg 6 ¹/₂ Std.

IGC Blatt 10 Monte Rosa, Alagna e Macugnaga und LKS Blatt 294 Gressoney, je 1:50 000

Von Rima aus Anstieg nach Westen an der Alpe Valmontasca (1819 m) vorbei und weiter hinauf zum Colle Mud (2324 m, lokaler Weg 96). Ein Abstecher zum Aussichtspunkt Belvedere, etwa 30 Minuten oberhalb des Colle Mud, ist wegen der hervorragenden Sicht auf den Monte Rosa besonders zu empfehlen. Der Abstieg (lokaler Weg Nr. 8) ins Sesiatal führt an der Alpe Mud di Sopra und in der Nähe des Rifugio Ferioli (2264 m, CAI, 20 Plätze, Tel.: +39 0331 64 90 84) vorbei, dann wird der Ort Pedemonte (sehenswertes Walsermuseum) durchquert und schließlich Alagna Valsesia (1191 m, verschiedene Übernachtungsmöglichkeiten, Touristen-Information Tel.: +39 0163 92 29 88) erreicht. Alagna (»Im Land«) ist der Hauptort des Sesiatals und war einer der wichtigsten Walserorte in Piemont. Aufgrund des Monte-Rosa-Massivs, das hier gewaltig mit vielen Viertausendern bis auf über 4600 Meter aufragt, ist aus Alagna inzwischen ein Touristenzentrum geworden, und die Spuren der Walservergangenheit sind stark überprägt. Dagegen hat sich in den kleinen, abgelegenen Weilern des Sesiatals die Walserarchitektur und -tradition besser erhalten. In Alagna hat man auch die Möglichkeit, auf andere Weitwanderwege überzuwechseln: auf den »Großen Walserweg« (www.walserweg.com) und auf die »Tour Monte Rosa« (www.tmr-matterhorn.ch). Das Walserdorf kann per Bahn (Mailand – Varallo) und von dort per Bus erreicht werden.

Von Alagna auf orographisch linker Flussseite nach Balma (1097 m) und wieder über den Fluss nach Riva Valdobbia. Nun auf der Asphaltstraße (nur für Anlieger) ins Vogna-Seitental nach Sant'Antonio di Val Vogna (1381 m, Posto tappa im Rifugio Val Vogna, 16 Plätze, Tel.: +39 0163 919 18).

16 Drei-Pässe-Überquerung

1250 Hm + 450 Hm Abstieg 7 Std.

IGC Blatt 10 Monte Rosa, Alagna e Macugnaga 1:50 000

Die Route verläuft in den nächsten Tagen stets in der Nähe des steilen Alpenrands und ermöglicht schöne Fernsichten. Es werden die Talschlüsse kurzer Haupttäler durchquert, die direkt in die Po-Ebene münden. Mit San Giovanni und Oropa werden zwei berühmte Wallfahrtsorte erreicht.

m Walserdorf Rimella sprechen nur noch die Älteren Walserdeutsch.

Auf der GTA durch die piemontesischen Alpen

Auf dieser 16. Etappe verlässt man für ein kurzes Stück die Region Piemont und kommt in Italiens kleinste Region – das Aostatal. Man durchquert zwischen dem Passo del Macagno und dem Colle della Mologna Grande die Almgebiete der beiden Walsergemeinden Loo und Niel, die dem Gressoneytal angehören.

Von Sant'Antonio zur Ponte Napoleone (lokaler Weg Nr. 1) und auf der anderen Seite der Brücke bei einer Abzweigung der GTA (lokaler Weg Nr. 5) folgen. An verschiedenen Almen (auf Alpe Macagno, 2188 m, wird traditioneller Toma-Käse produziert, ein beliebter Halbfettkäse) vorbei in den Kessel des Lago Nero und genau nach Süden weiter zum Passo del Macagno (2495 m, grobe Felsblöcke, Trittsicherheit erforderlich). Steiler Abstieg ins Lootal und kurzer Gegenanstieg zum Colle Lazoney (2395 m). Nach dem Pass Richtung Südosten und Querung unter dem Grat der Punta Tre Vescovi abermals über grobe Blockfelder und dann bergauf zum Colle della Mologna Grande (2364 m; empfehlenswerter Abstecher auf die Punta Tre Vescovi, 2501 m, Name verweist auf drei Bistümer, deren Grenzen hier aufeinandertreffen). Auf der anderen Seite des Passes geht es steil hinab zum Rifugio Rivetti (2150 m, CAI, 50 Plätze, Tel.: +39 015 247 61 41 oder +39 015 74 82 82).

17 Zum Kloster San Giovanni d'Andorno

 600 Hm + 1800 Hm Abstieg 5 1/2 Std.

IGC Blatt 9 Ivrea–Biella e Bassa Valle d'Aosta 1:50 000

Wenn man die Punta Tre Vescovi vom Rifugio Rivetti besteigen will, um das Panorama am Morgen, wenn die Sicht am klarsten ist, zu genießen, sollte man diese Etappe unterteilen (mehrere Übernachtungsmöglichkeiten), da sie sonst zu lang wird.

Langer Abstieg ins Cervotal. Anfangs über Felsblöcke, später über Almgebiete. Bei der Alpe Pianel, 1743 m, lohnt sich ein Blick auf die alten Almgebäude, denn hier ist eine alte »Balm-Anlage« zu sehen. Das uralte Wort »Balm« bezeichnet eine Höhle unter einem Felsvorsprung, die von Menschen zu einer einfachen Unterkunft ausgebaut wurde. Einkehrmöglichkeiten bestehen auf der Alpe Anval und der Alpe La Montà. Über den Ort Le Piane (1292 m, Kletterschule CAI-Sektion Biella) weiter nach Piedicavallo (1037 m, Albergo Rosa, privat, 20 Plätze, Tel.: +39 015 60 91 00; die Via Alpina biegt hier in das Gressoneytal ab). Von Piedicavallo führt der Weg hinauf auf einen breiten Gratrücken, zur Kapelle

Auch im Sommer kann es – in seltenen Fällen – auf der GTA zu Schneefällen kommen.

Teilstrecke Griespass bis zur Dora Baltea

Madonna della Neve (1480 m). In der Nähe liegt das Rifugio La Sella (1480 m, 15 Plätze, Tel.: +39 015 609 70 00 oder +39 015 60 92 11). Abstieg durch das Pragnetta-Seitental nach Rosazza (882 m, Affitacamere Rosalba Meris, privat, 8 Plätze, Tel.: +39 015 600 19). Kurz auf der Straße nach Campiglia Cervo entlang, dann auf einer alten Mulattiera (Kapellen am Wegrand) zum Kloster und Wallfahrtsort S. Giovanni (1020 m, Posto tappa beim Wallfahrtsgebäude, 50 Plätze, Tel.: +39 015 600 07).

18 Von Kloster zu Kloster

 650 Hm + 500 Hm Abstieg 3 ½ Std.

IGC Blatt 9 Ivrea–Biella e Bassa Valle d'Aosta 1:50 000
Aufstieg von San Giovanni zum untertunnelten Colle della Colma (teils auf Straße, teils auf recht zugewachsener Mulattiera). Kurz vor Beginn des Tunnels liegt die Locanda della Galleria Rosazza (privat, Tel.: +39 0337 24 74 40 oder +39 0347 725 61 69). Vor dem Pass verläuft der Weg an Felstürmen (Roccioni di Testette) vorbei, am Pass schöne Aussicht (Abstecher auf die Cima Tressone, 1724 m, möglich). Anschließend steigt man hinunter zum barocken Monumentalbau Santuario d'Oropa (1160 m, Posto tappa im Wallfahrtskomplex der Klosteranlage, 700 Plätze einschließlich Pilgerplätze, Tel.: +39 015 25 55 12 00 oder +39 015 255 51 11). Oropa ist der bedeutendste Wallfahrtsort der piemontesischen Alpen. Die ersten Schriftstücke, die von Oropa sprechen, stammen aus dem 13. Jahrhundert, der Ursprung der Marienverehrung dürfte aber sehr viel älter sein. Der Klosterkomplex beherbergt heute sowohl die alte Basilika aus dem 17. Jahrhundert als auch die neue Kirche (eingeweiht 1960). Infos unter www.santuariodioropa.it.

19 Vom Oropatal ins Elvotal

1250 Hm + 250 Hm Abstieg 5 Std.

IGC Blatt 9 Ivrea–Biella e Bassa Valle d'Aosta 1:50 000
Auf einer Mulattiera (Teil eines alten Prozessionsweges vom Gressoneytal nach Oropa) oder mit der Seilbahn zur Bergstation Lago Coda (1860 m, Rifugio Savoia, privat, 35 Plätze, Tel.: +39 015 849 51 31). In der Nähe der Bergstation befindet sich das Rifugio Savoia; es eignet sich als Stützpunkt für einen Ausflug zum Monte Mars (2600 m, besonders weites Panorama auf die Walliser und Grajischen Alpen und in Richtung Süden bis hin zum Apennin) über Colle della Balma d'Oropa, den Monte Rosso und den Colle Chardon. Von der Bergstation weiter zur Bocchetta del Lago (2026 m), dann Überquerung einiger Blockfelder (unschwierig, bei einer Abzweigung den oberen Weg nehmen). Nun teils

Ein junger Steinbock im Seealpen-Naturpark

ausgesetzt (Trittsicherheit erforderlich, zwei Stellen mit Ketten versichert) und über Felsbänder, dann leichter in Serpentinen zum Rifugio Coda (2280 m, CAI, 50 Plätze, Tel.: +39 015 59 09 05 oder +39 015 259 38 12). Ein Abstecher auf die nahe Punta della Sella (2315 m) ist möglich.

20 Abschied von den Alpen

 250 Hm + 2140 Hm Abstieg 6 Std.,

IGC Blatt 9 Ivrea–Biella e Bassa Valle d'Aosta 1:50 000
Vom Rifugio Coda Richtung Südsüdwest auf dem Gratrücken bis zu zwei großen Steinmännern. Von hier über eine Kuppe, dann am Grat zum Colle di Carisey. Umgehung eines Felskopfes und Wiederaufstieg auf den Grat, der Weg wird nun glatt (Vorsicht bei Nässe). Die Flanke des Monte Roux wird gequert, dann leitet der Weg hinauf zum Colle della Lace (2097 m). Nach dem Pass rechts halten, vorbei an der Alpe Bechera (2004 m) und weiter herunter nach Maletto (1336 m, Posto tappa in der Locanda Alpe Maletto, privat, 8 Plätze, Tel.: +39 0125 65 82 27 oder +39 0125 80 78 94). Der lange Abstieg aus den Walliser Alpen verläuft weiter durch verfallene Terrassenanlagen. Große Teile der Kulturlandschaft sind hier bereits aufgelassen. Erst im unteren, gut zugänglichen Talabschnitt zeigt sich die Kulturlandschaft gepflegter, hier wird noch Weinbau betrieben. Meist wird die Nebbiolo-Traube angebaut (Weinprobe und -kauf z. B. in Carema, Tel.: +39 0125 852 56). Vorbei an den Ruinen einer alten Burg nach Quincinetto, wo die Talsohle der Dora Baltea erreicht wird (295 m, z. B. Mini Hotel Praiale, privat, 15 Plätze, Tel.: +39 0125 75 71 88, oder Albergo La Quiete, privat, 12 Plätze, Tel.: +39 0125 75 79 32).

Register

Abwanderung 262
Achselköpfe 205
Adelboden 240, 246, 254
Adler 159
Affi 141
Affitacamere Rosalba Meris 283
Airolo 216, 232
Alagna 212, 229, 281
Alagna Valsesia 281
Albergo Fontana 279
Albergo La Baita 276
Albergo La Pineta 277
Albergo Rosa 282
Alberschwende 200
Albrunpass 215, 230
Alleghe 72, 84
Allgäuer Alpen 43, 188
Alpdorf Cheggio 278
Alpe Devero 276
Alpe Pian Lago 279
Alpe Veglia 276, 277
Alpeiner Scharte 131, 132, 145
Alpenpassroute 239ff
Alpi del sole 272
Altavilla 119, 120
Altdorf 240, 242, 250
Alte Pfarrkirche St. Martin 25
Altissimo 140
Ammergauer Alpen 189
Andreas Hofer 171, 172
Andreas-Hofer-Museum 180
Anteranalpe 181
Anteransee 181
Aquacalda 216, 232
Arco 140, 149
Arena 107
Arosa 220, 233
Arve 156, 167
Asphaltfernweg 102
Attinghausen 242, 250
Ausrüstung 10

Bad Kissinger Hütte 40
Bad Reichenhall 207
Bad Tölz 62, 78
Bad Wiessee 205
Bahndamm 101
Baito del Vescovo 148
Bardolino 107, 141
Bayerische Voralpen 193
Belluno 76, 85, 86
Benediktbeuern 95, 112
Benediktenwand 24, 62, 78, 79, 193, 204
Berchtesgaden 197, 207

Berchtesgadener Alpen 196
Berggasthof SonnenAlm 206
Berggasthof Sutten 36
Bergheu 169
Berwang 53
Beuerberg 94, 112
Biberacher Hütte 49, 55, 224, 235, 236
Biberwier 53
Bielerhöhe 226, 237
Biella 265
Bignasco 215, 231
Bindelweg 72
Binn 215, 230
Binsalm 50
Birgsau 54
Birkkarspitze 80
Bischofswiesen 207
Blattipass 247, 255
Bleckenau 40
Bludenz 223, 235
Blümlisalphütte 244, 245, 253
Bocca di Navene 140, 150
Bocca di S. Giovanni 149
Bocchetta di Campello 279
Boehütte 72, 83
Bosco 215
Bosco Gurin 231
Botanischer Garten 110
Bozen 102, 117
Brand 223, 235
Brandneralm 146
Brannenburg 205
Braunarlfürggele 224, 236
Brauneck 62, 79, 205
Braunschweiger Hütte 166, 179
Braunwald 240, 242, 249
Bregenz 200
Bregenzerwald 187, 188
Breitachklamm 157
Brenner 101
Brennerbad 115, 116
Brennerpass 115
Brenta 125, 138, 148
Brenta-Kanal 110
Brixen 102
Brüggelekopf 188, 200
Brünnsteinhaus 34
Brüsti 242, 250
Buchboden 55
Bunderchrinde 246, 253
Burg Marquartstein 21
Bürglen 242, 250
Bürs 235
Bussolengo 107

Calamasino 143
Campello Monti 279
Campo Blenio 216
Campo della Flavona 149
Campo-Blenio 232
Capanna Michela 217, 232
Carcoforo 280
Carestiatohütte 84
Casa del Parco Naturale Alta Valsesia 280
Castel Toblino 139
Castello 151
Castello di Affi 150
Castello di Rovereto 105
Cavallino 87
Chiemgauer Alpen 194
Chiemsee 195
Chisone 270
Chrinnepass 255
Churwalden 220, 233
Cima delle Pozzette 150
Civetta 72, 84
Coal Santo 150
Coburger Hütte 46, 52, 53
Col de Chaude 247, 255
Col des Andérets 247, 255
Col des Mosses 247, 255
Coldaihütte 84
Colle d'Egua 280
Colle del Termo 280
Colle del Turlo 212, 229
Colle dell'Usciolo 279
Colle della Colma 283
Colle della Lace 283
Colle della Mologna Grande 282
Colle di Cadibona 273
Colle di Pinter 229
Colle Lazoney 282
Colle Mud 281
Colle Pinter 212
Colle Scatta Minoia 276
Colle Superiore delle Cime Bianche 211
Colle Valdobbia 212, 229
Colma di Malcesine 140
Colonei di Pesina 150
Còredo 137, 148
Cottische Alpen 267
Crampiolo 276
Crespeina-Joch 83
Croz del' Altissimo 149

Dalaas 226, 236
Davos 221, 234
Davos-Frauenkirch 221, 234
Daxalm 146

Demúllo 148
Dolomiten 82
Dolomiten-Höhenweg Nr.2 83
Dominikushütte 81
Dora Baltea 265
Douglashütte 223, 234
Dristlalm 129, 145

E5 153ff
Ebenhausen 93, 112
Edmund-Probst-Haus 41
Einsiedel 113
Eisack 101
Eisacktal 101
Eisenhut 158
Elm 240, 241, 249
Eng 44, 79
Engedey 31
Engelberg 240, 243, 250
Eschenlohe 203
Etsch 104, 118, 119
Etschtal 147
Ettal 189
Europäische Hauptwasserscheide 168, 180

Faistenoy 54
Falkenhütte 45, 50
Falkenstein 202
Fall 144
Falzthurnalm 129, 144
Falzthurntal 144
Fedajasee 72, 84
Fellalm 35
Festenstein 147
Fiesso d'Artico 120, 121
Fischbachau 205
Flaggerschartenhütte 134
Flysch 156
Fockenstein 205
Foopass 241
Forsthaus Aquila 144
Franz Marc 25
Franzensfeste 102, 116, 117
Franz-Marc-Museum 95
Freiburger Hütte 226, 236
Freilichtmuseum Glentleiten 195
Friedensweg 140
Friesenberghaus 69, 81
Friesenbergscharte 68
Funtensee 30
Furgga 221
Furglauer Scharte 148
Fusina 111, 121
Füssen 39, 40, 202

284

Register

Gaider Scharte 148
Gaisbach 167
Gaislachalm 180
Galtür 226, 237
Gantkofel 148
Garda 107
Gardaland 143
Gardalandia 151
Gardasee 105, 118, 124, 125, 144
Gardetta 272
Gardetta-Hochebene 272
Garmisch-Partenkirchen 39
Gasthof Braunhof 146
Gasthof Hermine 161
Gebirgsjäger-Gedächtnissteig 173
Gefahren 12
Geierstein 205
Geierwally 159
Geiseljoch 129
Gemstelpass 225, 236
Genfer See 240, 247, 255
Geraer Hütte 131, 145
Geretsried 78
Germanasca 270
Giorno di Chiusura 137
Glaiten 180
Glaspass 218, 233
Gliderschartl 70
Goethe 90
Goethe-Palme 110
Goetheweg 89ff
Goethe-Zimmer 106
Gossensaß 116
Gotthardlinie 216
Grafenaschau 203
Grajische Alpen 265
Gran Paradiso 265, 266
Grana 270
Grasbergkamm 144
Greina-Ebene 217
Greina-Hochebene 232
Gressoney-St. Jean 212, 229
Griesalp 253
Griespass 276
Grindelwald 240, 243, 251
Grödner Joch 72
Grödnerjoch 83
Große Scheidegg 243, 251
Großer Ahornboden 45
Großer Walserweg 209ff, 281
Großes Walsertal 223, 224
Großhesselohe 112
Grünsteinhütte 31
Gspon 230
Gsteig 240, 246, 255

GTA 257ff
Gunzesried 201
Guriner Furka 215, 231

Hahnenmoospass 246, 254
Halbweghütte 148
Hall 67, 81
Hallerangerhaus 66, 80
Hallthum 207
Heilbronner Hütte 226, 237
Heimgarten 203
Heinrich Heine 96
Hermann von Barth 46
Hermann-v.-Barth-Denkmal 50
Herzogstandhaus 204
Herzogstandhäuser 37, 38
Heutal 32
Hinterautal 80
Hintere Dalsenalm 33
Hinterrhein 217, 233
Hirnweg 97
Hirschberghaus 36
Hirzer 181
Hirzerhütte 172. 181
Hirzerspitze 172
Hittisau 201
Hochalppass 224, 236
Hochfelln 194, 206
Hochfellnhaus 33
Hochgern 194, 206
Hochgernhaus 33, 206
Hochgrat 201
Hochhäderich 201
Hochkrummbach 224, 225, 236
Hochplatte 186, 199, 203
Hochrieshaus 206
Hochstaufen 195
Hochtannbergpass 224, 236
Höfats 29
Hohe Reisch 135, 147
Hohenaschau 206
Hohenschwangau 40, 202
Hohes Schloss 29
Hohtürli 245, 253
Holzgau 160, 178
Hörndlhütte 203
Hotel Alpenrose 280
Hufeisenweg 134
Hühnerspielhütte 146

Igls 98
Innsbruck 67, 114
Inntal 80, 145, 164
Inzell 207
Isar 93
Isarquelle 66, 80

Isartaler Wanderweg 96
Ivrea 265

Jakobsweg 98, 100
Jesolo 77, 87
Jocheralm 37
Jochpass 243, 250
Johannestal 64, 79
Jungfraujoch 244, 252
Junsalm 130

Kalvarienberg 24, 78
Kalvarienberg Lenggries 24
Kampenwand 22, 194, 206
Kandersteg 240, 245, 253
Kärlingerhaus 30
Karwendel 43, 64, 96, 125
Karwendelhaus 46, 51, 64, 79, 80
Kaserjoch 145
Kemptner Hütte 158, 159, 177
Kenzenhütte 39, 203
Kesselberg 204
Klammspitze 203
Klausenpass 242, 250
Kleine Scheidegg 243, 251, 252
Kleiner Ahornboden 46, 64, 79
Kleinwalsertal 224, 228
Kloster 223, 226, 228, 234, 237
Kloster Neustift 102, 117
Kloster Schäftlarn 94, 126
Knorrhütte 52
Kochelsee 95
Kompar 144
Königsdorf 78
Königssee 19, 30, 31, 196
Krahberg 164, 178
Kreuth 36
Krinnenpass 246
Kristberg 226, 236
Krottenkopfscharte 159
Kummersee 170

La Colma 279
Lafatscheralm 80
Lafatscherjoch 81
Lago 264
Lago di Tavon 148
Lago Toblino 138
Lago Tovel 149
Lamsenjochhütte 44, 50
Landhotel Rehbach 202
Landshuter Höhenweg 132, 145

Landshuter-Europa-Hütte 132
Larcheralm 179
Latzfonser Kreuz 134
Latzfonser-Kreuz-Hütte 147
Lauberhorn 243, 244, 252
Lauenen 240, 246, 254, 255
Lauterbrunnen 44, 252
Lech 159, 161, 178, 225, 236
Lechquellengebirge 43
Lechtal 164
Lechtaler Alpen 159, 178
Lenggries 24, 36, 78, 144, 205
Lenggrieser Hütte 36
Lenk 240, 246, 254
Les Mosses 255
Leutasch 51
Ligurische Alpen 273
Lindau 186, 200
Linderhof 26, 39, 203
Lingenau 200
Linthal 240
Linthal-Matt 242, 249
Lizumer Hütte 67, 81
Locanda Alpe Malletto 283
Locanda del Tiglio 279
Locanda della Galleria Rosazza 283
Lochbach 164
Loisach 112
Longare 120
Lorettokapelle 157
Lüsener Alm 82

Macugnaga 213, 229
Madautal 161, 178
Mädelegabel 158
Mädelejoch 159
Madonna della Gurva 279
Maienfelder 221
Maienfelder Furgga 234
Maira 270
Mairatal 272
Maisäß 49
Malcesine 105
Malga di Don 148
Malga di Sanzeno 148
Malga Romeno 1136
Malga Tassullo 138
Malga Tuenno 148
Maria Alm 17, 30
Marienplatz 78, 93, 112
Markusplatz 87, 111, 121
Marmolada 72, 84
Marocche di Dro 139
Marquartstein 32, 33, 206
Maximilian II. 185, 187

Register

Maximiliansweg 183ff
Medio Adige 107
Meilerhütte 46, 51
Meiringen 240, 243, 251
Memminger Hütte 157, 162, 178
Mendelkamm 125, 147
Mendelpass 136
Mentlberg 98
Meran 170, 171, 173, 174, 175, 177
Meran 2000 181
Meraner Hütte 173, 181
Mercantour 273
Militärstraßen 273
Mincio 126
Mindelheimer Hütte 49, 54
Mistail 220
Mittelberg 165, 179, 236
Mittenwald 113, 114
Mittenwalder Geigenbau-museum 96
Mitteralm 205
Möltner Kaser 147
Molveno 139, 149
Molybdänbergbau 131
Molybdänbergwerk 131, 142, 145
Monte Altissimo 150
Monte Baldo 125, 139, 150
Monte Gazza 139, 149
Monte Moro Pass 213, 229
Monte Moscal 141
Monte Peller 137
Monte Rosa 211, 264, 280, 281
Monte Varagna 150
Montgenèvre-Pass 267, 268
Montreux 247, 255
Monviso 267
Moos 180
Mühlgraben 34
Müllnerpeter 21, 22
München 58, 78, 112, 124, 144
Murnauer Moos 191, 203
Mürren 240, 244, 252
Muttersberg 223, 235

Nagelfluhberge 156
Nagelfluhkette 188
Nasse Tux 145
Nationalpark Berchtesgaden 19
Naudersalm 145
Navene 106, 118
Neue Pfarrkirche St. Martin 25

Neue Traunsteiner Hütte 31
Neureuth 205
Neuschwanstein 27, 191, 202
Nevegal 76, 86
Nußdorf 205

Oberaudorf 34
Obermutten 220, 233
Oberstdorf 29, 41, 49, 54, 157, 177
Okzitanier 271
Olperer 81, 129, 131
Olpererhütte 69
Oropa 265, 283
Öschinensee 245, 253
Ötzi 154
Ötztal 166, 167, 169
Oytalhaus 54

Padua 110, 120
Palladio 110
Parc Naturale Alta Valle Sesia 280
Parco Naturale Veglia e Devero 276
Parseierspitze 164, 178
Partnun 223, 234
Pass Diesrut 217
Passeiertal 169, 170
Passeirer Timmelstal 168
Passer 170, 180
Passo Cristallina 231
Passo del Clamer 139
Passo del Mascagno 282
Passo della Gaiarda 149
Passo della Nana 148
Passo della Preia 278
Passo delle Possette 277
Passo di Cristallina 216
Passo di Nefelgiù 276
Passo Duran 74, 85
Passo Giovanni 105
Passo Sole 216, 232
Passo Variola 278
Patroltal 162, 178
Patsch 98, 115
Pavillo 148
Peiltal 217
Peitlerkofel 71
Peitlerscharte 83
Pellice 270
Penegal 148
Penser Joch 134, 146
Peschiera 125, 126, 143
Pestkapelle »Am Toten« 134
Pfandler Alm 171, 180
Pfitscher Joch 145

Pfitscherjoch 81
Pfitscherjochhaus 69, 82, 132, 145
Pfitschertal 81
Pfronten 40, 202
Pfunder Berge 82
Piani di Rosset 266
Piano della Nana 138
Piave 77, 86
Piedicavallo 282
Piemont 258
Piesenhausener Hochalm 33
Pietramurata 139, 149
Pinzgauer Wallfahrt 17
Piscciaduhütte 72
Pitztal 165, 179
Pitztaler Jöchl 166, 179
Piz Boe 72
Po-Ebene 265
Ponte 215, 231
Ponte di Piave 86
Pordoijoch 72, 83
Pordoijochhütte 83
Porta Claudia 46
Priener Hütte 33, 34
Prinz-Luitpold-Haus 40, 41, 48, 54
Priula 86
Puez-Geisler-Gruppe 83
Puez-Geislerstock 71
Puezhütte 72, 83
Pupplinger Au 61, 126, 144
Pürschlinghaus 203
Pustertal 70, 82

Quincinetto 283

Rabenstein 169, 170, 180
Rappenalpental 49
Rätschenjoch 223, 234
Reintal 46
Reintalangerhütte 52
Reit 31
Rettenbach 179
Rettenbachferner 166
Rettenbachtal 179
Reutte 48
Rhätische Bahn 216
Rialtobrücke 111
Richetlipass 242, 249
Riedsteig 97
Riemannhaus 30
Riesenhütte 206
Riffelspitze 172, 181
Rifugio 7° Alpini 75, 85, 86
Rifugio Boffalora 280
Rifugio Castiglioni 276

Rifugio Chierego 150
Rifugio Chiesa 150
Rifugio Città di Arona 277
Rifugio Città di Busto 276
Rifugio Città di Novara 278
Rifugio Coda 283
Rifugio Coldai 72
Rifugio del Lago 279
Rifugio Feriolo 281
Rifugio Fiore del Baldo 150
Rifugio Genova 83
Rifugio La Sella 283
Rifugio Margaoli 276
Rifugio Peller 148
Rifugio Pian de Fontana 85
Rifugio Pramperet 75, 85
Rifugio Rivetti 282
Rifugio San Bernardo 278
Rifugio Savoia 283
Rifugio Telegrafo 141, 150
Rifugio Tissi 72
Rifugio Val Vogna 281
Rima 280, 281
Rimella 279
Rindalphorn 201
Rißbachtal 63, 79
Riva 280
Rocca la Meya 272
Rocciamelone 267
Roenalm 148
Römerweg 105
Rosazza 283
Rosenlaui 243, 251
Rosso 277
Roßstein 193
Rosswald 215, 230
Rostockhütte 244, 252
Rote Furka 226, 237
Rottachtal 35
Rotwandhaus 24, 35
Rovereto 105, 117, 118
Ruhpolding 21, 32, 207
Ruhpoldinger Madonna 21
Rüpe 116

S. Bernardo 278
S. Carlo 231
S. Giovanni 283
S. Giustina 148
Saas Almagell 213, 229, 230
Saaser Tal 211
Sachrang 21, 34
Safien-Platz 218, 233
Safiental 218, 233
Safierberg 218, 233
Saflischpass 215, 230
Saint Jaques 212, 229
Salurn 104, 117

286

Register

San Bonifacio 109
San Carlo 216
San Giacomo 212, 228
San Giovanni d'Andorno 265
Sant'Antonio 282
Sant'Antonio di Val Vogna 281
Santa Maria 280
Santa Maria di Fobello 280
Santa Maria di Laghel 140
Santurio d'Oropa 283
Sarcatal 149
Sargans 240, 248
Sarner Scharte 147
Sarntaler Alpen 133, 146, 170, 174
Sarnthein 135, 147
Scaligerburg 106
Scatta d'Orogna 277
Scatta Minoia 215, 230
Schachen 46
Schachenhaus 52
Schäftlarn 112
Scharfreuter 128
Scharnitz 51
Scharnitzer Klause 96
Schiara 75, 85, 86
Schlauchkar 66
Schlauchkarsattel 80
Schlegeisspeicher 69, 81
Schliersee 205
Schlüsseljoch 132, 146
Schlüterhütte 71, 83
Schneeberg 169, 180
Schönau 169, 180
Schönfeldhütte 36
Schröcken 55
Schwarzbachwacht 31
Schwarzsee 147
Schwarzwassertal 53
Schwaz 50
Schweizer Tor 223, 234
Seealpen 272
Seebensee 46
Seebertal 170
Seefeld 97, 114
Seescharte 162
Sefinenfurgge 252
Sefinenfurka 244
Sega 118
Sella 83
Sentiero della Pace 140
Sentiero delle Marocche 149
Sentiero delle Palete 148
Silberbergwerk Schwaz 44

Silberghaus 35
Silberspitze 162, 164
Silbertal 226, 236, 237
Silvrettahütte 226, 237
Simplonpass 215, 230
Soave 119
Soleleitungsweg 31
Sonnenalm 33
Sonntag 55, 223, 235
Sonthofen 201
Sottogudaschlucht 72
Spannagelhaus 68
Sperrbachtobel 158
Sphinx 244, 252
Spielmannsau 177
Spieser 201
Spiringen 242, 250
Spitzsteinhaus 34
Splügen 217, 233
St. Antönien 223, 234
St. Bartholomä 19, 30
St. Leonhard 170, 171, 172, 180
St. Peter 100, 220
St.-Anna-Kapelle 29
Stallenalm 145
Staubfall 21, 32
Staufner Haus 201
Stein 69
Steinach 100, 115
Steinlingalm 33
Sterzing 101, 116, 133, 145, 146
Stierva 220, 233
Stiftskirche St. Mang 29
Stoanerne Manndln 135
Stoankasern 145
Strandwege 107
Stuiben 201
Stümpflinghaus 36
Stura di Demonte 270
Stura-Tal 272
Surenenpass 242, 250
Susa-Tal 270
Sylvensteinspeicher 126, 144

Tannenhäher 167
Tannheim 40
Taser Höhenweg 181
Tassullo 148
Tegelberghaus 203
Tegernsee 187, 193, 205
Tellerjoch 147
Tenda-Pass 273
Terlan 125, 135, 147
Texelgruppe 170
Thalkirch 218, 233

Theatro Olimpico 110
Theodulhütte 211
Theodulpass 211, 228
Thusis 218, 233
Tiefenbacher Eck 201
Tiefencastel 220, 233
Timmelsjoch 168, 180
Timmelstal 180
Tissihütte 84
Tölzer Hütte 127
Torri del Benaco 106, 118
Tour Monte Rosa 281
Trasquera 277
Trento 104, 117
Treponti 120
Trettach 158, 177
Trübsee 243, 250
Trüstlibegpass 246
Trüttlisbergpass 254
Tschaufenhaus 147
Tschiertschen 220, 233
Tuenno 137, 148
Turin 266
Tutzinger Hütte 25, 37, 63, 78, 79, 192, 204
Tuxer Alpen 67, 81
Tuxer Joch 131
Tuxer Voralpen 125, 145
Tuxer-Joch-Haus 81, 131, 145

Überetscher Hütte 148
Unken 31, 32
Unterammergau 203
Unterer Seewi-See 162
Unterjoch 202
Untermutten 220, 233
Urfeld 113
Urnerboden 242, 249, 250

Val Formazza 215, 231
Vallruckalm 145
Vals 217, 232
Valserberg 217, 233
Varaita 270
Varzo 277
Vazzolerhütte 85
Venedig 77, 87, 109, 121
Ventimiglia 265
Verona 106, 118, 119
Via Alpina 14ff, 43ff, 240, 278
Via Mala 218
Vicenza 120
Villa Rotonda 110
Villanderer 134
Völs 97, 114, 115

Vomperbach 145
Vomperberg 129
Vorbereitungen 8
Vorderriß 63
Vrin 217, 232

Walchensee 95, 113, 204
Waldbruck 117
Waldenser 270
Wallfahrtskirche St. Anton 26
Wallgau 96
Wallis 264
Walliser 264
Walser 212
Wank 25
Warth 225, 236
Wattens 67, 81
Wattental 81
Watzmann 19, 196
Weichbild 105
Weidener Hütte 129, 145
Weilheimer Hütte 38, 39
Weißenbach am Lech 53
Weisstannen 240
Weitwanderroute Simplon-Fletschhorn 278
Wendelstein 193
Wendelsteinhaus 205
Wengen 240, 244, 252
Wetterscheide 168
Widdersteinhütte 54
Wilder-Männle-Tanz 157
Wildlahnerbach 131
Wildspitze 164
Willingen 243, 251
Wolfendorn 132
Wolfratshausen 61, 94
Wolfratshauser Hütte 53
Wolfurt 200
Wunder von Ilsank 20
Württemberger Haus 162, 178
Würzjoch 70

Zammer Loch 164
Zammer Schlucht 178
Zams 164, 178
Zeitplanung 13
Zermatt 211, 228
Zillertaler Alpen 67, 125
Zillis 218, 233
Zinseler 133
Zirlerberg 114
Zirogalm 145
Zwieselalm 207
Zwieselstein 167, 168, 180

Impressum

Unser komplettes Programm:

www.bruckmann.de

Produktmanagement: Solveig Michelsen
Textredaktion: Dr. Gotlind Blechschmidt, Augsburg
Layout: BUCHFLINK Rüdiger Wagner, Nördlingen
Repro: Scanner Service S.r.l.
Umschlaggestaltung: Anna Katavic unter
Verwendung eines Fotos von Andrea Strauß
Kartografie: Rolle-Kartografie, Holzkirchen
Herstellung: Thomas Fischer
Printed in Italy by Printer Trento S.r.l.

Bildnachweis:
H. Höfler: S. 2, 4, 14–55
L. Stitzinger: S. 29, 49, 52, 53, 54, 55
G. Funk: S. 41
A. Strauß: S. 5, 56–87
G. Seyerle: S. 6/7, 88–121
M. und R. Rosenwirth: S. 8, 122–151
R. Mayer: S. 10 oben, 152–181
E. Hüsler: S. 9, 182–209, 238
B. Irlinger: S. 10 unten, 210–237
H. Diem: S. 12, 238–255
M. Kleider: S. 13, 256–283

Alle Angaben dieses Werkes wurden von den Autoren sorgfältig recherchiert und auf den aktuellen Stand gebracht sowie vom Verlag geprüft. Für die Richtigkeit der Angaben kann jedoch keine Haftung übernommen werden. Für Hinweise und Anregungen sind wir jederzeit dankbar. Bitte richten Sie diese an:

Bruckmann Verlag
Postfach 80 02 40
D-81602 München
E-Mail: lektorat@bruckmann.de

Die Deutsche Bibliothek –
CIP-Einheitsaufnahme
Ein Titeldatensatz für diese Publikation ist bei der Deutschen Bibliothek erhältlich.

© 2007 Bruckmann Verlag GmbH, München

Alle Rechte vorbehalten
ISBN 978-3-7654-4549-1

Klick Dich in die Berge: Bergwetter, Toureninfos, News u.v.m.

www.bergsteiger.de